普通高等教育"十二五"规划教材

# 军事理论与军事技能教程

主　编　王福军　王连君

科学出版社

北　京

## 内 容 简 介

本书是为贯彻我国《国防法》《兵役法》《国防教育法》和《中国教育改革和发展刚要》的有关规定和精神,依据教育部、总参谋部、总政治部对高等学校开设学生军事理论课的要求,对国防和军事发展规律与特点,以及武装力量、武器装备和军事技术、当代高技术战争的发展趋势等进行系统的概括、研究与探索,对帮助学生形成学科能力和创新精神等方面具有一定的指导意义。本书主要分为军事理论和军事技能两篇,内容包括中国国防、军事思想、战略环境、军事高技术、信息化战争、解放军条令条例教育、轻武器射击与单兵战术、军事地形学和综合训练。

本书适合作为高等学校学生的军事课程教材,也可作为民兵预备役训练的参考教材。

**图书在版编目(CIP)数据**

军事理论与军事技能教程/王福军,王连君主编. —北京:科学出版社,2014

普通高等教育"十二五"规划教材

ISBN 978-7-03-041210-2

Ⅰ.①军… Ⅱ.①王… ②王 Ⅲ.军事理论-高等学校-教材 ②军事技术-高等学校-教材 Ⅳ.①E0 ②E9

中国版本图书馆 CIP 数据核字(2014)第 128335 号

责任编辑:李淑丽 滕 云/责任校对:胡小洁
责任印制:霍 兵/封面设计:华路天然工作室

**科 学 出 版 社** 出版
北京东黄城根北街 16 号
邮政编码:100717
http://www.sciencep.com

**北京市文林印务有限公司** 印刷
科学出版社发行 各地新华书店经销

\*

2014 年 6 月第 一 版 开本:787×1092 1/16
2018 年 7 月第五次印刷 印张:18 1/4
字数:472 000
**定价:49.00 元**
(如有印装质量问题,我社负责调换)

# 本书编委会

# 前　言

开展大学生军训及国防教育课程，是普通高等学校加强国防教育，实施素质教育的重要内容和有效途径。2001 年国务院办公厅、中央军委办公厅转发教育部、总参谋部、总政治部《关于在普通高等学校和高级中学开展学生军事训练工作意见的通知》（国办发〔2001〕48 号），至此，普通高等学校学生军训工作进入了制度化、规范化发展时期。中华人民共和国第九届全国人民代表大会常务委员会第二十一次会议于 2001 年 4 月 28 日通过的《中华人民共和国国防教育法》进一步明确了在高校开展国防教育的意义和任务，为了适应新形势发展的要求，不断加强国防课课程建设，重新修订了《军事理论与军事技能教程》，用于普通高等学校军事课教学。

本书编写是以教育部、总参谋部、总政治部 2007 年重新颁发的《普通高等学校军事课教学大纲》为依据，在原教材的基础上，吸收了近年来国内外最新的军事理论、军事科研成果，并着眼于时代的发展和世界新军事变革，注意把最新的军事科技发展和动态，以及大学生关心的热点问题充实到教材中来，在努力拓宽知识面的同时，也注重了内容的系统性和前沿性。

本书结构合理、内容丰富、概念严谨、用语准确、行文流畅，部分内容配以图表，以适应教学和学生的学习。本书是一本知识含量较大，思想性、理论性和实践性强的高校国防教育教材。本书分为军事理论和军事技能两篇，共九章。

本书由王福军、王连君任主编，刘洪波、刘胜利、江泓、王立国、牟恩龙、李泗虎任副主编，徐平、蒋明虎任主审。本书由王连君、刘洪波编写第一章第一至三节；刘胜利编写第一章第四至六节，第二章第一、二节；王立国、牟恩龙编写第二章第三至七节；江泓编写第三章、第六章；董秀红、尹秀兰编写第四章；王福军编写第五章、第七章、第九章；李泗虎编写第八章、附录一、二。

本书在修订过程中，得到了黑龙江省教育厅、省军区学生军训办领导的关怀和指导。同时，我们也参阅了近年来兄弟院校同行编写的同类教材和研究成果，在此一并表示感谢。

由于编写水平有限，教材中难免有不妥和疏漏之处，敬请读者和同行专家予以指正。

编　者

2014 年 2 月

# 目　　录

## 上 篇　军 事 理 论

# 下篇　军事技能

# 上篇　军事理论

　　军事理论课是普通高等学校的一门通识类课程，是加强大学生思想政治教育、增强国防意识、提高大学生素质的重要措施，是大学生开展国防教育、履行兵役义务的主阵地。国防教育是为捍卫国家主权、领土的完整和安全，防御外来侵略、颠覆和威胁，增进全民的国防思想、国防知识、国防技能和身体素质，以及有利于帮助同学们增强学习的自觉性和积极性，强化爱国主义、集体主义观念，提高法制意识和组织纪律性，促进大学生综合素质的提高，同时也是是对全体公民进行的一项基本教育。

# 第一章 中国国防

国防是伴随着国家的产生而出现的历史现象，有国就有防，国无防而不立。作为一个国家、一个民族，最重要的是发展和安全问题。强大的国防是关系到国家和民族生死存亡、荣辱兴衰的根本大计，是关系到改革开放和发展经济的大事，是关系到执行独立自主、和平外交政策的大事，是维护全国各族人民根本利益的需要。因此必须了解和认识现代国防，牢记历史教训，增强国防观念，加强国防建设，增强国防实力，以适应未来现代化战争的需要。

## 第一节 概　述

### 一、国防的含义和基本类型

#### （一）国防的含义

国防是国家为防备和抵抗侵略，制止武装颠覆，保卫国家的主权、统一、领土完整和安全而进行的军事及与军事有关的政治、经济、外交、科技、教育等方面的活动。维护国家安全利益是国防的根本职能，捍卫国家主权、领土完整和防止外来侵略、颠覆是国防的主要任务。

国防伴随着阶级的出现和国家的形成而产生，只要世界上有国家存在，国防就会存在。人类社会发展的不同阶段中，在不同国体的国家中，其国防具有不同的特征。奴隶社会和封建社会，国防的主要职能是将各阶级维持在一定的"秩序"范围之内；资本主义社会，国防的主要职能是用军队保护和扩大商品生产与贸易，对外进行疯狂掠夺；社会主义国家诞生之后，国防有了新阶段的内涵，其主要职能是确保各民族的平等生存、发展，抵抗外来侵略，维护世界和平。

衡量一个国家国防实力的强弱，军事力量不是唯一标准，还涉及这个国家的政治、经济、文化、科技、外交等方方面面。尤其是 21 世纪，人类社会的一切都建立在社会化大生产基础之上，社会诸方面已经成为一个紧密联系的有机整体，国防只有成为这个有机整体的不可分割的一部分，才可能具有更大的威力。因此，我们要树立大国防观，把国防建设纳入整个国家大系统中进行思考和规划。

#### （二）国防的基本类型

国防的性质是由国家的社会制度和国家政策所决定的。国家的社会制度不同，制定的国防政策和追求的国防目标也就不同，因而，国防的类型也会各不相同。目前，世界的国防类型大致有四种，即扩张型、自卫型、联盟型和中立型。

1）扩张型国防。奉行霸权主义政策的国家，以国家安全和防务需要为幌子，将其他国家和地区纳入自己的势力范围，对其进行侵略、颠覆或渗透。

2）自卫型国防。以防止外敌侵略为目的，在国防建设上主要依靠本国的力量、广泛争取国际上的同情与支持，维护本国安全，维护周边地区和世界的和平与稳定。

3）联盟型国防。为弥补自身力量的不足，以结盟的形式联合其他国家进行防卫，联盟型国防又可分为一元体系联盟和多元体系联盟。前者是以某一大国为盟主，其余国家处于从属地位；后者的联盟国则是伙伴关系，通过共同协商确定防卫大计。

4）中立型国防。中立型国防是指一些中小发达国家为保障本国的繁荣、发展和安全所奉行的和平中立国防政策。执行中立型国防的国家，有的采取完全不设防的形式；有的则全民防卫，通过高度武装来确保中立。

我国是社会主义国家，在对外关系方面一贯奉行"和平共处"五项原则。我国的政治制度和国家政策决定了我国采取自卫型国防。我国向世界公开承诺：永远不称霸，不做超级大国，不首先使用核武器或以核武器相威胁，不对无核国家和地区使用核武器，不侵略别国。以反对侵略、维护世界和平、保卫国家的安全与发展为国防的根本宗旨。在国防力量的运用上，坚持自卫立场，实行积极防御的战略方针。

## 二、国家与国防

国家是一种以阶级的传统为其实质的社会权力的组织形式，兼有对内和对外两方面的基本职能。它主要由军队、警察、法庭、监狱等组成。对我国来说，加强国防力量就是加强无产阶级的统治地位，巩固社会主义的国家专政。

国家与国防密不可分、相辅相成，主要表现在以下三个方面。

### （一）国防是随着国家的产生而产生的

国防是伴随着国家的产生而出现的，它担负着三个基本职能：其一，维护统治阶级的统治；其二，从宏观上组织发展本国经济，以求得国家的生存和发展；其三，抵御外国的侵略和颠覆，维护国家的安全利益。古往今来，任何一个国家都需要建立巩固的国防。有国无防就不能立国，国防薄弱就无力抵御外来的侵略。

### （二）国防是为国家利益服务的

国防为国家和民族提供安全保障，并为国家和民族的利益服务。

主权国家在国际战略格局中求得安全、和平、生存和发展，这是一个国家的基本利益。这一利益的获得，赖于国防的有力保障。如果没有坚强的国防，国家陷入战争与动乱之中，经济建设就无法正常进行，维护国家利益也就无从谈起。所以，国防是为国家利益服务的。国防不仅主要担负国家的对外职能——防御国外敌人的颠覆活动和可能的侵略，保卫国家主权、领土完整和安全，而且还担负对内职能——维护国家内部的安定团结和经济建设的顺利进行。另外，从一定意义上说，国防还是国家经济发展的先导，如为适应现代国防需要而发展起来的科学技术，对国家经济发展起着重要的促进作用。

## （三）国家的性质、制度和政策决定着国防建设

国防是为维护国家利益服务的，不同的国家有着不同的利益目标。这种不同的利益目标决定和影响着不同的国防建设，而各种利益目标又是由国家的性质、制度和政策决定的。因此，国防建设最终是由国家的性质、制度和政策决定的。例如，奉行霸权主义的国家，由于所谓的全球利益，其国防政策也具有扩张性和侵略性，因而国防建设相应地具有全球性。我国是社会主义国家，在国际关系中强调和平共处、平等互利，因而，国防建设在积极防御的战略方针指导下，以反侵略和自卫为目的。

### 三、现代国防的基本特征

现代国防是对传统国防的继承和发展，是一种全新的国防观念和新的国防实践活动。现代国防绝非单纯的武力较量，而是在综合国力的基础上，以军事手段为主，在政治、经济、科技、外交、文化等多种手段配合下进行的总体较量。现代国防的主要内容包括：国防体制、国防战略、国防政策、国防力量、国防科技、国防工业、国防工程、国防教育、国防动员、国防法规，以及与国防有关的其他方面的建设和斗争。其基本特征主要表现在以下三个方面。

## （一）现代国防是国家综合国力的体现

现代国防的主体是军事力量，但它还包括与国防相关的非军事力量，如政治、经济、外交、科技、文化等。此外，它不仅依赖于国家的现实实力，而且还依赖于国家的潜力，以及将潜力转化为现实实力的能力。诸如国土面积、地理位置、自然资源、生产能力、人口数量和质量、科技和文化水平、交通运输、通信状况、国家政策、管理能力、国际关系和国际地位等。如何充分运用本国所具有的各种条件，并在战时尽快而有效地使其转化为战争能力，是一个国家综合国力强弱的重要体现。

## （二）现代国防既是一种国家行为又是一种国际行为

一个国家想要持续发展，重要条件之一是巩固国防。国防巩固，政府才能集中精力制定正确的政策，才能调动一切人力物力进行经济建设，人民才能安居乐业。然而，经济全球化的发展趋势，使得国家的发展离不开国际环境，世界的和平与战争、经济的繁荣与衰退都是一个国家持续发展的相关因素，也涉及国防的方方面面，世界尤其是周边国家局势动荡，该国就得在国防方面给予更多的关注，如果他国以武力相加，该国就必须进行国防动员，以迎接外来挑战。可见，现代国防作为一种国家基本行为的同时，也日益成为一种国际行为。

## （三）现代国防具有多层次的目标

国际政治、经济在现代国防上打下的烙印越来越深刻。由于各国的国家利益不同，特别是经济利益不同，因此所制定的战略也各有不同，再加上各国军事实力和综合国力的差异，就使得现代国防呈现为多层次的目标体系。

从范围上，国防目标可分为自卫目标、区域目标和全球目标。

1）自卫目标。由于本国政治制度决定，在国土之外的经济利益有限，加上自身实力不足，因此只能将国防目标定位于自卫层次上，着眼于维护国家主权和领土完整。

2）区域目标。一些国家虽然在世界范围都有自己的经济利益，但不奉行扩张政策，或者军事实力达不到全球范围，所以将防卫目标锁定在本国及周边区域，也就是说，区域目标国防在维护本国安全利益这个层次上再提高一步，努力为本国的发展创造一个良好的周边环境，并扩大自卫的纵深和弹性。

3）全球目标。少数实力雄厚、推行扩张政策的国家，国家利益遍及全球，出于保护本国利益、称霸世界的企图，将国防的目标对准世界，以维护世界和平、稳定和消除战争危险为旗号，进行侵略扩张，将自己的意志强加给别国。

另外，还可从内涵上对国防的目标层次进行分类。一种是基于保证国家生存、民族独立型的国防，称之为生存目标；另一种是国家生存无忧、民族独立无虑，其目标在于争取一个适合国家发展的空间，称之为发展目标。

### 四、国防的地位和作用

任何一个国家，从她诞生之日起，首要的任务就是稳疆固边、抵御外来侵略、巩固新生政权、保证国家的生存与发展。国防在国家的职能中，其地位和作用十分重要，它与国家利益休戚相关，关系到国家安危、荣辱和兴衰。

### （一）国防是国家安全的重要保障

为了保障国家安全，促进国家发展，各国都从本国的实际出发，努力加强国防建设，同时在国民中普遍进行有关维护国家安全的国防教育，使国民树立爱国主义和维护国家根本利益的观念，保障国家的安全，为国家的发展创造更有利的环境和条件。

### （二）国防是国家独立自主的前提

"国无防不立，民无兵不安。"没有一个强大的国防，就没有国家的主权和独立，人民的幸福和民族的振兴也就没有保障，这可从我国近代史上有国无防或防而不固的惨痛教训中得到证明。可见，国家独立自主、民族兴旺离不开整个民族的尚武精神，更离不开具有强大战斗力的国防军队和后备力量的建设。

### （三）国防是国家繁荣发展的重要条件

一个国家只有建设了相应的国防，国家的其他建设事业才能顺利进行。如果没有巩固的国防，这个国家的政权是无法巩固的，经济发展的目标也难以实现。因此，国家的生存、政权的巩固和经济的发展必须有一个能够捍卫国家根本利益的国防。

## 第二节 中国古代、近代国防

中国国防的历史源远流长。公元前 21 世纪，伴随着奴隶制国家夏王朝的出现，作为抵御外来入侵和讨伐他国的工具——国防便产生了。在人类社会的历史长河中，神州大地先后经历了奴隶社会、封建社会、半殖民地半封建社会和社会主义社会。与之相应，国防也经历了无数个强盛与衰落的交替，从而给我们留下了宝贵的国防遗产和深刻的历史教训。

一、中国古代国防

我国古代的国防是指从公元前 21 世纪夏王朝的建立到 1840 年的鸦片战争，共经历了近四千年的漫长历史。其间，中华民族经历了无数次战争的锤炼，形成了强大的民族凝聚力，培育出了自强不息、前仆后继、不畏强暴、卫国御敌的尚武精神，最终成为一个多民族的大疆域国家。

## （一）古代的国防政策和国防理论

大约公元前 21 世纪，中国古代社会开始由原始氏族公社制社会进入奴隶制社会，出现了国家。从此，作为抵御外来侵犯和征伐别国的武备——国防的雏形便产生了。在随后的几千年征战中，为保家卫国，逐渐形成了我国古代的国防政策和国防理论。

春秋战国时期，由于各诸侯国之间连年征战，使国防观念迅速得到强化，虽然当时的诸子百家在政治和哲学方面主张各放异彩，但在国防方面却大体一致，形成了诸如"义战却不非战"、"非攻兼爱却不非诛"、"足食足兵"、"以正治国，以奇用兵"、"富国强兵"、"文武相济"、"尚战，善战，慎战"、"不战而屈人之兵"等思想，表明春秋战国时期对武备和国防的重视，而且国防思想已经上升到理论的高度，全面奠定了古代军事思想的基础，标志着我国古代军事思想在这个时期已经基本形成。同时在此基础上也形成了较为完整的战争观，并提出了普遍的战争指导原则，如孙子的"知彼知己，百战不殆"、"示战先算"、"伐谋伐交，不战而胜"、"以智使力"等指导原则。这些指导原则概括精辟，至今仍具有极为重要的指导意义。总结出了一整套治军方法，形成了比较合理的军队编制结构；重视改善武器装备，研制出种类繁多的兵器装备；明确提出把军队的教育训练当做治军的首要任务，以此来提高部队的素质。

公元前 230 年至公元前 221 年，秦国经过 10 年的统一战争，先后兼并六国，结束了历史上的长期分裂局面，第一次建立起中央集权的封建国家，标志着中国封建社会进入一个新的历史阶段。随后的汉、唐更是中国封建社会的盛世，军事上也处于开疆拓土的鼎盛时期。至公元 10 世纪中叶的近 1300 年间，中国古代国防政策和国防理论得到了进一步的丰富和发展，开始全面整理兵书，初步形成了古代军事学术体系。另外，古代战略思想趋于成熟，战略防御思想得到进一步完善。

宋朝至清朝前期是中国封建地主阶级没落的时期，但军事上却已进入冷、热兵器并用时代，在国防政策和国防理论上也有相当的发展。武学开始被纳入国防教育体系。北宋初期重文轻武，国防衰落。后开办"武学"，设武举，为军队培养、选拔了大批军事人才，同时也繁荣了军事学术。明、清两朝将武举推向更深层次，甚至出现文人谈兵、武人弄文的局面，大量军事著作面世，军事思想研究不断发展。

从总体上来说，我国古代国防理论主要有"以民为体"、"居安思危"的国防指导思想，"富国强兵"、"寓兵于农"的国防建设思想，"爱国教战"、"崇尚武德"的国防教育思想，"不战而胜"、"安国全军"的国防斗争策略等。在这些思想和策略的指导下，华夏大地消除了无数次外敌入侵带来的战祸，为中华民族的繁衍生息和发展提供了基本的生存条件，甚至使国防曾出现过"中国既安，四夷自服"的辉煌。

## （二）古代的兵制建设

兵制即我们常说的军事制度，也称军制，是国家或政治集团组织、管理、维持、储备和发展军事力量的制度。我国古代的兵制建设主要包括军事领导体制、武装力量体制和兵役制度等内容。

在军事领导体制上，夏、商、西周时期一般由国王亲自掌握和指挥，没有形成专门的军事领导机构。春秋末期，实现将相分权治国，以将（将军）为主组成军事指挥机构。战国时期，将军开始独立统兵作战。秦国一统天下之后，设立了专门管理军事的机构，太尉为最高的军事行政长官。隋朝设立了三省六部制，设兵部主管军事。宋朝则设置枢密院作为军事领导的最高机构，主官由文官担任，主要目的是防止"权将"拥兵自重。枢密院有权调兵却无权指挥，将军有权指挥却无权调兵，形成枢密院和将军相互牵制的局面。各朝代在军事领导体制方面的做法虽各有异，但皇权至上这一点是不变的，军队的最终调拨使用大权始终掌握在皇帝手中。

在武装力量体制上，秦朝之前武装力量结构单一，一个国家通常只有一支国家的军队。从秦朝开始，国家的政治制度逐渐完善，生产力不断发展，因而各个朝代根据国家的状况和国防的需要，以及驻防地区和担负任务的具体情况，将军队分为中央军、地方军和边防军三种，并对军队的编制体制、屯田戍边、兵役军赋、军队调动、军需补给、驿站通道、军械制造和配发等都做了具体的规定，并以法律的形式颁布执行，如唐代的《卫禁律》、《军防令》等。

在兵役制度上，随着各个历史时期的政治、经济、人口状况和军事需要而发展变化。奴隶社会时期，生产力低下，人口稀少，战争规模小，主要实行兵民合一的民军制度。封建社会时期，民军制度逐渐演变为与当时历史条件相适应的兵役制，如秦汉时期的征兵制、三国两晋南北朝时期的世兵制、隋唐时期的府兵制、宋朝的募兵制、明朝的卫所兵役制等。

## （三）古代国防工程建设

我国古代为抵御外敌的侵犯，巩固边海防，修筑了数量众多、规模庞大的国防工程，如城池、长城、京杭运河，以及海防要塞等。

我国古代国防工程建设中，城池的建设时间最早、数量最多。城池建筑最早始于商代，随后城池建设规模不断扩大，结构日益完善，一直延续到近代。因此，在我国古代战争中，城池的攻守作战成为主要的样式之一。

长城是城池建设的延伸和发展。春秋战国时期长城的建筑已经开始，秦始皇统一六国之后，为了巩固国防、防御北方匈奴的南侵，于公元前214年开始将秦、赵、燕三国北部的长城连为一个整体，形成西起临洮（今甘肃岷县）、北傍阴山、东至辽西的宏伟工程。后经各朝代多次修建连接，至明代形成了西起嘉峪关、东至山海关、总长约6300千米的万里长城。

京杭大运河是我国古代兴建的伟大水利工程。隋炀帝时期，征调大量人力物力，将原有的旧河道拓宽和连贯，形成北起通州（今北京通州区）、南至杭州、全长1747千米的大运河，把南北许多州县连成一线，成为军事交通和"南粮北运"的大动脉，具有重大的军事和经济作用。

古代海防建设是从明朝开始的。14世纪，倭寇频繁袭扰我沿海地区，因此明朝在沿海重要地段陆续修建了以卫城、新城为骨干，水陆寨、营堡、墩、台、烽、堠等相结合的海防工程体系，为抗击倭寇的入侵起到了重要作用。

### （四）古代国防的兴衰

古代国防的兴衰是与各朝代的政治、经济和军事状况密切相关的。纵观我国几千年的国防史，我们不难发现，当统治阶级处于上升时期时，政治开明，经济繁荣，军事强大，民族团结，国家统一，其国防就强盛；当统治阶级走下坡路时，政治腐败，经济衰落，军事孱弱，民族分裂，国内混乱，其国防就削弱、就崩溃。

从整个历史来看，我国古代前期，即从春秋战国到秦汉、盛唐，国防日趋发展，不断强盛以至发展到鼎盛。其后期，即从中唐到两宋、晚清，我国国防便日趋衰败，以至于一触即溃、不堪一击。其间，虽然盛唐之前有晋的糜烂，中唐以后有明清中前期的振作，但从整体上来看，我国古代国防事业的基本趋势是由弱到强，再从强盛走向衰落。

## 二、中国近代国防

我国近代的国防是孱弱、衰败和屈辱的。1840年西方殖民主义者凭借船坚炮利的优势，攻破了清王朝紧锁的国门，对中华民族实行残酷的殖民主义侵略。腐朽的统治者奉行的国防指导思想是"居安思奢"、"卖国求荣"，执行的国防建设思想是"以军压民"、"贫国臃兵"，倡导的国防教育思想是"愚兵牧民"、"莫谈国事"，制定的国防斗争策略是"不战而败"、"攘外必先安内"。其结果是有国无防，人民惨遭蹂躏和屠杀。

### （一）清朝后期的国防

1644年，清军大举入关，问鼎中原，最终建立大清王朝。从顺治开始，经康熙、雍正、乾隆和嘉庆，先后177年是清朝的兴盛时期。但是经过"康乾盛世"之后，政治日趋腐败，国防日益疲弱。1840年鸦片战争爆发，西方殖民主义者大举入侵，从此清王朝一蹶不振，江河日下，有国无防，内乱丛生，外患不息，逐步沦为半殖民地半封建社会。

#### 1. 清朝的武备

清朝的武备包括军事领导体制、武装力量体制和兵役制度等方面。

在军事领导体制方面，1840年以前，大清王朝先后设立了以议政王大臣会议、兵部和军机处作为高层军事决策和领率机构。鸦片战争后，开始实施"洋务新政"，成立了总理衙门。八国联军入侵中国后，清朝统治者深感军备落后，企图通过改革军制来强军安国，遂改总理衙门为外务部，撤销原有的兵部，成立陆军部。

在武装力量体制方面，清军入关之前，军队是八旗兵；入关后为弥补兵力的不足，将投降的明军和新招募的汉人单独编组，成立了绿营；1851年以后，为镇压太平天国运动，咸丰号召各地乡绅编练乡勇，湘军和淮军逐渐成为清军的主力；中日甲午战争之后，开始编练新军。

在兵役制度方面，八旗兵实行的是兵民合一的民军制。清朝规定：所有16岁以上的满族男子都是兵丁，不满 16 岁的则编为养育兵，作为后备兵源。绿营兵虽是招募而来，但入伍后即编入兵籍，其家属随营居住，实际上绿营兵是职业兵，直到年满 50 岁才解除兵籍。湘军和淮军是由地方乡勇逐渐发展起来的军队。太平天国运动被镇压后，湘、淮军取代八旗兵和绿营兵，成为清军的主力。甲午战争中，湘、淮军大部分溃散，清朝开始"仿用西法、编练新兵"。新军采用招募制，在入伍的年龄、体格及识字程度方面均有比较严格的要求。

### 2. 清朝的疆域和边海防建设

清朝初期重视边海防建设。在同国内割据势力的斗争中，制止了分裂，促进了国内各民族的团结，维护了国家的统一；在与外部侵略势力的斗争中，捍卫了国家的领土主权。这一时期的疆域，西到今巴尔喀什湖、楚河、塔拉斯河流域、帕米尔高原；北到戈尔诺阿尔泰、萨彦岭；东北到外兴安岭、鄂霍茨克海；东面到海，包括台湾及其附属岛屿；南到南海诸岛；西南到广西、云南、西藏，包括拉达克，建立了一个空前统一、疆域辽阔的多民族的封建专制国家。从道光年间开始，政治日益腐败，边海防逐渐废弛。西方殖民主义者乘虚而入，以坚船利炮打开了中国封闭的国门。19 世纪中叶以后，香港、澳门、台湾、澎湖分别被英、葡、日占领，东北乌苏里江以东、黑龙江以北及西北今国界以外的广大地域被沙俄侵占，帕米尔地区被俄、英瓜分，拉达克则被英属克什米尔所吞并。

### 3. "五次"对外战争

1840 年，英帝国主义以清王朝禁烟为由对中国发动了战争，史称鸦片战争。1842 年，战败的清王朝被迫在英国的军舰上签订了我国历史上第一个丧权辱国的不平等条约——《南京条约》。中国的领土和主权遭到破坏，开始沦为半殖民地半封建社会。

1856 年至 1860 年，英国不满足已获得的利益，联合法国，分别以"亚罗艇事件"和"马神甫事件"为借口，对中国发动了第二次鸦片战争。战败的清王朝被迫与英国签订了中英《天津条约》，与法国签订了中法《北京条约》，此时的沙俄趁火打劫，强迫清政府签订了中俄《瑷珲条约》。中国领土主权进一步遭到破坏，半殖民地程度加深。

19 世纪 80 年代初，法国殖民主义者在完全占领越南后开始觊觎我国西南地区。1884 年至 1885 年的中法交战，爱国将领冯子才率领的清军奋勇杀敌，在刘永福黑旗军的配合下痛击法军，取得了镇南关大捷，由此导致法国茹费里内阁的倒台。但是腐败的清政府却一味苟且偷安，李鸿章认为法国船坚炮利、强大无敌，中国即使一时而胜，却难保终久不败，不如趁胜而和。因此，清政府和法国签订了《中法新约》，将广西和云南两省的部分权益出卖给了法国，使中国不败而败，法国不胜而胜。清政府的腐败无能暴露无遗。

1895 年日本以清朝出兵朝鲜为由发动了甲午战争。北洋水师全军覆没，清政府被迫与日本签订了《马关条约》，中国被进一步肢解，中国半殖民地程度加深，民族危机加剧。

1900 年，英、美、德、法、俄、日、意、奥八国，以保护在华侨民"利益"为借口，组成联军，发动侵华战争。战败的清政府被迫与八国签订了《辛丑条约》。这个条约从政治、经济、军事各方面都扩大和加深了帝国主义对中国的统治，并表明清政府已完全成为帝国主义统治中国的工具，中国完全沦为半殖民地半封建社会。

从 1840 年鸦片战争到 1911 年辛亥革命这 70 多年间，清政府与外国列强签订了大大小小数百个不平等条约，割让领土近 160 万平方千米，共赔款 2700 万元，白银 7 亿多两

（不含利息）。如把利息计算进去，仅《辛丑条约》中规定的"庚子赔款"本息就达 9.8 亿多万两白银。当时，在 1.8 万多千米的海岸线上，大清帝国竟找不到自己享有主权的港口。国家有海无防、有边不固，绝大部分中国领土成了帝国主义的势力范围：俄国在长城以北；英国在长江流域；日本在台湾、福建；德国在山东；法国在云南。中华民族美丽富饶的国土被踩蹋得支离破碎。

## （二）民国时期的国防

1911 年爆发的辛亥革命，虽然推翻了清朝的统治，彻底废除了封建专制制度，建立了"中华民国"，但并没有改变中国任人宰割的历史。帝国主义通过扶植各派军阀作为自己的代理人，加紧对中国的控制掠夺；各派军阀争权夺利，混战不已，中国仍然是有边不固、有海无防，人民有家难安。

### 1. 军阀混战与中华民族的觉醒

1911 年的辛亥革命，终于推翻了几千年的封建统治，但由于革命的不彻底，仍没有使中国摆脱半殖民地半封建的状况，帝国主义仍然在华夏大地上横行无忌，他们为维护其在华利益，纷纷扶植自己的代理人：先有袁世凯称帝，后是张勋复辟，各派军阀以帝国主义为靠山，割据称雄，混战不休。直、皖、奉三大派系军阀先后窃取中央政权，贿选国会议员和总统，出卖国家和民族利益。"二十一条"的签订和"巴黎和会"中国外交的失败，充分暴露出北洋政府的腐败无能，使中国面临被帝国主义进一步瓜分的命运，激起了中华民族同仇敌忾、共御外侮的决心和勇气。以"五四"运动为标志，中国反帝反封建的资产阶级民主革命发展到新阶段。1921 年 7 月，中国共产党的成立，把中国人民的救亡图存斗争推向新的阶段，中国工人阶级开始以自觉的姿态登上了历史舞台。

### 2. 日本的入侵及中国人民的抗战

1931 年 9 月 18 日，日本发动了九一八事变。面对日本帝国主义的野蛮侵略，蒋介石却奉行"攘外必先安内"的方针，一味奉行不抵抗政策，出卖民族利益，使东北大片国土迅速沦陷。1937 年 7 月 7 日，日本发动"卢沟桥事变"，进一步扩大了对中国的侵略，中华民族到了生死存亡的紧要关头。中国共产党高举团结抗日的旗帜，肩负起救民族于危难的神圣使命，领导全国各族人民进行了艰苦卓绝的八年抗战，终于取得了我国近代史上第一次抗击外敌侵略的完全胜利。

### 3. 解放战争及新中国的成立

抗日战争胜利后，中国人民迫切需要一个和平安全的休养生息的环境，中国共产党顺民心，从民愿，不计前嫌，准备与国民党第三次携手，合作建国。但蒋介石背信弃义，妄图消灭中国共产党及其所领导的军队。在中国共产党的领导下，经过四年的解放战争，中国人民终于推翻了蒋家王朝，建立了新中国。

## 三、中国国防史的启示

中国数千年的国防史告诉我们如下道理。

## （一）经济是国防的物质基础，国防的强大有赖于经济的发展

早在春秋时期齐国的政治家管仲就提出"富国强兵"的思想，孙子则更直接地指出：兵不强则不可以摧敌，国不富则不可以养兵，富国是强兵之本、强兵之急。这一观点抓住了国防强大的根本所在。我国古代凡是有作为的政治家、军事家和王朝，无不强调富国强兵。秦以后的汉、唐、明、清各代前期国防的强盛，都是人民休养生息、经济迅猛发展的结果；与此相反，以上各朝代的衰败，也都由于经济的衰落导致政治腐败和国防孱弱所至。无数历史史实证明，经济发展是国防强大的基础。

## （二）政治开明是国防巩固的根本

政治与国防紧密相关，国家的政治是否开明、制度是否进步，直接关系到国防能否巩固。良好的政治是固国强兵的根本。

纵观我国数千年的国防史，不难发现，凡是兴盛的时期和朝代，都十分注意修明政治，实行较为开明的治国之策。原本西陲小国的秦国，从商鞅变法开始便修政治、明法度、发展生产、繁荣经济，国防日渐强大，为吞并六国奠定了坚实的基础；大唐初建之时，满目疮痍，百废待兴，正是由于制定并实施了一系列开明的政治制度，国家很快从隋末的战争废墟中恢复过来，很快成为国力昌盛、空前统一的大唐帝国。凡是衰落的时期和朝代，无不因为政治腐败导致国防虚弱。唐朝中期以后，两宋乃至于晚清都是如此。

## （三）国家的统一和民族的团结是国防强大的关键

翻开几千年的国防史，人们都会发现这样一个规律：凡是国家统一、民族团结的时期，国防就巩固、就强大；凡是国家分裂、民族矛盾尖锐的时期，国防就虚弱、就颓败。

晚清时期，在西方列强的进攻面前，不仅不敢发动反侵略战争，不依靠、不支持人民群众进行战争，反而认为"患不在外而在内"、"防民甚于防火"，对人民群众自发组织的反侵略斗争实行残酷的镇压，最终造成对外作战中屡战屡败、割地赔款。历史的教训最为深刻，值得我们永远汲取。

# 第三节　新中国国防建设

中华人民共和国成立后，经过60多年的艰苦努力，我国国防建设取得了举世瞩目的成就。今天的中国之所以能巍然屹立在世界的东方并享有很高的声誉，其主要原因是我国在政治上独立、经济上发展和国防的不断强大。

## 一、国防领导体制

国防领导体制是指国防领导的组织体系及相应制度。它包括国防领导机构的设置、职权划分、相互关系等。它是国家政权组织形式和机构的重要组成部分。一般设有最高统帅、最高国防决策机构、国家行政机关中管理国防事务的部门、武装力量领导指挥系统等。根据宪法、国防法和有关法律，我国建立和完善了国防领导体制，对国防活动实行高

度集中统一的领导。

## （一）　国防领导体制的历史发展

中华人民共和国成立以来，为使国防领导体制适应国家政治、经济、科技的发展，特别是适应军事斗争和保障国家安全的需要，对国防领导体制进行了多次改革调整，使之在实践中不断发展和完善。

中华人民共和国成立之初，根据有关法律的规定，设立中央人民政府人民革命军事委员会作为国家最高军事领导机关，统一管辖并指挥中国人民解放军及其他武装力量。毛泽东作为党的主席、国家主席和人民革命军事委员会主席，是武装力量的最高统帅。另外，还设有中国人民解放军总司令一职，由朱德担任。由著名将领（包括少数党外著名将领）组成人民革命军事委员会，下设总参谋部、总政治部和总后勤部。

1954 年，全国人大第一届会议通过并颁布的宪法规定，中华人民共和国主席统率全国武装力量，担任国防委员会主席，不再设立中央人民政府革命军事委员会。一届人大一次会议决定，设立国防委员会和国防部，撤销中国人民解放军总司令的设置。国防委员会是一个带统一战线性质的名义上的国防领导机构。9 月 28 日，中共中央政治局通过决议，在中央政治局和书记处之下设立党的军事委员会，担负整个军事工作的领导。中央政治局、书记处和军事委员会有关军事工作的决定，对内以军事委员会（简称军委）的名义下达，对外以国务院或国防部的名义下达。毛泽东同时担任党的主席、国家主席、军委主席和国防委员会主席于一身，是武装力量的最高统帅。彭德怀主持中共中央军委日常工作，并任国务院副总理兼国防部长和国防委员会副主席。人民解放军曾实行总参谋部、训练总监部、武装力量监察部、总政治部、总干部部、总后勤部、总财务部、总军械部八大总部的体制。1958 年 7 月，恢复总参谋部、总政治部、总后勤部三总部体制。中央军委扩大会议通过的决议规定，中央军委是中共中央的军事工作部门，是领导全军的统率机关，军委主席是全军统帅；国防部则是军委对外的名义。军委决定的事项，凡需经国务院批准或需用行政名义下达的，由国防部长签署，1959 年和 1965 年的第二、第三届全国人大会议上，刘少奇当选为国家主席和国防委员会主席，毛泽东担任中共中央主席和中共中央军委主席，统率着全国的武装力量。

1975 年和 1978 年通过的宪法规定，中华人民共和国武装力量由中国共产党中央委员会主席统率。国家未再设国防委员会。

1982 年，第五届全国人大第五次会议通过的第四部宪法规定，设立中华人民共和国中央军事委员会，领导全国的武装力量。中央军事委员会实行主席负责制，主席由全国人民代表大会选举或罢免。与此同时，中共中央军事委员会继续存在，其职能和国家中央军委完全相同。这表明中央军委同时有两个名义：一个是中共中央军委，一个是国家的中央军委，从而确立了党和国家高度集中统一的领导职权的国防领导体制。

## （二）　国家形式与国防领导体制

国防领导体制，亦称军事领导体制，即国家或政治集团领导国防（军事）建设，指挥和管理武装力量的组织系统和工作制度。它与国家的国体、政体，国家的职能有着密切的联系。国家的性质，又称国体，是国家的阶级本质。国家作为统治阶级有组织有系统的暴力机器，包括军队、监狱、警察、法庭等暴力机构，这就要直接联系到国防领导体制。国家的职能有对内、对外两种：对内包括统治职能和社会职能；而对外职能之一就是国防。

严肃地对待国防，是马列主义国家学说的基本观点之一，也是国家政权建设的历史经验总结。新中国成立以来，我国人民先后进行过抗美援朝、抗美援越和中印、中越边界自卫还击作战，胜利地保卫了国家的领土和主权，从实践和理论上丰富和发展了马克思主义关于"保卫祖国"的国家政权学说。

在构成国防实力和潜力的诸因素中，国家对国防的领导能力尤为重要。而国家对国防的领导，则是指在国家战略思想指导下，对整个国防事业进行统一筹划，采取有效措施，使之付诸实现的决策与实施的过程，使构成国防力量的诸因素协调发展，以充分发挥保卫国家安全的职能。国家对国防的领导具有战略性、全面性和长远性等显著特点，在国防建设事业和武装力量建设中处于十分重要的地位。历史反复证明，能否驾驭风云变幻、错综复杂的国际形势，能否组织起潜在的军力、经济力和政治力，以应付危急国家安全的不测事件，领导军队和人民赢得反侵略战争的胜利，是检验国防领导能力的根本标志。

现代历史条件下，错综复杂的国际国内情况对国防领导提出了更高的要求。新技术革命的发展，特别是高新技术在军事上的应用，大大加快了武器装备更新换代的步伐，要求国家及时确定国防科技和武器装备发展的方向和目标；现代战争对经济条件的依赖性日益增强，要求国家从总体上增强国防实力，合理地规划武装力量的规模及总体结构，正确处理国防建设和经济建设的关系；现代战争对常备军和后备力量的素质提出了新的要求，如何拓宽国防人才培养途径，提高教育训练质量，已提到了战略地位；国际形势的发展变化，要求国家科学预测未来，更加重视决策的咨询，发挥"思想库"、"智囊团"在国防决策中的"外脑"作用，制定符合国家军事战略的方针和国防政策；等等。因此，世界各国都把加强和完善国防领导体制作为国家致力于国防现代化建设的总目标之一。

## （三）国防领导的特征及组织形式

我们党和国家对国防的领导，核心是制定战略方针，对武装力量和国防建设事业实施全面的领导和管理。作为国防建设、武装力量建设根本依据的战略方针正确与否，关系到国家的安全与发展。所以，党和国家对国防的领导是党和国家的重要职能，是国家政权机构行使最高国家权力的一种表现。正是由于国家对国防领导的这种职能，决定国防领导具有组织上的最高层次性、意志上的最高权威性、内容上的极大的广泛性、活动方式上的严密性等特点。

党和国家对国防领导在组织上的最高层次性，主要表现在这种领导是通过最高国家权力机关、国家元首、最高国家行政机关和国家军事领导机关来实现的。

由于国防领导具有在组织上的最高层次性的特点，因此便产生了在意志上的最高权威性。国防最高领导对国防问题的决策和发布的指示、命令，社会所有组织及全体成员都必须服从，有关的法律要强制执行。否则，全社会就不能形成最大的合力，阶级和国家的意志就不能得以贯彻。

国防领导活动内容上的极大广泛性，主要表现在它不仅直接领导国防建设和武装力量建设，而且还包括对与国家相关的政治、经济、科技、文化、外交等方面的领导和管理。

正由于国防领导涉及国家各种高层机构和国家整个社会活动，要使它们形成最大的社会整体合力，这些国家高层机构的协调一致对整个国家社会活动则是不可或缺的，因此，决定了最高国防领导的活动方式具有严密的整体性。

党和国家对国防的领导是通过一定的组织机构来实现的。这种组织形式是历史发展的产物。同时，一个国家的最高国防领导组织形式同本国的社会制度、历史传统和国体政体密切相关。因此，我国国防领导的组织形式，体现了国体、政体和传统的一致性。我国最高国防领导体制的组织形式，既体现了党对武装力量和国防建设事业的领导，又有利于国家机构领导全国武装力量、领导和管理国防建设职能的发挥，这对于国家加强武装力量的革命化、现代化、正规化建设，增强国防力量，实现国防现代化的宏伟目标，是强有力的组织保证。

## 二、国防建设成就

国防建设是国家为提高国防实力而进行的各方面的建设，主要包括武装力量建设，边防、海防、空防、人防及战场建设，国防科技与国防工业建设，国防法规与动员体制建设，国防教育及与国防相关的交通运输、邮电、能源、水利、气象、航天等方面的建设等。在所有这些方面，我国都取得了显著成就。

## （一）建立了有中国特色的武装力量领导体制

我国的武装力量领导体制是在长期的革命战争中形成和发展起来的。新中国成立后，根据中央人民政府 1949 年 10 月 19 日的命令，成立了中央人民政府人民革命军事委员会，作为全国武装力量的最高统帅机关。1954 年 9 月，第一届全国人民代表大会第一次会议通过的宪法规定，中华人民共和国主席统帅全国武装力量，并决定设立国防委员会和国防部，由国家主席担任国防委员会主席。与此同时，取消了中央人民政府人民革命军事委员会，在同月召开的中央政治局会议上，决定在中央政治局和书记处之下成立中共中央军事委员会，领导中国人民解放军和其他武装力量。军委下设总参谋部、总政治部、总后勤部，作为军委的工作机关。为加强我军武器装备建设，1998 年，中央军委增设了总装备部。在中央军委的领导下，还设有负责各军兵种组织建设、军事训练和战备作战的海军、空军、第二炮兵等指挥机关。此外，直接隶属中央军委的还有军事科学院和国防大学等单位，以及负责指挥驻在各大战略区范围内的陆、海、空军部队和民兵的大军区领导机关。

1982 年起，党和国家共同设立中央军事委员会。这种体制既贯彻了党对军队绝对领导的根本原则，又适应我已成为国家主要成分的实际，进一步完善了国家武装力量的领导体制，体现了党领导军队与国家领导军队的一致性。这种领导体制，便于运用国家机器来加强武装力量的建设，可以使党中央对军事工作的决策、指示具有法律效力，成为国家意志，以保证军队的最高领导权、指挥权高度集中统一。这种领导体制，也符合我国的国情和军情，坚持了党领导军队的传统，体现了四项基本原则这个立国之本的要求，体现了中国共产党作为唯一的执政党在国家政治生活中的领导地位和作用。

## （二）中国人民解放军的革命化、现代化和正规化建设有了突破性的进展

新中国成立后，人民解放军在继续加强革命化建设的同时，尤其注重现代化、正规化的建设。特别是改革开放以来，我国国防实力得到进一步加强，国防现代化建设，尤其是军队的现代化建设，有了突破性的进展，取得了一系列重大成就。

中华人民共和国成立时，人民解放军基本上是一支单一的以步兵为主的陆军，炮兵、装甲兵等技术兵种所占比例非常小，且海军、空军仅具雏形的军队。经过 50 多年的艰苦努力，人民解放军实现了由单一陆军向诸军兵种合成的军队发展，不仅研制和装备了种类比较齐全的常规武器装备，而且拥有了具有一定威慑力的原子弹、氢弹等尖端武器装备。

20 世纪 90 年代以来，人民解放军继续向着更高级的阶段迈进。根据高技术战争的特点和影响，开始把军事斗争准备的立足点放在打赢现代技术特别是高技术条件下的局部战争上面，军队建设正逐步实现由数量规模型向质量效能型、由人力密集型向科技密集型的转变。在发展武器装备方面，根据现代技术特别是高技术条件下局部战争的需要，努力发展高技术"杀手锏"；在改革调整体制编制方面，进一步压缩军队规模，在减少数量的同时，根据优先发展海军、空军、二炮及加强技术兵种建设的原则，优化了诸军兵种的比例结构，完善了合成体制，使军队体制编制更能适应联合作战的需要；在改革教育训练方面，为培养掌握现代科技知识和战争知识、精通现代军事科学理论的高层次指挥人才，指挥院校增设了硕士、博士生教育，部队训练也加大了实战力度。

面向 21 世纪的人民解放军，将按照江泽民主席曾经提出的"政治合格、军事过硬、作风优良、纪律严明、保障有力"的总要求，继续优化编制体制，更新教育训练内容和手段，改善武器装备，加强质量建设，提高诸军兵种的合成化水平，向精兵、合成、高效的方向发展。可以预见，21 世纪的人民解放军将能够昂扬地面对任何挑战且不辱使命。

## （三）形成了门类齐全、综合配套的国防科技工业体系

国防科技是衡量一个国家综合国力的重要标志之一，也是国防现代化建设的一个重要方面。经过 60 多年的建设和发展，我国的国防科技工业从无到有、从小到大、从落后到先进，建立起包括电子、船舶、兵器、航空、航天和核能等门类齐全、综合配套的科研实验生产体系，取得了一大批具有国内或国际先进水平的科研成果，为我军现代化建设和切实增强我国的综合国力作出了重要贡献。

在军事电子方面，逐步发展成为具有相当规模、门类齐全的新兴工业部门，特别是在指挥自动化、情报侦察、预警探测、电子对抗和通信等方面，为我军提供了各种新式装备和产品，进一步增强了部队侦察、通信指挥和作战能力；在船舶工业方面，先后自行研制建造了核动力潜艇、导弹驱逐舰、导弹护卫舰、导弹快艇等作战舰艇，以及各种辅助船舶和新型鱼雷、水雷、反水雷等新装备；在兵器工业方面，研制生产了一大批性能先进的坦克、装甲车辆、火炮、弹药、轻武器、军用光电器材和综合火控、指挥系统等新型武器装备，为我军现代化作出了重要贡献；在航空工业方面，已累计生产歼击机、轰炸机、直升机、运输机、教练机等 60 多个型号 1 万余架，基本满足了海空军作战和飞行训练的需要；

在航天科技工业方面，已拥有地地、地空、海空和空空导弹武器系统，运载火箭、各种应用卫星的研制发射和实验能力在世界航天技术领域占有一席之地；在核工业方面，我国不仅可以生产制造原子弹、氢弹，还掌握了核潜艇技术，形成了我国的核威慑力量，在和平利用核能方面我国也取得了突破性进展。

### （四）国防后备力量建设取得了长足的发展

我们党和国家历来十分重视国防后备力量的建设。经过几代人的努力，我国国防后备力量建设已形成了一整套制度和优良作风，打下了坚实的基础。党的十一届三中全会以来，尤其从 1985 年开始，党中央、国务院、中央军委明确提出"精干的常备军和强大的后备力量相结合，是建设现代化国防的必由之路"这一基本指导方针之后，作为一支伟大战略力量的国防后备力量，越来越受到党和国家的高度重视，并在全国范围内形成了一个各级地方党政领导关心后备力量建设、各级军事机关狠抓后备力量建设、社会各界和广大人民群众积极支持后备力量建设的可喜局面。我国国防后备力量建设，经过一系列的调整改革，各项工作均取得了明显的成绩。

一是实现了指导思想的战略转变，走上了和平时期稳步发展的轨道。明确提出了民兵工作要以更好地适应新时期军事战略方针和适应发展社会主义市场经济的新形势为指针。

二是确立并实行了民兵与预备役相结合的制度，初步形成了具有中国特色的国防后备力量体系，并下大力重点抓了基干民兵队伍建设和预备役部队建设，加强了训练，更新了武器装备，使我国后备兵员的整体素质有了较为明显的提高。

三是注重宏观指导，合理布局，边海防、大中城市和重点地区的民兵工作得到了加强。

四是民兵、预备役部队在参战支前、保卫边疆、发展生产、扶贫帮困、抢险救灾、维护社会治安等方面发挥了重要作用，为国家的改革、发展和稳定作出了巨大的贡献。

五是健全了国防动员机构。为了保证国家在一旦发生战争的情况下能很快由平时状态转入战时状态，调动足够的人力、财力、物力应付战争的需要，我国于 1995 年成立了战争动员委员会，下设兵员动员、经济动员等四个办公室，负责指导、协调全国的后备力量建设和动员工作。军队从总部机关到各军区、集团军、师团均设有动员机构或动员军官。省军区、军分区、人武部既是同级党委的军事部门，又是政府的兵役机关，是集后备力量建设与动员工作于一体的机构。

六是加强了国防教育，加强了对大学、高中（含相当高中）在校学生的军训工作，使国防教育正逐步纳入整个国民教育体系之中，走上法制化、规范化的轨道。

## 第四节　中国武装力量

武装力量是国家或政治集团所拥有的各种武装组织的统称。一般以军队为主体，由军队和其他正规的、非正规的武装组织结合构成。通常由国家或政治集团的最高领导人统率。

一个国家武装力量的组织结构受多种因素的制约，主要是国家的政治制度、经济条件、军事战略，以及地理环境、人力资源、历史传统等。总的是由简单到复杂、由单一组织向多种组织结合的方向发展。目前世界各国武装力量的构成大体可以概括为三种类型，即多种（三种以上）武装组织相结合的形式、两种（军队和武装警察）武装组织相结合的形式和单一（军队或警察或民兵，一般均采取以军队为主体的武装组织）的武装组织形式。我国的武装力量构成，属于多种武装组织相结合的形式。

## 一、我国武装力量的构成

中华人民共和国武装力量体制是在中国共产党领导中国人民进行长期的革命战争中逐步形成的。在国共合作的北伐战争时期，中国共产党协助国民党组织国民革命军，并直接领导建立工人纠察队和农民自卫军等革命群众武装组织。土地革命战争时期，中国共产党领导各革命根据地建立了主力红军、地方红军和赤卫军、少年先锋队相结合的武装力量。抗日战争时期，领导各抗日根据地组成了主力军、地方军和民兵、自卫队相结合的武装力量。解放战争时期，领导各解放区大力发展地方军和民兵，积极扩编野战军，形成了野战军、地方军和民兵相结合的武装力量。

中华人民共和国成立后，大规模的武装斗争逐步停止，国家进入了和平建设的新时期。为了适应新的历史条件，根据国际国内形势和任务的需要，在继承和发扬革命战争年代传统的基础上，不断改革发展，逐步形成了中国人民解放军、中国人民武装警察部队和民兵相结合的武装力量。

## （一）中国人民解放军

中国人民解放军是中国共产党缔造和领导的，用马克思列宁主义、毛泽东思想、邓小平理论武装起来的人民军队，是中华人民共和国武装力量的主要组成部分，是我国人民民主专政的坚强柱石。其主要任务是在党中央和中央军委的领导下，在社会主义现代化建设时期，担负着巩固国防、抵抗侵略、保卫祖国、保卫人民的和平劳动、参加国家建设事业的任务。它自1927年8月1日诞生以来，经历了中国工农红军、八路军和新四军、中国人民解放军等几个发展阶段，由小到大，由弱到强，打败了国内外的反动派，为建立人民政权立下了不朽的功勋。中华人民共和国成立后，又经受了抗美援朝战争、边境自卫反击战的考验，捍卫了国家主权和领土完整，并在革命化、现代化、正规化建设中得到了长足的发展，成为人民民主专政的坚强柱石、保卫社会主义祖国的钢铁长城、建设社会主义的重要力量。历史还是现实无一例外地表明，中国人民解放军在中国革命和建设的实践中，在建立和巩固新中国的国防事业中，具有不可替代的重要作用。中国人民解放军由现役部队和预备役部队组成。

**1. 现役部队**

现役部队由陆军、海军、空军、第二炮兵组成。

1）陆军。陆军是陆上作战的军种。中国人民解放军陆军经过80多年的建设和发展，由单一兵种逐步发展为一支具有强大火力、突击力和高度机动能力的诸兵种合成军种。编有步兵、炮兵、装甲兵、工程兵、通信兵、防化兵等专业兵种，还编有电子对抗兵、防空兵和陆军航空兵部队。步兵有山地步兵、摩托化步兵、机械化步兵；炮兵包括压制炮兵、反坦克炮兵、战役战术导弹兵、反坦克导弹兵、高射炮兵和地空导弹兵；装甲兵部队在编制上以坦克部队为主体，还编有装甲步兵、炮兵、防空兵、工程兵、防化兵及其他勤务保障部队等；防空兵包括地空导弹兵、高射炮兵和雷达、电子对抗部（分）队；陆军航空兵包括直升机飞行部队和直升机保障部队；工程兵包括工兵、舟桥、建筑、工程维护、伪装、野战给水工程等专业部（分）队；通信兵由野战通信、固定台站通信、通信工程和军邮勤务等专业部（分）队组成；防化兵由防化、喷火、发烟等部（分）队组成；电子对抗兵由雷达对抗部（分）队和电子对抗部（分）队组成。

2）海军。海军是以舰艇部队为主体，在海上作战的军种。中国人民解放军海军组建于新中国成立前夕。主要任务是独立或协同陆军、空军防御敌人从海上入侵，保卫领海主权，维护海洋权益。经过60余年的建设和发展，中国人民解放军海军部队已成为一支兵种齐全、常规和尖端武器兼备、具有立体攻防能力、能有效地保卫国家领海的战斗力量。主要由潜艇部队、水面舰艇部队、海军航空兵、海军岸防兵和海军陆战队等兵种及专业兵组成。海军的武器装备正向着导弹化、电子化和自动化的方向发展。

3）空军。空军是主要进行空中作战的军种。中国人民解放军空军组建于解放初期，主要任务是担负国土防空，支援陆、海军作战，对敌后方实施空袭，进行空运和航空侦察。兵种有航空兵、高射炮兵、地空导弹兵、雷达兵、空降兵等。经过60余年的建设和发展，中国人民解放军空军体制编制在精干、合成、效能方面不断改进，武器装备现代化水平逐步提高。具备执行空中突击、空中支援、空中运输、航空侦察和防空等任务的能力，成为一支既能独立完成国土防空任务又能协同陆、海军作战的战斗力量。

4）第二炮兵。中国人民解放军第二炮兵是主要执行战略核反击任务的部队。主要任务是遏制敌人对中国使用核武器，在敌人对中国发动核袭击时，遵照统帅部的命令，独立地或与其他军兵种的战略核部队共同对敌实施有效的自卫反击，打击敌人的重要战略目标。第二炮兵由近程、中程、远程和洲际导弹部队，以及作战保障、技术保障和后勤保障等部队组成，是一支具有一定规模和实战能力的主要核威慑和战略核反击力量的部队。中国发展核武器，组建战略核部队，是为了防御，是为了打破核垄断，反对核讹诈，遏制核战争。核反击是被迫的，最终目的是消灭核武器和核战争。

**2. 预备役部队**

中国人民解放军预备役部队是以现役军人为骨干，以预备役军官、士兵为基础，按统一编制为战时能迅速转为现役部队而组建起来的部队。它是实施战时快速动员的有效组织形式，是提高储备质量的好办法，是节约军费开支、加强国防建设的重要措施。

中国人民解放军预备役部队组建于1983年，分为陆军、海军、空军和兵种预备役部队。其师、团已被列入军队建制序列，授有番号、军旗，实行统一编制，按地区编组。预备役部队平时隶属于省军区，战时动员后归指定的现役部队指挥。

预备役部队的基本任务：一是努力提高部队的军政素质，不断增强现代条件下快速动员和作战能力；二是切实做好战时动员的各项准备工作，随时准备转为现役部队，执行作战任务；三是积极参加社会主义建设，在物质文明和精神文明建设中发挥骨干带头作用。

预备役部队的军事训练，由各大军区、省军区、军兵种按照总参谋部制定的训练大纲组织实施。根据部队担负任务的需要，每年在完成军官、士兵基本训练的基础上，安排一些应用科目训练。通过训练，使预备役军官和士兵掌握必备的技术、战术技能，提高部队快速动员和整体执行任务的能力，做到一声令下，能收得拢、拉得出、会打仗。

## （二）中国人民武装警察部队

中国人民武装警察部队是中华人民共和国武装力量的重要组成部分，是保卫社会主义现代化建设的一支重要力量。在巩固和加强人民民主专政、维护社会治安、维护国家主权和尊严、参加社会主义现代化建设等各项任务中，都发挥着重要作用。

中国人民武装警察部队是在新中国建立后逐步发展起来的。1950 年 9 月，为保证武装力量更好地履行对内职能，在中国人民解放军部分陆军的基础上，组建了中国人民公安部队。在此之后，公安部队的领导体制、隶属关系和名称，经过了多次变动和调整：曾先后使用过"中国人民解放军公安部队"、"中国人民解放军公安军"、"中国人民武装警察部队"；有时归军队建制领导，有时归公安机关建制领导，有时实行军队和公安机关双重领导。1982 年 6 月，先后将看押劳改犯、守护地方重要目标和警卫省、自治区、直辖市党政机关，以及驻华使领馆的人民解放军部队同公安部门原来实行义务兵役制的武装、边防、消防警察统一组建成人民武装警察部队。1983 年 4 月，中国人民武装警察部队正式成立。1985 年 1 月，原属中国人民解放军基建工程兵的水电、交通、黄金部队被列入武警部队序列。1987 年 8 月，武装森林警察也被列入武警部队序列。

《中华人民共和国国防法》规定，人民武装警察部队担负国家赋予的安全保卫任务，维护社会秩序。它是人民民主专政的重要工具之一。中国人民武装警察部队根据中国人民解放军的建军思想、宗旨、原则，按照人民解放军的条令、条例和有关规章制度，结合武警部队特点进行建设。中国人民武装警察部队的主要职能如下：

1）维护国家主权和尊严。中国人民武装警察部队主要是通过执行边境武装警卫勤务、边防检查勤务、安全检查勤务、海上巡逻勤务来履行这一职能的。

2）维护社会治安。作为公安机关的一部分，中国人民武装警察部队担负着用公开武装的形式预防和镇压敌对势力的破坏、应付各种紧急意外情况、维护社会治安的任务。

3）保卫党政领导机关、重要目标和人民生命财产的安全。主要通过执行警卫勤务、守卫勤务、消防工作、反恐怖活动来实现。

中国人民武装警察部队属于国务院编制序列，由国务院、中央军委双重领导，实行统一领导管理与分级指挥相结合的体制。中国人民武装警察部队设总部、总队（师）、支队（团）三级领导机关。各级机关设司令部、政治部、后勤部。武警总部是武警部队的领导指挥机关，领导管理武警内卫部队的军事、政治、后勤工作。武警总部直辖若干师和大专院校。各省、自治区、直辖市设武警总队，各总队辖初级指挥学校，总队以下根据行政区划分和任务需要设若干个支队。支队按大队、中队、排、班的序列编成。

中国人民武装警察部队依其任务不同可分为三类：

第一类，内卫部队。这是武警部队的主要组成部分，受武警总部的直接领导。其主要任务：一是承担固定目标执勤和城市武装巡逻任务，保障国家重要目标的安全；二是处置各种突发事件，维护国家安全与社会稳定；三是支援国家经济建设和执行抢险救灾任务。

第二类，列入武警序列由公安部门管理的部队。其中，边防部队主要担负边境检查、管理和部分地段的边界巡逻及海上缉私；消防部队主要担负防火灭火任务；警卫部队主要担负党和国家领导人、省市主要领导及重要来访外宾的警卫任务。

第三类，列入武警序列受国务院有关业务部门和武警双重领导的部队。这些部队既担负经济建设的任务，同时又负有维护国家安全和社会稳定的任务。其中，黄金部队主要担负黄金地质勘察、黄金生产任务；水电部队主要承担国家能源重点建设任务，包括大中型水利、水电工程，以及其他建设任务；交通部队主要担负公路、港口及城建等施工任务；森林部队主要担负东北、内蒙古、云南等地森林的防火、灭火，以及维护林区治安、保护森林资源的任务。

中国人民武装警察部队的武器装备，以步兵轻武器为主，兼有少量重型武器和特种武器。中国人民武装警察部队有自己的服装式样、识别标志和军衔等级，其内务制度、纪律要求、队列基础训练和政治思想工作等则执行中国人民解放军的有关条令和条例。

## （三）中国民兵

中国民兵是由不脱产的人民群众组成的武装组织，是中华人民共和国武装力量的组成部分，是中国人民解放军的有力助手和强大的后备力量。

中国民兵初建于第一次国内革命战争时期。革命战争年代，民兵为民族的解放、为赶走日本侵略者、为新中国的建立作出了巨大的贡献。中华人民共和国成立后，中国民兵成为国家武装力量的组成部分，在建设祖国、保卫祖国中发挥了重大作用。

中国民兵是国家的后备武装力量，不仅拥有步兵分队，还组建了大量的炮兵、通信、防化、侦察、工程兵分队，以及海军、空军的一些专业技术分队，能随时执行作战任务。中国国防法规定："民兵在军事机关的指挥下，担负战备勤务、防卫作战任务，协助维护社会治安。"新时期的中国民兵，经过长期的建设，已经取得了很大成绩。以法律的形式确立了在国务院、中央军委领导下的民兵组织领导体制。全国的民兵工作由总参谋部主管；各大军区按照上级赋予的任务，负责本区域的民兵工作；省军区、军分区和县（市）人民武装部是本地区的民兵领导指挥机关；乡、镇、部分街道和企事业单位设有人民武装部，负责民兵和兵役工作。地方各级人民政府，对民兵工作实施原则领导、实施组织和监督。中国民兵的作用主要表现在三个方面：积极参加社会主义现代化建设，带头完成生产任务；担负战备勤务，保卫边疆，维护社会治安；随时准备参军作战，抵抗侵略，保卫祖国。

1）民兵制度。民兵可分为基干民兵和普通民兵。28 岁以下退出现役的士兵和经过军事训练的人员，以及选定参加军事训练的人员编入基干民兵组织。其余 18～35 岁符合服兵役条件的男性公民，编入普通民兵组织。女民兵只编入基干民兵，人数控制在适当的比例内。陆海边疆、少数民族地区和城市有特殊情况的单位，基干民兵的年龄可适当放宽。民兵必须是身体素质好、政治可靠的人员。兵役法规定，实行民兵与预备役相结合的制度。一是规定基干民兵为一类预备役，普通民兵为二类预备役；二是把参加民兵组织和服预备役年龄、政治、身体条件一致起来；三是有民兵组织的地方，在基层工作上把两者结合起来，使基层民兵组织成为预备役的基本组织形式。

2）民兵编组。一般以乡（镇）、行政村和厂矿企业为单位，按照民兵人数多少，分别编为班、排、连、营、团。基干民兵、普通民兵，男民兵、女民兵，应分别编组。

3）民兵训练。民兵干部和基干民兵的训练原则上由县（市、区）人民武装部组织实施。根据训练大纲的要求，干部训练时间为 30 天，一般在一年内完成；民兵训练时间为 15 天，一次完成。通过训练，干部具备相应的军事技能和组织指挥能力，并提高开展本职工作的能力；民兵学会使用手中武器装备，掌握基本军事技能；分队能担负一般战斗任务。民兵干部主要进行本级指挥和教学法训练，基干民兵主要进行技术和战术基础训练。专业技术兵的训练时间，根据需要适当延长。在训练手段上，大力推广电化教学和模拟训练，实施形象、直观教学，注意突出重点。

## 二、中国人民解放军各军兵种的编成、任务及其武器装备

### （一）陆军

陆军是以步兵、装甲兵、炮兵为主体，主要在陆地上执行作战任务的军种，是陆地战场决定胜负的主要力量。它具有强大的火力、突击力和快速的机动能力，既能独立作战，又能与其他军种协同作战。

**1. 陆军的编成**

陆军通常由步兵、炮兵、装甲兵、防空兵、陆军航空兵、工程兵、通信兵、防化兵、电子对抗兵等兵种和各种专业勤务部队组成。各兵种以其专业特性，执行不同的战斗或保障任务。

陆军按其总体任务又可区分为野战军（野战部队）和地方军（地方部队）。

1）野战军。野战军是执行全国机动作战任务的正规军，是陆地作战的骨干和核心力量，按方面军（战时编成）、集团军（军）、师（旅）、团、营、连、排、班序列编成，隶属于统帅部或大军区管辖，主要执行超区域性的作战或其他任务。

2）地方军。地方军是指在一定地区范围内（省、地、县）执行作战任务的地方部队。按其任务性质不同区分为边（海）防部队、内卫部队和守备部队。按独立师、团、营、连、排、班序列编成，隶属于大军区或省军区管辖。平时主要担负本地区的警备、守卫。协同地方维护社会治安、训练民兵、做群众工作等各项任务；战时配合野战军作战，也可在广大民兵配合下独立执行游击作战任务。必要时，也可成建制地纳入野战军编制序列，执行超区域性的作战任务。

**2. 陆军的任务**

陆军是我军的重要力量，在抗击外敌入侵、保卫国家领土主权、维护国家和平统一和社会稳定等方面起着重大作用。陆军的主要任务如下：

1）抗击敌军入侵。

2）在一定地区和方向上打赢局部战争。

3）维护国家和平统一和社会稳定。

**3. 陆军各兵种的武器装备**

1）步兵的武器装备。主要有手枪、自动步枪、冲锋枪、机枪、手榴弹、火箭筒、轻型火炮（迫击炮、无坐力炮）和反坦克导弹等。摩托化步兵装备有各种输送汽车，机械化兵装备有步兵战车和装甲输送车。

图 1-4-1

2）炮兵的武器装备。主要有 85 毫米、122 毫米、130 毫米、152 毫米口径的加农炮；122 毫米口径的榴弹炮；152 毫米、155 毫米口径的加膛榴弹炮；107 毫米、122 毫米、130 毫米、273 毫米口径的火箭炮；82 毫米、100 毫米、120 毫米口径的迫击炮；100 毫米、120 毫米口径的滑膛炮；82 毫米、105 毫米口径的无坐力炮；"红箭-73"、"红箭-8" 反坦克导弹；"东风"系列多种型号的战役战术导弹。图 1-4-1 为 "东风-31" 战略导弹。

3）装甲兵的武器装备。主要有坦克、战斗配套和勤务保障车辆。坦克按任务性质可分为主战坦克和特种坦克；按战斗全重可分为重型（40 吨以上）、中型（20～40 吨）和轻型（20 吨以下）坦克。特种坦克有水陆坦克、扫雷坦克、侦察坦克、喷火坦克等；战斗配套和勤务保障车辆有步兵战车、装甲输送车、自行火炮车、装甲侦察车、装甲指挥车及各种修理、抢救、牵引、运输车辆等。

4）防空兵的武器装备。主要有 12.7 毫米、14.5 毫米口径高射机枪；25 毫米、37 毫米、57 毫米、100 毫米口径的高射炮；"红樱-5" 单兵肩射式低空导弹，"红旗-61"；"红旗-7" 车载防空导弹等。此外，防空兵还装备有一种炮瞄雷达、指挥仪和自动化指挥系统。

5）陆军航空兵的武器装备。主要有多种型号的攻击直升机、运输直升机和特种用途直升机。

6）工程兵的基本装备。主要有工程侦察器材、地雷爆破器材（包括各种地雷、陆军水雷、布雷扫雷器材、工程爆破器材等）、渡河桥梁器材、工程机械、伪装器材和工具器材等。

7）通信兵装备。通信兵装备分为固定通信装备和野战通信装备及其他装备器材等。野战通信装备有多种型号的短波、超短波电台，单边带电台，超短波接力机，载波电话机，收信机等各种通信联络工具及自动化指挥设备与器材等。

8）防化兵的武器装备。主要有核爆观测器材、辐射侦察器材、化学侦察器材、洗消车辆、喷火器和发烟器材。

9）电子对抗兵的装备。主要有各种类型的电子侦察设备、电子干扰、电子伪装器材等。

## （二）海军

海军是以舰艇部队为主体，主要在海洋执行作战任务的军种。它具有在水面、水下和空中作战的能力，既能单独在海上作战，又能协同陆军、空军作战。我国海军自 1949 年 4 月 23 日创建以来，先后同国内外敌人作战 1200 余次，有效地维护了祖国领海主权和海洋权益。目前，它已成为一支装备复杂、技术密集、多兵种合成、初具现代化作战能力的近海防御力量。

### 1. 海军的编成

海军由潜艇部队、水面舰艇部队、海军航空兵、海军岸防兵、海军陆战队等兵种和各种专业勤务部队组成。

海军的编制序列为军委海军—舰队、海航—基地、舰航—水警区、舰艇支队、航空兵师—舰艇大队（团）。军委海军担负某一海洋战区作战任务的战役军团，受军委海军和所在战区的双重领导，舰队下辖海军基地、潜艇部队、水面舰队、航空兵部队、岸防兵、陆战队及各种专业勤务部队。

**2. 海军的任务**

我国是一个濒海大国，宽广的海域不仅是我国安全的屏障和门户，更是中华民族生存发展的空间。海军是一个战略性军种，具有多重国防功能。其使命是防御外敌海上入侵，收复敌占岛屿，保卫我国领海主权，维护祖国统一和海洋权益。海军的主要任务如下：

1）协同陆军、空军进行反袭击，保卫海军基地、港口和沿海重要目标。

2）消灭敌战斗舰艇和运输船舶，破坏敌海上交通运输。

3）袭击敌海军基地、港口和岸上重要目标。

4）协同陆军、空军进行登陆、抗登陆作战。

5）进行海上封锁和反封锁作战。

6）保障我海上交通运输、渔业生产、资源开发、科学实验和海洋调查的安全。

**3. 海军各兵种的武器装备**

1）潜艇部队的武器装备。我海军装备有多种型号的常规动力潜艇和核动力潜艇。艇上的武器装备有鱼雷、水雷、飞航式导弹、弹道导弹等。图 1-4-2 为我国基洛级潜艇。

2）水面舰艇部队的武器装备。海军装备的水面战斗舰艇有多种型号的导弹驱逐舰、护卫舰、导弹艇、鱼雷艇、护卫艇、猎潜艇、布雷舰、扫雷舰艇、登陆舰艇、气垫船及各种专业勤务舰船，包括运输船、油船、水船、冷藏船、工程船、消磁船、医院船、救生船、侦察船等。舰艇上的武器装备主要有中（76 毫米、100 毫米、130 毫米）、小（20 毫米、25 毫米、30 毫米、57 毫

图 1-4-2

米）口径的各型舰炮，多种舰舰导弹，反潜武器（深水炸弹、鱼雷），舰空导弹（"红旗-6"、"红旗-7"）；有的舰上还装备有舰载直升机。

3）海军航空兵的武器装备。海军航空兵装备的飞机和空军航空兵的基本相同。有多种型号的歼击机、歼击轰炸机、轰炸机、强击机、水上飞机、反潜机等。此外，还有各种运输机、直升机和其他特种飞机。机载武器有航炮、航空火箭弹、航空炸弹、空空导弹、空舰导弹、鱼雷和深水炸弹等。防空部队装备有 37 毫米、57 毫米、100 毫米的高炮和各种雷达。

4）海军岸防兵的武器装备。装备有"海鹰"和"鹰击"系列多种型号的岸舰导弹。

5）海军陆战队的武器装备。装备有自动化的步兵武器、反坦克导弹、防空导弹及各种火炮、火箭炮，还配有舟桥、冲锋舟、气垫船、水陆两用坦克、装甲输送车及其他特种装备和作战器材。

## （三）空军

空军是以航空兵为主体，主要执行空中作战任务的军种。我国空军成立于 1949 年 11

月 11 日，为保卫祖国领空和社会主义建设作出了重大贡献。空军是空中进攻和对空防御的主要力量，是现代战争中首先使用的一支重要力量，具有高速机动、远程作战和猛烈突击的能力。它既能协同陆军、海军作战，又能独立作战。其作战行动对战争的进程和结局能产生重大影响。

**1. 空军的编成**

空军由航空兵、地空导弹兵、高射炮兵、空降兵、雷达兵等兵种及其他专业勤务部队组成。

空军的编制序列为军委空军—军区空军—空军军（空军基地）—师（旅）。军委空军是空军的最高领率机构，下辖军区空军和空降军。军区空军是空军的战役军团，下辖空军军（空军基地）、各兵种部队和专业兵部队。

**2. 空军的任务**

空军的使命是组织国土防空，夺取制空权，协同陆、海军作战，保卫国家领土、领空、领海主权和国家利益，维护国家统一和安全，保障我国改革开放和经济建设的顺利进行。空军的主要任务如下：

1）国土防空。

2）独立实施空中进攻作战。

3）协同陆、海军作战。

4）实施空降作战。

5）实施空中威慑。

6）实施空中输送。

7）实施电子对抗、航空侦察、无线电子技术侦察和雷达侦察。

**3. 空军各兵种的武器装备**

1）航空兵的武器装备。航空兵装备的飞机有多种型号的歼击机、轰炸机、强击机、侦察机、运输机。此外，还有电子干扰机、空中加油机等专业飞机。机载武器有航炮、航空火箭、航空炸弹、空空导弹、空地导弹、常规炸弹和鱼雷，还携带核弹等。

2）地空导弹兵的武器装备。有"红旗"系列导弹和引进的第三代 C-300 地空导弹。我国自行研制的第三代地空导弹即将装备部队。

3）高射炮兵的武器装备。主要装备 57 毫米高炮系统，配有雷达自动寻找目标，自动装填设备，能全天候作战。

4）空降兵的武器装备。主要有步兵轻武器，包括机枪、冲锋枪、自动步枪；侦察分队还有微型、微声冲锋枪；炮兵武器包括 82 毫米、100 毫米迫击炮，82 毫米、105 毫米无坐力炮，高射机枪和双 25 毫米高炮，107 毫米火箭炮和 122 榴弹炮；特种装备有轻型雷达干扰机、超短波侦听机、无线电干扰机、各型降落伞等。

5）雷达兵的武器装备。主要有多种型号的超视距、超远程、中远程、中近程警戒雷达。这些雷达功率大，接收灵敏度高，探测距离较远，可达数百到数千米。装备有引-2、引-3、引-5、383、384 等多种引导雷达，尤其是三坐标雷达，其精度高，可以同时测报方位、距离和高度，以保障准确地实施指挥引导；还有航管雷达和测高雷达。

## （四）第二炮兵

第二炮兵是中国人民解放军地地战略导弹部队的代称。是以地地战略导弹为基本装备，实现积极防御战略方针的重要核反击力量。它成立于 1966 年 7 月 1 日，受中央军委的直接领导和指挥。它与海军潜地战略导弹部队和空军战略轰炸机部队构成我国三位一体的战略核力量。可单独作战，或与其他军队协同作战。

第二炮兵的建立和发展壮大，是我国国家实力和国防现代化的重要标志之一。它不仅展示了我国拥有强大的军事实力和尖端科学技术，同时也标志着我军现代化建设进入了一个新的阶段。它对于提高我国的国际地位，鼓舞我国人民的斗志，振奋民族精神，遏制超级大国可能对我国发动的战争，维护世界和平，起着重要的作用。

**1. 第二炮兵的编成**

第二炮兵由地地近程、中程、远程、洲际等导弹部队及各种保障部队、院校和科研试验单位等组成，按导弹基地（相当于军）、旅、营编成。

**2. 第二炮兵的任务**

1）打击敌海、空进攻力量，削弱敌远程航空兵和海军的作战能力，减轻来自空中和海上对我的威胁。

2）打击敌重要交通枢纽，中断敌交通运输，以阻止或迟滞敌人的战略机动和物资补给。

3）打击敌重要经济目标，削弱敌战争潜力和进攻能力。

4）打击敌政治、经济中心，在政治上、心理上威慑敌人，使其国民经济和战争潜力遭到损失。

5）打击敌军政首脑指挥中心，打乱和破坏其战略指挥。

6）打击敌重兵集团，杀伤其有生力量，削弱其地面部队的作战能力。

7）配合其他军种实施常规导弹突击，执行常规作战任务。

**3. 第二炮兵的武器装备**

第二炮兵装备有"东风"系列多种型号的地地导弹，包括近程导弹、中程导弹、远程导弹、洲际导弹。这些导弹可固定发射，也可机动发射，可陆基发射，也可海基发射。

# 第五节 国防法规

国防法规是调整国防和武装力量建设领域各种社会关系的法律规范的总和，是国家法律体系的重要组成部分，是加强国防和武装力量建设的基本法律依据。其主要作用是用法律的形式确定并以国家强制手段为加强国防建设和国防斗争提供基本的法律保障。随着社会主义市场经济体制的不断完善及国家依法治国、政府依法行政的不断加强，国防法规对于加强国防和军队建设，对于做好新世纪新阶段的军事斗争准备意义重大。

## 一、国防法规的特性

国防法规是国家法律的组成部分，是由国家制定或认可的，并由国家强制力保证其实施的行为规范，具有法律的一般特性，即鲜明的阶级性、高度的权威性、严格的强制性、普遍的适用性和相对稳定性。同时，国防法规还具有区别于其他法规的特殊性，主要表现在以下三个方面。

### （一）调整对象的军事性

法律是调整社会关系的行为规范，不同的法律规范用来调整不同领域的社会关系，国防法规所调整的是国防和武装力量建设领域的各种社会关系，包括军队内部的社会关系、武装力量内部的社会关系、武装力量与外部的社会关系。这些带有军事性的社会关系是国防法规特有的调整对象，是其他任何法律规范所不能代替的，这是国防法规特性的一个基本表现。

调整对象的军事性并不意味着国防法规只适应军队，不适应地方。国防是国家行为。国防和武装力量建设领域的社会关系是军事性的，但这些社会关系所涉及的行为主体并不都是军队和军人，政治、经济、外交、科技、教育等各个部门和社会各阶层人士都与国防有关。因此，一切社会团体和个人都必须按照国防法规的要求，履行自己的国防义务。

### （二）司法适用的优先性

国防法规优先适用是指在解决与国防利益、军事利益有关的法律问题时，如果国防法规和普通法都有相关的规定，要以国防法规的规定作为评判是非的标准和采取行动的准则。优先适用不是指的先后顺序，而是一种排他性的单项选择。在涉及国防利益、军事利益的案件中，只适用国防法规，不适用普通法。"特别法优先于普通法"是国际公认的法律适用原则。特别法是对特定的人、特定的领域、特定的事项或在特定的时间内有效的法律。国防法规属于特别法。

### （三）处罚措施的严厉性

国防法规所保护的国防利益是关系国家兴衰存亡的最根本的国家利益，因而对危害国防利益的犯罪实行比较严厉的处罚。

同一类型的犯罪，危害国防利益的从重处罚。如《中华人民共和国刑法》（以下简称《刑法》）规定，抢劫罪通常处3年以上10年以下有期徒刑；而冒充军警人员抢劫的，抢劫军用物资的，处10年以上有期徒刑、无期徒刑或者死刑。

战时从重处罚。所谓战时，是指国家宣布进入战争状态、部队受领作战任务或者遭敌袭击时，部队执行戒严任务或者处置突发性暴力事件也以战时论。《中华人民共和国兵役法》（以下简称《兵役法》）、《刑法》的许多条款都申明战时从重处罚。如《兵役法》规定：平时，应征公民拒绝、逃避征集拒不改正的，在两年内不得被录取为国家公务员、国有企业职工，不得出国或者升学，还可同时处以罚款；而战时要依法追究刑事责任。

对军人违反职责的犯罪从重处罚。我国《刑法》规定的军人违反职责罪有30项罪名，其中12项罪名最高刑罚为死刑。对军人犯罪给予较重的处罚，是由军事斗争的特殊性决定的，是保障完成军事任务的需要。

## 二、国防法规体系

国防法规体系是指由不同层次、不同门类的国防法律规范构成的相互联系、相互制约和协调的有机整体。我国的国防法规，按立法权限区分为四个层次：第一个层次是法律，是由全国人民代表大会及其常务委员会制定的；第二个层次是法规，是由国务院和中央军委制定的，由中央军委制定的为军事法规，由国务院制定或国务院与中央军委联合制定的为军事行政法规；第三个层次是规章，由军委各总部、各军兵种、各军区制定的为军事规章，由国务院有关部委与军委有关总部联合制定的为军事行政规章；第四个层次是地方性法规，是由省、自治区、直辖市人民代表大会及其常务委员会制定的贯彻执行国家国防法规的实施办法、实施细则和补充规定等。

我国的国防法规按调整领域可以划分为十六个门类：国防基本法类，国防组织法类，兵役法类，军事管理法类，军事刑法类，军事诉讼法类，国防经济法类，国防科技工业法类，国防动员法类，国防教育法类，军人权益保护法类，军事设施保护法类，特区驻军法类，紧急状态法类，战争法类，对外军事关系法类。不同门类的国防法规调整和规范国防及军事活动的领域不同。

## 三、公民的国防义务和权利

## （一）公民的国防义务

### 1. 兵役义务

兵役义务是公民在参加国家武装力量和以其他形式接受军事训练方面应当履行的责任。我国《兵役法》第三条规定："中华人民共和国公民，不分民族、种族、职业、家庭出身、宗教信仰和教育程度，都有义务依照本法的规定服兵役。"公民履行兵役义务的主要形式有三种。

第一，服现役。现役是公民在军队中所服的兵役。参加中国人民解放军和武装警察部队都是服现役。按照我国《兵役法》的规定，每年12月31日以前，年满18岁的男性公民，应当被征集服现役。当年未被征集的，在22岁以前仍可以被征集服现役。根据军队需要，也可以征集18～22岁的女性公民服现役。

我国《兵役法》还规定，应征公民是维持家庭生活的唯一劳动力或者是正在全日制学校就学的学生，可以缓征。除了征集新兵，军队平时还采取其他一些方式从适龄公民中选拔人员。军事院校从青年学生中招收学员，部分普通高等学校招收国防生，军队招收高等学校毕业生入伍，军队从非军事部门具有专业技能的公民中招收志愿兵。符合服兵役条件的公民，可以通过以上途径参加人民解放军或武警部队服现役。

战时，预备役人员应随时准备应召服现役，在接到通知后，必须准时到指定的地点报到。遇有特殊情况，国务院和中央军事委员会可以决定征召36～45岁的男性公民服现役。应征公民拒绝、逃避征集构成犯罪的，依法追究刑事责任。

第二，服预备役。预备役是公民在军队以外所服的兵役，是国家储备后备兵员的形式。根据我国《兵役法》规定，预备役分为军官预备役和士兵预备役，并分别区分为第一类预备役和第二类预备役。公民服士兵预备役的年龄为 18～35 岁。

一是登记服预备役。每年 9 月 30 日之前，兵役机关要对到年底满 18 岁的男性公民进行兵役登记。

二是参加民兵组织。民兵是不脱离生产的群众武装组织，是国家武装力量的重要组成部分，是中国人民解放军的助手和后备力量。民兵分为基干民兵和普通民兵。28 岁以下的退出现役的士兵和经过军事训练的人员，以及选定参加军事训练的人员，编为基干民兵；其余 18～35 岁的男性公民，编为普通民兵。根据需要，吸收部分女性公民参加基干民兵。我国实行民兵与预备役相结合的制度，所有的民兵同时都是预备役人员，参加民兵组织也是服预备役。

三是编入预备役部队。预备役部队是以现役军人为骨干，以预备役军人为基础，按照军队的编制体制建立起来的军事组织，是战时成建制快速动员的重要形式。公民编入预备役部队担任预备役军官或士兵，都是服第一类预备役。

第三，参加学生军事训练。我国《兵役法》规定："高等院校的学生在就学期间，必须接受基本军事训练。""高级中学和相当于高级中学的学校，配备军事教员，对学生实施军事训练。"这些规定表明，接受军事训练是学生必须履行的兵役义务。学生军事训练依据教育部和解放军总参谋部、总政治部联合制定的《高等院校学生军事训练大纲》、《高级中学和相当于高级中学军事课教学大纲》组织实施。高等院校将军事训练作为必修课纳入教学计划，将学生军事训练考核成绩载入本人档案，考核不合格的，按高等院校学籍管理办法和有关规定处理。

### 2. 接受国防教育的义务

国防教育是国家为防备和抵抗侵略，制止武装颠覆，保卫国家的主权统一、领土完整和安全，对全体公民所进行的一种具有特定目的和内容的教育活动，是国家整体教育事业的组成部分。国防教育是建设和巩固国防的基础，是增强民族凝聚力、提高全民素质的重要途径。国家通过立法把国防教育作为公民的法律义务规定下来。

我国的《中华人民共和国宪法》（以下简称《宪法》）、《中华人民共和国国防法》（以下简称《国防法》）、《中华人民共和国教育法》（以下简称《教育法》）、《中华人民共和国全民所有制工业企业法》（以下简称《全民所有制工业企业》）等都有明确的国防教育内容。2001 年 4 月 28 日第九届全国人民代表大会常务委员会第二十一次会议通过的《中华人民共和国国防教育法》（以下简称《国防教育法》）对国防教育的地位、目的、方针、原则，国防教育领导、保障，学校的国防教育，社会的国防教育和法律责任等作出了具体规定。2001 年 8 月 31 日第九届全国人民代表大会常务委员一会第二十三次会议通过《关于设立全民国防教育日的决定》，确定每年 9 月第三个星期六为全民国防教育日。依照法律规定，全体公民都是国防教育的对象，都有接受国防教育的权利和义务。

国防教育的地位。我国《国防教育法》第二条规定："国防教育是建设和巩固国防的基础，是增强民族凝聚力、提高全民素质的重要途径。"

国防教育的目的。我国《国防教育法》第三条规定："国家通过开展国防教育，使公民增强国防观念，掌握基本的国防知识，学习必要的军事技能，激发爱国热情，自觉履行国防义务。"

国防教育的方针和原则。我国《国防教育法》第四条规定："国防教育贯彻全民参与、长期坚持、讲求实效的方针，实行经常教育与集中教育相结合、普及教育与重点教育相结合、理论教育与行为教育相结合的原则，针对不同对象确定相应的教育内容分类组织实施。"

国防教育的内容主要包括国防理论教育、国防精神教育、国防知识教育和国防技能教育，以及战备形势教育、国防任务教育、敌情等特定教育。这些教育相互联系、相互渗透、相互促进，其核心都是爱国主义精神教育。

**3. 保护国防设施的义务**

国防设施是指国家直接用于国防目的的建筑、场地和设备，包括军事设施、人民防空设施、国防交通设施和其他用于国防目的的设施。国防设施是国防建设的成果，是国防活动的依托，是抵抗侵略、保卫祖国的物质条件。在巩固国防、维护国家安全利益方面具有重要作用。国家采取一切必要措施保护国防设施。

1990年2月23日颁布的《中华人民共和国军事设施保护法》规定，国家对军事设施实行"分类保护、确保重点"的方针，根据军事设施的性质、作用、安全保密的需要和使用效能的要求，将军事设施的保护分为三类：一是划定军事禁区予以保护；二是划定军事管理区予以保护；三是没有划入军事禁区、军事管理区的军事设施，如通信线路、铁路和公路线、导航和助航标志等，采取有效措施予以保护。

公民在从事经济、文化和其他社会活动时，应当遵守法律的规定，自觉保护国防设施。公民对于破坏、危害国防设施的行为，应当制止、检举或控告。破坏、危害国防设施的，要承担相应的法律责任。

**4. 保守国防秘密的义务**

国防秘密是指关系国家安全利益，在一定时间内只限一定范围人员知悉的军事或与军事有关的政治、经济、外交、科技、教育等方面的事项。国防秘密的主要表现形式是国防秘密信息和国防秘密载体。保守国防秘密事关国家的安危。公民应当遵守《中华人民共和国保守国家秘密法》及有关的保密规定，严格保守国防方面的国家秘密。发现国防方面的国家秘密已经泄露或者可能泄露时，立即采取补救措施并及时报告。

**5. 支持国防建设、协助军事活动的义务**

我国的国防是全民国防，公民应当积极参与和支持国防建设。支持国防建设的形式多种多样，公民所做的一切有利于国防建设的事都是支持国防建设。军事活动是国防活动的核心内容。公民和组织应当根据自己的能力和条件，自觉地提供便利和协助。

## （二）公民的国防权利

我国《国防法》规定："公民和组织有对国防建设提出建议的权利。公民和组织有对危害国防的行为进行制止或者检举的权利。""公民和组织因国防建设和军事活动在经济上受到直接损失的，可以依照国家有关规定取得补偿。"

**1．提出建议权**

公民依法对国防建设的指导思想、方针、原则、规章制度、实施方法等提出建议，是公民依照宪法享有的对国家事务建议权在国防建设方面的体现。

**2．制止和检举权**

制止危害国防利益的行为是指公民依法采取一定的方式方法使危害国防的行为停止下来，从而维护国防利益。对于危害祖国安全的行为，公民有权采取一切合法手段制止其发生、发展。

检举危害国防利益的行为是指危害国防的行为发生后，公民对违法行为进行揭发。我国《国防法》规定公民享有制止和检举权，对及时发现和有效地制止、打击侵害国防利益的违法犯罪行为，维护国防利益，加强国防建设有着重要作用。

**3．获得补偿权**

我国《国防法》规定公民享有获得补偿权。国家进行国防建设，武装力量开展军事活动，在某些情况下可能对公民的合法权益产生一定的影响甚至造成经济损失，公民可以按国家有关规定获得补偿。

在战时和其他紧急状态下，有些补偿措施是在事后落实的，不应把预先得到补偿作为接受征用的条件。同时"补偿"不同于"赔偿"。补偿是由国家机关及其工作人员的合法行为引起的，是国家对公民因国防活动受到损失所采取的补救措施，仅限于直接经济损失，不包括间接经济损失和精神损失，不具有制裁性。

## （三）国防义务与国防权利的关系

国防义务与国防权利是区别与统一的关系。所谓区别，是指两者各有不同的含义，有质的不同。权利是主动的，义务是被动的；权利可以放弃，义务必须履行。所谓统一，是指两者同时产生、密切联系、互为条件、相辅相成，具有一致性。

国防义务与国防权利的一致性主要表现在以下三点：一是对等性，公民所承担的国防义务和享有的国防权利相对应而存在，两者在总量上是相等的；二是平等性，公民在享受权利和承担义务方面是平等的；三是同一性，有些国防权利和国防义务是同一的。如我国《国防教育法》第五条规定："中华人民共和国公民都有接受国防教育的权利和义务。"

权利和义务的一致性在国防方面也存在其特殊性。即在国防活动中，权利和义务的一致性有时并不直观，甚至在局部上表现为不对等或不平等。比如，在和平时期，公民的劳动、生活没有受到战争的现实威胁，享受不到国防活动所带来的直接利益，但也必须承担国防义务；在战时，战区和非战区公民享受的国防权利和承担的国防义务是不平等的；等等。

# 第六节　国防动员

国防动员亦称战争动员，是指国家为准备战争和实施战争而在相应的范围内由平时状态转入战时状态所采取的统一调动人力、物力和财力的紧急措施。根据战争动员的规模，一般分为总动员和局部动员。总动员是指国家采取紧急在全国范围内实施的国防动员。局部动员是指国家采取紧急措施，在局部地区、某些部队或担负作战任务的部队中实施的国防动员。国防动员通常包括武装力量动员、国民经济动员、人民防空动员、交通运输动员和政治动员等领域。

一、国防动员概述

## （一）国防动员的产生与发展

国防动员与战争紧密相连，是战争活动的重要组成部分和前提条件，因此最早被称作战争动员。

战争动员产生于奴隶制社会时期，发展于封建社会和资本主义社会时期。自工业革命后，战争动员进入全面发展时期。尤其是规模空前的两次世界大战的发生，为战争动员进入成熟阶段提供了客观条件。一是战争动员的规模空前扩大。如第二次世界大战中，参战各国动员的总兵力达到 1.1 万万余人。其中，德国为 1700 万人，日本近 1000 万人，苏联 1136 万人，美国 1212.3 万人。苏联和德国从 1941 年到 1944 年的 4 年中，年均生产飞机约 5.0309 万架，坦克 3.9174 万辆，火炮 72.66 万门。人力、物力、财力的动员量高于以往任何战争。二是战争动员的范围进一步扩展。两次世界大战期间，真正将经济、政治、外交等领域全部纳入了战争动员范围，将工业、农业、商业、财政金融、交通运输和邮电通信等经济部门纳入了战时轨道，使得整个战争动员体系日趋完备，"综合动员"的性质日益明显。三是战争动员呈现出持续性的特征。在整个战争期间连续多批次地实施人力、物力和财力的动员，已成为参战各国的普遍做法。四是战争动员体制和制度不断完善。到第二次世界大战前夕，各参战国纷纷建立或改组了战争动员领导机构，对战争动员实施统一的领导，如美国设立了战时资源委员会，法、德等国也分别设立了类似的专门机构。与此同时，战争动员法规日臻完善。比如，到第二次世界大战前夕及期间，各主要参战国已形成由动员基本法和动员专项法构成的战争动员法规体系。其中，动员基本法如德国的《战时授权法案》、日本的《国家总动员法》、英国的《紧急全权国防法案》、法国的《总动员法》和苏联的《关于战时状态法令》等，对动员的基本和重大事项都作出了规定。专项动员法有经济动员法、人力动员法、兵役法、国防生产法、征用法等。

在中国现代革命史上，中国共产党人成功地领导了多次战争动员活动。历次革命战争中，在毛泽东关于动员和武装群众、进行人民战争的战略思想指导下，中国共产党实行全党动员、全民动员的方针，成功地实施了军事、政治、经济、文化等动员，为壮大人民军队、夺取革命战争的胜利发挥了巨大作用。如抗日战争时期，为了夺取抗日战争的胜利，中国共产党进行了广泛深入的政治、军事、经济等方面的动员。1937 年 8 月，中国共产党发表了《抗日救国十大纲领》，号召全国各族人民和社会各阶层、各民主党派团结起来，积极参加抗日战争，形成了全国的抗日民族统一战线，出现了全面抗战的总动员局面。各抗日根据地广泛动员人民群众参军参战，开展游击战争，在敌后战场给日寇以沉重打击。中华人民共和国成立后，在历次局部战争的作战中，都进行了不同规模的战争动员。如在抗美援朝战争中，在全国深入进行了抗美援朝、保家卫国的宣传教育，激发了广大军民的爱国热情，在全国迅速动员了 200 多万民兵、青年参加中国人民志愿军，还动员了大批汽车司机、铁路员工和医务、通信人员担负战争勤务工作。与此同时，在全国开展了捐献运动，共捐献人民币 5.56 亿元，可购买 3710 架战斗机。这些动员活动为保障战争的胜利作出了重要贡献。

## （二）国防动员的地位与作用

国防动员是国防活动的重要内容之一，是准备和实施战争的重要措施。无论是古代战争还是现代战争，无论是全面战争还是局部战争，无论是常规战争还是非常规战争，都离不开动员。因此，国防动员在保障战争胜利等诸多方面都具有十分重要的地位与作用。

### 1. 国防动员是打赢战争的基础环节

为遏制战争爆发并夺取战争的胜利积聚强大的战争力量，是国防动员的基本功能与任务。这是因为，战争是实力的较量，任何不具备强大实力的国家，要想赢得战争的胜利是不可想象的。战争动员不仅能够通过平时的准备，为战争实施积聚强大的战争潜力，而且可以通过建立一套转换机制，使这种潜力在战争爆发后迅速转化为实力，从而为保障战争的胜利奠定必要而坚实的物质基础。同时，现代战争的巨大破坏性，使人们不得不把制止战争的爆发作为降服战争这个恶魔的重大步骤予以重视。因此，在这种情况下，战争动员所积聚的巨大能量同样是战略家们所倚重和借助的力量。战争动员是遏制危机的有效手段。实践中，有许多国家通过积聚力量和显示使用力量的决心，有效地制止了战争的爆发。

### 2. 国防动员是应对紧急突发事件的有效措施

国防动员的最初功能是应对战争的需要，但现代条件下，随着各种灾难事故和突发事件的频繁发生，人们已把国防动员的功能予以拓展，让它同样可以在应对和处置各类突发事件中发挥其应有作用。因此，当国家遇到此类突发事件时，国防动员活动可以凭借其自身的准备和特有的机制，使国家或地区在需要时进入一定的应急状态，动员国家、军队和社会的一定力量，抗御自然灾害，处置各种自然和人为的事故与灾难，使国家和社会处于正常运转状态，维护人民群众的生命财产安全。

### 3. 国防动员是支援经济和社会发展的重要力量

动员可以用于支援国家经济建设。动员建设实行"平战结合、军民结合、寓军于民"的原则，在和平时期动员建设的成果可以直接为经济建设服务。加强动员建设还可以节约国防开支，有利于国家集中力量发展经济。和平时期，国家的中心任务是提高社会生产力、改善人民生活，对国防建设不可能有很多的投入，因此，必须提高国防建设的效益。要用有限的国防经费获得尽可能强的国防力量，一个有效的办法就是建设精干的常备军，大力加强后备力量建设，健全完善动员机制，做到"平时少养兵，战时多出兵"。这样，不仅可以经常保持较强的国防整体威力，为国家提供可靠的安全保障，还可以减轻国家负担，促进经济和社会发展。

## 二、国防动员的内容

战争动员的主要内容通常包括武装力量动员、国民经济动员、人民防空动员、交通动员和政治动员。

## （一）武装力量动员

武装力量动员是指国家将军队和其他武装组织由平时状态转入战时状态所进行的活动。战争是武装力量的直接对抗，各个领域的动员活动都是围绕武装力量的作战行动来进行的，而武装力量动员与作战行动的关系最直接。因此，武装力量动员是战争动员的核心。

武装力量动员通常包括现役部队动员、预备役部队动员和民兵动员。现役部队动员是指将人民解放军各军兵种部队和武装警察部队从平时编制转为战时编制，按动员计划进行扩编，达到齐装满员，并按照国家战略计划实施战略展开。预备役部队动员是指征召大批预备役人员成建制地转服现役，充实预备役部队，使之能够担负作战任务。民兵动员主要是指组织发动民兵担负参战支前任务。民兵是保卫祖国的一支重要力量，战时可以配合军队作战和担负支援保障任务，也可以独立担负后方防卫作战和维稳任务。

## （二）国民经济动员

国民经济动员是指国家将经济部门、经济活动和相应的体制从平时状态转入战时状态所进行的活动。国民经济动员是战争动员的基础和重要内容，对于充分发挥国家的经济潜力，提高军品生产能力，及时满足战争对各种物资和勤务保障的需求，具有重要的作用。

国民经济动员主要包括工业动员、农业动员、贸易动员、财政金融动员、科学技术动员、医疗卫生动员和劳动力动员等。

工业动员就是国家调整和扩大工业生产能力，增加武器装备及战争需要的其他工业品产量的活动。在局部战争中，工业动员一般首先对国防工业进行动员，民用工业作为后续动员的对象。其主要内容是统筹安排军需民用，调整工业布局，改组生产与产品结构，实行快速转产，扩大军品生产；组织工厂企业进行必要的搬迁、复产，以及作战物资的生产和储备等，最大限度地把工业潜力转化为实力。

农业动员就是国家调整和挖掘农业生产潜力，维护农业设施，增加粮食、棉花、油料、肉类及其他农副产品的产量和国家征购量，满足战争和人民生活对农产品的需求。其主要内容有实行战时农产品管理体制，调整农业生产结构；实施战时农业经济政策。

贸易动员就是国家在商品流通领域实行战时管理体制和战时商贸政策，控制商品流通秩序和流向，以满足战争和人民生活对各种商品的需求。其主要内容包括对国内贸易管制和对外贸易管制。

财政金融动员是指国家为保障战争需要而采取的筹措和分配资金、维持财政金融秩序的活动。在市场经济体制下，资金对于战争所需物资的筹措和调控经济活动具有枢纽作用。现代战争需要巨额的资金保障，筹措资金是财政金融动员的主要任务，其主要内容有：实行战时税制，实行战时预算，增加举借债务，加强金融监管。

科学技术动员是指为保障战争对科学技术的需要，国家统一组织和调整科研机构、科研人员、科研设备、资料及成果所进行的活动。其目的在于开发、研制先进武器装备，为武装力量及其他部门提供技术保障和支持，利用科学技术争取战争优势。其主要内容包括：科研机构动员，科技人员动员，科技经费、设备和物资动员，科技成果和科技情报动员。

医药卫生动员是指统一调度和使用医药卫生方面的人力、药品器材、设备和设施，满足战争对于医药卫生的需要所进行的活动。医药卫生动员对于为军民提供可靠的医药卫生保障，恢复军队战斗能力和社会劳动能力，保护人力资源，具有重要意义。其主要内容包括：实行医药卫生管制，组织战时医疗救护，搞好卫生防疫。

劳动力动员就是国家统一调配和使用劳动力，开发劳动力资源，以满足武装力量扩编、军工生产及其他领域对人力的需求所进行的活动。劳动力动员是具有一定独立性的动员分支领域，但其具体实施渗透到各个方面的动员活动之中。其主要内容是：根据战争需求调配和使用劳动力，实行战时就业制度，扩大劳动力资源总量，实行战时劳动制度，提高劳动强度和效率。

### （三）人民防空动员

人民防空动员是国家发动和组织人民群众防备敌人空袭、消除空袭后果所进行的活动。在现代战争中，远距离精确打击成为重要的作战样式，大、中城市和经济基础设施面临的空袭威胁日益严重。人民防空动员对于减轻空袭危害，减少人民群众生命财产损失，保持后方稳定，保存战争潜力，具有重要的作用。

人民防空动员主要包括人防预警动员、群众防护动员、重要经济目标防护动员、人防专业队伍动员等。进行人防预警动员，是为了及时获取防空斗争所必需的情报，为组织民众防护和进行抢救抢修提供信息保障，其主要任务包括：建立和完善人防警报网，确保战时按规定适时发放防空警报；组织群众开展对空侦察，协助有关部门掌握和传递空中情况。

进行群众防护动员是为了保护人民生命安全，保存后备兵员和劳动力资源，保证人心安定和社会稳定，维持战时生产和生活秩序，主要任务包括：开展人民防空教育、组织城市人口疏散、构筑人民防空工程和组织掩蔽、组织城市防空管制。

动员群众对重要经济目标进行防护，是为了减轻战争破坏程度，保护关键的生产能力。近期几场局部战争表明，空袭经济目标、摧毁国防潜力对战争的进程和结局具有决定性影响，搞好重要经济目标防护动员十分重要。相对于政治、军事目标，重要经济目标数量多、单位面积大，情况千差万别，抗打击能力弱，敌空袭这类目标成功率最高。平时，国家经济部门在安排大型项目建设和调整产业结构时就应充分考虑重要经济目标的防护要求，战时应积极动员有关部门、企业和社会力量，采取综合防护措施，如搬迁疏散、转入地下，伪装欺骗、示假隐真，空中设障、多方拦截等，提高整体防护能力。

人民防空专业队伍是根据战时消除空袭后果的需要，按照专业系统组成的担负抢救抢修等防空勤务的群众性组织。人防专业队伍动员的主要任务是：平时组建各种人防专业队伍，进行必要的训练和演练，有针对性地落实抢救抢修器材、装备和物资；战时适当扩充人防专业队伍，组织开展抢救抢修行动，消除空袭后果，维护社会治安。

### （四）交通动员

交通动员，包括交通运输动员和通信动员，是国家统一管制各种交通线路、设施、工具和通信系统，组织和调动交通、通信专业力量，为战争服务的活动。交通和通信是人员、物资和信息流动的物质载体，交通动员对于保障军队的机动和其他人员、物资的前送后运，保障作战指挥时通信联络的畅通，具有重要的作用。

交通运输动员是国家为了适应战争需要，组织和利用各种交通运输线路、设施和工具，进行人员、物资和装备输送的活动。交通运输动员主要包括铁路、公路、水路和航空等运输方式的动员。铁路运输具有运载量大、速度快、效率高的特点，可担负远距离、大重量的运输任务，是在战略、战役后方实施大规模运输的重要手段。搞好铁路运输动员，要求在平时必须搞好通往主要作战方向的铁路网络的规划建设，修筑必要的铁路运输保障设施和防护工程，重要线段应修建支线、多线、迂回线等。公路运输具有灵活机动、周转速度快、适应性强等特点，既可独立完成运输任务，又可与其他运输方式相衔接进行运输。特别是在铁路运输遭到破坏的情况下，公路运输将担负更重的运输任务。搞好公路运输动员，主要是采取一切组织和技术管理措施，加强战场公路网建设，组织各种运输力量参加军事运输，提高战时公路运输的保障能力。水路运输具有运量大、成本低、隐蔽安全、航线不易被破坏等特点，是海上作战和江河水网地区部队机动作战和物资输送的主要手段。水路运输动员的能力，主要取决于海洋和内陆江河航路的开辟和利用，还取决于造船工业的发达程度，以及港口设施、设备的状况等。因此，为提高水路运输动员能力，必须充分开发水路运输潜力，发展造船工业，尽可能多地修建港口、码头等，以适应战时军事运输的需要。航空运输具有快速、灵活、一般不受地形条件限制等特点，适用于紧急情况下输送人员、物资。特别是在水路、陆路交通受阻的情况下，航空运输是完成前送后运任务的主要手段。为提高航空运输的动员能力，应根据战时动员需要，按照平战结合的原则规划建设各种飞机跑道和机场，开辟空中航线，储备航空运输需要的各种飞机及其各类专业技术人员等。战时交通运输动员行动主要包括实行交通管制，动员民用运力，组织交通线的防护等。

通信动员是指国家为了适应战争需要，统一组织调动通信资源和力量，综合运用多种通信手段，保证通信联络安全、稳定及畅通所进行的活动。在信息化条件下，战时指挥协同的通信量大大增加，通信动员的任务十分繁重。通信动员涉及面广、内容复杂。动员对象既有通信技术人员，也有通信装备和器材；涉及的行业，既有有线通信系统，也有无线、移动、卫星通信系统和互联网；参与动员的人员，既有政府部门的业务管理人员，也有军队系统的相关管理人员，还有通信网络运营商和通信装备生产商。要做到各类人员有机协调、统一行动，实现各类通信网络兼容互通、系统集成，确保通信畅通，必须加强对通信动员的集中统一领导和指挥。通信动员由军队通信部门、地方通信部门和通信动员部门共同组织实施。其主要任务包括：对国家通信网络实行统一管制，征集和调用民用通信资源和力量，组织通信防卫，抢修抢建通信线路和设施，确保军队指挥顺畅、军地联络通畅。

## （五）政治动员

政治动员是国家为进行战争而开展的宣传、教育、组织工作和外交活动。政治动员是战争动员的一项重要内容，并为其他领域的动员活动提供思想保障。政治动员对于充分调动本国军民的精神潜力，最大限度地争取国际社会的同情和支持，瓦解敌方的战斗意志，具有重要作用。

政治动员主要包括国内政治动员和国际政治动员。国内政治动员是政府、军队和社会团体等，运用各种宣传舆论工具，对全国军民进行以爱国主义和革命英雄主义为核心的国防教育，使之增强国防观念，坚定打败敌人、夺取胜利的信心。在国内政治动员中，对军人及其家属实行优待和抚恤政策是十分重要的，可以起到激励将士奋勇杀敌、勇立战功，引导全社会拥军优属、为争取战争胜利作贡献的作用。国际政治动员是国家通过各种外交活动和对外宣传，揭露敌人的战争阴谋，控诉敌人的战争暴行，瓦解敌方的战斗意志，争取各国的声援和支持，建立国际统一战线或者结成国际联盟。

三、国防动员的组织实施

国防动员的组织实施，通常按照进行动员决策、发布动员令、充实动员机构、修订动员计划和落实动员计划等步骤进行。

## （一）进行动员决策

进行动员决策是战争动员实施过程中首先需要解决的问题。只有实施了动员决策，整个国家的政治、军事、经济、文化和外交等部门和领域才能相应的转入战时体制，进行动员的各项活动。

进行战争动员决策的关键是正确分析、判断敌情。必须充分利用各种手段，广泛收集各国，尤其是敌性国家的政治、经济、军事等各方面的情况，并对这些情况进行综合分析，尽早洞察敌性国家的战争企图，从而视情况确定动员实施的时机、规模和方式等。

## （二）发布动员令

动员令是宣布全国或部分地区、某些部门转入战时状态的命令。动员令的发布，关系战争的胜负和国家的命运，各国大都由最高权力机关或国家元首、政府首脑发布。我国《国防法》第十条规定：全国人民代表大会依照宪法规定，决定战争和和平的问题。全国人民代表大会常务委员会依照宪法规定，决定战争状态的宣布，决定全国总动员或者局部动员。我国《国防法》第十一条规定：中华人民共和国主席根据全国人民代表大会的决定和全国人民代表大会常务委员会的决定，宣布战争状态，发布动员会。

发布动员令的方式分为公开发布和秘密发布两种。公开发布动员令，一般是在战争即将或已经爆发的情况下，运用一切宣传工具和通讯手段，把爆发战争的真实情况和战略态势告诉全体军民。秘密发布动员令，一般是在战争已不可避免但尚未爆发的情况下施行，通常执行严格的保密限制，只秘密通知政府有关部门和军事机构等。

## （三）充实动员机构

动员机构是指平时负责动员准备、战时负责动员实施的组织领导机构。一旦实施战争动员，和平时期的动员机构，无论是在人力上还是在物力上，都难以适应需要，必须及时调整和加强。一是要扩大组织，增加人员。二是要增加支出，保障需要。与此同时，还要赋予其应有的职权，使其具有较高的权威性。战争动员事关国家安危，责任重大，如果权力有限，指挥无力，处处受制，就难以完成繁重的动员任务，影响战争的顺利进行。

## （四）修订动员计划

战争动员计划是实施战争动员的依据。在面临战争的情况下，由于国际战略环境和国内条件都发生了变化，事先制定的动员计划难免与战争的实际情形不完全吻合，所以要及时予以修订。修订战争动员计划，一般是在既定计划的基础上进行，并往往与充实动员机构同时进行。

## （五）落实动员计划

落实动员计划是使计划见之于行动、实施战争动员的关键环节。动员令发布之后，负有动员任务的地区和部门，应根据修订的动员计划，迅速转入战时体制。各行业及社会生活的各个方面，都应以保障战争胜利为轴心迅速进行调整。其中，武装力量要迅速转入战时状态。现役军人一律停止转业和退伍，停止探亲和休假，外出人员立即归队。预备役部队应迅速集结、发放武器装备，并抓紧时间进行训练，准备承担作战任务。民兵应做好应征准备，同时启封武器装备，成建制进行训练，并准备承担各项任务。地方政府要根据上级下达的动员任务，积极实施动员行动。各行业、各阶层都要动员起来，落实战争动员任务，为赢得战争胜利贡献自己的力量。

### 思考题 »»

1. 现代国防包括哪些内容？其类型和特征有哪些方面？
2. 我国国防的特点是什么？
3. 简述国防的地位与作用。
4. 我国国防领导体制和组织形式是怎样的？新中国国防建设的成就有哪些？
5. 简述中国人民武装警察部队的组成和任务。
6. 我国陆军、海军、空军各由哪些兵种组成，其装备和任务分别是什么？
7. 中国人民解放军第二炮兵的编成、任务和主要装备是什么？
8. 什么是国防法律？国防法律的主要特征是什么？
9. 公民的国防义务和权利有哪些？
10. 公民履行兵役义务的途径有哪些？
11. 国防教育的地位、目的、方针和原则主要有哪些？
12. 什么是国防动员？国防动员的地位和作用是什么？
13. 国防动员的主要内容有哪些？
14. 国防动员组织实施的步骤有哪些？

# 第二章　军事思想

## 第一节　军事思想概述

### 一、军事思想的基本概念

#### (一) 概念

军事思想是关于战争、军队和国家的基本问题的理性认识，是人们长期从事军事实践的经验总结和理论概括。军事思想来源于人类的军事实践，同时又给人类的军事实践以理论指导，并在军事实践中接受检验。

#### (二) 军事思想的特点

**1. 军事思想具有鲜明的阶级性**

军事思想来源于社会实践，为了各阶级的利益，军事家站在不同的阶级立场上，反映各阶级对战争和军队建设的不同看法和认识，奉行和推崇的军事思想带有鲜明的阶级性。因为，资产阶级军事思想是维护他们自身利益的思想，无产阶级军事思想也是维护自身利益的思想。例如，战争从社会发展或政治角度看有正义战争和非正义战争之分，而无产阶级是拥护正义战争，反对非正义战争的，因为正义战争是符合广大人民群众利益、推动人类社会进步的、革命的战争。

**2. 军事思想具有强烈的时代性**

军事思想来源于战争实践，不同历史时期的战争有着不同的形态和战略战术，有着不同的军队组织原则和编制。这种不同时代的特征往往最能反映当时的物质生产水平（生产力水平），军事思想所反映的这些特征代表着这一时代的特性。恩格斯指出："现代的作战方法是法国革命的产物。它的前提是资产阶级和小农的社会和政治的解放。——革命前的军队不灵活，正是封建制度的反映——军队和整个生活一样是以缓慢的速度前进的。""无产阶级的解放在军事上同样也将有它自己的表现，并将创造出自己特殊的、新的作战方法。"

**3. 军事思想具有明显的继承性**

战争的特点之一，是强制性地要求人们的主观认识同客观实际相一致。因此，在战争中，人们必须按事物的客观规律办事，古代大军事家孙武说："先知者，不可取于鬼神，不可象于事，不可验于度，必取于人。知敌之情者也。"因为只有这样才能做到"知彼知己，百战不殆，知天知地，胜乃无穷"。所以，历史上所形成的具有规律性的军事原则、概念和范畴是人们对战争这一客观事件的总结，并在实践中不断地加以丰富和发展。

### （三）军事思想的主要内容

一是军事哲学，包括战争观、军事问题的认识论和方法论。二是军事实践基本指导原则，包括战争指导的基本方针和原则、军队建设的基本方针和原则、国防建设的基本方针和原则等。

### （四）军事思想的分类

分类的标准不一样，其分类结果也不一样。可按阶级、时代、国家等进行分类。按阶级划分可分为封建地主阶级军事思想、资产阶级军事思想、无产阶级军事思想；按时代划分可分为古代军事思想、近代军事思想、现代军事思想；按国家可分中国军事思想、国外军事思想等。

## 二、军事思想的地位和作用

军事思想是各种军事理论、军事原则的理论基础，对军队建设、作战行动和国防建设起着根本性的指导作用。

### （一）军事思想为认识军事问题提供基本观点

人们总是基于一定的思想观念，去评判军事问题的是非与价值，进而确定对其采取何种态度和行动。军事思想提供的正是这种思想观念。运用马克思列宁主义的理论去看待战争，就能全面认识战争在人类社会生活中的作用，正确判断正义战争与非正义战争，坚持以正义的、进步的、革命的战争去反对非正义的、反动的、反革命的战争。如果用否定一切战争暴力的和平主义，或"强存弱汰"的社会达尔文主义之类的观点看待战争，就不可能有正确的态度和行动。

### （二）军事思想为进行军事预测提供思想方法

科学的军事思想揭示了军事领域矛盾运动的规律，为人们正确地认识战争、进行军事预测提供了科学的认识论和方法论工具。

恩格斯和列宁关于资本主义列强之间的争夺将导致世界大战的预见：人类确实爆发了两次世界大战，即第一次世界大战和第二次世界大战。毛泽东关于中国人民抗日战争进程与结局的论断：毛泽东在《论持久战》一书中写了 21 个问题。前 9 个问题为第一部分，主要说明抗日战争为什么是持久战，为什么最后胜利是中国的，批判了亡国论和速胜论；后 12 个问题为第二部分，主要说明怎样进行持久战和怎样争取最后胜利，着重论述了人民战争和人民战争的战略战术。这是科学地进行宏观预测的范例。非科学的军事思想因不能揭示甚至歪曲了军事领域矛盾运动的规律，将必然导致错误的预测结果。

## （三）军事思想为从事各项军事实践活动提供全局性指导

人们从事军事实践活动，离不开军事思想的指导。军事实践的成败，与军事思想的科学与否关系甚大。以科学的军事思想作指导，军事实践就能保持正确的方向，并能达到预期的目的。否则，军事实践的方向就难免发生全局性的偏差，达不到预期的目的。军事思想之所以能对军事实践起指导作用，在于它是军事实践的能动的反映，是军事实践经验的理论概括，并揭示了军事领域的一般规律。春秋时期，吴国用了孙武的军事思想打败了强大的楚国；拿破仑的军事思想，成功地指导了法国的资产阶级革命战争；毛泽东的军事思想，在中国半殖民地半封建社会性质的条件下，从敌强我弱的实际情况出发，充分发挥其能动的指导作用，取得了中国革命战争的伟大胜利。相反，欧洲一些国家在第二次世界大战初期战略防御的失败，与这些国家当时军事思想上存在的非科学性，特别是保守主义有直接关系。战争实践证明，在客观物质条件许可的范围内，军事思想正确与否决定着军事实践的成效，决定着战争的胜败。

## 三、军事思想发展的基本规律

## （一）军事思想的发展以新的生产力和新的社会关系为前提

### 1. 社会生产力和科学技术水平是军事思想发展的物质技术基础

军事思想的发展史证明，社会生产力水平的提高，特别是科学技术的进步，为军事活动创造了新的物质技术基础，从而引起军事思想的变化。例如，冶金技术的成熟与广泛应用，使大规模冷兵器战争成为可能，从而促成了中国先秦军事思想和古希腊、古罗马时代军事思想的繁荣。发达的手工业是拿破仑作战思想的物质前提。第二次世界大战时期确立的机械化战争理论和战后形成的核战争理论，分别是现代大工业和核技术发展的产物。因此，研究和发展军事思想，必须密切关注生产力发展，特别是科学新发现和技术新成果的军事意义及在军事上的应用。

### 2. 社会制度的变革促进了新的军事思想代替旧的军事思想

在阶级社会中，社会关系主要表现为阶级关系，阶级关系的变化对军事思想的发展具有巨大的作用。中国春秋战国时期，奴隶主阶级统治日益衰败，新兴地主阶级成为政治舞台上的主导力量，他们为争夺和扩大统治权进行了长期的战争，以《孙子》为代表的先秦军事思想就是在这种社会条件下的产物。自20世纪后期起，掌握国家财源的工商市民阶级和资产阶级化贵族在社会关系中的地位不断上升，随着这种阶级关系的变化，他们能够靠金钱去购买职业雇佣兵为自己打仗，买卖雇佣关系逐渐成为近代欧洲军事生活中的基本准则。阶级关系变化对军事思想发展的作用，在社会政治革命时期表现得格外突出。18世纪末的法国大革命把广大农民从封建土地的依附关系中解放出来，从而激发了人民群众为保卫祖国而战的献身精神，使拿破仑作战体系的产生有了可能。马克思主义军事理论是在欧洲无产阶级作为一支独立的政治力量登上历史舞台的社会条件下产生的，而毛泽东军事思想是在中国新民主主义革命的社会条件下产生的。在阶级社会中，各种军事思想具有鲜明的阶级属性。因此，研究军事思想必须特别注意研究社会关系，尤其是阶级关系的变化。

## （二）军事思想的来源与发展依赖于军事实践特别是战争实践

军事思想来源于军事实践。一切真正反映军事规律的军事思想，都是军事实践经验的正确总结和升华。古今中外著名的军事家和军事理论家的军事思想，或者是自身的军事实践经验的总结概括，或者是从间接的军事实践经验中抽象提炼，或者兼而有之。克劳塞维茨的《战争论》和若米尼的《战争艺术概论》，虽然也融进了他们自身军事实践的经验，但主要是总结了拿破仑战争的经验。毛泽东军事思想，是毛泽东和中国共产党长期领导中国人民进行革命武装斗争经验的科学总结，同时也大量吸取了古今中外军事实践的有益经验。

军事实践对军事思想的需求推动着军事思想的发展。军事实践是不断发展的，新的实践需要新的思想去指导，从而推动军事思想的不断发展。每当军事领域发生重大变革，原有的军事思想难以完全适应新的军事实践时，军事实践对新的军事思想的呼唤就显得格外强烈，并往往成为军事思想发生重大变化的契机。

军事实践在军事思想的发展过程中，还具有检验作用。军事思想只有通过军事斗争或军事建设的实践，才能得到检验。接受军事实践检验的过程，也就是军事思想得以发展的过程，正确的得以丰富和深化，不完善的得以修正和补充，过时的必将被抛弃。科学意义上的实践检验不是个例的验证，一种军事思想是否反映了客观军事规律，必须经过军事实践的多次检验，仅凭某一次军事行动的结果就作结论，很容易陷入片面性。只有坚持实践、认识、再实践、再认识，如此循环往复，才能推动军事思想不断向前发展。在军事实践对军事思想的检验过程中，战争实践具有最高的权威性。一种军事思想科学与否，只有通过战争实践才能最终得到检验。

强调军事思想随军事实践特别是战争实践的发展而发展，并不意味着军事思想是在军事实践中自发产生的。军事思想的发展需要通过人们的总结加工，特别是杰出人物的总结加工。离开这个条件，军事思想也是难以向前发展的。

## （三）军事思想在激烈尖锐的相互对抗竞争中发展

为在战争中取得胜利，敌对双方总是竞相抢占军事思想的制高点，以便在军事实践的主观指导上高于对手。从这个意义上说，人类军事思想史就是一部在相互对抗竞争中不断发展的历史。中国春秋战国时期军事思想的高度繁荣，17～19世纪初期欧洲军事思想的近代化飞跃，20世纪两次世界大战期间各种新的军事思想的大量涌现，都与当时激烈的军事斗争密切相关。敌对双方的对抗与竞争在和平时期也同样存在，有时还相当尖锐。20世纪50～80年代，美国、苏联两大军事集团在冷战中互为对手，不断推出各自新的军事思想。经验证明，在敌对双方的对抗竞争中，谁的军事思想落后，谁就会在军事斗争中处于被动的地位，甚至导致严重挫折或失败。因此，对于一切爱好和平的国家来说，在和平时期也应高度重视军事思想研究，善于随着情况的变化提出新的军事思想，为正确进行军事斗争提供理论指导。对于曾经在以往战争中赢得过许多重大胜利的军队和国家来说，只有充分认识和平时期军事思想发展中的对抗性和竞争性，防止和克服自满情绪和保守倾向，积极探索军事领域出现的新情况和新问题，努力使军事思想适应新的历史条件，才能在未来的战争中实施正确指导，并立于不败之地。

### （四）军事思想在继承和借鉴优秀成果中发展

任何思想理论的产生或发展都具有历史的继承性，存在着一个由浅入深的认识过程。一个时期新的思想理论的出现，首先是社会发展变化的结果，同时也是吸收和改造前人思想资料并加以提高的结果。例如孙武关于战争观问题的论述，不是凭空产生的，而是在当时的历史条件下，在前人思想资料、家传兵书的基础上，经过自己的独立思考而提出的。春秋时期，是中国历史上大动乱、大变革和思想大解放的时代，诸侯列国变法图强，诸子百家应运而生，作为重大社会现象的战争问题，社会各阶层都有所体验和观察，尤其是活跃于社会舞台上的各方名士贤达纷纷发表言论，有许多观点已具有相当高的思想深度。如《左传》"国之大事，在祀与戎"（《左传》成公十三年），认为战争具有"禁暴、戢兵、保大、定功、安民、和众、丰财"（《左传》宣公十二年）等多项功能和意义，道家创始人老子则指出："祸莫大于轻敌，轻敌几丧吾宝"（《老子》第六十九章），并认为"兵者不祥之器，非君子之器，不得已而用之，恬淡为上"（《老子》第三十章）。孙武吸取了上述观点中的有益成分，通过对当时战争的实际观察，进而在对战争问题的认识方面提出了自己的深刻见解。

军事思想发展史表明，重视并善于继承前人优秀的军事思想成果，借鉴和吸取异域军事思想中的合理成分，对促进自身军事思想的发展具有重要作用。毛泽东军事思想的形成和发展，首先就是他继承了马克思列宁主义军事理论的基本观点和基本原则，并结合中国的实际情况加以创造性运用，同时也广泛借鉴了来自其他方面的军事思想精华。其他著名军事思想家，其军事思想的形成和发展，也都离不开继承和借鉴，只不过有范围大小和具体内容的不同。

### （五）军事思想在与哲学思想的相互促进中发展

科学的军事思想从来都是与科学的世界观和方法论相联系的，哲学的进步往往是军事思想变革的先导。从14世纪到16世纪前期文艺复兴到18世纪启蒙运动期间出现的人本主义哲学思潮，为欧洲军事思想的近代化提供了世界观和历史观基础。克劳塞维茨《战争论》的产生，得益于德国古典哲学的辩证法。马克思列宁军事理论、毛泽东军事思想之所以成为革命人民以弱胜强的制胜科学，首先就在于它们是建立在辩证唯物主义和历史唯物主义这一科学的世界观和方法论基础之上的。

军事思想的发展对哲学思想的发展也有促进作用。古今中外许多著名的军事理论著作本身就具有巨大的哲学成就，有的甚至成为一个时代哲学思想的精华。《孙子兵法》既是中国古代著名的军事著作，也是中国古代著名的哲学著作。毛泽东的《中国革命战争的战略问题》等名篇，不仅是毛泽东军事思想的代表作，也是毛泽东哲学思想的代表作。不仅在现代军事思想的发展史上占有重要地位，而且在现代哲学思想的发展史上也占有重要地位。

## 第二节　当今世界主要军事思想

从 20 世纪 80 年代起，随着新科技革命在世界范围内蓬勃兴起，大量新技术用于军事目的，促使军事领域发生新的变革。尤其是海湾战争以来所展现的信息化战争的崭新特点，更是对世界各国的军事变革产生极大的影响。这些都有力地推动了各国现代军事思想的发展。这一时期的军事思想集中体现为：着重探索现代条件特别是高技术条件下局部战争的客观规律及指导原则，探索在这种新的战争形态下军队建设和国防建设的指导方针及原则。

### 一、冷战后的美国军事思想

### （一）冷战结束对美国军事思想产生重大影响

一是向多极过渡的国际战略环境。冷战结束，意味着世界战略格局的两极局面终结和向多极化过渡的开始。在这个过渡时期世界大战的威胁减少，但威胁美国全球利益的因素增多、不确定性增大。二是独霸世界的国家安全战略。冷战结束以后，美国对国家安全战略做了两次较大的调整。第一次是布什政府提出"超越遏制战略"，企图消化已经发生剧变的苏联和东欧国家，将其纳入美国为领导的西方社会体系；第二次是克林顿政府提出"参与和扩展战略"，目的是以西方的价值观和社会制度为模式改造整个世界，建立美国统治下的"单极世界"。三是海湾战争胜利的经验教训。海湾战争是冷战结束后美国进行的第一场大规模局部战争。美国取得了胜利而且伤亡出乎意料地小。此后还成功地实施了"伊拉克战争"、"科索沃战争"、"阿富汗战争"，继续保持美军的战略战术的领先地位，并做好进行下一次战争的准备。

### （二）冷战后美国军事战略的调整

第一次是布什执政后期提出"地区防务战略"。其核心是前沿存在、危机反应和部队重建。部队重建是为了"威慑任何潜在对手企图建立对美国构成全球挑战的军事力量"，政府决定保留"部队重建"能力，即在全球性威胁出现时"提供一支全球作战部队"的能力。

第二次是 1995 年提出"灵活与有选择的参与战略"。这一战略认为，世界"充满不确定性的威胁"，"可能爆发的冲突难以预料"；美国面临的主要威胁有地区性不稳定，大规模杀伤武器扩散，各类跨国威胁，以及前苏联、东欧国家"民主改革"的失败等。因此，提出美国的武装力量必须"在世界范围实施参与"，以实现"促进稳定"和"挫败战略"两大国家军事目标。

第三次是克林顿执政第二任期提出"营造、反应和准备战略"。这一战略认为，国际安全环境对美国"有历史性的机遇"。主要原因是全球战争的威胁大大降低，先前的敌手正在谋求和美国合作，实力与美国相当的新敌对大国近期内不出现，以及一般不会出现具有挫败美军常规力量的地区性强国或联盟。

### （三）冷战后美国作战思想的变化

提出新的对外用兵指导原则。首先，提出根据受威胁的国家利益的重要性"有选择地"用兵。美国于1995年提出的"国防报告"中，首次正式将其国家利益划分为"生死攸关利益"、"重要利益"及"人道主义利益"三个层次。在使用其他手段难以达到目的的时候，要"有选择和有限度地"使用武力。

革新作战指导思想。一是强调作战目标必须明确。二是强调联合作战，综合发挥美军各军兵种的优长和高技术优势，以小的代价迅速达成作战目的，这也是美军强调联合作战的根本原因。三是强调掌握制空、制海、制天和制电磁权。四是强调战场透明。所谓战场透明，指实时了解整个战场的敌我情况。五是强调精确打击，这已成为美国充分发挥其超级军事技术大国的优势，击敌要害，给敌造成强大震撼，迅速达成作战目的，减少战争消耗，争取舆论支持的重要手段。六是强调支援迅速准确。七是强调减少伤亡。认为政府的战争政策是否获得美国人民的支持，决定性因素是伤亡的大小。

着眼于打赢未来战争。美军强调其作战理论的改革不仅是为了打赢今天的战争，而且是为了打赢明天的战争。这一构想提出了在战争中获取全面优势的四大作战概念"制敌机动"、"精确打击"、"全维保护"和"聚焦后勤"。所谓得"制敌机动"，指运用信息、打击和机动力，调动和使用美军在世界各地的部队，确保对作战空间的控制权。所谓"精确打击"，指凭借先进的信息系统和指挥控制系统，对目标实施精确的打击，并能及时评估打击效果和保留必要时再次实施打击的灵活性。所谓"全维保护"，指在平时和战时，以及战争的各个阶段，都能够给部队和国家的重要设施提供多层次、多措施的综合保护。所谓"聚焦后勤"，指综合运用信息、后勤及运输技术装备，准确而及时地将特编的后勤部队和所需的后勤物资直接提供给作战部队。这四大作战概念都有赖于信息优势，所以美军特别重视信息战。

## 二、冷战后俄罗斯军事思想

从2006年开始，俄罗斯军方的一系列"复活"行动，包括战略轰炸机恢复巡航、在北冰洋海底插上国旗、战略导弹部队值班，都是明面上的。而在暗地里，是经济推动下大国防意识的复苏。从目前看，俄罗斯军事思想正在经历重要的转型，率先由防守型向积极防御型恢复。但是俄罗斯军队的装备实力发展，仍然要远远滞后于这种思想的发展。无论从投资、武器装备养护、新装备研发投产、还是常规兵员保持上，俄罗斯军队要想彻底实现这一思想，还有一段漫长的道路要走。与超级大国之间偶尔出现的较量，仍是局部的偶发性的军事行动，也就是"现实遏制"战略。

俄罗斯"现实遏制"战略，就其实质而言，是一种以核威慑为基础，以常规力量为实战手段，灵活地把机动能力强的作战部队（机动部队）和固定部署的作战部队（掩护部队）结合运用的积极防御战略。其核心思想是在战略指导上，突出战略核力量的威慑作用和常规机动力量的实战作用，遏制和反击来自任何方向的侵略，维护和保卫俄罗斯的大国地位和传统利益；在作战理论上，强调攻防结合，机动作战，一旦威慑失灵发生武装冲突时，在利用一线掩护部队抗击的同时，迅速出动部署在纵深地区的快速机动部队，增援一线部队作战，改变兵力对比，采取各种灵活积极的作战行动，争取速战速决。随着战争的逐步升级，必要时则运用战略预备队，以实现战争的最终胜利。在军队建设上，保持一支常备不懈的战略核力量的同时，重点突出常规机动力量的建设，建立一支规模适中、装备精良、机动性强、指挥灵活、能可靠维护俄罗斯大国地位和传统利益的现代化军队；在战略方针上，以防止和应付局部战争和地区武装冲突为主要目的，实施前轻后重的战略部署，力求建立攻防兼备，能应付各种武装冲突和战争的作战体系。

俄罗斯"现实遏制"战略产生的背景和原因，是在华约解散、苏联解体、冷战结束的情况下，接管原苏军的基础上制定的，有着特定的国内国际背景和政治、经济、军事科技等方面的原因。一是服从国家战略的需要。军事战略是国家战略的重要组成部分，军事战略必须服从并服务于国家战略。苏联解体后，俄罗斯由于国内所面临的严峻形势，不得不退出美苏全球争霸舞台，重新制定国家战略。其中重要的因素是俄罗斯已经不具备原苏联的经济实力的基础。二是对40年"冷战"反思的结果。俄罗斯"现实遏制"战略从本质上讲，它是一种遏制性的防御战略，就是以核力量来遏制侵略，防止战争，从而确保其国家战略的实现。它的本意不是为了战争而战争，而是为了防止战争。这和原苏联时期"要和平就要战争"、"只有战争才能实现和平"的传统思想截然不同。三是适应俄罗斯安全环境的变化。安全环境是俄罗斯制定军事战略的一个重要依据。苏联解体后，俄罗斯的安全环境发生了重大的变化。四是顺应军事革命的潮流。

### 三、冷战后的日本军事思想

### （一）冷战结束后，日本对国际安全形势做出了新的判断

冷战结束后，日本在战争与和平的问题上产生了新的认识。东西方军事对峙格局已不复存在，爆发核战争及世界规模军事冲突的可能性进一步减小，但源于领土、宗教、民族等问题的复杂多样的地区冲突不断发生。世界各国正在通过促进政治和经济等各个领域的国际合作，谋求更加稳定的国际关系，但由于大规模杀伤性武器和导弹有新的扩散危险，裁军和扩军趋势并存，国际形势仍然存在不确定因素，稳定的安全环境尚未确立。日美军事同盟是确保日本安全的保障，美军在亚洲的军事存在是促进该地区稳定与和平的保障。

### （二）日本战略思想的发展

随着最大潜在敌国苏联的解体和国内经济实力的不断增强，日本以争做"政治大国"为国家战略目标，加紧推进以"立足亚太，加强日美欧协调，积极参与构筑国际新秩序"为基本思路的外交方针。为适应其需要，日本军事战略进行了一系列重大调整。1995年11月，日本制定了新《防卫计划大纲》，1996年4月再度修订了日美安全保障条约，发表《日美安全保障联合宣言》，1997年9月，日美发表了新《日美防卫合作指针》，接着又于1999年5月通过了与新指针相关的三个法案。这一系列文件的出台，标志着日本冷战后的军事战略调整已经基本完成。其主要内容有强调应对多元威胁，着重建立全方位防御体系；进一步巩固日美军事同盟，确立新型日美合作关系；逐步突破"专守防卫"原则，强调积极主动；扩大军事力量的职能范围，提出"周边事态"新概念，将日美安全保障体制

的作用范围扩大到整个亚太地区乃至全世界，使日军由以国土为主的内向型军队转变为以介入周边地区冲突为主的外向型军队。

### （三）日本军事思想发展趋势发生了改变

将实行以"建立新秩序"、"预防危机"和"遏制与对付"为三支柱的新军事战略，继续加强日美军事同盟，提高"联合威慑"的力度。自新《日美防务合作指针》出台后，日美军事合作关系进入了实质性的阶段，不断对"和平宪法"发起冲击，进一步加快军事大国步伐，继续完善部队体制编制，发展高技术武器，重点发展海空军力量；在作战思想上更加强调发挥日军整体威力，并向日美军一体化作战方向发展。日军认为，在未来战争中单靠一个军种或兵种不可能达成"海上歼敌"、"歼敌于领空之外"的目的，必须实施陆、海、空联合作战，发挥立体作战的威力。

### 四、印度军事思想

### （一）印度独立彰示军事思想的改变

1947 年 8 月，印度宣告独立。其军事思想是根据国家战略目标的总要求并随着形势变化和军事实践逐步形成和发展起来的，按演变过程大体分为三个时期。

初创时期（独立之初至 20 世纪 50 年代末）。这一时期印度的战略思想是以文武两手统一全国，抢占边境争议地区，实现英国统治时期的喜马拉雅山"理想边界"，作战思想沿袭了英印殖民军传统的攻防战术；建军思想强调文官治军，改革军制，收编土邦部队，成立国防部，陆海空三军分立，全军实现"印度化"；国防发展思想强调优先发展经济，适当兼顾国防。

转折时期（20 世纪 50 年代末至 70 年代初）。20 世纪 50 年代末，在美国和苏联的援助下，印度在南亚推行"西攻北进"战略，准备两线同时作战。1962 年，印度在中印边境战争中失败后，军事思想发生转折。战略思想方面，由两线出击转为"西攻北防"；在作战思想方面，由陆军单一军种的攻防作战改为侧重陆空协同的诸军种、兵种联合作战；在军队建设思想方面，由偏重发展陆军，转为以陆军为主相应发展空军和海军。

趋向定型时期（20 世纪 70 年代初至 90 年代初）。20 世纪 70 年代印度把战略视野转向印度洋。其国防发展战略实行国防与经济并重，二者同步发展的方针，国防工业通过特许仿制，逐步实现武器装备国产化和现代化；军队建设强调以提高质量为中心，巩固陆军，提高空军，重点发展海军。20 世纪 80 年代，随着国民经济不断增长，印度军事思想发生了重大变化。军事战略从传统的面向大陆改为面向海洋，两次出兵跨海作战；国防发展战略转为在发展经济的基础上发展国防；军队建设贯彻优先发展海军、继续提高空军、大力改编陆军的思想；随着武器装备的改善，作战思想一改昔日英印殖民军的传统战法，强调陆海空三军协同、机械化兵团快速进攻和攻势防御作战。进入 20 世纪 90 年代，世界两极格局结束，印度军事思想也随之发生变化。军事战略转为收缩陆地战线，深入印度洋，加强核威慑；国防发展战略转为以发展国民经济为主，国防为辅，加强国防科研，大力发展国产高技术武器系统；建军思想突出强调压缩军队规模，优化结构；作战思想强调以威慑为主，慎重初战，快速应付地区冲突，积极准备高技术和核威慑条件下作战。

## （二） 以地区威慑为防备政策的核心

威慑思想是 20 世纪 90 年代以来印度为解决战略目标与有限的国力、军力之间的矛盾而提出的。基本思想是将以往重实战改变为重威慑，在各个战略方向上以实力优势进行有效威慑，争取以最小代价取得最佳效果。在西部和北部边境地区保持常规兵力优势，以遏制邻国为解决领土争端而诉诸武力，或在战略上采取军事行动；建立快速反应部队，以便必要时对周边小国实施"惩罚"；发展战略核武器技术，保留"核选择"余地，以求对战略对手拥有一定核威慑能力，并对核战争有所准备，根据形势需要灵活选择战略伙伴。

## （三） 以武器装备现代化为核心，促进军队全面建设

以武器装备现代化为核心，促进军队全面建设的主要体现：一是提高训练质量，充分发挥现代化武器装备的作用。各军种分别建立统一的训练指挥机构，提高全军的训练水平，重点抓好院校建设，提高军官素质；强化近似实战的诸军种、兵种合练，不断改革训练内容与手段；重视官兵精神教育，提高官兵士气。二是改革军队体制编制，实现人与武器的最佳结合；坚持各军种发展，不断改进军队结构，提高三军质量；及时调整部署，以适应不同时期的战略需要。印度军事思想经过近 50 年的实践与发展，已初步形成较完整的理论体系。其中，有些观点反映了发展中国家在发展经济的基础上加强国防建设的经验。世界两极格局结束后，印度为实现国家战略的总目标，将继续推行其依托南亚，深入印度洋的军事战略。防备政策将更加强调自力更生和地区冲突；军队建设将进一步贯彻精兵原则；作战思想将突出强调打高技术战争和做好打地区核战争的准备。印度在实现其经济大国目标的同时，将全力实现其现代化军事强国的目标。

# 第三节　中国古代军事思想

中国古代军事思想包含着中国通史上两个历史阶段的军事思想（理论）体系，即我国在奴隶社会、封建社会时期，各阶级、政治集团及其军事家和军事论著者对于战争与军队问题的理性认识。中国古代军事思想在我国浩瀚文化遗产中统称古代兵法。古代兵法的载体是兵书。它随着社会的前进、战争的发展而不断深化。本节重点介绍中国古代军事思想的形成与发展、我国古代军事思想的基本内容。

## 一、中国古代军事思想的产生、形成与发展

### 1. 产生时期

公元前 21 世纪，我国建立了奴隶制的夏王朝。随着阶级的产生，阶级矛盾便成了社会的中心矛盾，从此，战争便成为实行阶级统治、维护阶级利益、进行阶级斗争的最高形式。作战方式是集团列阵正面冲杀。到商代以后，作战逐渐以车兵为主。对军队指挥，要求行动统一，严格管理。这种思想，指导着夏、商、西周几个王朝的军事斗争。通过这一时期的战争实践，人们已初步认识到审势而动，量力而行，众可以胜寡，强可以胜弱。相

传在西周时期，已出现《军志》、《军政》等军事著作，虽早已失传，但在后来问世的《左传》、《孙子兵法》等典籍中，还保留着一些引文的片断。另据《史记·司马穰苴列传》记载"齐威王使大夫追论古者《司马法》"，可见春秋时代之前还有一部专讲军事礼仪和用兵方法的《司马法》。这些都标志着我国古代军事思想的初步形成。

**2. 迅速发展时期**

约从公元前 8 世纪初至公元前 3 世纪末，我国进入了春秋战国时期，我国逐渐由奴隶社会进入封建社会。生产力的发展，社会制度的变革，引起了士兵成分的变化和兵器的改进，军事制度和作战方式也随之变化。为适应这些新情况的需要，产生了统率军队的专职将帅，涌现了许多代表新兴地主阶级的军事家和兵书著作。著名的《孙子兵法》，标志着封建统治阶级军事思想的成熟。它是世界上最早的系统而全面的军事理论著作，揭示了一系列指导战争的规律，并奠定了中国军事思想的基础。《孙子兵法》提出，军事斗争必须巧妙地运用权谋，即"上兵伐谋"、"必以全争于天下"，认为"不战而屈人之兵"是高明的军事家所期求的最理想的战争结局。只要能够做到"知彼知己"，才可以"百战不殆"。它提出了"以正合，以奇胜"和"攻其无备，出其不意"的作战思想。《孙子兵法》还指出，战争胜负是由政治、经济、天时、地利、人事等因素所决定的。战国时期，人们对战争的认识又进了一步。《吴子》兵法探索了战争的实质，论及战争发生的根源，并把战争分成几种类型，赋予定义，提出对付各种战争的方略。军事家孙膑所著《孙膑兵法》，要求用战争手段解决社会混乱局面，其作战思想则特别强调"贵势"和以奇制胜。这些主张都是对《孙子兵法》军事思想的继承和发展。

**3. 丰富和提高时期**

从公元前 3 世纪末至公元 13 世纪，中国经历了秦、汉、晋、隋、唐、宋、元等几个大的王朝的统治和更迭。在这漫长的历史时期，先秦的军事思想对军事斗争仍然起着重要的指导作用，军事思想也进一步得到丰富和提高。在这一时期通过战争实践，造就了许多著名的军事家和将领，出现了许多总结军事斗争经验的兵书。兵书《三略》阐述了"柔能制刚，弱能制强"的朴素的军事辩证法思想，并指出最高统治者必须广揽人才，重视民众与士卒的作用。《孝卫公问对》一书，联系唐代初期的战争经验，对《孙子兵法》提出的虚实、奇正、攻守等原则及其内在联系，作了比较辩证的论述。李筌的《太白阴经》认为，战争的取胜决定于国家政治的优劣、力量的强弱，以及谋略的运用。到了辽、宋、西夏和后来的宋与金、蒙古等几个民族政权并立的统治时期，长期互相处于对立状态，战争频繁。这时期出现了火器和复杂的装备器材，对作战样式产生了重要影响。在以汉民族为主体的宋王朝，统治者为了教习文臣武将熟悉军事，命曾公亮等编纂《武经总要》，总结古今兵法和本朝方略，并颁布《孙子兵法》、《吴子》、《司马法》、《六韬》、《尉缭子》、《三略》和《李卫公问对》为《武经七书》，官定为武学教材。

在革新与守旧的矛盾中继续前进的时期。大约从 14 世纪末至 19 世纪 40 年代，约从明朝至清朝后期，不但有连绵不断的大规模农民起义战争、民族起义战争和统治者的平判战争等，而且外国也开始入侵中国。这一时期，由于火器的改进和从外国引进部分先进兵器，出现了独立的水师、炮兵、工兵及其他技术兵种，加以作战对象发生了变化，因而在建军思想和作战指挥等方面都发生相应的变化。这时，一方面出现十分保守的只求守城保寨，单纯防守作战的思想；另一方面，从实践中总结出的带有强烈革新内容的军事思想，也在不少兵书中出现。

综上所述，我国古代军事思想萌芽于夏商，形成于西周，成熟于春秋，发展于战国到清朝（中期）的漫长历史时期。它是中国古代千百次王朝战争和大规模农民起义战争的经验总结，也是中华民族灿烂文化遗产的一个重要部分。中国近代的直至现代的军事思想，都从中批判地继承和吸取了许多有价值的内容。

## 二、中国古代军事思想的基本内容

我国古代军事思想内容深刻详细，战略战术思想已形成体系，主要包括战争性质和决定战争胜负的理论、治军练兵的理论、将帅修养的理论、作战战法的理论和战争谋略的理论、保障和辅助战争的理论等。

（1）关于战争性质问题

早在中国古代兵法理论形成的时期，人们便从政治上加以考察和论述了。认为战争是关系国家生死存亡的大事，是"不得已而用之"的暴力手段。《尉缭子》中指出"兵者，以武为植，以文为种；武为表，文为里。"意思就是说，军事较之于政治是从属的，是现象；政治较之于军事，是主导的，是内容。悟出了战争是从属于政治的。《吕氏春秋》说："兵苟义，攻伐亦可，救守亦可，兵不义，攻伐不可，救守不可。"已将战争区分为正义战和非正义战。

（2）关于对决定战争胜负因素的问题

《孙子兵法》中指出：用兵打仗要"经之以五事，校之以七计，而索其情"，即必须从"五事"和"七计"等客观实际出发，分析、比较敌对双方的各种条件，以探求战争胜负的可能性。所谓"五事"，即"道、天、地、将、法"；所谓"七计"，即"主孰有道，将孰有能，天地孰得，法令孰行，兵众孰强，士卒孰练，赏罚孰明"。所有这些，都是客观存在于战争双方并关系到战争胜败的东西。《淮南子》说："兵之胜败，本在于政。"都深刻地阐明了战争的胜负，从根本上取决于政治的优劣的道理。

（3）关于战争与经济的关系

《淮南·兵略训》中指出："甲坚兵利，车固马良，畜积给足，士卒殷轸，此军之大资也。"说明强大的物质力量是进行战争的基础。正如《管子》所说："国贫而用不足，则兵弱而士不厉；兵弱而士不厉，则战不胜而守不固；战不胜而守不固，则国不安矣。"古代兵家在阐述经济对战争的保障作用的同时，也非常强调发展生产的问题。《尉缭子》认为："土广而任则国富。"《管子》认为："甲兵之本，必先于田宅。"又说："地不辟，则六畜不育；六畜不育，则国贫而用不足。"

（4）关于战争与民众问题

古代兵家从"民本"思想出发，阐明了民心向背关系战争胜负的道理。《三略》指出"英雄者，国之干；庶民者，国之本。"认为一个国家如能做到以英雄人物为骨干，以人民群众为根本，就能"政行而无怨"。又如《吴子》指出："百姓皆是吾君而非邻国，则战已胜矣。"《管子》认为："凡兵之胜也，必待民之用也，而兵乃胜。"《荀子》指出："用国者，得百姓之力者富，得百姓之死者强，得百姓之誉者荣。三得者具而天下顺之，三得者亡而天下去之。"《三略》指出："治国安家，得人也；亡国破家，失人也。"由此可见，治国安邦、战胜攻取，也取决于民心的向背。

（5）关于战争与主观指导

《孙子兵法》明确提出：战前要"经之以五事，校之以七计，而索其情。"这里所说的"经、校、索、情"，正是在对比敌我双方客观物质条件的基础上，探索胜负之"情"（战争规律）。《孙子兵法》在透彻分析战争的诸种客观条件之后，指出："计利以听，乃为之势，以佐其外。势者，因利而制权也。"有利的客观条件，正确的战略方针，只是具备取得胜利的可能性，而要把它变为现实，还必须依靠主观能动作用，创造有利的作战态势。在战争指导上要做到"五贵"，即"定谋贵决，机巧贵速，机事贵密，进退贵审，兵权贵一"。

（6）关于谋略的作用

《管子》指出："失谋而败，国之危也。慎谋乃保国。"《孙子》说："故上兵伐谋，其次伐交，其次伐兵，其下攻城。"并进一步指出"不战而屈人之兵"，这是最理想的战略。古人强调"得失之道，利在先知"，认为只有"预测"，才能"谋胜于未胜，慎失于未失"，才能使自己"立于不败之地"。"上兵伐谋，其次伐交"是孙子提出的战略策略，也是他"不战而屈人之兵"全胜战略思想的体现。古人在论述"伐谋"、"伐交"时，一是强调"慎谋"，即筹策谋划必须慎重，务求正确。这就是所谓"谋当底于善"、"谋及其善而正"、"凡谋之道，周密为保"。二是强调"善变"，就是不仅要根据当时的情况制定谋略，还要根据客观情况的发展变化而修正原定谋略。

（7）关于治军练兵的理论

古代军事家十分重视将领的人选，《孙子兵法》提出了"智、信、仁、勇、严"五个方面的选将标准。所谓"智"就是高明的指挥，"信"就是严明的奖惩，"仁"就是官兵的团结，"能"就是身先士卒，"严"就是严格的纪律。《六韬》指出"故兵者，国之大事，存亡之道，命在于将。将者，国之辅，先王之所重，故置将不可不察也。"说明任用将帅要认真考察。非德才兼备、智勇双全的将领，不能任用，否则，将领庸懦无能，只会败军辱国。正如《六韬》所说："将不仁，则三军不亲，将不勇，则三军不锐……将不强力，则三军失其职。"正所谓：千军易得，一将难求。

（8）对部队的教育训练

主张"以治为胜"。《吴子》指出："所谓治者，居则有礼，动则有威，进不可当，退不可追，前却有节，左右应麾，虽绝威阵，虽散成行。"《吴子》还提出"教戒为先"，《司马法》也说，"士不先教，不可用也"，《左传》指出"吸耻教战，求杀敌也"，提出把教育训练放到治军的首要地位。古人很重视"军心士气"，《论语》说："三军可夺帅也，匹夫不可夺志也。"

（9）关于保障和辅助战争行动的理论

古代军事家通过战争实践逐步形成了诸如后方补给、用间、地形、气象、筑城等许多专门的知识和各种理论。

关于后方补给。古代的后勤保障，主要是粮食和物资。孙武曾深刻指出："军无辎重则亡，无粮食则亡。"认为对军队来说，有粮才有战斗力，才能保持士气。尉缭子则看到了物资储备的重要性，认为"委祝不多，则士不行"，"器用不备，则力不壮"。《明史·朱升传》说："高筑墙，广积粮，缓称王。"

（10）关于用间

《孙子兵法》指出："故用间有五：有因间，有内间，有反间，有死间，有生间。五间俱起，莫知其道，是谓神纪，人君之宝也。"五种间谍同时使用，敌人摸不清底细，这就是神秘莫测的要领，是国君的法宝。

（11）关于筑城和城战

除了迄今保留下来的如举世闻名的长城等各类筑城的遗址外，古人还创造了筑城的理论，以及攻城和守城方法。如《墨子·守城篇》既讲了如何筑城，又讲了如何攻城和守城。

总之，我国古代军事思想囊括了几千年来关于战争和军队的全部理论，经过数千次频繁激烈的战争检验，通过众多的军事人物的不断总结，从而创造出灿烂辉煌的古代军事学术。特别是《孙子兵法》，它对我国和世界的军事学术的发展有着深远的影响和现实意义，在国内外都产生了积极影响。

# 第四节　毛泽东军事思想

毛泽东是伟大的无产阶级革命家、战略家、军事家和著名的军事理论家，是中国共产党、中国人民解放军和中华人民共和国主要缔造者和领导者。在领导中国人民进行的长期革命斗争中，以毛泽东为代表的老一辈无产阶级革命家，凝集了全党全军的集体智慧，把马列主义同中国革命的具体实践相结合，创立了指导中国革命走向胜利的毛泽东思想及其组成部分毛泽东军事思想。

毛泽东军事思想是具有中国特色的、当代先进的无产阶级军事理论，是我们党宝贵的精神财富，它的基本原理永远是我们夺取革命战争胜利的指南。认真学习毛泽东军事思想是关系到加强我国国防现代化建设的重要课题。

## 一、毛泽东军事思想的科学含义

毛泽东军事思想是以毛泽东为主要代表的中国共产党人关于中国革命战争、革命军队和国防问题的科学理论体系，是马列主义的基本原理和中国革命战争具体实践相结合的产物，是中国人民革命战争和国防建设与斗争实践经验的总结，是中国共产党集体智慧的结晶，是毛泽东思想的重要组成部分。

任何理论都有一个产生、发展和完善的过程，毛泽东军事思想也同样是在中国共产党领导的长期革命战争实践中逐步形成和不断完善起来的。尽管早在土地革命战争时期，毛泽东已开始了他在军事方面的实践和理论创作活动，但是那个时期还没有出现"毛泽东军事思想"这个提法。经过长征到达延安以后，我们党内许多领导同志通过回顾，总结过去十年走过的革命历程，认识到毛泽东对于中国革命战争在实践和理论方面所作的巨大贡献，因而开始从军事理论、军事学术的角度来评价毛泽东思想。

最早见于文章、报告中的是朱德同志在中国共产党第七次代表大会上所作的《论解放区战场》的报告。他在这个报告中提到"毛泽东的军事路线，总括地说，就是人民军队的路线，就是人民战争的路线，这正是抗战胜利的路线"，"而毛泽东的军事路线又正是和它的军事学说相结合的东西"，"为争取抗战的胜利，我在这次大会上特别号召同志们认真学习毛泽东的军事学说"。后来，陈毅同志在建军报告中还用了"毛泽东军事学派"这一提法。经过解放战争的伟大实践，毛泽东的军事理论、军事学说发展到一个新的阶段和新的高度，已形成为一个完整的、科学的军事思想体系。因此，在中华人民共和国建国初期，进一步明确了"毛泽东军事思想"这一科学概念。最先明确提出这一概念的是刘伯承同志，他在 1950 年 12 月 31 日中国人民解放军军事学院召开的一次动员大会上作的题为《学习任务与学习任务的保障》报告中，使用了"毛泽东军事思想"这一概念，成为全军统称的科学概念，一直沿用至今。

## 二、毛泽东军事思想的产生、形成和发展

毛泽东军事思想的产生、形成和发展，是同中国革命战争的发生、发展和胜利，以及新中国成立后的国防建设和军事斗争联系在一起的，也是同党内"左"、"右"倾错误的斗争密切联系的。

### （一）毛泽东军事思想的产生

中国共产党成立至遵义会议前，是毛泽东军事思想的产生时期。党的第一个纲领就接受了马克思主义暴力革命学说，指出："革命军队必须与无产阶级一起推翻资产阶级的政权"。在国共第一次合作期间，我党帮助孙中山创办黄埔军校，并派出周恩来等一批党的骨干参与黄埔军校的组建和政治工作，随后建立的国民革命军第四军独立团，由共产党员叶挺担任团长。

大革命期间，毛泽东、周恩来等许多领导人，对武装斗争和军队建设进行了探索，毛泽东在《湖南农民运动考察报告》一文中提出了无产阶级领导农民推翻地主武装、建立农民武装、推翻封建统治、建立农民政权的主张。随后，南昌起义和湘赣农民起义，在批判和纠正"城市中心论"中找到了以农村为根据地、建立工农武装、开展游击战争、以农村包围城市的道路。毛泽东总结"工农武装割据"的经验，先后写了《中国的红色政权为什么能够存在》、《井冈山的斗争》、《关于纠正党内的错误思想》和《星星之火，可以燎原》等著作，并在实践中以农村根据地为依托，把武装斗争和土地革命结合起来，发动广大农民，开展广泛的人民战争。从此，毛泽东人民军队和人民战争思想开始产生。在粉碎国民党"围剿"过程中，总结了诱敌深入的方针和游击战术，随后又将游击战向运动战发展，逐步产生了红军作战的战略战术。

### （二）毛泽东军事思想的形成

遵义会议至抗日战争胜利，是毛泽东军事思想科学体系的形成时期。遵义会议是肯定毛泽东军事思想产生时期的成果并推向全面形成体系化的起点，通过抗日战争时期的丰富和发展，达到体系化的形成。

1935 年 12 月，党的瓦窑堡会议制定了抗日民族统一战线的政治策略路线和军事战略方针。1936 年 12 月，毛泽东在《中国革命战争的战略问题》一文中，阐明了无产阶级对待战争的根本观点和研究指导战争的基本方法，深刻分析了中国革命战争的特点和规律，系统论述了中国革命战争的战略指导问题，确立了积极防御的基本原则。随后毛泽东发表了《实践论》、《矛盾论》等包含丰富军事内容的重要哲学著作，以军事辩证法观点系统回答了中国革命战争的战略和策略问题。1938 年，毛泽东在《抗日游击战争的战略问题》、《论持久战》、《战争和战略问题》等军事名著中阐明了抗日游击战争的战略地位和整套人民战争战略战术原则的理论。1944 年，毛泽东、周恩来主持写成了《关于军队政治工作问题》的报告，对我党我军的政治工作进行了系统总结，进一步阐明了我军政治工作的性质、方向、任务和方法。1945 年，党的六届七中全会作出的《关于若干历史问题的决议》，总结了革命战争的历史经验，系统阐述了人民军队的建设和军事战略理论。毛泽东在七大的《论联合政府》报告中，全面阐述了人民军队的建军宗旨和人民战争的基本内容。

这一时期，毛泽东军事思想的全面展现还体现在毛泽东其他著作和其他老一辈无产阶级革命家的著作中。如毛泽东的《和英国记者贝特兰的谈话》、《论新阶段》，周恩来的《目前抗战危机与坚持华北抗战的任务》、《抗战军队的政治工作》，刘少奇的《抗日游击战争若干基本问题》，朱德的《论解放区战场》、《论抗日游击战争》，彭德怀的《我们怎样坚持华北六月的抗战》，刘伯承的《游击战与运动战》，邓小平的《根据地建设与群众运动》等。

从此，毛泽东军事思想所阐明的内容，包括了毛泽东战争观和战争方法论，人民军队、人民战争和人民战争的战略战术等，形成了一个比较完整的科学体系。

## （三）毛泽东军事思想的发展

抗日战争胜利后，经过解放战争、抗美援朝战争，以及社会主义建设时期，毛泽东军事思想得到全面发展。在指导战争问题上，毛泽东相继发表了《抗日战争胜利后的时局和我们的方针》、《以自卫战争粉碎蒋介石的进攻》、《集中优势兵力，各个歼灭敌人》、《蒋介石政府已处在全民的包围中》、《解放战争第二年的战略方针》、《目前的形势和我们的任务》、《评西北大捷兼论解放军的新式整军运动》、《关于三大战役的作战方针》、《采取远距离包围迂回方法追歼逃敌》、《将革命进行到底》等大量文章和电文，不仅使战略防御和运动战理论有了发展，而且还创立了战略进攻、战略决战和战略追击等系统理论。在建军方面，为适应战略进攻的需要，毛泽东提出了加强炮兵、工程兵、装甲兵等技术兵种的建设，指明了军队现代化、正规化的方向。通过全军范围的新式整军运动，进一步激发军队的战斗意志，增强组织纪律性，发展了军队内部的政治、经济、军事民主。建国后，毛泽东又为我国国防现代化建设指明了方向。抗美援朝战争是一场挫败现代化敌人的反侵略战争。毛泽东先后发表了《给中国人民志愿军的命令》、《采取轮番作战的方针》、《对美英军目前应实行战术的小包围、打小歼灭战》、《祝贺中国人民志愿军的重大胜利》、《抗美援朝的伟大胜利和今后的任务》等著作和电文，提出并阐述了现代条件下进行反侵略战争和建军的一系列理论原则。

党的十一届三中全会以后，以邓小平为核心的党的第二代领导集体，以江泽民为核心的党的第三代领导集体，以胡锦涛为总书记的党中央，结合新的历史条件，继承和发展了毛泽东军事思想。

### 三、毛泽东军事思想的主要内容

毛泽东军事思想的科学体系是客观存在的，而且是发展的。它的内容极其丰富，概括起来有无产阶级的战争观，研究和指导战争的认识论、方法论，人民军队、人民战争和人民战争的战略战术。

### （一）无产阶级的战争观

无产阶级的战争观，就是无产阶级对待战争的根本看法和观点。战争观问题是研究和指导首先应该解决的问题。对战争的起源，战争与政治、经济、地理等诸因素的关系，区分战争的性质，确立对待战争的正确态度，明确研究和进行战争的目的，以及消灭战争的方法等问题，毛泽东用辩证唯物主义和历史唯物主义的原理进行了极其深刻的阐述。

**1. 战争是私有制和阶级社会的产物，是政治的继续**

在战争怎样产生的问题上，剥削阶级曾散布种种谬论来欺骗人民。比如，有所谓"自然主义战争论"，把战争解释为人们生活中自然的和永恒的现象，而不是阶级的对抗；有所谓"种族主义战争论"，把战争的根源归结为种族的差别，说"优劣人种"之间必然导致战争；有所谓"宗教战争论"，宣称战争是神的力量反对非神的力量的斗争；有所谓"非理性主义战争论"，认为战争是"神秘的非理性力量"引起的；有所谓"心理战争论"，说战争产生于人类的本能和欲望；有所谓"马尔萨斯主义战争论"，说人口过剩是产生战争的根源；等等。这些，或是用来证明"侵略有理"，或是用来证明战争是永恒的现象，实际上都是为剥削阶级进行反人民的战争服务的。那么，战争究竟是怎样产生的呢？对此，毛泽东作了最精辟的论述，他指出："战争——从有私有财产和有阶级以来就开始了的，用以解决阶级和阶级、民族和民族、国家和国家、政治集团和政治集团之间，在一定发展阶段上矛盾的一种最高的斗争形式。"毛泽东对战争的这一科学定义，坚持了马克思主义的战争起源说，深刻地揭示了战争的阶级本质，阐明了战争是阶级社会的产物，是阶级斗争的一种最高形式，是一定阶级政治的继续。

**2. 拥护正义战争，反对非正义战争**

列宁指出："弄清战争的性质是马克思主义者解决自己对战争的态度问题的必要前提。"毛泽东指出："历史上的战争，只有正义和非正义的两类。"（《论持久战》）凡是代表人民利益，有利于人类社会进步，谋求民族和人民解放的战争，都是革命的正义的战争；凡是违背人民利益，阻碍人类社会进步，对内压迫，对外侵略扩张的战争，都是反革命的非正义的战争。因此，我们考察任何战争，都必须首先从政治着眼，看它是由哪个阶级进行的，战争的目的是为哪个阶级的利益服务的，从而区别是正义的还是非正义的，并根据这种区别，决定我们对待战争的态度。

我们对待战争的态度是拥护正义战争，反对非正义战争。我们共产党人从来不笼统地反对一切战争和拥护一切战争。我们反对的是帝国主义、霸权主义和一切反动派进行掠夺、镇压各国人民的反革命的非正义的战争；我们拥护的是各国革命人民，即被压迫阶级和民族进行反抗阶级压迫的革命的正义的战争。如，我国的历次国内革命战争、抗美援朝战争和对越自卫还击作战，以及柬埔寨、阿富汗人民进行的革命反侵略战争，都是正义的战争，我们坚决支持。反之，越南地区强权主义者侵略柬埔寨的战争，前苏联霸权主义者武装侵略阿富汗的战争，都是非正义的战争，我们就坚决反对。对于革命的正义战争，我们不仅要支持，必要时还要参加。因为，在阶级社会中，革命和战争是不可避免的，舍此不能完成社会发展的飞跃；正义战争是拯救人类的至高无上的荣誉事业，是把世界历史转到新时代的桥梁。

**3. 战争的目的在于消灭战争，用革命战争消灭反革命战争**

毛泽东说过，战争的目的在于消灭战争，并指出："我们研究革命战争的规律，出发于我们要消灭一切战争的志愿，这是区别我们共产党人和一切剥削阶级的界限。"(《中国革命战争的战略问题》)因此，我们进行的战争，不是为了战争而战争，也不是为了狭隘集团的私利而战争，而是为了消灭战争，为了人类永久和平。这就是我们伟大而高尚的志愿，是我们最高最终的目的。我们进行战争在于消灭战争这一目的，则是同共产党人最后消灭阶级、消灭一切剥削制度、实现共产主义社会的伟大目标紧密联系在一起的。

我们坚信，人类社会发展终究是要把战争消灭的。但是，消灭战争的方法只有一个，就是用战争消灭战争，用革命战争消灭反革命战争。这是因为，霸权主义、帝国主义和一切反动派是绝不会自动退出历史舞台的。相反，它们为维护其反动统治，必然要发动反革命战争，对外实行扩张侵略和掠夺，对内镇压本国人民。对此，无产阶级和革命人民，只有用革命战争消灭反革命战争才能推翻反动阶级的统治，建立和保卫人民的革命政权，逐步地消灭阶级、消灭剥削制度、扫除战争的祸根，从而最后消灭战争。例如，抗日战争、解放战争的伟大胜利，就是中国人民在中国共产党的领导下，用革命战争战胜国内外强大的敌人，迎来了新中国的诞生。

我们是战争消灭论者，是为了消灭战争而进行战争的。不要枪杆子就必须拿起枪杆子，这就是革命的辩证法。我国未来的反侵略战争，既是国际反霸统一战线的重要组成部分，又是整个世界无产阶级革命事业的一部分。它的彻底胜利必将促进世界革命事业的发展，推动人类历史的前进，加速帝国主义制度的灭亡。

**（二）研究和指导战争的认识论、方法论**

毛泽东在中国革命战争的长期实践中，运用辩证唯物主义和历史唯物主义研究和指导战争，达到了炉火纯青的高度，形成了系统的战争问题上的认识论和方法论，为我们研究和指导战争树立了光辉榜样。那么，毛泽东在战争问题上的认识论和方法论的基本理论包括哪几个方面呢？概括起来主要有以下几点。

**1. 研究和指导战争必须着眼其特点和着眼其发展**

马克思主义者认为，世界上一切事物和社会现象都是发展变化的，静止的、一成不变的东西是没有的。毛泽东指出："战争情况的不同，决定着不同的战争指导规律，有时间、地域和性质的差别。"因此，研究和指导战争的人，只有采取实事求是的科学态度，从客观实际出发，全面地分析敌我双方政治、经济、军事、地理诸因素的内在联系，才能认识其特点，着眼其发展，找出其规律。

毛泽东在指导中国革命战争的长期实践中，总是善于根据不同的历史时期，不同的战争特点，制定出符合客观实际的战争指导路线和战略战术原则。如具有代表性的土地革命战争时期的"十六字诀"，抗日战争时期的"持久战"方针和游击战争的战略战术，解放战争时期著名的"十大军事原则"等，都反映了毛泽东善于因时间的不同，从实际出发来研究和指导战争。

在新时代的今天，现代战争已经是诸军兵种参加的协同作战，进行战争的规模和作战的方式方法必然也随之发生一系列变化，研究战争就必须随着这个发展而发展，随着这个变化而变化。

**2. 研究和指导战争必须使主观指导符合客观实际**

毛泽东指出："军事的规律，和其他事物的规律一样，是客观实际对于我们头脑的反映，除了我们的头脑以外，一切都是客观实际的东西。"（《中国革命战争的战略问题》）因此，正确地认识客观，达到主客观一致，是指导战争取得胜利的基础，是多打胜仗、少打败仗的关键。所谓主观指导符合客观实际，就是坚持实事求是的唯物主义的用兵方法。朱德同志在 1945 年《论解放区战场》的军事报告中指出："有什么枪打什么仗，对什么敌人打什么仗，在什么时间地点打什么时间地点的仗。"第一句话是根据部队武器装备，第二句话是根据敌情，第三句话是根据时间地形各种条件。这一概括是十分精辟的打仗方法。那么，怎样才能做到主观指导符合客观实际呢？

注重调查研究，是达到主客观一致的根本方法。具体来说，在作战中就是要做到知己知彼。为此，必须通过调查研究，摸熟自己部队的脾气，通过各种侦察手段，摸熟敌人部队的脾气，摸熟一切和作战有关的其他条件。这主要就是要熟悉和了解敌我双方的编制装备和作战特点，以及地形、民情、气候等情况。在详细占有材料的基础上，进行科学分析，研究双方的对比和相互关系，从而作出判断，下定决心，作出计划。这样才能基本上做到主客观一致，才能比较多地打胜仗。毛泽东历来主张"理论与实践相结合"，在学习马列主义基本原理中，要根据战争的实际，勇于在实践中探索和总结出自己的新经验。对于前人的经验，要敢于和善于经过自己的实践去检验和考证，吸取那些有用的东西，拒绝那些不适当的东西，增加自己所特有的东西，做到打一仗进一步，不断增长才干，提高指挥艺术。例如，1979 年初对越自卫还击作战中，我军开始没有摸熟越军的脾气，不十分了解山岳丛林地的地形地点，因此在作战初期不太适应新的情况。后来经过一段的战争实践，摸清了越军作战的散、转、钻、变等特点，采取了边打边剿、小群多路、分片包干、反复清剿的战法，不断扩大了战果。实践证明从战争中学习战争，也是提高指挥员组织指挥能力和作战本领的有效方法。

**3. 研究和指导战争必须关照全局、掌握关节**

只要有战争，就有战争的全局。只要有战争的全局，就有在全局中起重要作用的关节。什么是战争全局呢？"凡属带有要照顾各方面和各阶段的性质的，都是战争的全局。"

例如，世界可以是一个全局，一个国家可以是一个全局，一个独立的游击区、一个独立作战的方面也可以说成是一个战争的全局。所谓关节，就是对全局有决定意义的局部。例如，解放战争时期，毛泽东和老一辈无产阶级军事家一起，从分析全国战场总的形势出发，及时抓住战略决战的时机，首先选择对我最有利的东北战场，果断地发动了对全国战局有决定意义的辽沈战役。全国战场就是战略全局，而东北战场的辽沈战役，就是对全局来说有决定意义的局部。

为什么要关照全局、掌握关节呢？毛泽东指出："战争的胜败的主要和首先的问题，是对于全局和各阶段的关照得好或关照得不好。"这就明确地告诉我们，战争全局之所以重要，是因为全局指导的正确与否将决定整个战争的成败。如果战略上错了，即使战役和战斗上取得了某些胜利，战争最后还是要失败。如土地革命战争时中央红军的第五次反"围剿"，王明"左"倾冒险主义者，提出了所谓"战略胜利取决于战术胜利"的"战术制胜论"，在战略全局指导上犯了错误，虽然红军和广大人民英勇奋战，但还是不能打破"围剿"。它说明了战争中关照全局的重要性。但是，战争全局是由它的一切局部构成的。一方面，战役、战斗的胜利取决于战略指导的正确，另一方面，战略全局的胜利又是通过局部的胜利来实现的。因此，战争指导者，在关照全局的同时掌握关节就显得尤为重要，特别是影响战争全局的重要关节，抓得好与不好，会直接影响到战争的结局。所谓"一着不慎，满盘皆输"就是这个道理。

## （三）人民军队

人民军队是毛泽东军事思想的重要组成部分。毛泽东系统地解决了以农民为主要成分的革命军队如何建设成为一支无产阶级性质的、具有严格纪律的、同人民群众保持亲密联系的新型人民军队的问题。他规定了全心全意为人民服务是人民军队唯一宗旨，规定了党指挥枪而不是枪指挥党的原则，制定了三大纪律八项注意，强调实行政治、经济、军事三大民主，实行官兵一致、军民一致和瓦解敌军的原则，提出和总结了一套军队政治工作的方针和方法。因此，认真学习毛泽东的人民军队思想，对于完整地、准确地掌握毛泽东军事思想的科学体系，继承和发扬我军的优良传统，把我军建设成为一支现代化、正规化的革命军队，具有十分重要的意义。

"没有一个人民的军队，便没有人民的一切"，这是毛泽东根据中国人民在长期斗争中用鲜血换来的经验而得出的结论，完全符合马克思列宁主义关于武装斗争学说的普遍真理。早在第一次国内革命战争时期，毛泽东就提出了建立无产阶级领导的农民武装和农村革命政权的伟大战略思想。但由于当时的"左"倾机会主义错误，拒绝毛泽东的正确主张，放弃了党对革命的领导权，尤其是放弃了武装力量的领导权，当大地主、大资产阶级背叛革命、残酷屠杀工农时，广大工农手无寸铁，无法抵抗，致使轰轰烈烈的大革命遭到了惨痛的失败。屠刀和鲜血教育了党和人民，于是爆发了南昌起义、秋收起义、广州起义等，人民才有了自己的军队。这支军队在夺取政权和巩固政权过程中，为党和人民立下了丰功伟绩，成为进行人民战争和夺取革命胜利的骨干力量，成为创立新中国和建立人民政权的坚强柱石。

毛泽东系统地解决了无产阶级军队的建设问题，使我军成为一支共产党绝对领导的、用毛泽东思想武装的、同人民群众血肉相连的完全新型的人民军队。其主要标志包括以下几个方面。

**1. 坚持党对军队的绝对领导**

毛泽东指出："我们的原则是党指挥枪，而决不容许枪指挥党。"这是我军建设的根本原则。我军从诞生之日起，就以全心全意为人民服务为宗旨，以实现无产阶级政党的历史使命为己任。正是由于这种性质和使命，决定了我们军队必须在中国共产党的绝对领导之下，才能完成自己的历史重任。没有党的领导，我军就不能执行革命的政治任务，就不能实现自己的宗旨，就不能始终保持无产阶级的性质。几十年来，由于坚持了党对军队的绝对领导，我军才能够在空前艰苦卓绝的革命战争中从小到大，越战越强，打败了国内外强大的敌人，成为无产阶级专政的坚强柱石和维护世界和平的重要力量；我军才能够同人民群众始终保持血肉相连、鱼水相依的一亲密关系，忠于党，忠于人民，担负起保卫祖国和建设祖国的光荣任务。坚持党的领导，最根本的是坚持党的马克思主义的路线、方针和政策，认真学习社会主义初级阶段的理论，正确理解建设具有中国特色社会主义的基本路线。服从国家以经济建设为中心的大局，坚持四项基本原则，坚持改革开放，为把我国建设成为富强、民主、文明的社会主义现代化国家而作出军队的应有的贡献。

**2. 坚持全心全意为人民服务的建军宗旨**

毛泽东指出："紧紧地和中国人民站在一起，全心全意地为中国人民服务，就是这个军队的唯一的宗旨。"这一建军宗旨是我军一切行动的准则。

全心全意为人民服务是由我军的无产阶级性质决定的。我军是中国共产党领导的人民军队，是为无产阶级和劳动人民翻身解放而建立起来的，这就决定了我军必须一切从人民的利益出发，而不能从任何个人和小集团的利益出发。如果离开了全心全意为人民服务，我军就背叛了自己的阶级，就不称其为人民军队，就会蜕变为剥削阶级压迫人民的工具。

全心全意为人民服务是我军战无不胜的力量源泉。我军不管是在枪林弹雨的战场上还是在激烈的阶级斗争和社会主义建设事业中，都能够做到官兵一致，上下一致，紧密团结，形成无坚不摧的力量。并且涌现出来的无数英雄人物和先进集体的事迹说明，坚持了全心全意为人民服务的建军宗旨，就能够不断地为党、国家和人民作出新的贡献。

全心全意为人民服务，才能够得到人民群众的拥护和支援。由于我军坚持了全心全意为人民服务的建军宗旨，处处以人民的利益为最高利益，始终保持着和人民群众的血肉联系，所以人民群众总是把我军当做自己的亲人，千方百计地从精神、物质上，以及其他各个方面支援自己的军队。在新的历史时期，我军也只有坚持全心全意为人民服务的建军宗旨，才能同全国人民一道，完成新时期的伟大历史使命。

**3. 坚持强有力的革命的政治工作**

政治工作，是指党在军队中的思想工作和组织工作。其任务是保证党的路线、方针、政策的贯彻执行，"为团结我军、团结友军、团结人民、瓦解敌军和保证战斗胜利而斗争"。因此，建立强有力的革命的政治工作，就是要巩固党对军队的绝对领导，从政治上、思想上、组织上领导和保证党的路线、方针、政策在军队中的贯彻执行，提高部队的战斗力。

从创建我军之日起，毛泽东就把革命的政治工作作为我军的生命线来看待。建军初期，就在军队中建立了党代表制度、政治工作机关和政治工作制度。以后又提出了以官兵一致、军民一致、瓦解敌军为政治工作的三大原则，在集中领导下广泛开展政治、经济、军事三大民主。并随着实践的发展，使我军政治工作的方针、原则日益完善。我们要继承和发扬我军政治工作的优良传统，这对于提高全军指战员的阶级觉悟、执行党的政治任务、取得革命和战争的胜利起到了重大作用。我军建设各个时期的经验反复证明，政治工作是我军的生命线。所以，在任何时候、任何情况下，军队的政治工作只能加强，不能削弱。同时军队的政治工作也是我军战斗力的重要源泉。明确我军的性质和任务，明确了军队和党的关系，每个军人在执行各项任务中，其爱国主义、国际主义和革命的英雄主义精神就会得到更好的发挥。

### 4. 遵守三大纪律、八项注意

毛泽东为我军制定的三大纪律、八项注意是我军组织纪律性的集中表现，它充分体现了革命军队的本质，是巩固党对军队的绝对领导、团结自己、战胜敌人的重要保证，也是我军区别于一切旧军队的重要标志之一。

几十年来，我军广大指战员自觉遵守三大纪律、八项注意，一切行动听指挥，严格做到有令则行、有禁则止。在新的历史时期，我们更要自觉地遵守三大纪律八项注意，发扬我军的优良传统，坚决贯彻党的十七大规定的路线、方针和政策，成为执行党的路线、方针和政策的模范。要既能打仗，也能建设，为保卫祖国现代化建设和国防安全作出贡献。

### 5. 发扬勇敢战斗、不怕牺牲和艰苦奋斗的优良作风

勇敢战斗、不怕牺牲和艰苦奋斗，是毛泽东为我军培育的优良作风，是"一不怕苦、二不怕死"的革命精神的具体体现，是战胜一切敌人和一切困难的强大精神力量，也是我军的光荣传统。几十年来，我军之所以能够从小到大、从弱到强，是同我军这一优良作风分不开的。有了这种作风，战时就能勇往直前，临危不惧，攻如猛虎，守如泰山，追如疾风；就能大胆包围，适时机断专行，使战术技术和武器的作用得以充分发挥，弥补物质条件等方面的不足；就能以无畏压倒恐惧，保持清醒的头脑，充满必胜的信心，措置裕如，指挥若定。这样，什么困难都能克服，什么敌人都能战胜。有了这种作风，在平时就能发扬吃大苦耐大劳的革命精神，以苦为荣，以苦为乐，在平凡的工作岗位上作出不平凡的成绩；就能艰苦创业，勇于开拓前进，抵制各种错误思想的侵蚀，始终保持坚定正确的政治方向，解决好"打得赢"、"不变质"两个历史性课题。

## （四）人民战争

人民战争，是毛泽东军事思想的核心。毛泽东的人民战争思想，是把党的群众路线运用于革命战争的伟大创举，是人民战争战略战术的基础，也是我们以劣势装备战胜优势装备敌人的基本战略。它正确地反映了革命战争的规律，深刻地揭示了革命战争的本质。因此，它是无产阶级和革命人民进行革命战争的强大思想武器，是我们克敌制胜的传家宝。

我国历史上，反抗阶级压迫和民族压迫的战争事例很多，从秦朝陈胜、吴广领导的农民起义，到清朝洪秀全领导的太平天国起义，以及近一百多年来反抗帝国主义侵略的战

争，大小数百起之多，但由于历史条件的限制和阶级的局限性，多数都失败了。在中国只有无产阶级登上历史舞台之后，人民战争才能取得辉煌的胜利。中国共产党成立后，在毛泽东、周恩来、朱德等老一辈无产阶级革命家的领导下，继承和发展了我国历史上人民战争思想的精华，使其更加完善。在指导中国革命战争的实践中，经历了长达20多年的人民战争，取得了中国革命战争的伟大胜利。毛泽东人民战争思想的基本精神，就是在中国共产党的领导下，以马克思主义的辩证唯物主义和历史唯物主义为理论基础，坚决依靠人民群众，以人民军队为骨干，实行野战军、地方军、民兵三结合的武装力量体制，把武装群众与非武装群众结合起来，以武装斗争为主并和其他各种形式的斗争相配合，依托革命根据地；运用灵活机动的战略战术夺取战争的胜利。其实质就是在革命战争中大搞群众运动，实行彻底的群众路线。

　　未来反侵略战争也将是现代条件下的人民战争。尽管由于科学技术的发展、武器装备的更新、战略战术的变化给战争带来许多新的特点，但是，实行人民战争的基本原理，如人民群众是战争胜利的最深厚的根源，人心向背是战争胜负经常起作用的因素，兵民是胜利之本，战争胜负的决定因素是人不是物等，仍然没有变。所以，在现代条件下，我们还要以人民战争去赢得反侵略战争的胜利。

## （五）人民战争的战略战术

　　人民战争的战略战术，是毛泽东军事思想的重要组成部分。在长期的革命战争实践中，毛泽东和老一辈无产阶级军事家，不断地把我军作战经验上升到理论，然后又用以指导战争实践，创造了一整套为人民战争所必需的灵活机动的战略战术，丰富和发展了马克思列宁主义的军事思想和作战原则。它是我军作战经验的结晶，是无产阶级的解放在军事上的杰出表现，是我们战胜国内外强大敌人的法宝，也是马克思列宁主义军事理论宝库中的珍贵财富。因此，认真学习、深刻理解、正确掌握、灵活运用人民战争的战略战术，对于建设现代化、正规化的革命军队，统一我军训练和作战的指导思想，做好进行各种战争的准备，赢得未来反侵略战争的胜利，都具有十分重要的意义。

### 1. 一切军事行动的目的是保存自己、消灭敌人

　　战争是敌我双方以各种力量进行的你死我活的直接较量。从战争开始到战争结束的一切复杂现象，都是为着保存自己和消灭敌人而斗争的活动形态。正如毛泽东指出的，"战争的目的不是别的，就是保存自己、消灭敌人。保存自己、消灭敌人是战争的本质，是一切战争行动的根据，一切技术、战术、战役、战略原则，一切技术、战术、战役、战备行动，一点也离不开战争的目的，它普及于战争的全体，贯彻于战争的始终"。（《论持久战》）我们的军事原则，从技术到战术，从战役到战略，都离不开保存自己、消灭敌人这个基本原则，都是从这个基本原则派生出来的。这个基本原则在作战手段上是进攻和防御，在作战武器上是"矛"和"盾"等攻防武器，在兵力使用上是集中与分散，在战争时间上是持久与速决，在战场形势上是主动与被动，在战场空间上是内线与外线，在作战基本形式上是游击战、运动战、阵地战，在战斗编组上是突击队、钳制队、预备队，在射击原则上是隐蔽身体、发扬火力，在战争结果上是胜与败，等等。可见，战争过程中的各种表现都围绕着这一目的而展开，因此说，保存自己、消灭敌人是一切军事行动的目的和必须遵

循的基本原则。

保存自己与消灭敌人是同一矛盾的两个方面,二者既相互矛盾,又相互联系,密不可分。在战争中,一方面尽可能地保存自己的力量,另一方面要尽可能地消灭敌人的力量。如果只强调保存自己不消灭敌人,那么就不可能保存自己;相反,如果只强调消灭敌人而不注意保存自己,那么也不可能彻底地消灭敌人,甚至会被敌人所消灭。因此,保存自己离不开消灭敌人,消灭敌人也离不开保存自己。二者既相辅又相成。

**2. 战略上藐视敌人,战术上重视敌人**

毛泽东关于"在战略上我们要藐视一切敌人,在战术上我们要重视一切敌人"的思想,是我们正确分析看待敌我力量的对比,进行革命和战争并取得胜利的战略指导思想和重要的指导原则。

毛泽东曾经指出:"从本质上看,从长期上看,从战略上看,必须如实地把帝国主义和一切反动派都看成是纸老虎。从这点上建立我们的战略思想。另一方面,它们又是活的铁的真的老虎,它们会吃人的。从这点上建立我们的策略思想和战术思想。(《关于帝国主义和一切反动派是不是真老虎的问题》)"毛泽东的这一科学论述,明确地告诉我们:只有把战略上藐视敌人、战术上重视敌人辩证地统一起来,才能敢于斗争和善于斗争,才能取得革命和战争的不断胜利。因过高估计敌人、轻视自己,曾是造成了第一次国内革命战争失败的重要原因之一。因此说,在战略上藐视敌人、在战术上重视敌人的思想,是无产阶级进行革命战争的战略指导思想和重要的指导原则。在现代以至未来战争中,我们仍然要遵循这一思想,战胜侵略者。

**3. 实行积极防御,反对消极防御**

积极防御是人民战争战略战术的重要内容,是我军一贯的战略指导思想,是制定我军战略方针的理论依据。

毛泽东指出:"积极防御,又叫攻势防御,又叫决战防御;消极防御,又叫专守防御,又叫单纯防御。消极防御实际上是假防御,只有积极防御才是真防御,才是为了反攻和进攻的防御。"这一精辟论述,既科学地概括了积极防御的实质,又深刻地提示了消极防御的要害,从而划清了两种根本对立的战略思想的界限。

我军在历次国内革命战争中为什么要特别强调采取积极防御呢?主要是由敌强我弱的客观条件决定的。正如毛泽东在《中国革命战争的战略问题》一文中指出的:"敌人是全国的统治者,我们只有一点小部队……首先而且严重的问题,是如何保存力量,待机破敌。所以,战略防御问题成为红军作战中最复杂和最重要的问题。"这就是说,我们必须采取积极防御的战略方针。在强敌的进攻面前,要以小抵大,以弱胜强,由被动变为主动,取得战争的胜利。首先必须保存军力,待机破敌,避免同敌人进行决战,要采取各种有效的方法,暴露敌人的弱点,减杀敌人的优势。并抓住有利战机,通过战役战斗的进攻战大量歼灭敌人,逐步改变敌我力量对比,使战争形势朝着有利于我不利于敌的方向转化。当条件具备时,适时地将战略防御导向战略反攻和进攻,并同敌人进行战略决战,夺取战争的彻底胜利。所以,积极防御的战略方针是弱军战胜强军的唯一正确的战略方针。面对未来的反侵略战争,我军应采取的战略仍然是积极防御。

总之，人民战争战略战术的内容十分丰富，我们在学习和运用时，必须坚持实事求是的科学态度，着眼于现代战争的特点和发展。既要反对无视发展地把原则当成教条，又要反对借口客观条件的变化而全盘否定人民战争战略战术的基本原则对未来的指导作用。我们需要的是从实际出发，按照情况活用原则，在继承的基础上发展、在运用中创新。

### 四、毛泽东军事思想的历史地位

纵观古今，横览中外，像毛泽东这样集军事统帅和军事理论家于一身，并经历过漫长的军事实践，写下浩瀚的军事论著，对历史发展具有如此巨大推动作用的历史人物是罕见的。毛泽东是当之无愧的现代中国革命军事理论的奠基人和集大成者，是国际无产阶级斗争史，以及世界政治军事史上屈指可数的伟大的军事家和战略家。毛泽东军事思想在中国乃至世界军事思想史上都占有极其重要的地位。

### （一）毛泽东军事思想把中国军事思想发展到一个全新的阶段，是中国革命胜利和国防现代化建设的理论指南

中国有着悠久的历史，是世界古代军事思想的发源地之一。在几千年波澜壮阔的战争史中，军事思想如繁星闪耀，兵法兵书卷帙浩繁。其中不乏闪烁着真理辉煌的精华，但也不可避免地因历史和阶级的局限性存在着唯心史观和形而上学的糟粕。毛泽东一方面以他精深的中国传统文化素养，广泛吸收中国古代军事思想的精华，另一方面把历史唯物主义和辩证唯物主义运用于研究和指导战争，形成了中国历史上最先进、最科学、最完整的军事理论。毛泽东军事思想的产生，是中国军事思想史上的一次变革，把中国军事思想推进到一个全新的历史阶段，标志着中国无产阶级军事理论的确立。

在毛泽东军事思想的指引下，中国人民经过国内革命战争和民族解放战争，打败了国内外的强大敌人，创建了新中国。新中国成立以来，在毛泽东军事思想的指引下，我国国防现代化建设又取得了伟大成就。实践证明，以毛泽东军事思想为指导，革命战争就能够胜利，国防现代化建设就发展。毛泽东军事思想是中国革命胜利和国防现代化建设的指南。

### （二）毛泽东军事思想创造性地丰富和发展了马克思主义军事理论宝库

马克思、恩格斯、列宁、斯大林用历史唯物主义和辩证唯物主义的观点，批判地继承了前人研究战争的成果，总结了他们所处时代包括他们本身经历的战争经验，创立了无产阶级的军事理论。毛泽东既遵循马列主义的基本原理，又灵活处理中国革命战争的具体问题，在一系列问题上发展了马克思主义军事理论。其中主要有：系统地阐明了关于研究和指导战争的战争观和方法论；开辟了农村包围城市、武装夺取政权的道路；创造性地解决了把以农民为主要成分的革命军队建设成为一支无产阶级性质的新型人民军队的问题；丰富和发展了马克思主义人民战争思想；系统制定了适合中国革命战争特点的战略战术，以及国防现代化建设的理论和方针原则等。毛泽东军事思想丰富和发展了马克思主义军事理

论宝库。

### （三）毛泽东军事思想在世界上有广泛而深远的影响

毛泽东军事思想的影响远远超出了中国的国界和它产生的时代，其理论价值举世公认，其实际指导作用也在国际上受到人们的关注。

首先，毛泽东军事思想在第三世界广为传播，成为被压迫民族和人民争取民族独立和解放的强大思想武器。毛泽东军事思想创造了在正义战争中以弱胜强的高超战争指导艺术，为被压迫民族和被压迫阶级在争取解放的正义战争中实现以小敌大、以劣势武装战胜优势装备之敌提供了成功的实践范例和理论武器。由于毛泽东军事思想正确地揭示了革命战争的规律，对民族和阶级解放战争有着现实的指导意义，因而受到了为民族独立和解放而斗争的第三世界国家人民的重视，他们十分注意吸收和运用毛泽东军事思想。例如，阿尔及利亚、莫桑比克、津巴布韦、几内亚等国人民，都是运用毛泽东人民战争理论、开展游击战争，最后战胜殖民统治者而获得民族解放和国家独立的。《巴基斯坦时报》指出："毛泽东作为军事战略家是一位开路先锋，他的人民战争学说，对亚洲和非洲的历史发展的影响是不可估量的。"

其次，毛泽东军事思想对世界军事思想的发展做了重大的贡献。毛泽东军事思想所揭示的军事规律达到了前所未有的深度和广度，是一座博大精深的军事理论宝库，在世界军事思想史上占有重要地位。特别是它的军事辩证法思想，为人们科学地认识军事领域的各种矛盾运动规律，正确地指导军事斗争和军事建设的实践，提供了最基本的立场、观点和方法，具有普遍的真理性意义。许多国家多次翻译和出版毛泽东军事著作，有的国家还成立了毛泽东军事思想研究机构，创办了专门刊物，发表了不少研究毛泽东军事思想的论文和专著。毛泽东的主要著作，已成为各国军事家必读的经典，有的国家还把毛泽东军事思想列为军事院校的必修课。这些都表明了毛泽东军事思想已经成为世界人民的共同财富，在世界军事思想中占有特殊重要的地位。

最后，毛泽东军事思想受到世界各方面人士的重视，许多人对它进行探索和学习，称颂毛泽东是当代最伟大的军事家、战略家和军事理论家。美国前国务卿基辛格指出："关于共产党军事理论的最好阐述，不见诸苏联的著作，而见诸中国的著作"；"毛泽东基于大家熟悉的列宁主义学说，即战争是斗争的最高形式，研究出一套军事理论。这套理论表现出高度的分析能力，罕有的洞察力……"。英国军事评论家巴特曼在《在东方的失败》一书中写道："毛泽东是掌握打开这个时代军事奥秘之锁的全套钥匙的一个时代的人物。"

## 第五节　邓小平新时期军队建设思想

邓小平在领导全党和全国人民进行改革开放和社会主义现代化建设的伟大进程中，运用马列主义、毛泽东思想的基本原理，创建了中国特色的社会主义理论。邓小平新时期军队建设思想作为中国特色社会主义理论的重要组成部分，创造性地回答了新形势下军队和国防建设亟待解决的一系列重大理论和实践问题，揭示了新时期军队建设和军事斗争的基本规律，形成了具有中国特色的新时期军队建设的指导思想。

### 一、邓小平新时期军队建设思想的科学含义

邓小平新时期军队建设思想，是邓小平在中国社会主义建设新时期，为指导中国军队建设和国防建设而提出的系统理论。它是马列主义军事理论同新时期中国军事实践相结合的产物，是当代马克思主义的军事理论，是毛泽东军事思想的继承和发展，是邓小平建设有中国特色社会主义理论的重要组成部分，是新时期军队建设的科学指南。

邓小平新时期军队建设思想，是以邓小平为代表的党中央、中央军委制定的新时期军队建设和国防建设的一系列方针、政策、原则和措施的理论概括。它主要体现在两个方面：一是邓小平对我党、我军最高决策层关于新时期军队建设和军事斗争问题所确定的大政方针的理论概括；二是我党、我军最高决策层依据邓小平的战略思想而确定的一系列方针、政策、原则和重大举措。

邓小平新时期军队建设思想与马克思主义军事理论和毛泽东军事思想是一脉相承的。邓小平作为党的第一代领导集体的重要成员，对毛泽东军事思想的形成和发展作出了重大贡献；作为党的第二代领导集体的核心，他又以大胆创新和求真务实的态度，坚持马克思主义、毛泽东军事思想的基本立场、观点和方法，探索和揭示了新时期军事活动的基本规律，并将其上升为理论，从而丰富和发展了毛泽东军事思想的理论宝库。邓小平新时期军队建设思想，作为新时期发展了的无产阶级军事理论，又有其自身的理论体系归属。从自身理论归属看，邓小平新时期军队建设思想是建设有中国特色社会主义理论的重要组成部分；从基本功能看，是新时期我军建设和军事斗争的根本依据和指导思想。

### 二、邓小平新时期军队建设思想的形成和发展

邓小平新时期军队建设思想，是从新时期面临的国际国内形势出发，为适应军队和国防建设的需要，在实践中逐步形成和发展的。

## （一）初步形成阶段（1975 年至 1978 年党的十一届三中全会前）

1975 年 1 月，邓小平被任命为中央军委副主席兼总参谋长，主持军委日常工作，并在尔后举行的党的十一届二中全会上当选为中共中央副主席、政治局常委、国务院副总理。邓小平在这一时期先后发表了《军队要整顿》、《关于国防工业企业的整顿》、《军队要把教育训练提高到战略地位》、《在中央军委全体会议上的讲话》、《在全军政治工作会议上的讲话》、《解放思想，实事求是，团结一致向前看》等一系列重要讲话，就新时期军队建设问题提出了许多重要的论断和方针，指导我军各方面的工作胜利地实现了拨乱反正，为在新的历史条件下研究新情况、解决新问题，全面推进军队和国防现代化建设铺平了道路。针对"两个凡是"的错误方针，提出了要完整准确地领会和把握毛泽东思想科学体系的论断；提出了一切从实际出发、理论联系实际、实事求是，是毛泽东思想的出发点和根本点；提出了要把军队办成一个大学校，要把教育训练提高到战略地位，以及在新的历史条件下加强思想政治工作等重要原则；针对林彪、"四人帮"对军队的破坏，高举军队要整顿的旗帜，恢复了毛泽东的建军传统，提出了一系列重要的建军思想，如抓编制、抓装备、抓战略的思想；要克服软、懒、散，建立"敢"字当头的领导班子的思想；要建立调

整干部队伍和领导干部交流的思想；军队要建立克服派性、增强党性、加强纪律性的思想，以及关心群众生活的思想等。总之，在党的十一届三中全会之前，邓小平就在军队建设实践中总结出了一系列重要建军思想和原则，特别是对党的实事求是思想路线的恢复和提出毛泽东思想是一个完整的科学体系的论断，为新时期军队建设思想科学体系的形成做了必要准备。

## （二）全面成熟阶段（1978 年 12 月党的十一届三中全会至 1985 年 6 月军委扩大会议召开）

1978 年 12 月，党的十一届三中全会召开，实现了党的工作重点的转移。这次全会在思想上、政治上和组织上，全面地恢复和重新确立了马克思主义的正确路线，军队建设也进入了新的发展时期。1979 年 2 月，邓小平亲自部署了对越自卫还击作战并取得了胜利。1980 年秋，中央军委将"积极防御，诱敌深入"的战略方针调整为"积极防御"的方针，使我军战略指导思想更加明确。1981 年 6 月，在党的十一届六中全会上，邓小平当选为中央军委主席。党的十一届三中全会以后，尤其是邓小平担任军委主席以后，先后发表了《现代战争要取得制空权》、《海军建设要讲真正的战斗力》、《我们的战略方针是积极防御》、《和平和发展是当代世界的两大主题》、《精简军队，提高战斗力》、《建设强大的现代化、正规化的革命军队》、《在军委座谈会上的讲话》、《军队要服从整个国家建设大局》、《在军委扩大会议上的讲话》、《中国必须在世界高科技领域占有一席之地》等重要讲话。在这些重要讲话和军委的一系列文献中，邓小平从国家发展战略的高度，本着解放思想、实事求是的精神，分析了我军建设所处的国际环境、国内条件、现代科学技术对战争方式的影响及其对军队建设的要求，在党和国家工作重心转移后就新时期军队建设进行了总体设计，提出了军队建设的总目标和总任务，以及基本指导思想，使邓小平新时期军队建设思想形成了一个完整的科学理论体系。

## （三）丰富发展阶段（1985 年 6 月军委扩大会议以后）

在这一阶段，邓小平就我军在国家改革开放不断深入的新形势下，对如何更好地履行自己的职能，提出了关于军队建设的重大理论原则，并进一步明确了军队的性质、任务和地位作用。1987 年 11 月党的十三届一中全会再次选举邓小平为中央军委主席。1989 年 6 月，邓小平接见驻首都部队军以上干部并发表重要讲话，为新时期军队建设进一步指明了方向。同年召开的党的十三届五中全会批准邓小平辞去军委主席的请求之后，邓小平仍然继续关心着国家和军队的建设。无论是在南方谈话中还是在军队发展的重要关头，邓小平敏锐地、有针对性地提出了一些重要的思想原则。如关于社会主义本质的理论和党的基本路线一百年不动摇的思想，关于人民民主专政的历史地位和军队的作用的思想，关于在新的历史条件下必须发扬红军光荣传统的思想等，都进一步丰富和发展了新时期军队建设思想的科学体系。以江泽民为核心的中央军委组成后，全面贯彻了邓小平新时期军队建设思想，特别是在 1992 年 10 月召开的党的十四大上，江泽民正式提出"邓小平新时期军队建设思想"的概念；确立了邓小平新时期军队建设思想对军队建设的根本指导地位，同时还提出了走有中国特色的精兵之路。此后，江泽民又向全军提出了"政治合格、军事过硬、作风优良、纪律严明、保障有力"的军队建设的总要求，强调把军事斗争的基点放在打赢现代技术特别是高技术条件下的局部战争上，为邓小平新时期军队建设思想的拓展作出了积极的贡献。

### 三、邓小平新时期军队建设思想的主要内容

邓小平新时期军队建设思想的基本内容包括战争与和平理论、国防建设理论、军队建设理论和军事战略理论。战争与和平理论是新时期军队建设指导思想战略性转变的理论依据；国防现代化建设是社会主义"四化"建设的组成部分，与新时期我国的经济建设为中心的发展战略紧密相关；军队建设理论是对新时期我党的军事实践的概括和总结，是邓小平新时期军队建设思想的核心内容；新时期军事战略思想为军队建设指明了方向。

### （一）　新时期战争与和平理论

战争与和平问题，是战争观的基本问题。正确认识和把握战争与和平的关系及其转化，是确定国防和军队建设的基本依据。邓小平对国际环境进行了长期冷静的观察和科学分析，就战争与和平问题作出了新的判断，丰富了无产阶级战争观的内容。

**1. 和平与发展是当代世界的主题**

认识和把握时代主题，是科学地制定战略策略、实施正确战略指导的前提。20 世纪初，列宁、斯大林分析了国际社会的主要矛盾，曾先后指出，我们所处的时代是帝国主义战争和无产阶级革命的时代。毛泽东运用阶级分析的方法研究国际社会形势，提出了著名的"三个世界划分"的国际战略构想。邓小平运用马克思主义、毛泽东思想的科学分析方法，根据 20 世纪 80 年代变化了的国际形势和国际社会基本矛盾，提出了和平与发展是当代世界的主题的科学论断。他指出："国际上有两大问题非常突出，一个是和平问题，一个是南北问题。还有其他许多问题，但都不像这两个问题关系全局，带有全球性、战略性的意义。"1985 年他又进一步指出："现在世界上真正大的问题，带全球性的战略问题，一个是和平问题，一个是经济问题或者说发展问题。和平问题是东西问题，发展问题是南北问题。概括起来，就是东西南北四个字。南北问题是核心问题。"后来他更透彻地论述了这两大问题的精神实质：东西问题即战争与和平问题，也就是反对霸权主义、维护世界和平问题；南北问题即落后国家的发展问题，实际上是整个人类的发展问题。1987 年党的十三大报告把邓小平的这一战略思想概括为"和平与发展是当代世界的主题"。这一科学论断，揭示了当今世界发展的大趋势和各国面临的紧迫任务，反映了如下基本思想：一是维护世界和平是当今世界不可逆转的历史潮流；二是促进发展成为当代世界各国面临的共同课题和紧迫任务；三是和平与发展，发展是核心问题。这是在新的历史时期对马列主义关于时代学说的重大发展。

**2. 战争危险依然存在，世界大战是可以避免的**

把握战争规律，是无产阶级战争观、方法论的基本问题。邓小平根据 20 世纪 80 年代世界政治格局、军事态势、科学技术的发展变化，提出了战争危险依然存在但世界大战可以避免的论断。他指出："可以争取相当长一段时间的和平。如果世界和平的力量发展起

来，第三世界国家发展起来，可以避免世界大战。"这一论断包含如下几个相互联系的基本观点：第一，世界战争的危险依然存在，我们要充分认识这种威胁的存在与发展，决不能视而不见；第二，由于和平力量的增长和各种制约战争因素的作用，世界战争是可以避免的；第三，世界战争可以避免是有前提的，这就是努力促使和平力量的增长超过战争力量的增长；第四，在大战打不起来的情况下，局部战争和地区冲突成为当代战争的主要形式；第五，世界大战打不起来，并不意味着矛盾的消失。世界各主要国家战略争夺的重心，已经转向经济、科技、军事等在内的综合国力优势的竞争。正如邓小平指出："西方国家正在打一场没有硝烟的第三次世界大战。"因此，渗透与反渗透、控制与反控制、和平演变与反和平演变的斗争将会加剧。邓小平的这一科学论断为我国制定新时期的发展战略提供了基本依据。

### 3. 霸权主义是现代战争的根源

马克思、恩格斯认为，私有制和阶级的存在是战争的主要根源。列宁提出："现代战争产生于帝国主义。"毛泽东也认为，这个世界上只要存在着帝国主义制度，战争就不可避免。邓小平在分析现代战争产生的机制时，在重视战争的阶级属性和社会制度的同时，还透过当代日益复杂的战争现象，发现现代战争的发生更多地直接取决于各国的对外政策。他明确指出："当今世界不安宁来源于霸权主义的争夺"，"战争是同霸权主义联系在一起的"。霸权主义和强权政治的存在，始终是解决世界和平与发展问题的主要障碍，霸权主义是当代战争的根源。这一思想具有丰富的内涵：第一，任何社会制度的国家，只要推行霸权主义，都可以成为战争的根源。社会主义国家搞霸权主义，同样可以成为战争的策源地。第二，霸权主义既有世界性的也有地区性的，两者侵略扩张的本质相同。地区霸权主义也是引发现代战争的重要根源。第三，霸权主义在新的历史条件下，突出表现为国际事务中的"强权政治"。邓小平对现代战争根源的揭示，丰富和发展了马克思主义的战争观。

### 4. 提出用和平方式解决国际争端的新思路

暴力革命是马克思主义的一个基本观点。列宁曾开创并实践了以革命制止战争的"以战止战"的道路和学说。毛泽东也提出了"不要枪杆子，必须拿起枪杆子"的用战争消灭战争的理论。随着时代条件和国际斗争形势的变化，在解决国际矛盾和争端中，使用暴力方式所受到的制约比以往任何年代都多，效果也不是很理想。邓小平针对新的现实指出，在新形势下为了维护世界和平，应当慎用暴力方式解决国家间的利益矛盾和冲突；消除世界上的热点最好用政治的方式即和平的方式解决国际争端。经过长时间的深思熟虑之后，他提出了解决国际争端、维护世界和平的新思路，并在实践中创造性地加以运用。这就是从维护国家的根本利益这个大局出发，兼顾国家的发展需要和国家主权的需要，在坚持和发展和平共处五项原则的基础上，创造性地提出了"一国两制"、"共同开发"、"和平对话"等崭新构想及解决国际争端的新办法。

## （二）新时期国防建设理论

邓小平在指导新时期国防建设的实践中，通观全局，审时度势，及时地作出了国防和军队建设指导思想实行战略性转变的重大决策，提出了正确处理国防建设与经济建设的关系，以及新时期国防建设的方针、原则和措施，形成了有中国特色的国防建设理论。

**1. 国防和军队建设的指导思想实行战略性转变**

邓小平基于对战争与和平形势的正确认识和判断，亲自领导并实行国防建设和军队建设的指导思想的战略性转变，即从准备"早打、大打、打核战争"的临战状态真正转到和平时期的建设轨道上来，并按照战略性转变的要求，逐步确立了国防建设和军队建设的一系列方针和原则。1985 年中央军委决定人民解放军裁减员额 100 万，是实行这一转变的根本标志。这一转变涉及国防和军队建设的几乎所有领域，对促进我国的国防和军队的现代化建设具有重大的现实意义和深远的历史意义：一是国防和军队建设与国家经济建设关系的转变。即把国防和军队建设调整到与国力所能承受的程度，转到服从和服务于国家经济建设大局、以国家经济发展为依托、促进国防和军队的发展上来。二是国防和军队建设工作中心的转变。即着眼未来战争需要，进一步突出现代化在国防和军队建设中的中心地位，着重抓好国防科研和现代化武器装备的发展，以及现代化军事人才的培养，大力解决国防和军队现代化水平与现代战争不相适应的矛盾。三是军队和后备力量建设中数量与质量关系的转变。即从偏重于常备军和后备力量的数量规模，转到压缩规模、减少数量、提高质量上来。四是军事斗争准备的基点的转变。即把按全面反侵略战争设计的军事战略指导，转到应付可能发生的高技术局部战争为军事斗争准备的基点上来。五是国防科技和国防工业功能与体制的转变。即打破国防科技和国防工业在国民经济中自成体系、自我封闭的状况，使其纳入国家经济建设的大系统之中，建立起军民兼容的国防科技和国防工业新体制。

**2. 正确处理国防建设和经济建设的关系**

邓小平从国家建设的全局出发，阐述了国防建设和经济建设的关系。第一，国防建设要服从国家经济建设的大局，有了坚实的经济基础，才能为国防现代化建设提供雄厚的物力和财力。邓小平指出，国防建设没有一定的经济基础是不行的，"国防的现代化，只有建立在国家整个工业及农业发展的基础上才有可能"。因此，实现四个现代化，必须优先发展经济。第二，国防建设要服务于国家经济建设的大局，国防建设的实质是国家安全问题，同时，要尽可能利用国防资源、国防设施为经济建设服务。邓小平指出，无论空军也好，海军也好，国防科工委也好，都应考虑腾出力量来支援国民经济的发展。国防科学技术研究和武器装备发展，要贯彻军民结合、平战结合的方针，为经济建设和国防现代化作出新贡献。第三，国防建设要与国家经济建设协调发展，保证国防建设水平能随着国民经济实力的不断增长而逐步提高。邓小平认为："四个现代化建设是一个整体，如果不搞国防现代化，那岂不是三个现代化？"因此，国家经济建设也应从国家的根本利益出发，保证国防建设的发展。否则，就会影响国防的巩固和综合国力的提高，会使经济建设失去安全环境的保证。

**3. 建设有中国特色的现代化国防**

邓小平指出："四个现代化，其中就有一个国防现代化"，并且为建设有中国特色的现代化国防确定了一系列方针、原则和措施。

第一，提出国防建设要以国家利益为最高准则。国防建设受到多种因素的制约，其中国家利益是最基本、最重要的因素；国家利益的发展变化，必然对国防建设提出新的要求；维护国家利益是新时期国防建设的根本宗旨和目的。

第二，发展国防工业要实行"军民兼容，平战结合"的方针，加强国防工业建设是国防现代化建设的重要内容。"军民兼容"，即军品与民品兼顾，寓军于民，军民结合，把国防建设纳入国家总体建设之中，将单一生产军品改为在保证军品的前提下大力开发民用产品，提高国防工业的平战转换能力；"平战结合"，即兼顾平时和战时的需要，在和平时期国家的各项经济建设中，既要有利于和平时期的经济建设，又要有利于战时的需要，把国防建设和经济建设融合起来。

第三，国防科技水平是国防现代化的重要标志，科技强军是实现国防现代化的根本途径。邓小平指出："四个现代化，关键是科学技术的现代化。没有现代科学技术，就不可能建设现代农业、现代工业、现代国防。"科学技术对于国防发展的推动表现在：它提高了武器装备的性能；它对国家经济发展的巨大促进，为国防现代化打下了更加坚实的物质基础；它通过对民族文化的整体推进，为国防发展提供了高素质的人才。因此，"中国必须发展自己的高科技，在世界高科技领域占有一席之地"。

第四，建立精干的常备军与强大的后备力量相结合的武装力量体制。人民军队是我国武装力量的主体，是巩固国防、抵御侵略、保卫祖国的坚强柱石和钢铁长城。为了建设强大的国防，必须建设一支精干的常备军。国防后备力量是指必要时可以动员用于国防的力量，主要指民兵和预备役。在新的历史条件下，邓小平提出了国防后备力量"减少数量，提高质量，突出重点，打好基础"的方针，中央军委确立了民兵与预备役相结合的后备力量体制。这项制度的贯彻，充分显示了人民战争的战略优势，是我国制约战争、保卫国家安全、维护世界和平的重要措施。

第五，国防现代化建设要坚持独立自主、自力更生的方针。国防现代化建设必须建立在自己力量的基点上，不可能依赖别国力量，更不能幻想他国的恩赐。邓小平指出："独立自主、自力更生，无论过去、现在和将来，都是我们的立足点。"（《中国共产党第十二次全国代表大会开幕词》）他还指出：独立自主不是闭关自守，自力更生不是盲目排外。要搞国防现代化，不开放不行，不加强国际交往不行，不引进发达国家的先进经验、先进科学技术成果和资金不行。因此，要把坚持独立自主、自力更生与坚持对外开放有机地结合起来。

第六，加强国防教育，强化全民的国防观念。国防观念，是指与国防需要相适应、以维护国家和民族利益为标志的群体观念。它所包含的爱国主义精神、勇于自我牺牲的精神、艰苦奋斗的精神、严守纪律的精神、精诚团结的精神等，反映了一个国家、一个民族的整体素质和精神状态。因此，国防观念是国防建设的社会思想基础。邓小平十分重视国防教育，他在指导新时期国防建设的实践中，把国防教育作为增强全民国防观念，提高全民捍卫国家、民族和社会主义建设的责任感和向心力的重要环节，充分调动全国人民建设祖国和保卫祖国的积极性，从而形成巨大的精神力量，促进国防现代化建设的发展。

## （三）新时期军队建设理论

邓小平在继承毛泽东建军思想基础上，根据相对和平时期我军的现状和面临的新形势、新任务，创建了新时期军队建设理论。这一理论是邓小平军队建设思想体系的核心内容，其根本出发点是提高军队的战斗力。

### 1. 建设一支强大的现代化、正规化的革命军队

1981 年 9 月，邓小平在华北某地检阅军事演习部队时提出："我军是人民民主专政的坚强柱石，肩负着保卫社会主义祖国、保卫四化建设的光荣使命。因此，必须把我军建设成为一支强大的现代化、正规化的革命军队。"1987 年，他又一次向全军发出号召："为把我军建设成为一支强大的现代化、正规化革命军队而奋斗。"（1987 年 7 月在军队新时期建设成就展览时的提词）建设一支强大的现代化、正规化革命军队，既是邓小平新时期军队建设思想的核心内容，也是新时期我军建设的总目标和总任务。

革命化是我军建设的政治标准，体现着人民军队的本质、宗旨和传统作风，是我军的政治优势，是现代化、正规化建设的灵魂，也是我军区别于一切剥削阶级军队的根本标志。邓小平指出："我确信，我们的军队能够始终不渝地坚持自己的性质。这个性质是，党的军队，人民的军队，社会主义国家的军队。"（1989 年 11 月 12 日在辞去中央军委主席职务时的讲话）因此，能否坚持党对军队的绝对领导，坚持四项基本原则，全心全意为人民服务，是军队革命化建设的重要标志。新时期加强军队革命化建设，就是要求我军在政治上永远保持合格。

现代化体现军队在人员、武器装备、体制编制、指挥协同等方面适应现代高技术战争的能力。现代化是我军向高级阶段发展的必由之路。邓小平强调，一定要在国民经济不断发展的基础上，改善武器装备，加速国防现代化，加强教育训练，改革体制编制，实现人与武器的正确结合。新时期加强军队现代化建设，就是要使我军具备能够打赢高技术条件下局部战争的能力。

正规化体现军队组织、管理和军制水平，军队现代化程度越高，越需要正规化。新时期我军正规化建设的目标是建立内容完备、约束力强、具有实际指导作用的军事法规体系，健全条令条例和各项制度，用统一的法规、制度和标准规范全军的行动，建立正规的战备秩序、训练秩序、工作秩序和生活秩序，使全军官兵养成高度的纪律观念和良好的战斗作风。新时期加强军队正规化建设，就是通过依法治军、从严治军、科学管理来保持我军的高度稳定和集中统一。

军队的革命化、现代化、正规化三个方面是互相联系、互相促进的。革命化是我军性质和宗旨的集中体现，是我军新时期现代化、正规化建设的前提和根本保证；现代化是正规化和革命化建设的物质基础，是"三化"建设的中心；正规化既是现代化的客观要求，又是革命化内容的重要外在表现形式。

### 2. 新时期军队建设要以现代化为中心

邓小平强调在军队建设全局的谋划上，指导思想就是解决现代化的问题。以邓小平为核心的中央军委明确指出：军队的现代化建设是人民解放军全部工作的中心，是现代战争

提出的必然要求，也是人民解放军向高级阶段发展的必由之路。军队的一切工作和正在进行的一切改革，都要服从和服务于现代化建设，都要紧紧围绕这个中心。在军队现代化建设中，应着重强调以下几点：一是以现代化为中心，这是由我军建设的主要矛盾，即现代战争的客观需要同我军现代化水平还比较低的矛盾所决定的，是从实际出发得出的正确结论；二是以现代化为中心，这是我军根本职能的出发点和落脚点，是坚持以战斗力作为检验我军各项工作的根本标准；三是以现代化为中心，就是要不断深化改革，而军队的改革必须从军队建设的实际情况出发，符合军队的特点，有利于军队实现革命化、现代化、正规化建设的发展目标，有利于提高战斗力，有利于保持军队的高度集中统一。

我军的现代化，要根据我国国情走中国式的现代化道路，有步骤、分阶段地实现现代化目标。具体体现在四个方面：一是培养和造就符合现代战争需要的军事人才，使军人成为具备现代科学技术知识、文化知识和军事知识，具备良好的军事素质和精神心理素质，能够使用现代化装备，能够指挥现代战争的人才；二是在努力提高国防科技水平的基础上，逐步改善和发展武器装备，缩小我军同发达国家军队在武器装备方面的差距；三是建立适应现代战争要求的编制体制，按照精兵、合成、平战结合、提高效能的原则，优化部队的组织结构，实现人和武器的有机结合；四是加强现代军事科学研究，完善我国的军事科学体系，掌握先进的军事思想，发展适应现代战争需要的作战理论和军队建设理论，充分发挥军事理论的先导作用。

**3. 注重质量建军，走精兵之路**

邓小平着眼于我国的国情、军情，始终把精减部队数量作为提高军队战斗力、改善武器装备、实现精兵合成的重要内容，充分体现了注重质量建军、走精兵之路的思想。它是邓小平建设现代化、正规化革命军队理论的重要组成部分，主要包含以下基本内容：一是精简整编、优化组织结构，这是精兵的前提。邓小平指出，精兵就是要把军队搞精干，一个是压缩员额，再一个是精简机关，军队要提高战斗力，提高工作效率，不"消肿"不行，要"消肿"必须用改革和革命的方法来解决。二是坚持独立自主、自力更生的方针，加速发展和改善我军的武器装备是实现精兵的重要措施。武器装备是组成军队战斗力重要的物质基础，武器装备现代化是军队现代化的重要标志。武器装备的现代化，必须贯彻邓小平"科研要走在前面"的指示，走适应中国国情的发展道路；坚持多研制，多搞技术储备，少生产，有重点地装备部队，现有装备新旧并存；全军梯次更新。三是把军队教育训练提高到战略地位，通过严格的教育训练来提高军队的素质和战斗力，这是实现精兵的主要途径。提高军队素质是实现精兵的决定性因素，在和平时期，提高部队战斗力，主要靠教育训练。教育训练要以干部为重点，提倡勤学苦练，加强合成训练，促进军队的全面建设，把我军建设成为一支素质高、战斗力强的精锐之师。四是坚持以法治军、从严治军、加强部队管理，这是实现精兵的保证。在和平环境下进行军队建设，必须坚持从严治军、依法治军。进入新时期以来，国家先后颁布了几十个法规，修订了部分条令和条例，重新修改颁布了共同条令，为我军依法治军、从严治军提供了依据。实践证明，邓小平提出以精简整编和体制改革为突破口，通过抓编制、抓装备、抓战略、抓管理和教育训练来实现我军现代化的思想，为新时期的军队建设指明了正确的道路。

**4. 加强和改进军队政治工作，保证军队在政治上永远合格**

邓小平指出："改革、现代化科学技术加上讲政治，威力就大多了。"因此，他强调，在新的历史条件下，必须把思想政治工作放在非常重要的位置上，思想政治工作和思想政治工作队伍都必须加强。一是坚持政治工作的"生命线"地位，充分发挥政治工作的"服务"和"保证"作用。即新时期我军的政治工作必须服务于国家的社会主义现代化建设，服务于军队的现代化建设，从政治上、思想上、组织上保证党对军队的绝对领导和人民军队的性质，保证军队的社会主义精神文明建设，保证军队内部的团结和军政军民团结，保证军队战斗力的提高和各项任务的完成。二是要通过强有力的政治工作，全面加强政治建设，保证军队在政治上永远合格。邓小平强调，到什么时候都得讲政治，对军队来讲，确立坚定的信念现在仍然是一个建军的原则，仍然不能丢掉，这是中国自己的特色。为此，要多做工作，多进行教育，引导和激励官兵发扬革命和拼命精神，严守纪律和自我牺牲精神，大公无私和先人后己精神，压倒一切敌人和困难的精神，坚持革命乐观主义、排除万难去争取胜利的精神。三是要恢复和发扬优良传统，加强和改进新时期军队政治工作，提高政治工作的效率。邓小平指出，军队政治工作的根本任务和基本内容没有变，优良传统也还是那些，但时间、条件、对象不同了，因此解决问题的方法也要有所不同。要研究新的历史条件下出现的新情况和新问题，发扬我军思想政治工作的优良传统，把我军思想政治工作的历史精华和时代特点融合起来，把思想政治工作服务、保证作用落实到巩固和提高战斗力的各个系统和各个要素之中去，使军队思想政治工作进一步体现出战斗力。

**5. 适应新情况，把整个后勤管好**

邓小平从现代战争的客观要求出发，强调要大力加强军队后勤建设，提高现代战争的后勤保障能力。他指出，打仗有多种手段，包括后勤；现代战争在一定意义上就是打钢铁、打装备、打后勤。为此，他要求：一是要加强研究。随着现代科学技术的发展和部队武器装备的逐步改善，军队后勤工作出现了许多新的情况。过去是"小米加步枪"，对后勤依赖还不算很大。现在无论是军需给养还是武器弹药、装备器材，都得靠强大的后方供应；战争物资的储备，也在不断变化。这些都必须认真研究，使军队后勤建设更有针对性，保障军队现代化建设的需要，提高应付局部战争和突发事件的后勤保障能力。二是加强管理。现在后勤工作也与以往不同，过去是家当的比较小，现在家当大了，怎样把整个后勤工作管好，需要有适应新情况的一系列制度和解决办法。在国家以经济建设为中心的条件下，军队要考虑的不是增加军费预算，而是怎样把钱用得更合理，真正用在加强战斗力上。因此，后勤建设必须坚持艰苦奋斗、勤俭建军的原则，重视后勤管理人才的培养，改进管理方式，健全管理制度，学会少花钱多办事，不断提高管理水平，努力为提高部队战斗力服务。

## （四）新时期军事战略理论

在军事战略的理论和实践上，邓小平在继承毛泽东军事思想的基础上，根据变化了的情况，提出了关于现代条件下人民战争的理论和新时期积极防御的军事战略方针。

**1. 坚持现代条件下的人民战争**

现代条件下，由于高科技的发展特别是高新技术武器装备的大量问世，使战争呈现出许多新的变化。这些变化也使得产生于革命战争年代的人民战争思想面临着许多新情况和新问题。邓小平以战略家的胆识和洞察力明确指出："只要我们坚持人民战争，敌人就是现在来，我们以现有武器也可以打，最后也可以打胜。"因此，他号召全军要"继承毛泽东军事思想，研究现代条件下的人民战争"。

（1）现代条件下人民战争仍然是我们克敌制胜的法宝

现代战争与过去的战争相比，虽然战争规模、战争持续时间、武器装备，以及军事后勤等方面都不同程度地发生了变化，进行人民战争的背景已经不同于过去，但实行人民战争的基本条件依然存在。如战争的正义性、战争的群众性，以及人是战争制胜的决定因素等。因此，人民战争仍然是我们的最大优势。邓小平针对未来军事斗争指出，我们还是要坚持人民战争。我们之所以要坚持人民战争，是因为只有实行人民战争，才能充分发挥战争的正义性和群众性等有利条件，才能继承和发扬毛泽东人民战争思想和人民战争经验，才能充分发挥我们日益强大的经济基础和综合国力的优势。

（2）要认真研究现代条件下的人民战争

为了打赢现代条件下的人民战争，邓小平提出要研究现代条件下人民战争的新特点。他指出，现在的人民战争与过去不同，主要是条件不同、装备不同、手段不同，人民战争的表现形式也不同。而我们仍将面临装备优势的敌人，因此，要有以现有武器打败优势敌人的信心，"我们历来的经验，就是用劣势装备打败优势的敌人，因为我们进行的是正义战争，是人民战争。这一点，我们要有充分的信心"。同时，我们也要在不断改进武器装备的基础上，注重探索现代条件下人民战争的战略战术，对传统战法在继承的基础上加以创新。邓小平提出的"我们的战略问题不能太死"的思想，"近海作战"的思想，"诸军兵种联合作战"的思想，"陆上机动"、"突然行动"的思想，"用最现代化的武器打游击战争"的思想等，大大丰富了现代条件下人民战争的战法。

（3）要充分做好现代条件下人民战争的准备

能否做好现代条件下人民战争的准备，直接关系到未来战争的成败。邓小平多次强调，我们一定要利用相对和平时期做好现代条件下人民战争的各项准备工作。一是要加强国防教育，增强全民国防观念，为做好现代条件下人民战争的准备打下坚实的思想基础。二是要增强综合国力，不断提高国家经济、科技、文化的整体水平，为做好现代条件下人民战争的准备奠定雄厚的物质基础。三是要完善由中国人民解放军、中国人民武装警察部队和民兵组成的武装力量体制，增强人民战争的整体威力。四是要建立有效的动员机制，实行民兵制度与预备役制度相结合，充分发挥我国兵员雄厚的优势，为提高人民群众的参战能力、开展人民战争打下坚实的基础。

**2. 实行积极防御的军事战略方针**

战略方针是指导战争的总原则、总纲领，是一切作战行动的基本依据。在新的历史时期，我军应确立什么样的战略方针，邓小平作了明确的回答，他说："我们未来的反侵略战争，究竟采取什么样的方针？我赞成就是'积极防御'四个字。"

（1）积极防御战略方针是贯穿我军作战和建设始终的根本方针

在新的历史条件下，邓小平继承和发展了毛泽东积极防御战略思想，将其作为贯穿我军作战和建设始终的根本方针。具体体现在：一是要在积极防御战略方针的指导下，重视和平时期的战争准备，强调不论在任何情况下军队还是要随时准备打仗的。二是在战略上要实行后发制人的原则，面对国际风云变幻，他强调要保持高度的警惕性，要"冷静观察"、"稳住阵脚"、"沉着应付"，掌握后发制人的主动权。三是要坚持防御中有进攻。他说，积极防御本身不只是一个防御，防御中有进攻，积极防御也包括我们打出去，人若犯我，我必犯人。四是强调用劣势装备打败优势的敌人。邓小平认为，在未来高技术局部战争中，与交战之敌在武器装备上相比，我军仍将处于劣势，但因为我们进行的是正义战争，是人民战争，因此，我们要有充分的信心，用劣势装备去打败优势的敌人。

（2）新时期贯彻积极防御战略方针的基本原则

新时期贯彻积极防御战略方针的基本原则主要包括以下五方面内容。

第一，要以国家利益为最高准则。国家利益是国家生存和发展需要的总和，它反映主权国家在国际关系中的政策、行为目标和价值取向。它包括两个方面：一是生存利益即安全利益，二是发展利益。邓小平认为，新时期实行积极防御，就是要全面反映新时期国家安全和发展利益的战略要求。军事战略要为国家利益服务，就必须使军事战略的目标与国家利益的需求相一致，军事战略必须随国家利益的发展而发展。这样，积极防御战略才能适应现实的客观需要。

第二，要以遏制战争、维护世界和平为首要目标。邓小平在对国际形势进行全面分析之后，提出我们新时期制定的积极防御战略方针就是要以遏制战争、维护世界和平为首要目标，这是我们实现国家发展战略的需要。他多次强调，我们确实需要一个安定地进行四个现代化建设的和平环境，因此，我们对外政策的制定就是要立足这个基本点，从围绕寻求实现四个现代化的和平环境出发。实现这个目标，一要团结世界和平力量反对战争，二是通过发展自己来遏制战争。

第三，以毛泽东军事思想为指导。毛泽东军事思想是经过实践检验的科学理论体系，是中国共产党及其领导下的中国人民解放军长期进行武装斗争和军事力量建设的指导思想。毛泽东积极防御战略思想的基本精神包括：寓攻于防、攻防结合，重视战争准备，坚持战略上后发制人，对待强敌坚持持久作战，立足于以劣势装备战胜优势装备之敌等主要内容。在新时期贯彻积极防御战略方针，必须完整准确地领会毛泽东军事思想的精神实质，并随着时代的发展对毛泽东军事思想不断加以创造性地丰富和发展。

第四，要立足于打赢高技术条件下的局部战争。在贯彻积极防御战略方针、加强军队建设和军事斗争准备时，要把立足点放在打赢高技术条件下的局部战争上。就是要努力使军队建设和战备符合未来军事斗争的基本发展趋势，从而准确把握军事准备的基本立足点。为此要实行两个转变：一是在军事斗争准备上，要从立足于打赢一般性局部战争转变到立足于打赢现代技术特别是高技术条件下的局部战争上来；二是在军队建设上，要由数量规模型转到质量效能型，由人力密集型转到科技密集型上来。

第五，实施灵活正确的战略指导。在高技术局部战争条件下，实施灵活正确的战略指导对夺取战争胜利具有重大作用。特别是技术装备处于劣势的防御一方，要想变被动为主动、变劣势为优势、变防御为进攻、转危局为胜局，在很大程度上要依赖于正确的战略指导。为此，邓小平十分强调实行灵活正确的战略指导，改变我军指挥员打现代战争指导艺术不够的问题。

### 四、邓小平新时期军队建设思想的历史地位与作用

#### （一）邓小平新时期军队建设思想是毛泽东军事思想的继承和发展，是最富有时代精神的马克思主义军事理论

邓小平在新时期的军队工作中，主导了拨乱反正，并结合新的形势，继承、恢复和重申了毛泽东关于军队建设思想的许多重要理论和指导原则。邓小平继承毛泽东关于人民军队思想，强调坚持党对军队的绝对领导；继承毛泽东关于建设强大国防的思想，强调加速军队现代化建设；继承毛泽东关于加强国防建设首先要加强经济建设的思想，强调国防建设要服从国家经济建设的大局；继承毛泽东关于人民战争、积极防御战略思想，强调新时期仍然是积极防御；继承毛泽东关于政治工作是我军生命线的思想，强调新时期要加强和改进军队政治工作；继承毛泽东关于严格纪律、从严治军思想，强调要培养军地两用人才；继承毛泽东关于精兵的思想，强调减少数量、提高质量。

邓小平对丰富和发展毛泽东军事思想的理论贡献主要体现在以下几个方面：一是对战争与和平问题提出了新的论断；二是与社会主义现代化建设的要求相适应，确定了国防建设的总目标是实现现代化；三是提出并实行国防与军队建设指导思想的战略性转变，使国防与军队建设真正走上和平时期建设的轨道；四是贯彻党在社会主义初级阶段的基本路线，确定了国防建设、军队建设要服从国家经济建设大局的基本原则；五是根据新的历史条件，提出了军队建设的一系列新观点、新原则；六是提出军事改革是国防现代化的根本出路，是社会主义国家制度自我完善的重要方面；七是根据现代科学技术的发展和国际战略形势的变化，重新明确了我军在新的历史时期要继续坚持积极防御的战略方针。

#### （二）邓小平新时期军队建设思想是邓小平理论的重要组成部分

邓小平新时期军队建设思想是邓小平建设有中国特色社会主义理论体系的重要组成部分，其历史地位是与邓小平理论的整个科学体系历史地联系在一起的。

首先，邓小平新时期军队建设思想的产生、形成和发展与邓小平理论体系的形成和发展具有共同的实践基础。邓小平理论是在和平与发展成为时代主题的条件下，在我国改革开放和四个现代化建设的实践过程中逐步形成和发展起来的。邓小平始终站在国家发展的高度，将四个现代化建设作为一个整体来考虑，在建设现代化人民军队方面提出了一系列重要决策，确立了包括基本目标、根本任务、发展道路在内的完整的指导思想和指导原则。

其次，邓小平新时期军队建设思想是邓小平理论的基本内容在军事领域的延伸和具体化。邓小平理论是当代中国的马克思主义，具有普遍的指导意义。邓小平提出的"一个中心，两个基本点"的基本路线是邓小平理论的核心内容，也是新时期军队建设思想的灵魂。按照基本路线来建设军队，全军指战员执行和捍卫党的基本路线，就成了我军历史性

的任务；以经济建设为中心，解放和发展社会生产力是邓小平理论所规定的根本任务。正是这一点规定了军队建设要服从和服务于国家建设这个大局，而在这个大局下行动，就能为建设现代化、正规化的革命军队提供充分的保障。

再次，邓小平新时期军队建设思想是邓小平理论所坚持的科学世界观和方法论在军事领域的贯彻和运用。解放思想、实事求是是邓小平理论的精髓，也是新时期军队思想建设的精髓。邓小平解决军队和国防现代化建设问题，总是始终如一地坚持党的解放思想、实事求是的思想路线，始终把中国的国情、军情、世界战略格局和世界军事发展形势作为指导军队和国防建设的依据。解放思想、实事求是是新时期军队建设思想生长的历史起点，也是它作为一个严密科学体系的逻辑起点。正是在这一思想的指导下我们恢复和发展了党的建军传统，冲破了世界大战具有不可避免性的观点，提出了和平与发展的时代主题。实现了军队建设指导思想的战略性转变，突破了各种旧的传统观念的束缚，认识到高技术对军队建设的影响，在战略方针上提出了立足于打赢现代技术特别是高技术条件下的局部战争问题，开辟了建设有中国特色的精兵之路。

### （三）邓小平新时期军队建设思想是新时期军事斗争和军队建设的科学指南

首先，邓小平新时期军队建设思想揭示了相对和平时期国防和军队建设的基本规律。其主要成就有：科学地揭示了相对和平时期军队建设同经济建设相互作用的基本规律，军队建设各要素和各方面相互作用与影响的基本规律，军队建设中数量与质量相互制约与转化的基本规律，和平时期军队战斗力生成的基本规律，综合国力同军队战斗力之间相互转化与促进的基本规律。

其次，邓小平新时期军队建设思想符合我军的实际，具有鲜明的中国特色和强大的生命力。邓小平坚持把当今世界各国国防和军队建设的一般规律和原则与我国军队的具体情况有机结合，把我军传统的经验和原则与新时期的新情况有机结合，紧紧抓住我军建设的主要矛盾，创造性地回答和解决了新时期我军建设有待解决的一系列重大理论和实际问题，为我军建设指明了方向。

再次，邓小平新时期军队建设思想符合当代和未来战争的客观要求。在确定把建设有中国特色的现代化、正规化革命军队作为我军建设的总任务、总目标，并强调要以现代化为中心时，实际上是按照现代和未来战争的客观要求，把全面加强军队建设作为我军建设的出发点和落脚点。因此，有效地贯彻这一指导思想便成为做好战争准备、赢得未来反侵略战争胜利的可靠保证。

## 第六节　江泽民国防和军队建设思想

江泽民国防和军队建设思想是时代发展的产物，是毛泽东军事思想、邓小平新时期军队建设思想的继承和发展。江泽民国防和军队建设思想来源于实践，又指导着实践，引领和推动实践不断前进，是当代中国军事领域实践经验的科学总结，是马克思主义军事理论发展的最新成果，是国防和军队建设的指南。

## 一、江泽民国防和军队建设思想的主要内容

江泽民国防和军队建设思想涵盖了国防和军队建设的各个领域，系统地回答了"建设一支什么样的军队、怎样建设这支军队"等一系列基本问题，深刻地揭示了国防和军队建设的客观规律，构成了严密而完整的科学体系。

### （一）从国际战略全局和国家发展大局谋划国防和军队建设

**1. 对世界局势的科学判断和正确把握是我们党谋划国防和军队建设的基本依据**

随着冷战结束和两极格局的终结，世界各种力量重新分化组合，国际社会各种矛盾日趋凸显，整个世界处于深刻的变动之中，天下还很不太平。"总体和平、局部战乱，总体缓和、局部紧张，总体稳定、局部动荡，将是今后一个时期国际局势发展的基本态势。"

**2. 维护我国安全和发展利益是一个一刻也不容忽视的重大问题**

我国安全环境总体上是好的，但也存在许多不安全的因素。少数国家出于意识形态和自身利益的需要，凭借经济、科技优势对我实施"西化"、"分化"和遏制政策。与复杂的国际气候相联系，台湾岛内分裂主义势力有新的发展，境内民族分裂势力、宗教极端势力、恐怖主义势力有所抬头。我国周边也存在诸多影响地区稳定的因素。我国安全环境面临的复杂态势，要求我们必须把维护国家安全统一和发展利益摆在更加突出的战略位置。

**3. 中国人民解放军是人民民主专政的坚强柱石**

在实现推进现代化建设、完成祖国统一、维护世界和平与促进共同发展这三大历史任务中，在全面建设小康社会的历史进程中，军队担当着重要职能和神圣使命。人民军队必须捍卫我国主权、安全和领土完整，必须维护改革开放和现代化建设事业，必须保障我国不断发展的战略利益。

确保有效维护国家安全统一和发展利益，当代中国军队建设既要努力提高打赢战争的能力，又要努力提高遏制战争的能力。遏制战争，是相对和平时期军队的重要职能，也是维护国家安全统一和发展利益的最佳战略选择。军队要达到遏制战争的目的，必须首先具备打赢战争的能力，必须增强军事实力，保持强大的威慑力。面对世界军事发展的新形势，我们建设一支强大军队的任务更加艰巨。要从当今世界军事发展的前沿着眼，从占领未来军事斗争的制高点着眼，从增强军队履行使命的能力着眼，坚持以现代化为中心，按照打赢战争和遏制战争的要求，把军队建设谋划好，把军队建设好。

**4. 建立巩固的国防是我国现代化建设的战略任务**

必须坚持国防建设与经济建设协调发展的方针。正确处理国防建设与经济建设的关系，始终是国家发展战略全局的一个重大问题，也是我国社会主义现代化建设的一条重要历史经验。当代中国的发展战略，是以经济建设为中心，包括经济、政治、科技、文化、外交、军事诸方面在内的全面发展战略。国防和军队建设是国家发展战略的重要内容。江泽民基于对世界局势的科学判断和国家工作重点转移的客观要求，提出了国防建设与经济建设两头兼顾、协调发展的思想。这一重要思想是对邓小平关于国防建设与经济建设相互关系思想的丰富和发展，为新的历史条件下正确处理国防建设与经济建设的关系提供了科

学依据和行动指南。

## （二）解决好"打得赢"、"不变质"两个历史性课题

"打得赢"、"不变质"，是新的历史条件下我军建设必须着力解决好的两个历史性课题。

20世纪90年代以来，国际国内环境发生了前所未有的重大变化，给我军建设带来的影响十分深刻，提出的挑战十分严峻。这些影响和挑战，主要有两个方面：一是世界多极化出现了曲折而复杂的局面，各主要国家为了在世界格局的深刻变动之中掌握主动权，纷纷把高新技术运用于军事领域，武器装备体系、军队体制编制、作战方式、战场环境等都发生了极为深刻的变化，高技术战争成为现代战争的基本形态。在这种情况下，我军打现代战争能力不足的问题更加突出，履行维护国家主权和安全利益职能面临着更大的压力和挑战。二是国内社会主义市场经济迅速发展，对外开放不断扩大，社会经济成分、组织形式、就业方式和分配方式多样化，各种思想文化相互激荡。这种新的社会环境，在给我军建设注入生机和活力的同时，各种腐朽思想文化影响和侵蚀官兵思想的现象也增加了，对军队的优良传统、官兵的价值观念和理想追求造成冲击，坚持人民军队的性质、本色和作风，面临更为复杂和严峻的考验。

江泽民立足新的历史条件，把解决好"打得赢"、"不变质"两个历史性课题郑重地提到全军面前。他多次强调，打赢未来高技术战争，保持人民军队性质、本色和作风，这是党中央、中央军委对新形势下军队建设最为关注的两个重大课题。两个历史性课题的提出，是对新时期我军建设主要矛盾和任务的深刻洞察和准确把握，抓住了军队建设带根本性和全局性的问题，确立了新时期军队建设的大思路。可以说，江泽民国防和军队建设思想的全部内容，都是围绕着两个历史性课题展开的，江泽民领导国防和军队建设的全部实践，都是以解决两个历史性课题为根本出发点和归宿的。

## （三）党对军队的绝对领导是我军永远不变的军魂

坚持人民军队的性质、本色和作风，必须把党对军队的绝对领导作为永远不变的军魂。党对军队的绝对领导是我们党和军队的优良传统和特有的政治优势，是我军区别于任何资本主义国家军队的一个根本界限。坚持党对军队的绝对领导，始终是决定我军性质和宗旨的重大问题，关系到我国社会主义的前途命运和国家的长治久安。面对国际风云变幻和国内改革开放的新形势，江泽民把党对军队的绝对领导作为军队建设和发展的首要问题，始终予以高度关注，明确指出："一个军队要有军魂。我看，我们军队的军魂就是党的绝对领导。"他还多次强调，"党对军队的绝对领导是我军永远不变的军魂"。这是对我军建军根本原则的丰富和发展。

## （四）积极推进中国特色的军事变革

江泽民敏锐洞察、准确把握世界新军事变革发展趋势和我国军事安全态势，高瞻远瞩地提出要积极推进中国特色的军事变革。中国特色的军事变革，就是适应世界新军事变革发展趋势，从我国的国情和军情出发，走以信息化带动机械化、以机械化促进信息化的跨

越式发展道路，通过深化改革，实现军队建设的整体转型，建设一支能够打赢未来信息化战争的强大的现代化、正规化革命军队。推进中国特色的军事变革，是一场深刻的革命，是实现军队建设总目标，解决好"打得赢"、"不变质"两个历史性课题的必由之路。

## （五）用新时期军事战略方针统揽军队建设全局

军事战略归根到底是治国之道，是指导军事斗争实施和军事力量建设的根本方针。我国要在竞争激烈的国际环境中站稳脚跟，要在复杂多变的国际局势中掌握战略主动，就不能没有正确的军事战略。

我国的军事战略是积极防御。在军事上严守自卫立场，坚持进攻与防御的辩证统一。积极防御军事战略是由我们国家的社会主义性质和我们所进行的战争的正义性决定的。

江泽民指出，积极防御军事战略是我们的传家宝，要全面系统地学习，要完整准确地理解，要坚定不移地贯彻。同时，随着形势的变化，还应实事求是地继承和发展。在战争形态发生根本改变的条件下，在我国安全环境和军事斗争任务发生重大变化的情况下，我们必须深谋远虑，未雨绸缪，及时调整和充实积极防御的军事战略，适时赋予其新的内容，正确解决军事斗争准备的基点、主要战略方向等重大战略问题，以增强国防和军队建设的现实针对性。

## （六）按照"五句话"总要求全面加强军队建设

### 1. "五句话"总要求是军队建设总目标的具体化和规范化

如何实现邓小平提出的建设一支强大的现代化、正规化革命军队这个总目标，是一个全局性、战略性的问题。江泽民根据军队革命化、现代化、正规化建设新的实践，在1990年12月的全军军事工作会议上提出，全军部队要做到"政治合格、军事过硬、作风优良、纪律严明、保障有力"。后来，又把"五句话"作为军队建设的总要求反复加以强调。"五句话"总要求把部队各个方面的工作纳入革命化、现代化、正规化建设的轨道，既有很强的总体指导性，又有很强的实践性和可操作性。

### 2. "五句话"总要求，从认识论和方法论的高度确立了军队建设全面推进的指导思想

军队建设是一个整体，革命化、现代化、正规化相互联系，密不可分。各个方面的工作只有相互配合、相互促进，才能保证军队建设的顺利进行；也只有各个方面共同进步，才有军队建设总体水平的提高。"五句话"总要求，抓住政治、军事、作风、纪律和保障这五个直接关系我军战斗力生成的基本要素，科学揭示了军队建设各个方面紧密联系、相辅相成的辩证统一关系，明确了用系统的观点指导军队建设的思想方法，对于部队建设的协调发展、整体推进、全面进步具有重要的指导意义。全军特别是各级领导机关、领导干部，要按照"五句话"总要求规划和指导部队建设，部署和开展工作，全面提高部队建设水平。

## （七）始终把思想政治建设摆在军队各项建设的首位

### 1. 思想政治建设是军队革命化建设的核心，是我军立于不败之地的重要前提和可靠保证

江泽民指出："思想政治建设必须摆在全军各项建设的首位，这是从党、国家和军队

工作全局的战略高度提出的要求。"这个要求，体现了人民军队建设的内在规律，对新形势下加强我军建设具有根本的指导意义。

新时期军队思想政治建设的使命，是为打赢未来高技术战争提供强大的精神动力，为保持人民军队的性质、本色和作风提供可靠的政治保证。在国际国内环境发生大变动的时期，在高技术对军事领域的影响越来越广泛深刻的情况下，我军思想政治建设只能加强不能削弱，只能抓紧不能放松。

江泽民要求，各级党委和领导干部都要把抓思想政治建设作为首要职责。要加强思想政治领导，善于从政治上观察和分析问题，指导部队全盘工作。要强化"首位"意识，把思想政治建设贯穿于军队建设的一切工作，落实到军事训练、后勤保障、装备建设等各个方面，围绕军队的中心任务切实发挥服务保证作用。做政治工作要着眼于加强思想政治建设这个总的要求。抓住了这一条，政治工作就能提起纲来，就能有效发挥"生命线"的作用。只有做到这些，思想政治建设才能真正摆到首位、落到实处、大有作为。

**2. 思想政治建设的根本，是用科学理论特别是党的理论创新成果武装全军**

党的理论就是党的旗帜。我军作为党绝对领导下的人民军队，必须以党的旗帜为旗帜。政治上的坚定来源于理论上的清醒。坚持不懈地搞好理论武装，帮助官兵坚定理想信念，铸牢精神支柱，是我军始终保持坚定正确的政治方向、永葆人民军队先进性的一项基础性工程和长期的战略任务。

必须坚持马克思列宁主义、毛泽东思想、邓小平理论和"三个代表"重要思想在军队建设中的指导地位。邓小平理论是毛泽东思想的继承和发展，是马克思主义基本原理同当代中国实际和时代特征相结合的产物，是马克思主义在中国发展的新阶段，是当代中国的马克思主义，是指引中国人民在改革开放中胜利实现社会主义现代化的科学理论。"三个代表"重要思想是对马克思列宁主义、毛泽东思想和邓小平理论的继承和发展。必须把全军官兵凝聚在邓小平理论和"三个代表"重要思想的伟大旗帜下。

## （八）实施科技强军战略，加强军队质量建设

江泽民指出，必须坚定不移地走中国特色的精兵之路。中国特色的精兵之路，核心就是一个"精"字。精，既是对"量"的要求更是对"质"的要求。在未来战争中，我军仍然要发扬以劣势装备战胜优势装备之敌的优良传统，但我们如果不采取有力措施，进一步提高军队的质量水平，就难以为国家现代化建设提供可靠的安全保障。20世纪90年代，我军继80年代裁军100万之后，再次裁减军队员额50万，在减少数量、提高质量上向前迈进了一大步。加强质量建设，走有中国特色的精兵之路，是实现我军现代化的唯一正确选择。全军同志在这个问题上，认识要更加明确，行动要更加坚决，把加强质量建设全面贯彻到部队的各项工作中去。

## （九）培养和造就大批高素质的新型军事人才

江泽民指出："未来的仗能不能打赢，军队会不会变质，关键是人。没有高素质的人才，一切都是空话。"当代世界军事领域的竞争，说到底是人才的竞争。在未来的信息化战场上，敌我双方的较量将更加突出地表现为高素质人才的较量。

无论武器装备如何发展，都不能改变人是战争胜负的决定因素这一法则。我们要赢得世界新军事变革中的优势地位，赢得未来可能发生的高技术战争，需要做的事情很多，但至关重要的是培养和造就大批高素质人才。没有高素质的军事人才，就无法创造先进的作战理论，无法形成高超的军事谋略和战法，武器装备再先进，也难以发挥应有的效能。越是先进的武器装备，越需要高素质的军事人才来掌握和运用。培养和造就一大批具有高度政治觉悟、掌握现代军事技术、懂得现代战争指挥艺术的优秀人才，是实现我军现代化、赢得未来战争胜利的根本大计，是走中国特色精兵之路、加强我军质量建设的非常重要的内涵。

## （十）加快我军武器装备现代化建设的步伐

必须把武器装备建设摆到更加突出的位置。先进的武器装备是打赢高技术战争的物质技术基础和衡量国防实力的重要标志。武器装备作为科学技术的物化形态，不仅体现着军队的战斗力水平，同时还有力地牵引和推动着军事变革和军队现代化建设的进程。武器装备的发展变化，从最终意义上决定着战争形态、作战样式、指挥方式，以及军队组织结构和军事理论的发展变化。

军队武器装备的高科技化已经成为当今世界军事发展的一个重要趋势。在现代高技术战争中，武器装备的科技含量是决定战争胜负的重要因素。江泽民指出："在当今世界上，一个国家如果不随着经济和社会的发展，努力增强国防实力，提高军队的素质和武器装备水平，在现代技术尤其是高技术条件下的作战能力不强，一旦战争发生，往往陷入被动挨打的地位，国家利益、民族尊严和国际威望就要受到极大损害。"我们历来反对"唯武器论"，但应当认识到，高技术武器装备，作为先进科学技术的应用，本身就体现和凝聚着人的智慧；不重视武器装备，人在战争中的决定性作用就不能最大限度地发挥出来。武器装备落后，缺少有效的制敌手段，在战争中要取胜就会付出很大的代价。我们必须尊重科学，高度重视武器装备的作用，千方百计地把武器装备搞上去。

## （十一）走出一条投入较少、效益较高的军队现代化建设路子

江泽民指出，不仅经济建设要讲效益，国防建设也要讲效益。由于受国家经济实力所限，我军军费供需矛盾突出的问题不可能在短期内根本解决。我们不能同发达国家比国防投入，必须走出一条经费投入比较少而效益比较高、具有中国特色的国防和军队现代化建设的路子。我国的国防和军队现代化建设始终面临着双重压力。一方面，我们的军费，无论是绝对数还是占国内生产总值的比重，与世界主要国家相比都是最低的。这么大一支军队，要维持正常运转，还要有所发展，是一件很困难的事。另一方面，如果我们不紧紧跟上世界新军事革命的潮流，不下大力气努力提高我军的现代化水平，一旦发生什么事情，就会陷入被动的境地。在经费严重不足而军队现代化建设的步子又不能放慢的情况下，必须发扬艰苦奋斗的优良传统，坚持勤俭建军的方针，努力在克服困难中有所作为。

## （十二）坚持依法治军、从严治军

江泽民强调指出，全军同志要适应社会主义民主法制建设的发展，更加自觉地贯彻依

法治军的方针，把国防和军队建设事业纳入法制化的轨道，做到有法可依、有法必依、执法必严、违法必究。1990 年颁发的《内务条令》规定："坚持从严治军、依法治军。"1991 年，中央军委在"八五"期间军队建设计划中明确提出，"要坚定不移地贯彻依法治军的方针"。依法治军，就是从制度上和法律上保证党对军队的绝对领导，使"党指挥枪"的原则更具稳定性、权威性和规范性；就是把党关于国防和军队建设的主张，通过法定程序上升为国家意志，实现党的领导与依法办事的统一；就是把我军治军的成功经验用法的形式确定下来，促进我军的革命化、现代化、正规化建设。

## 二、江泽民国防和军队建设思想的地位与作用

江泽民国防和军队建设思想，正确回答了新形势下建设一支什么样的军队和怎样建设这支军队的一系列问题，具有鲜明的时代性、强烈的实践性和系统的理论性，是对毛泽东军事思想、邓小平新时期军队建设思想的继承、丰富和发展，是"三个代表"重要思想在军事领域的集中反映，是新的历史条件下国防和军队建设的科学指南和重要指导思想。这一思想不仅对国防和军队建设具有根本的指导意义，而且关系到巩固中国共产党的执政地位、关系到国家长治久安、关系到社会主义的兴衰成败。只有把这一重要思想贯彻落实到国防和军队建设的实践中去，切实建设好党绝对领导下的人民军队和强大的国防，才能对国家的稳定、改革的深化提供坚强有力的安全保证，确保我党在新世纪三大任务的完成，实现中华民族的伟大复兴。

## （一）江泽民国防和军队建设思想是对毛泽东军事思想、邓小平新时期军队建设思想的继承、丰富和发展

毛泽东是我党第一代领导集体的核心和人民军队的缔造者，他把马克思主义的普遍原理与中国革命战争的具体实践相结合，创立了毛泽东军事思想，即包括人民军队思想、人民战争思想、人民战争的战略战术思想、国防现代化思想以及军事辩证法思想在内的理论体系。我军光荣的历史告诉我们，毛泽东军事思想是我军的立军之本和胜利的法宝。邓小平既是我党第二代领导集体的重要成员，又是第二代领导集体的核心。他把毛泽东军事思想与新的历史条件相结合，坚持解放思想、实事求是的思想路线，在对时代主题、世界战略形势、新时期中国国情与军情、现代战争特点进行深刻分析的基础上，创立了邓小平新时期军队建设思想。毛泽东军事思想和邓小平新时期军队建设思想，正确地揭示了当代中国军事实践的本质和规律，是我军成长壮大、不断取得胜利和顺利发展的科学指南。江泽民作为党的第三代领导集体的核心和我军的统帅，是毛泽东军事思想和邓小平新时期军队建设思想的忠实继承者和模范实践者。无论形势如何发展变化，江泽民都毫不动摇地坚持毛泽东军事思想和邓小平新时期军队建设思想的指导地位，始终不渝地坚持毛泽东、邓小平关于人民军队的建军原则，关于人民战争的战略思想，关于依靠人民建设现代国防的方针，关于继承和发扬我党我军的优良传统和作风等，使我军始终沿着正确的方向前进。江泽民关于国防和军队建设的有关论述，大量、经常地引用毛泽东、邓小平的讲话、指示，坚持和运用马克思主义军事理论的基本观点，并要求全军坚持以毛泽东军事思想和邓小平新时期军队建设思想为根本指导。同时，江泽民主持中央军委工作以来，我军建设所处的

背景条件和需要回答的主要问题发生了深刻变化，如国际战略格局由两极走向多极，国家经济体制改革和对外开放不断向广度和深度发展，高技术局部战争成为现代战争的基本形态。江泽民面对不断发展变化的新形势，坚持解放思想、实事求是的思想路线，与时俱进，改革创新，研究新情况，解决新问题，揭示新规律。在领导新形势下国防和军队建设的伟大实践中创造性地运用马克思主义的立场、观点和方法，系统地提出了具有鲜明时代特点的关于国防和军队建设的一系列新的理论、原则和方针政策，如：贯彻"三个代表"要求和"五句话"的总要求；关注"打得赢"、"不变质"两大历史性课题；确立新时期军事战略方针；坚持"科技强军"，实行"两个根本性转变"；揭示军队建设的主要矛盾，确立以现代化为中心的思想；强调军队要"吃皇粮"；提出要把思想政治建设摆在全军各项建设的首位；等等。

## （二）江泽民国防和军队建设思想，是"三个代表"重要思想在军事领域的充分展开

江泽民站在世纪更迭、千年交替的历史制高点上，深刻洞察复杂多变的国内外形势，为使我们党永远立于不败之地，为了有中国特色社会主义事业的兴旺发达，创造性地提出了"三个代表"重要思想。这一思想是对党的性质、宗旨和根本任务的最新概括，是对我党80多年历史经验的科学总结，是对马克思主义建党学说的丰富和发展，是新时期加强党的建设的根本指导思想。国防和军队建设是党的建设的重要方面，"三个代表"是党的建设的根本要求和指导思想，也必然是国防和军队建设的根本要求和指导思想。"三个代表"重要思想从根本上回答了"建设一个什么样的党、怎样建设这个党"的问题，也要求军队回答"建设一支什么样的军队，怎样建设这支军队"的问题，而在新的形势下"建设一支什么样的军队，怎样建设这支军队"正是江泽民国防和军队建设思想的主题和回答、解决的主要问题，是"三个代表"重要思想在军事领域的延伸、拓展和在军队建设上的贯彻和反映。譬如：在新的历史时期，面对国内外形势的深刻变化和军队建设面临的严峻挑战，怎样才能够全面加强我军现代化建设，提高军队的战斗力，把我军建设成为保卫国家安全、维护世界和平的钢铁长城，切实代表和维护中国最广大人民群众的根本利益；怎样才能够加强思想政治建设，坚持党对军队的绝对领导，始终保持人民军队的性质、本色和作风，永远立于不败之地；怎样才能够始终站在时代前列，更好地履行党和人民赋予的神圣使命，为祖国统一大业和中华民族的伟大复兴作出历史性贡献；等等。这些正是"三个代表"对军队建设提出的历史任务和时代要求。江泽民正是从这样的历史高度、这样的时代要求出发，远思万古兴衰之变，近察九州世道民情，从根本上回答和解决了世纪之交军队建设所面临的历史性课题，形成了建设一支面向21世纪的现代化、正规化革命军队的指导理论。

## （三）江泽民国防和军队建设思想是我军建设的科学指南

江泽民国防和军队建设思想深刻揭示了新形势下国防、军队建设和军事斗争的基本规律，是实践经验的科学总结，已为全军广大官兵所接受，成为新时期加强国防和军队建设的重要指导思想。

**1. 江泽民国防和军队建设思想深刻揭示了新形势下国防和军队建设的基本规律**

江泽民根据国际战略格局和世界军事形势的发展变化，立足于我们的国情军情，运用马克思主义的世界观和方法论，深刻揭示了新形势下国防和军队建设的客观规律。随着改革开放和社会主义市场经济的深入发展，军队建设面临着许多新情况、新问题和新要求。从部队管理中存在和发生的一些重大问题中，江泽民敏锐地意识到必须用科学的方法指导新时期的军队建设，明确提出要深入探索新形势下治军的特点和规律。以后又进一步提出要深入研究新形势下国防建设的特点和规律，研究军事斗争准备的特点和规律。20 世纪末，江泽民在总结改革开放 20 年国防和军队建设的历史经验时，全面系统地阐述了对国防和军队建设具有全局意义的七个方面的辩证关系，表明对新形势下国防和军队建设规律的认识达到了一个新的水平。

**2. 江泽民国防和军队建设思想是实践经验的科学总结**

江泽民特别善于从国防和军队建设的实践中发现矛盾，解决问题，总结经验，探索规律，形成理论。如从提出军队"吃皇粮"到决定不经商，从军事斗争基点的转变到军队现代化建设的跨越式发展，从抵制"酒绿灯红"的影响到大力加强部队思想政治建设，从密切基层官兵关系到提出研究治军特点规律，等等。可以说，江泽民指导军队建设的每一个思想理论观点，从孕育到提出，从调研到论证，从确认到实践，从实践到升华，都是与全军官兵的共同实践和集体智慧分不开的。正是在洞察国内外形势的深刻变化对国防和军队建设产生的影响，总结和探索新形势下部队建设经验和规律的基础上，江泽民敏锐地提出军队建设要高度关注"打得赢"和"不变质"这两个历史性课题，这是我军建设在新形势下不容回避的两大课题，也是必须回答而且要回答好的两大课题，它是对新的历史条件下人民军队的一场严格的考试。

**3. 江泽民国防和军队建设思想已被实践证明是正确的理论指南**

江泽民国防和军队建设思想来源于实践，又反过来用于指导实践、接受实践的检验。近十几年来，面对风云变幻的国际形势和剧烈动荡的世界格局，江泽民领导我们坚定不移地走有中国特色的社会主义道路，大力加强国防和军队现代化建设，取得了举世瞩目的巨大成就。全军官兵始终不渝地坚持党对军队的绝对领导，保持了人民军队的性质、宗旨和本色，经受住了各种政治风浪的考验。军事斗争准备工作深入，科技练兵方兴未艾，高技术条件下的整体作战能力明显提高。圆满完成了裁减军队员额 50 万的战略任务，体制编制经过调整改革，在"精兵、合成、高效"方面迈出了新的步伐。武器装备建设和后勤建设也取得了巨大进步，装备保障和后勤综合保障能力明显增强。我军还进驻香港和澳门履行防卫任务，夺取了 1998 年夏季抗洪斗争的胜利，圆满完成了国庆 50 周年首都大阅兵，提出了裁军的方针和这几年维护社会稳定等急、难、险、重任务，赢得了党和人民的赞誉。十几年来，我们的国防和军队建设之所以能取得令人瞩目的巨大成就，之所以能出色地完成党和人民交给的各项任务，在革命化、现代化、正规化建设的道路上迈出新的步伐，究其根本原因，是有江泽民国防和军队建设思想的正确指导。这些年来，江泽民国防和军队建设的一系列战略思想，已经深深扎根于全军官兵的心中，为全军官兵所接受。为实践江泽民的国防和军队建设思想而奋斗已经成为官兵的自觉行动。认真学习贯彻江泽民国防和军队建设思想，我们就一定能够夺取 21 世纪军事发展的制高点和军事斗争的战略主动权，我军的革命化、现代化、正规化建设水平就一定会跃上一个新台阶，我们的国防就一定会越来越巩固、越来越强大。

# 第七节　胡锦涛国防和军队建设重要论述

胡锦涛关于国防和军队建设的一系列重要论述，是新世纪、新阶段对毛泽东军事思想、邓小平新时期军队建设思想、江泽民国防和军队建设思想的坚持、运用和发展，是党的军事指导理论的重大创新，标志着我们党对新世纪、新阶段国防和军队建设规律的认识达到了新境界，为加强国防和军队建设进一步指明了方向，有力地推动和促进了国防和军队建设的健康快速发展。

## 一、胡锦涛国防和军队建设重要论述的科学含义

胡锦涛国防和军队建设的重要论述，是新世纪、新阶段用科学发展观统筹国防和军队现代化建设，打赢信息化战争的军事指导理论，是毛泽东、邓小平和江泽民国防与军队建设思想的丰富和发展，是科学发展观在国防和军事领域的展开和延伸，是当代中国马克思主义的创新军事理论。

胡锦涛国防与军队建设重要论述是我党坚持不懈推进马克思主义军事理论创新的重要成果。

毛泽东在领导中国革命斗争中，总结实践经验，系统阐述了人民军队、人民战争和人民战争的战略战术的理论、原则，新中国成立后提出了加强国防建设、实现国防现代化的指导方针，形成了毛泽东军事思想。

邓小平从改革开放和现代化建设的大局出发，对走中国特色的精兵之路、建设强大的现代化正规化革命军队等重大问题作出了科学论断，形成了邓小平新时期军队建设思想。

江泽民根据国际战略形势发展变化和世界新军事变革发展趋势，回答了新的历史条件下建设什么样的军队、怎样建设军队、打什么样的仗、怎样打仗的问题，形成了江泽民国防和军队建设思想。

胡锦涛坚持把科学发展观作为加强国防和军队建设的重要指导方针、有效履行新世纪、新阶段我军历史使命，按照革命化现代化正规化相统一的原则加强军队全面建设等一系列重要论述，进一步回答了新的历史条件下国防和军队建设的地位作用、目标任务、指导方针、根本途径、政治保证、军事斗争的战略指导等重大问题。党的军事指导理论与时俱进，为我军建设和发展提供了科学指南。

总之，胡锦涛国防和军队建设的重要论述，与毛泽东、邓小平、江泽民关于国防和军队建设的重要思想既一脉相承又与时俱进，是党的军事指导理论的重大创新，标志着我们党对新世纪、新阶段国防和军队建设规律的认识达到了新境界。

## 二、胡锦涛国防和军队建设重要论述的历史背景

### （一）世界多极化和经济全球化的趋势进一步凸显，影响国家可持续发展的外部制约因素增加

新世纪、新阶段，国际形势呈现总体和平、缓和、稳定的基本态势，和平、发展、合作是时代的主流；世界多极化和经济全球化的趋势进一步凸显；各国利益相互依存、相互交织，对话合作意愿不断增强。但是，随着国际形势的发展变化，我国可持续发展面临的外部制约因素也在增加。表现在：西方敌对势力加紧对中国实施西化、分化和遏制政策，千方百计对中国加以牵制；我国周边安全环境存在诸多隐患，围绕海洋权益的斗争加剧；随着国家利益的拓展，保护海外利益的任务更加艰巨。

### （二）国家社会和经济发展形势总体良好，影响国家安全和稳定的不确定因素增多

我国经济社会、国防和军队建设进入新世纪、新阶段以后，给国家的安全和发展形势带来了有利的机遇。表现在：我国政治安定、民族团结、经济发展、社会和谐的局面得到进一步巩固；我国对世界的影响力在增长；国家社会和经济发展形势总体良好。但影响国家安全和发展的不稳定、不确定因素增多。表现在："台独"等民族分裂势力猖獗；恐怖势力、宗教极端势力、"民运"和"法轮功"等邪恶势力加紧勾结聚合，不断组织策划渗透、瓦解和破坏活动；我国人口、就业和"三农"等问题凸显，社会矛盾和犯罪问题增多；国内安全与国际安全的互动性增强，一些国内问题如果处理不当，可能会演变为国际问题，一些国际问题也可能影响我国，诱发社会稳定问题；国家传统安全威胁和非传统安全威胁因素相互交织。

### （三）我军所处环境和面临的任务发生了重大变化，国防和军队建设面临时代性的挑战

由于我军所处环境和面临的任务发生了重大变化，国防和军队建设需要解决诸多具有时代性的课题。如何在国际形势复杂多变，我国改革发展进入关键时刻，特别是在"台独"分裂势力严重威胁祖国和平统一大业的背景下，更好地履行党和人民赋予军队的神圣使命，有效维护国家主权、统一和稳定；如何在世界新军事变革加速推进，争夺国际军事竞争战略主动权日趋激烈的形势下，大力推进国防和军队现代化建设，不断增强应对危机、维护和平、遏制战争、打赢战争的能力；如何在我国经济实力、科技实力、国防实力和民族凝聚力不断增强，国防和军队建设取得巨大成就的基础上，继续抓住机遇、乘势而上，推动国防和军队建设迈上新的台阶。这些都给我国国防和军队现代化建设带来了时代性的挑战。

## 三、胡锦涛国防和军队建设重要论述的主要内容

新世纪、新阶段，国防和军队现代化建设的发展是融入国家现代化战略全局、与国家

安全和发展利益相适应的发展，是注重全面建设、革命化、现代化正规化相统一的发展，是坚持以人为本、推动军队建设与促进官兵全面发展相一致的发展，是走中国特色精兵之路、速度质量效益相协调的发展。

## （一）坚持科学发展观，加强国防和军队建设

科学发展观是胡锦涛在 2003 年 10 月党的十六届三中全会明确提出的。一年之后，到 2004 年 9 月党的十六届四中全会时，科学发展观已成为全党全国的共识。2007 年 10 月 15 日，胡锦涛在中国共产党第十七次全国代表大会上的报告中提出"要深入贯彻落实科学发展观"，并指出"科学发展观，第一要义是发展，核心是以人为本，基本要求是全面协调可持续，根本方法是统筹兼顾"。这四个方面相互联系、有机统一，其实质是实现经济社会又快又好发展。

胡锦涛指出，坚持在国防和军队建设中贯彻落实科学发展观，首要问题是坚持国防建设和军队建设全面协调可持续发展的方针，坚持"五个统筹"，即"统筹中国特色军事变革与军事斗争准备，统筹机械化建设与信息化建设，统筹诸军兵种作战能力建设，统筹当前建设与长远发展，统筹主要战略方向与其他战略方向"。进一步实施科技强军战略，着力推动军事创新，加快转变战斗力生成模式，充分发挥广大官兵的主体作用，推进军队革命化、现代化、正规化的整体发展和全面进步，实现国防和军队建设可持续发展。

### 1. 国防和军队建设必须统筹中国特色军事变革与军事斗争准备

推进中国特色军事变革与做好军事斗争准备是新世纪新阶段我军面临的两大战略任务。中国特色军事变革，就是适应世界新军事变革发展趋势，从我国的国情和军情出发，走以信息化带动机械化、以机械化促进信息化的跨越式发展道路。通过深化改革，实现军队建设的整体转型，建设一支能够打得赢未来信息化战争的强大的现代化、正规化革命军队。军事斗争准备是指为了赢得未来战争的胜利而在相对和平时期进行的组织、物质和精神方面的准备。军事斗争准备作为军事战略方针的一个重要内容，目标更加全面，任务也更加艰巨，客观上要求我们必须把军事斗争准备作为贯彻新时期军事战略方针的一项重要的战略任务来抓。

统筹中国特色军事变革与军事斗争准备，作为新世纪新阶段我军面临的两大战略任务，既相互统一，又相互区别，要注意正确处理好推进中国特色军事变革与做好军事斗争准备的关系。一是要以军事斗争准备来促进中国特色军事变革，以中国特色军事变革来带动军事斗争准备；二是要紧紧围绕军事斗争准备的现实需要推进中国特色军事变革；三是要把军事斗争准备纳入中国特色军事变革的全局之中；四是要以变革的精神指导军事斗争准备。

### 2. 国防和军队建设必须统筹机械化建设与信息化建设

机械化与信息化是两个不同的概念和不同的军事形态。从发展和建设的角度来看，机械化和信息化是军队现代化的两个不同的发展阶段。信息化是建立在机械化基础之上的，两者既有各自的规律性，又密切联系。

军队机械化是指建立在工业技术基础之上的工业时代或工业社会军队的基本形态。军

队信息化是信息时代或信息社会军队的基本形态,是在机械化的基础上发展起来的。目前展现的主要特征:一是大力发展以精确制导武器为代表的信息化武器装备、隐形武器装备和新概念武器装备;二是军队规模缩减,军种界限模糊,海、空军比例扩大,部队编成向小型化、一体化、智能化方向发展,军队人员与武器装备系统的组合进一步优化;三是指挥体制"网络化",指挥手段"自动化";四是军事理论主要是信息化战争的作战理论,主要表现为以夺取制信息权为核心的信息战,非接触战及陆、海、空、天、电一体化作战理论等。

目前,我军机械化与信息化建设的基本现状:一是武器装备仍处在机械化半机械化状态,信息化武器装备建设刚刚起步;二是体制编制仍滞留在机械化时代,走向信息化时代的改革尚处于论证和试验阶段;三是具有我军特色的机械化作战理论体系尚不完善,信息化作战理论还处在探索阶段;四是人才队伍的状况还不适应机械化和信息化建设的需要。面对我军目前机械化尚未完成同时又要努力向信息化过渡的现实,我们必须从国情和军情的实际出发,正确处理机械化和信息化的关系,努力完成机械化和信息化建设的双重历史任务,实现我军现代化的跨越式发展。在实践中必须坚持以下几点:一是要以机械化为基础,加快信息化建设步伐;二是要以信息化为牵引,提高机械化建设水平;三是要将机械化建设与信息化建设有机结合、融为一体;四是要突出建设重点,既要始终把信息化建设放在首位,又要用信息化建设来牵引和带动机械化建设。

### 3. 国防和军队建设必须统筹诸军兵种作战能力建设

精干、合成、有效的诸军兵种作战力量,既是国家强大的象征,也是维护国家安全、捍卫国家利益、保卫国家稳定与发展的重要保证,同时还是我国维护和促进世界和平与发展的重要物质基础。在新的历史时期,建设中国特色的作战力量,必须全面贯彻落实科学发展观,调整我军作战力量建设思路,坚持以提高战斗力为核心,统筹好诸军兵种作战能力建设。

在新世纪、新阶段,胡锦涛根据时代发展和中国安全形势的变化,对我军职责任务和地位作用进行了新的概括和拓展,明确提出部队要履行"三个提供、一个发挥"的历史使命,这对统筹诸军兵种作战能力建设提出了新的更高要求,我军必须进一步优化军兵种的总体结构,理顺关系,加强体系建设,形成一体化作战力量体系,提高整体效能,尽量缩短我军由机械化向信息化转型的时间,尽快提高我军的整体作战能力。统筹诸军兵种作战能力建设,牵动整个国防和军队建设全局,涉及军事领域的诸多方面和各军兵种众多的利益关系,只有建立顺畅、可靠、协调运行的转型机制才能凝聚各方面的力量,确保人力、物力、财力向有益于转型的方向流动。

### 4. 国防和军队建设必须统筹当前建设与长远发展

实现国防和军队建设的可持续发展,就是要把国防和军队建设作为一个承前启后的发展过程,统筹当前建设与长远发展,既注重当前建设和做好眼前工作,又要着眼未来,谋求长远发展,避免时断时续或大起大落,以确保国防和军队建设与发展的连续性与持久性。

当前建设是指国防和军队建设应对近期可能面临的军事冲突和战争威胁而进行的以军

事斗争准备为主要内容的建设活动，具有明显的指向性、目标性和应急性。当前建设的指向，就是对我国安全构成现实威胁的作战对象；当前建设目标由一个完整的指标体系构成，是根据作战对象的特点及其作战能力，通过针对性极强的建设和准备，具备战胜对手的战略能力；当前建设的应急性，主要表现在建设时间的有限性和急迫性，要求军队随时做好作战准备，随时准打仗。长远发展主要是指为实现国防和军队战略目标而进行的建设活动。国防和军队建设的长远目标是通过完成阶段性任务来实现的。无论是当前建设还是长远发展，都是为了履行保卫国家主权、领土完整和安全，维护国家战略利益的神圣使命，两者紧密联系、相互影响，辩证统一于建设现代化军队的总任务、总目标之中。

**5. 国防和军队建设必须统筹主要战略方向与其他战略方向**

从国家的战略指导上看，战略方向具有明确的指向性，是国防和军队建设及军事斗争准备的主要依据。主要战略方向是指对国家安全和战争全局具有决定意义的方向，是敌我双方矛盾斗争的焦点，是作战力量集中使用的重点和战略指导的关键点。战略方向的确定，来源于对国内外政治、经济、军事形势及面临威胁和挑战的战略判断，并与国家的发展及安全需求相一致。战略方向判断的正确与否，各战略方向关系处理得如何，关乎国家安全，直接影响到国防和军队建设的大局，是一个重要的战略问题。正如胡锦涛所指出的，必须下工夫解决军队内部存在的各种问题，进一步优化结构，理顺关系，加强体制建设，提高整体效能，使军队建设与发展在系统筹划、协调发展中前进。

# （二）建设听党指挥、服务人民、英勇善战的人民军队

2006 年 10 月 8 日，胡锦涛在接见军事科学院第六次党代会代表时强调，我军应始终坚持听党指挥、服务人民、英勇善战的优良传统，为有效履行新世纪、新阶段的历史使命作出新的贡献。

自我军建军以来，在 80 多年的顽强奋斗中，人民解放军培育和形成了优良革命传统。集中起来就是听党指挥、服务人民、英勇善战。

1）听党指挥，是党和人民对人民军队的最高政治要求，是人民解放军不可动摇的根本原则。人民军队必须具有凝聚军心的神圣军魂。人民解放军铸就的军魂，就是坚持党的绝对领导。正是由于高度自觉听党指挥，人民解放军才始终保持了坚定正确的政治方向，始终保持了强大的凝聚力和战斗力，始终保持了蓬勃旺盛的生机活力。

2）服务人民，是人民军队一切奋斗发展的出发点和归宿，是人民解放军必须永远坚持的根本宗旨。人民军队必须具有牢不可破的依靠力量。从诞生之日起，人民解放军就始终坚持全心全意为人民服务的宗旨，完全彻底地为人民的利益而奋斗，赢得了亿万人民的衷心爱戴和全力支持，形成了夺取胜利最深厚、最伟大的力量源泉。

3）英勇善战，是人民军队的鲜明特征，是人民解放军履行职能使命的根本要求。人民军队必须具有克敌制胜的强大能力。在长期实践中，人民解放军大力发扬压倒一切敌人而不被任何敌人所压倒、征服一切困难而不被任何困难所征服的英雄气概和革命精神，既敢于胜利又善于胜利，生成和发挥了强大战斗力量，创造了一个又一个人类战争史上的奇迹。

听党指挥、服务人民、英勇善战，体现了人民解放军的性质、宗旨、本色，凝聚着党和人民对军队的重托和期望，是我们总结人民解放军 80 多年建军治军经验的基本结论。

胡锦涛以马克思主义政治家的深邃眼光，着眼当代中国军队发展的客观要求，明确指出要始终坚持听党指挥、服务人民、英勇善战的优良传统，从军队的性质、宗旨和职能、使命的统一上规定了军队建设的重要要求。

## （三）加强军队思想政治建设，强化部队战斗精神

胡锦涛在视察部队时强调，思想政治建设是军队的根本性、基础性建设。要积极适应新的形势和任务，把部队思想政治建设抓得更加有力、更加扎实、更加富有成效。

### 1. 军队要大力加强思想政治建设

（1）军队要始终坚持正确的政治方向

胡锦涛强调，要坚持把思想政治建设摆在全军各项建设的首位，始终不渝地坚持党对军队绝对领导的根本原则和制度。要按照党中央和中央军委的部署，把全军的意志和力量凝聚到履行新使命、完成新任务的具体实践中。

胡锦涛强调，要大力加强思想政治建设，坚持不懈地用党的创新理论武装官兵，紧密结合形势任务，深入开展我军历史使命教育、理想信念教育、战斗精神教育和社会主义荣辱观教育，始终保持部队正确的政治方向。要在全军大力开展"以热爱祖国为荣、以危害祖国为耻，以服务人民为荣、以背离人民为耻，以崇尚科学为荣、以愚昧无知为耻，以团结互助为荣、以损人利己为耻，以诚实守信为荣、以见利忘义为耻，以遵纪守法为荣、以违法乱纪为耻，以艰苦奋斗为荣、以骄奢淫逸为耻"的"八荣八耻"教育，引导官兵树立社会主义荣辱观，坚定理想、信念，树立正确的世界观、人生观和价值观，做到听党指挥、服务人民、英勇善战。

（2）增强思想政治工作的针对性和时效性

胡锦涛强调指出，要紧密联系部队建设的新形势和新特点，切实加强和改进思想政治工作。这是确保党对军队绝对领导的必然要求，是确保部队"打得赢"、"不变质"的必然要求，也是确保广大官兵健康成长的必然要求。要着眼于时代发展和任务变化对思想政治工作提出的新要求，根据部队官兵的成分变化和思想实际，有的放矢地做工作，增强思想政治工作的针对性、实效性。要紧密联系部队建设的新形势和新特点，努力改进思想政治工作，不断增强思想政治工作的针对性、实效性、主动性。要始终把革命化建设放在第一位，更加有力、更加扎实、更加富有成效地推进思想政治建设。

（3）积极创新和改进思想政治教育的内容、形式和手段

我军建设进入新世纪新阶段之后，部队官兵的思想出现了许多新情况、新问题，思想政治教育的内容必须随之而变化。胡锦涛指出，要持久地开展以坚定理想信念和树立正确的世界观、人生观、价值观为核心的思想政治教育，使广大官兵始终保持政治上的坚定和思想道德上的纯洁，始终保持坚强的革命意志和旺盛的战斗精神。要深入扎实地搞好保持共产党员先进性教育活动，确保在取得实实在在的成果下，使其成为官兵满意工程。

### 2. 加强军队各级党委和部队党的先进性建设

（1）大力加强军队各级党组织的能力建设

为了履行我军新世纪、新阶段的历史使命，胡锦涛要求军队各级党委和领导干部要准

确理解和把握党的路线方针政策，准确理解和把握军委的决策指示、军事战略方针和各项战略原则，要在军队建设中全面贯彻落实科学发展观。胡锦涛强调，要大力加强军队各级党组织的能力建设，不断提高加强部队思想政治建设、把握部队建设正确方向的本领，不断提高领导军事斗争准备、带领部队完成信息化作战任务的本领，不断提高推进中国特色军事变革、推进部队机械化、信息化建设的本领，不断提高依法从严治军、加强部队正规化建设的本领。

（2）要重视提高军队领导干部的综合素质

军队领导干部特别是高中级干部是建军治军的中坚力量。军队建设能不能搞好，各项工作能不能真正落到实处，我军能不能履行好肩负的历史使命，高中级干部是关键。要突出抓好高中级干部的思想教育，使他们始终保持共产党人的先进性。要重视提高高中级干部的综合素质，进一步增强政治意识、大局意识和战略意识，积极探索信息化条件下和社会主义市场经济环境中治军带兵的特点规律，努力提高领导部队全面建设和驾驭信息化战争的能力。要坚持党管干部原则，贯彻干部队伍"四化"方针，坚持正确的政绩观，严格实行干部选拔任用的标准和程序。各级领导干部都要向杨业功学习，忠于职守，勤奋工作，敢于开拓，严于自律，模范地执行党的路线方针政策，带头遵章守纪，以自身良好的形象影响和带领部队。胡锦涛要求军队领导干部要坚持"三学"，即学习马克思主义理论特别是重大理论创新成果，学习现代科学技术知识，学习现代管理知识；提高"三个素质"，即提高政治素质、战略素质和科学文化素质，并要求军队各级党委和领导干部要树立现代决策理念，掌握和运用现代决策方法，努力提高科学决策、民主决策、依法决策的水平，建立健全科学决策机制，完善决策规则和程序，重视发挥专家和咨询机构的作用，实行领导决策与专家辅助决策相结合。建立决策监督机制和纠错机制，尽量防止决策失误和降低决策失误带来的损失。要善于利用科学的决策技术、方法和手段，把定性分析和定量分析结合起来，使决策工作建立在科学分析的基础上，克服决策的随意性和片面性。

（3）转变领导作风，树立良好形象

胡锦涛还提出了转变领导作风和工作作风的"四个大力倡导"：大力倡导求真务实、真抓实干，坚决反对做表面文章、搞所谓"政绩工程"；大力倡导讲真话、报实情，坚决反对说假话、报虚情；大力倡导用好的作风选人、选作风好的人，坚决反对用人上的不正之风；大力倡导严于律己、以身作则，依靠真理的力量、人格的力量，树立良好形象，为部队和基层做好表率。胡锦涛同志要求军队各级党委和领导干部，要坚持衡量和检验部队各项工作的"三个有利于标准"，即是否有利于部队建设的发展进步、是否有利于部队战斗力的提高、是否有利于解决官兵的实际问题。认真贯彻落实科学发展观，科学统筹、科学组织、科学实施军队建设，转变发展观念，创新发展模式，提高发展质量，加快发展步伐，努力把我军现代化建设推进到一个新阶段。

加强和改进思想政治工作，关键是切实加强部队党的先进性建设，把先进性要求真正贯彻和体现到党的思想、组织、作风、制度建设各个方面，充分发挥党委的核心领导作用、党支部的战斗堡垒作用和共产党员的先锋模范作用，确保部队在任何时候、任何情况下都坚定地听党的话、跟党走。要扎实认真地搞好保持共产党员先进性教育，努力在实践"三个代表"重要思想、投身中国特色军事变革、推进军事斗争准备中当先锋、做模范。

### 3. 强化战斗精神，树立敢打必胜的信心

胡锦涛在 2004 年 12 月的一次重要会议上强调，要在全军深入进行强化战斗精神、提高打赢能力的教育，真正搞清楚为什么要准备打仗、准备打什么样的仗、怎么准备打仗这个重大问题，引导广大官兵牢固树立敢打必胜的坚定信心。

（1）强化战斗精神是对我军优良传统的继承和发扬

我军历来具有英勇顽强的战斗意志和战斗作风，依靠一不怕苦、二不怕死的革命精神，依靠压倒一切敌人的英雄气概和决不为强大敌人所屈服的必胜信念，依靠胜敌一筹的战争指挥艺术，依靠灵活机动的战略战术，依靠人民战争的法宝，创造了许多以劣势装备打败优势装备的国内外强大敌人的奇迹，在威武雄壮的战争舞台上导演了一幕幕有声有色的战争话剧。这是我军的优良传统和宝贵精神财富，要在新世纪、新阶段继续发扬光大。在战略上要敢于藐视和战胜对手，牢固树立敢打必胜的信心；在战术上要重视对手，深入研究和探讨克敌制胜的有效战法。

（2）强化战斗精神是以劣胜优的要求

目前，我军武器装备的现代化水平有了很大改善和提高，但与西方主要发达国家军队武器装备的发展水平相比还有很大差距。对我军来说，还是要以劣抗优、以劣胜优，立足现有装备打仗。要充分发挥我军的优长，充分发挥人的主观能动性，把现有装备的潜力和效能最大限度地发挥出来。全靠新装备打仗是不现实的，要坚持有什么装备打什么仗。其中，强化战斗精神是非常重要的内容。

（3）强化战斗精神是谋求战斗力优势的重要途径

人和武器是构成战斗力的两个基本要素，其中人是最活跃、最有决定意义的因素。人的思想觉悟、战斗意志、牺牲精神及综合素质，直接决定着武器装备效能的发挥，影响着战争的胜负。而人各方面作用的发挥首先依赖于敢打必胜的过硬战斗精神。战斗中，如果畏敌如虎、贪生怕死，不想打仗，不敢打仗，缺乏必胜的信念，那么就不能发挥武器装备的最佳效能，就不会积极主动地采取灵活的战法打击敌人，就会在敌人心理威慑面前丧失抵抗意志。仗未打，"气"先失，是注定要失败的。所以，为了打赢未来的信息化战争，捍卫国家利益，我军要在努力改善和发展武器装备的同时，要继承和发扬不怕牺牲、不怕疲劳、连续作战、英勇顽强和敢打必胜的光荣传统，进一步强化战斗精神，保持我军在战斗力上的特有优势。

## （四）认真履行使命，统筹军队全面建设，打赢信息化战争

### 1. 认真履行新世纪、新阶段军队的历史使命

一个国家、一个民族，要想在激烈的国际竞争中立于不败之地并有所作为，既要拥有强大的经济实力，同时还要拥有强大的军事实力。着眼于国家利益和军队建设与发展的战略全局，根据军队所处的国际国内环境发生的重大变化，2004 年年底，胡锦涛从维护国家的发展利益和安全利益出发，以战略家的远见卓识，确立了新世纪、新阶段军队的历史使命："为党巩固执政地位提供重要的力量保证，为维护国家发展的重要战略机遇期提供坚强的安全保障，为维护国家利益提供有力的战略支撑，为维护世界和平和促进共同发展

发挥重要作用。"

胡锦涛提出的新世纪、新阶段我军"三个提供、一个发挥"的历史使命，意味着我军的职能和作用进一步拓展：由维护传统领土、领海和领空安全延伸到维护海洋、太空、电磁空间等领域的安全；由应对传统安全威胁延伸到应对非传统安全威胁；由维护国家生存利益，延伸到维护国家发展利益；由维护国家改革发展稳定大局延伸到在维护世界和平中发挥积极作用。赋予了我军历史使命新的内涵，开阔了国家安全战略和军事战略的视野，进一步拓展了我军的职能使命，明确了国防和军队建设的发展目标，提高了军事斗争准备的标准，充实了军事力量运用的指导原则，科学回答了新世纪、新阶段国防和军队建设朝什么方向发展、如何科学发展、如何科学运用军事力量的时代课题，实现了人民军队历史使命的与时俱进。

**2. 加强军队全面建设，提高信息化作战能力**

随着信息时代的到来，世界各国都在加快建设信息化军队的步伐。随着形势的发展变化，特别是我军要加强全面建设、提高信息化作战能力、打赢信息化战争，胡锦涛强调首先要解决的一个重要问题，就是正确处理革命化、现代化和正规化的关系问题。

（1）革命化是军队信息化建设的根本方向

胡锦涛指出，要坚持不懈地用马克思列宁主义、毛泽东思想、邓小平理论和"三个代表"重要思想武装全军，保证军队建设的正确政治方向。坚持毛泽东、邓小平、江泽民领导我军在长期斗争实践中形成的光荣传统和优良作风。要坚持不懈地深入学习贯彻邓小平新时期军队建设思想、江泽民国防和军队建设思想，深入学习贯彻中央军委的一系列重大决策和部署。要坚定不移地坚持党对军队绝对领导的根本原则和制度，进一步强化"军魂"意识，确保党从思想上、政治上、组织上牢牢掌握部队。思想政治建设是革命化建设的核心，革命化是军队信息化建设的根本方向。

（2）现代化是军队信息化建设的本质要求

现代化是军队建设的中心任务，是建设信息化军队的本质要求。要从我国的国情和军情出发，坚持以机械化为基础，以信息化为主导，推进机械化和信息化的复合发展，增强我军信息化条件下的威慑和实战能力。

（3）正规化是军队信息化建设的重要保证

正规化是军队建设的重要基础，是军队信息化建设的重要保证。要把从严治军作为全局性、基础性、长期性工作紧抓不放，把依法治军作为正规化建设的基本要求，加强军事法制建设，完善军事法规体系，依照条令条例和规章制度规范军队各项建设和工作，使军队建设进一步走上法制化轨道。

按照革命化、现代化和正规化相统一的原则加强军队信息化建设，要紧紧围绕"打得赢"、"不变质"两大历史性课题，把革命化的根本方向、现代化的本质要求和正规化的保证作用有机统一起来，全面加强和协调推进军队各项工作，才能不断开创军队信息化建设的新局面。

**3. 加强军事训练，提高部队应对危机和处置突发事件的能力**

军队建设已经进入了新的发展阶段，中国特色军事变革和军事斗争准备不断向深度和广度推进，我军作战能力同信息化战争的要求不相适应的矛盾更加凸显。抓好军事训练，是解决当前军队建设矛盾和问题的重要切入点。胡锦涛指出，要进一步增强使命感和紧迫感，扎扎实实抓好军事斗争准备。要加强我军历史使命和战备形势教育，从难、从严、从实战要求出发搞好训练。要着力解决军事训练、战备落实的重点、难点问题，加大落实训练、战备各项计划的力度，切实把各项工作量化、细化、具体化。

胡锦涛在视察部队时强调：加强军事训练，不仅是军事斗争准备的重要实践，也是重要的治军方式和管理方式。要充分认识加强军事训练的重要性，切实把军事训练作为部队的经常性中心工作，集中精力，抓紧抓实。要坚持从难、从严、从实战需要出发，坚持高标准、严要求，改进和创新训练的内容和方式方法。要把培养战斗精神贯穿于训练的全过程，发扬我军敢打必胜的光荣传统，养成英勇顽强的战斗作风和铁的纪律。同时还强调"要紧贴部队的各项工作，全面提高部队应对危机和处置突发事件的能力"。

胡锦涛的重要指示，为推进军事斗争准备和军队全面建设提供了有力指导。实现人和武器的最佳结合要靠训练，培养部队英勇顽强的战斗作风要靠训练，提高指挥员组织指挥现代战争的能力也要靠训练。在我军武器装备总体水平还不高的情况下，更要靠高质量的军事训练来弥补技术的差距和不足。加强军事训练的过程，也是加强部队教育管理、促进各项建设和工作的过程。充分认识加强军事训练的极端重要性，把军事训练摆在战略位置，才能带动和促进军事、政治、后勤、装备等各项工作全面发展，才能把广大官兵的思想、智慧和力量凝聚到打赢战争上。

### 4. 推进中国特色军事变革，加快军事创新

军事创新是军队实现持续发展的必要条件，加快军事创新是加速推进中国特色军事变革的内在要求，也是我军履行新的历史使命的客观要求。军队履行新的历史使命，需要新的作战能力，而新的作战能力的形成离不开军事创新。加速推进中国特色军事变革，关键在于军事领域的创新，创新是军队进步和发展的灵魂。

我军目前正处于机械化尚未完成、信息化刚刚起步的特殊阶段，要完成机械化和信息化复合发展的历史重任，面临着前所未有的挑战。新军事变革有一个从量变到质变的过程，而要想实现质变，只能依靠军事创新。胡锦涛要求军队在当前应重点实施军事理论创新、军事组织体系创新、军事技术创新和军事管理创新。突出这"四大创新"，可谓抓住了军队建设的关键。

1) 创新军事理论。军队的科学发展需要科学的军事理论作指导。军事理论要保持科学性，靠的就是创新，要随着时代的发展而创新。我们既要重视军事指导理论的创新，也要重视军事基础理论和军事应用理论的创新，并注重在军事斗争实践中创新和检验军事理论。在军事理论研究方面，着重研究世界军事发展趋势，探索信息化战争的特点规律和新形势下的建军治军的特点规律，研究立足我军现有装备克敌制胜的战法，特别是要加强研究信息化条件下人民战争的战略战术。

2) 创新军事组织体系。军事组织体系是影响，军队整体效能发挥的关键因素，军队科学发展需要通过创新军事组织体系来奠定优质的基础。只有军队组织体系科学，部队的战斗力才能充分发挥出来，而军队组织体系的科学性需要通过不断创新来实现。在体制编制改革方面，从以精简员额为主转到以优化结构、理顺关系为主，重点抓好结构调整和指

挥体制改革。

3）创新军事技术。技术决定战术，军队的发展需要创新的军事技术作支撑。胡锦涛指出："我们只有把科学技术真正置于优先发展的战略地位，真抓实干，急起直追，才能把握先机，赢得发展的主动权。"我们只有加快以信息技术为核心的军事技术创新，尽快缩小与发达国家军队在军事技术方面的差距，才能为军队的强大奠定坚实的基础。在国防科技及武器装备建设方面，应该集中力量发展那些对提高我军作战能力产生重大作用的关键技术和武器装备，研制出克敌制胜的"杀手锏"，形成我们独有的优势，切实提高我军的威慑能力和实战能力。

4）创新军事管理。军事管理是形成战斗力的关键环节，军事管理创新是提高战斗力、提高国防和军队建设质量效益的重要途径。我们要着眼于推进中国特色军事变革、履行新的历史使命，加强军事管理思维、军事管理模式和军事管理理论的创新，为军队的科学发展提供可靠的管理保障。

只有搞好这些重点领域的改革创新，军队的战斗力才能够得到大幅段的提高，才能落实听党指挥、服务人民、英勇善战的要求，才能使军队的全面建设跃上一个新的台阶。

## （五）弘扬求真务实精神，坚持依法从严治军

### 1. 进一步增强求真务实的自觉性

以胡锦涛同志为核心的新的中央军委领导集体大力倡导求真务实之风，大抓依法从严治军。求真，就是求部队建设规律之真；务实，就是务部队建设成效之实。胡锦涛要求各级领导机关和领导干部要进一步端正工作指导思想和工作作风，改进工作方法，坚持战斗力标准，坚决克服形式主义、官僚主义。要进一步增强求真务实的自觉性，进一步振奋革命精神，不辱使命，不负重托，坚持重实际、说实话、干实事、求实效，埋头苦干，锐意进取，努力学习新知识、总结新经验、增长新本领，把工作附着点真正放在提高部队战斗力上，扎扎实实地抓落实。要认真贯彻科学发展观和树立正确的政绩观，注重部队建设协调发展、全面推进、整体提高，使各项工作真正落到实处，经得起党的检验、实践的检验、历史的检验。

### 2. 坚持依法从严治军

依法治军，就是要逐步建立适应社会主义市场经济发展要求、符合现代军事发展规律、能够体现我军性质和优良传统的军事法规体系，把国防和军队建设事业纳入法制化的轨道，做到有法可依、有法必依、执法必严、违法必究；就是从制度上和法律上保证党对军队的绝对领导，使"党指挥枪"的原则更具稳定性、权威性和规范性；就是把关于国防和军队建设的主张，通过法定程序上升为国家意志，实现领导与依法办事的统一；就是把治军的成功经验，用法的形式确定下来，促进我军的革命化、现代化和正规化建设。胡锦涛强调，要适应军队现代化发展的要求，加强依法治军、从严治军，严格按照国家的法律法规和军队的条令条例治理军队、管理部队，确保部队的高度稳定和集中统一，建立正规的战备、训练、工作和生活秩序，要把依法从严治军作为一项全局性、基础性、长期性工作抓住不放。

**3. 坚持以人为本，把工作重心放在基层建设上**

各级党委和领导机关要坚持以人为本，面向基层，坚持把工作重心放在基层，把基层党组织建设成坚不可摧的战斗堡垒。努力改善基层官兵的物质文化生活条件，充分调动广大官兵的积极性。要认真贯彻《军队基层建设纲要》，抓紧抓好经常性、基础性工作的落实，建立健全抓基层建设工作的科学机制，充分考虑基层的实际，心系基层，情系官兵，满腔热情地为基层办实事、解难题、做好事。要深入调查研究，掌握全面、真实、具体的第一手材料，把上级的指示要求同本单位的实际结合起来，推动基层建设全面过硬和持续健康发展。

## （六）坚持国防建设与经济建设协调发展

胡锦涛在党的十七大报告中指出："国防和军队建设，在中国特色社会主义事业总体布局中占有重要地位。必须站在国家安全和发展战略全局的高度，统筹经济建设和国防建设，在全面建设小康社会进程中实现富国和强军的统一。"

我国是一个发展中国家，处于社会主义初级阶段，与世界发达国家相比，国家尚不富裕，经济技术比较落后，我军的现代化建设是在我国特殊国情环境中进行的。由于受国家经济实力所限，我军军费供需矛盾突出的问题不可能在短期内根本解决，我国的国防和军队现代化建设始终面临着双重压力。一方面，我们的军费，无论是绝对数还是占国内生产总值的比重，与世界主要国家相比都是较低的。这么大一支军队，要维持正常运转，还要有所发展，是一件很困难的事。另一方面，如果我们不紧紧跟上世界新军事变革的潮流，不下大力气努力提高国防和军队现代化水平，一旦发生什么事情，就会陷入被动的境地。基于我国特殊的国情，胡锦涛指出："坚持国防建设与经济建设协调发展，建设一支现代化、正规化的革命军队，确保国防安全，是执政党的一项重大战略任务。"

保持经济的持续发展，不断提高国家的经济实力，是提高我国国际竞争力、维护国家独立和主权的关键所在，是解决包括国防现代化在内的当代中国所有问题的基础。正确处理经济建设与国防建设的关系，始终是国家发展战略全局的一个重大问题，也是我国社会主义现代化建设的一条重要历史经验。胡锦涛审时度势，提出了经济建设与国防建设两者兼顾、协调发展的思想。

改革开放和社会主义市场经济的发展，必然会给国防和军队现代化建设创造更多更充分的有利条件。胡锦涛指出："本世纪头20年，既是国家经济社会加快发展的重要时机，也是国防和军队现代化建设加快发展的重要时机。我们应该也有可能把国防和军队现代化建设搞得更好。要依托国家经济社会发展，把国防建设融入现代化建设全局之中，统筹国防资源与经济资源，注重国防经济与社会经济、军用技术和民用技术、军队人才和地方人才的兼容发展，进一步形成国防建设和经济建设相互促进、协调发展的良好局面。"

经济发展了，并不等于国防自然就强大，国防建设服从经济建设大局，并不意味着等经济搞上去了再抓国防建设。一个巩固的国防，一支强大的军队，始终是国家安全与经济发展的基本保障。随着经济的发展，要及时地把一部分经济实力转化为军事实力，形成与经济实力相协调和与国防建设需要相符合的不断壮大的军事实力，要在国家财力增加的基础上逐步加大国防投入。胡锦涛从国际战略全局出发，根据国家经济不断发展的实际，高度重视国防和军队建设，在两者关系的把握上又有所创新，提出军队既要服从大局又要两者兼顾、协调发展。

坚持国防建设与经济建设协调发展的方针，既是强国之策，也是强军之道。要依托国家社会经济发展，把国防建设融入国家现代化建设全局之中，进一步形成国防建设和经济建设相互促进、协调发展的良好局面。要加强科学管理，强化质量效益观念，切实转变传统的人力密集型、数量规模型的管理模式，不断提高国防和军队现代化建设的质量和效益，走出一条投入较少、效益较高的国防和军队现代化建设的路子。要在国家经济发展的基础上，努力建设一支同我国安全和发展利益相适应的军事力量，确保全面建设小康社会目标的顺利实现。

## 思考题 》》》

1. 军事思想的概念是什么？
2. 军事思想发展的基本规律是什么？
3. 中国古代军事思想是如何阐述战争与政治的？
4. 中国古代军事思想是如何阐述战争与经济的？
5. 中国古代军事思想是如何阐述战争与主观指导的？
6. 毛泽东军事思想的科学含义是什么？
7. 毛泽东军事思想的主要内容有哪些？
8. 简述邓小平新时期军队建设思想的基本内容。
9. 邓小平在战争与和平的理论方面有哪些新的发展？
10. 简述江泽民国防和军队建设思想的主要内容。
11. 试论江泽民国防和军队建设思想的地位与作用。
12. 领导干部应树立的"三个意识"和具备的"三个素质"是什么？
13. 胡锦涛提出的"五个统筹"的主要内容是什么？

## 小知识 》》》

### 孙子兵法

一、计篇

孙子曰：兵者，国之大事，死生之地，存亡之道，不可不察也。

故经之以五事，校之以计，而索其情：一曰道，二曰天，三曰地，四曰将，五曰法。

道者，令民与上同意也，故可以与之死，可以与之生，而不畏危也；天者，阴阳、寒暑、时制也。地者，远近、险易、广狭、死生也。将者，智、信、仁、勇、严也。法者，曲制、官道、主用也。凡此五者，将莫不闻，知之者胜，不知之者不胜。故校之以计，而索其情，曰：主孰有道？将孰有能？天地孰得？法令孰行？兵众孰强？士卒孰练？赏罚孰明？吾以此知胜负矣。

将听吾计，用之必胜，留之；将不听吾计，用之必败，去之。

计利以听，乃为之势，以佐其外。势者，因利而制权也。

兵者，诡道也。故能而示之不能，用而示之不用，近而示之远，远而示之近。利而诱之，乱而取之，实而备之，强而避之，怒而挠之，卑而骄之，佚而劳之，亲而离之，攻其无备，出其不意。此兵家之胜，不可先传也。

夫未战而庙算胜者，得算多也；未战而庙算不胜者，得算少也。多算胜，少算不胜，而况于无算乎！吾以此观之，胜负见矣。

二、作战篇

孙子曰：凡用兵之法，驰车千驷，革车千乘，带甲十万，千里馈粮，则内外之费，宾客之用，胶漆之材，车甲之奉，日费千金，然后十万之师举矣。

其用战也胜，久则钝兵挫锐，攻城则力屈，久暴师则国用不足。夫钝兵挫锐，屈力殚货，则诸侯乘其弊而起，虽有智者不能善其后矣。故兵闻拙速，未睹巧之久也。夫兵久而国利者，未之有也。故不尽知用兵之害者，则不能尽知用兵之利也。

善用兵者，役不再籍，粮不三载，取用于国，因粮于敌，故军食可足也。

国之贫于师者远输，远输则百姓贫；近于师者贵卖，贵卖则百姓财竭，财竭则急于丘役。力屈、财殚、中原内虚于家。百姓之费，十去其七；公家之费，破军罢马，甲胄矢弩。戟盾蔽橹，丘牛大车，十去其六。

故智将务食于敌，食敌一钟，当吾二十钟；萁秆一石，当吾二十石。

故杀敌者，怒也；取敌之利者，货也。故车战，得车十乘已上，赏其先得者，而更其旌旗。车杂而乘之，卒善而养之，是谓胜敌而益强。

故兵贵胜，不贵久。

故知兵之将，生民之司命。国家安危之主也。

三、谋攻篇

孙子曰：凡用兵之法，全国为上，破国次之；全军为上，破军次之；全旅为上，破旅次之；全卒为上，破卒次之；全伍为上，破伍次之。是故百战百胜，非善之善者也；不战而屈人之兵，善之善者也。

故上兵伐谋，其次伐交，其次伐兵，其下攻城。攻城之法为不得已。修橹轒辒，具器械，三月而后成，距堙，又三月而后已。将不胜其忿而蚁附之，杀士卒三分之一而城不拔者，此攻之灾也。

故善用兵者，屈人之兵而非战也，拔人之城而非攻也，毁人之国而非久也，必以全争于天下，故兵不顿而利可全，此谋攻之法也。

故用兵之法，十则围之，五则攻之，倍则分之，敌则能战之，少则能逃之，不若则能避之。故小敌之坚，大敌之擒也。

夫将者，国之辅也。辅周则国必强，辅隙则国必弱。

故君之所以患于军者三：不知军之不可以进而谓之进，不知军之不可以退而谓之退，是谓縻军；不知三军之事而同三军之政者，则军士惑矣。不知三军之权而同三军之任，则军士疑矣。三军既惑且疑，则诸侯之难至矣。是谓乱军引胜。

故知胜有五：知可以战与不可以战者胜，识众寡之用者胜，上下同欲者胜；以虞待不虞者胜；将能而君不御者胜。此五者，知胜之道也。

故曰：知彼知己者，百战不殆；不知彼而知己，一胜一负；不知彼，不知己，每战必殆。

四、形篇

孙子曰：昔之善战者，先为不可胜，以待敌之可胜。不可胜在己，可胜在敌。故善战者，能为不可胜，不能使敌之可胜。故曰：胜可知，而不可为。

不可胜者，守也；可胜者，攻也。守则不足，攻则有余。善守者，藏于九地之下；善攻者，动于九天之上；故能自保而全胜也。

见胜不过众人之所知，非善之善者也。战胜而天下曰善，非善之善者也。故举秋毫不为多力，见日月不为明目，闻雷霆不为聪耳。古之所谓善战者，胜于易胜者也。故善战者之胜也，无智名，无勇功。故其战胜不忒，不忒者，其所措必胜，胜已败者也。故善战者，立于不败之地，而不失敌之败也。是故胜兵先胜而后求战，败兵先战而后求胜。善用兵者，修道而保法，故能为胜败之政。

兵法：一曰度，二曰量，三曰数，四曰称，五曰胜。地生度，度生量，量生数，数生称，称生胜。故胜兵若以镒称铢，败兵若以铢称镒。胜者之战民也，若决积水于千仞之谿者，形也。

五、势篇

孙子曰：凡治众如治寡，分数是也；斗众如斗寡，形名是也；三军之众，可使必受敌而无败者，奇正是也；兵之所加，如以碫投卵者，虚实是也。

凡战者，以正合，以奇胜。故善出奇者，无穷如天地，不竭如江河。终而复始，日月是也。死而复生，四时是也。声不过五，五声之变，不可胜听也。色不过五，五色之变，不可胜观也。味不过五，五味之变，不可胜尝也；战势不过奇正，奇正之变，不可胜穷也。奇正相生，如循环之无端，孰能穷之？

激水之疾，至于漂石者，势也；鸷鸟之疾，至于毁折者，节也。是故善战者，其势险，其节短。势如旷弩，节如发机。

纷纷纭纭，斗乱而不可乱也；浑浑沌沌，形圆而不可败也。乱生于治，怯生于勇，弱生于强。治乱，数也；勇怯，势也；强弱，形也。故善动敌者，形之，敌必从之；予之，敌必取之。以利动之，以卒待之。

故善战者，求之于势，不责于人，故能择人而任势。任势者，其战人也，如转木石。木石之性，安则静，危则动，方则止，圆则行。故善战人之势，如转圆石于千仞之山者，势也。

六、虚实篇

孙子曰：凡先处战地而待敌者佚，后处战地而趋战者劳。故善战者，致人而不致于人。能使敌人自至者，利之也；能使敌人不得至者，害之也。故敌佚能劳之，饱能饥之，安能动之。

出其所必趋，趋其所不意。行千里而不劳者，行于无人之地也；攻而必取者，攻其所不守也。守而必固者，守其所必攻也。故善攻者，敌不知其所守；善守者，敌不知其所攻。微乎微乎，至于无形；神乎神乎，至于无声，故能为敌之司命。进而不可御者，冲其虚也；退而不可追者，速而不可及也。故我欲战，敌虽高垒深沟，不得不与我战者，攻其所必救也；我不欲战，画地而守之，敌不得与我战者，乖其所之也。

故形人而我无形，则我专而敌分；我专为一，敌分为十，是以十攻其一也，则我众而敌寡；能以众击寡者，则吾之所与战者约矣。吾所与战之地不可知，不可知，则敌所备者多；故所备者多，则吾所与战者寡矣。故备前则后寡，备后则前寡；备左则右寡，备右则左寡，无所不备，则无所不寡。寡者，备人者也；众者，使人备己者也。

故知战之地，知战之日，则可千里而会战；不知战地，不知战日，则左不能救右，右不能救左，前不能救后，后不能救前，而况远者数十里，近者数里乎！以吾度之，越人之兵虽多，亦奚益于胜败哉！故曰：胜可为也。故虽众，可使无斗。

故策之而知得失之计，作之而知动静之理，形之而知死生之地，角之而知有余不足之处。故形兵之极；至于无形。无形则深间不能窥，智者不能谋。因形而错胜于众，众不能知；人皆知我所以胜之形，而莫知吾所以制胜之形。故其战胜不复，而应形于无穷。

夫兵形象水，水之形避高而趋下；兵之形，避实而击虚。水因地而制流，兵因敌而制胜。故兵无常势，水无常形；能因敌变化而取胜者，谓之神。故五行无常胜，四时无常位；日有短长，月有死生。

七、军争篇

孙子曰：凡用兵之法，将受命于君，合军聚众，交和而舍，莫难于军争。军争之难者，以迂为直，以患为利。故迂其途，而诱之以利，后人发，先人至，此知迂直之计者也。

故军争为利，军争为危。举军而争利，则不及；委军而争利，则辎重捐。是故卷甲而趋，日夜不处，倍道兼行，百里而争利，则擒三将军，劲者先，疲者后，其法十一而至；五十里而争利，则蹶上将军，其法半至；三十里而争利，则三分之二至。是故军无辎重则亡，无粮食则亡，无委积则亡。

故不知诸侯之谋者，不能豫交，不知山林、险阻、沮泽之形者，不能行军，不用乡导者，不能得地利。故兵以诈立，以利动，以分和为变者也；故其疾如风，其徐如林，侵掠如火，不动如山，难知如阴，动如雷震；掠乡分众，廓地分利，悬权而动。先知迂直之计者胜。此军争之法也。

《军政》曰："言不相闻，故为金鼓；视不相见，故为旌旗。"夫金鼓旌旗者，所以一人之耳目也；人既专一，则勇者不得独进，怯者不得独退，此用众之法也。故夜战多火鼓，昼战多旌旗，所以变人之耳目也。

故三军可夺气，将军可夺心。是故朝气锐，昼气惰，暮气归。故善用兵者，避其锐气，击其惰归，此治气者也。以治待乱，以静待哗，此治心者也。以近待远，以逸待劳，以饱待饥，此治力者也。无邀正正之旗，勿击堂堂之阵，此治变者也。

故用兵之法，高陵勿向，背丘勿逆，佯北勿从，锐卒勿攻，饵兵勿食，归师勿遏，围师必阙，穷寇勿迫。此用兵之法也。

八、九变篇

孙子曰：凡用兵之法，将受命于君，合军聚众，圮地无舍，衢地合交，绝地无留，围地则谋，死地则战，涂有所不由，军有所不击，城有所不攻，地有所不争，君命有所不受。故将通于九变之地利者，知用兵矣；将不通于九变之利，虽知地形，不能得地之利矣。治兵不知九变之术，虽知五利，不能得人之用矣。

是故智者之虑，必杂于利害。杂于利而务可信也；杂于害而患可解也。

是故屈诸侯者以害，役诸侯者以业，趋诸侯者以利。

故用兵之法，无恃其不来，恃吾有以待也；无恃其不攻，恃吾有所不可攻也。

故将有五危，必死，可杀也；必生，可虏也；忿速，可侮也；廉洁，可辱也；爱民，可烦也。凡此五者，将之过也，用兵之灾也。覆军杀将，必以五危，不可不察也。

## 九、行军篇

孙子曰：凡处军相敌，绝山依谷，视生处高，战隆无登，此处山之军也。绝水必远水；客绝水而来，勿迎之于水内，令半济而击之，利；欲战者，无附于水而迎客；视生处高，无迎水流，此处水上之军也。绝斥泽，惟亟去无留；若交军于斥泽之中，必依水草而背众树，此处斥泽之军也。平陆处易而右背高，前死后生，此处平陆之军也。凡此四军之利，黄帝之所以胜四帝也。

凡军好高而恶下，贵阳而贱阴，养生而处实，军无百疾，是谓必胜。丘陵堤防，必处其阳而右背之。此兵之利，地之助也。上雨，水沫至，欲涉者，待其定也。凡地有绝涧、天井、天牢、天罗、天陷、天隙，必亟去之，勿近也。吾远之，敌近之；吾迎之，敌背之。军行有险阻、潢井葭苇、山林翳荟者，必谨复索之，此伏奸之所处也。

敌近而静者，恃其险也；远而挑战者，欲人之进也。其所居易者，利也。众树动者，来也；众草多障者，疑也；鸟起者，伏也；兽骇者，覆也；尘高而锐者，车来也；卑而广者，徒来也；散而条达者，樵采也；少而往来者，营军也。辞卑而益备者，进也；辞强而进驱者，退也；轻车先出居其侧者，陈也；无约而请和者，谋也；奔走而陈兵者，期也；半进半退者，诱也；杖而立者，饥也；汲而先饮者，渴也；见利而不进者，劳也；鸟集者，虚也；夜呼者，恐也；军扰者，将不重也；旌旗动者，乱也；吏怒者，倦也；粟马肉食，军无甑，不返其舍者，穷寇也；谆谆翕翕，徐与人言者，失众也；数赏者，窘也；数罚者，困也；先暴而后畏其众者，不精之至也；来委谢者，欲休息也；兵怒而相迎，久而不合，又不相去，必谨察之。

兵非多益也，惟无武进，足以并力、料敌、取人而已；夫惟无虑而易敌者，必擒于人。

卒未亲附而罚之则不服，不服则难用也；卒已亲附而罚不行，则不可用也。故令之以文，齐之以武，是谓必取。令素行以教其民，则民服；令不素行以教其民，则民不服。令素行者，与众相得也。

## 十、地形篇

孙子曰：地形有通者，有挂者，有支者，有隘者，有险者，有远者。我可以往，彼可以来，曰通；通形者，先居高阳，利粮道，以战则利。可以往，难以返，曰挂；挂形者，敌无备，出而胜之；敌若有备，出而不胜，难以返，不利。我出而不利，彼出而不利，曰支；支形者，敌虽利我，我无出也；引而去之，令敌半出而击之，利。隘形者，我先居之，必盈之以待敌；若敌先居之，盈而勿从，不盈而从之。险形者，我先居之，必居高阳以待敌；若敌先居之，引而去之，勿从也。远形者，势均，难以挑战，战而不利。凡此六者，地之道也；将之至任，不可不察也。

故兵有走者，有弛者，有陷者，有崩者，有乱者，有北者。凡此六者，非天之灾，将之过也。夫势均，以一击十，曰走。卒强吏弱，曰弛。吏强卒弱，曰陷。大吏怒而不服，遇敌怼而自战，将不知其能，曰崩。将弱不严，教道不明，吏卒无常，陈兵纵横，曰乱。将不能料敌，以少合众，以弱击强，兵无选锋，曰北。凡此六者，败之道也；将之至任，不可不察也。

夫地形者，兵之助也。料敌制胜，计险阸、远近，上将之道也。知此而用战者必胜，不知此而用战者必败。故战道必胜，主曰无战，必战可也；战道不胜，主曰必战，无战可也。故进不求名，退不避罪，唯人是保，而利合于主，国之宝也。

视卒如婴儿，故可与之赴深谿；视卒如爱子，故可与之俱死。厚而不能使，爱而不能令，乱而不能治，譬若骄子，不可用也。

知吾卒之可以击，而不知敌之不可击，胜之半也；知敌之可击，而不知吾卒之不可以击，胜之半也；知敌之可击，知吾卒之可以击，而不知地形之不可以战，胜之半也。故知兵者，动而不迷，举而不穷。故曰：知彼知己，胜乃不殆；知天知地，胜乃不穷。

十一、九地篇

孙子曰：用兵之法，有散地，有轻地，有争地，有交地，有衢地，有重地，有圮地，有围地，有死地。诸侯自战其地，为散地。入人之地而不深者，为轻地。我得则利，彼得亦利者，为争地。我可以往，彼可以来者，为交地。诸侯之地三属，先至而得天下之众者，为衢地；入人之地深，背城邑多者，为重地；行山林、险阻、沮泽，凡难行之道者，为圮地；所由入者隘，所从归者迂，彼寡可以击吾之众者，为围地；疾战则存，不疾战则亡者，为死地。是故散地则无战，轻地则无止，争地则无攻，交地则无绝，衢地则合交，重地则掠，圮地则行，围地则谋，死地则战。

所谓古之善用兵者，能使敌人前后不相及，众寡不相恃，贵贱不相救，上下不相收，卒离而不集，兵合而不齐。合于利而动，不合于利而止。敢问："敌众而整将来，待之若何？"曰："先夺其所爱，则听矣。"兵之情主速，乘人之不及，由不虞之道，攻其所不戒也。

凡为客之道：深入则专，主人不克；掠于饶野，三军足食；谨养而勿劳，并气积力；运兵计谋，为不可测。投之无所往，死且不北。死焉不得，士人尽力。兵士甚陷则不惧，无所往则固，深入则拘，不得已则斗。是故其兵不修而戒，不求而得，不约而亲，不令而信，禁祥去疑，至死无所之。吾士无余财，非恶货也；无余命，非恶寿也。令发之日，士卒坐者涕沾襟，偃卧者涕交颐，投之无所往者，诸刿之勇也。

故善用兵者，譬如率然。率然者，常山之蛇也。击其首则尾至，击其尾则首至，击其中则首尾俱至。敢问："兵可使如率然乎？"曰："可。"夫吴人与越人相恶也，当其同舟而济，遇风，其相救也如左右手。是故方马埋轮，未足恃也；齐勇若一，政之道也；刚柔皆得，地之理也。故善用兵者，携手若使一人，不得已也。

将军之事，静以幽，正以治。能愚士卒之耳目，使之无知；易其事，革其谋，使人无识；易其居，迂其途，使人不得虑。帅与之期，如登高而去其梯；帅与之深入诸侯之地，而发其机，焚舟破釜，若驱群羊，驱而往，驱而来，莫知所之。聚三军之众，投之于险，此谓将军之事也。九地之变，屈伸之利，人情之理，不可不察。

凡为客之道，深则专，浅则散。去国越境而师者，绝地也；四达者，衢地也；入深者，重地也；入浅者，轻地也；背固前隘者，围地也；无所往者，死地也。是故散地，吾将一其志；轻地，吾将使之属；争地，吾将趋其后；交地，吾将谨其守；衢地，吾将固其结；重地，吾将继其食；圮地，吾将进其途；围地，吾将塞其阙；死地，吾将示之以不活。故兵之情，围则御，不得已则斗，过则从。

是故不知诸侯之谋者，不能预交；不知山林、险阻、沮泽之形者，不能行军；不用乡导者，不能得地利。四五者不知一，非霸王之兵也。夫霸王之兵，伐大国，则其众不得聚；威加于敌，则其交不得合。是故不争天下之交，不养天下之权，信己之私。威加于敌，故其城可拔，其国可隳。施无法之赏，悬无政之令，犯三军之众，若使一人。犯之以事，勿告以言；犯之以利，勿告以害。投之亡地然后存，陷之死地然后生。夫众陷于害，然后能为胜败。故为兵之事，在于顺详敌之意，并敌一向，千里杀将，是谓巧能成事者也。

是故政举之日，夷关折符，无通其使，厉于廊庙之上，以诛其事。敌人开阖，必亟入之。先其所爱，微与之期。践墨随敌，以决战事。是故始如处女，敌人开户；后如脱兔，敌不及拒。

十二、火攻篇

孙子曰：凡火攻有五，一曰火人，二曰火积，三曰火辎，四曰火库，五曰火队。行火必有因，烟火必素具。发火有时，起火有日。时者，天之燥也；日者，月在箕、壁、翼、轸也，凡此四宿者，风起之日也。

凡火攻，必因五火之变而应之。火发于内，则早应之于外。火发而兵静者，待而勿攻。极其火力，可从而从之，不可从而止。火可发于外，无待于内，以时发之。火发上风，无攻下风。昼风久，夜风止。凡军必知有五火之变，以数守之。

故以火佐攻者明，以水佐攻者强。水可以绝，不可以夺。

夫战胜攻取，而不修其功者凶，命曰费留。故曰：明主虑之，良将修之。非利不动，非得不用，非危不战。主不可以怒而兴师，将不可以愠而致战。合于利而动，不合于利而止。怒可以复喜，愠可以复悦，亡国不可以复存，死者不可以复生。故明君慎之，良将警之，此安国全军之道也。

十三、用间篇

孙子曰：凡兴师十万，出征千里，百姓之费，公家之奉，日费千金；内外骚动，怠于道路，不得操事者，七十万家。相守数年，以争一日之胜，而爱爵禄百金，不知敌之情者，不仁之至也，非民之将也，非主之佐也，非胜之主也。故明君贤将，所以动而胜人，成功出于众者，先知也。先知者，不可取于鬼神，不可象于事，不可验于度，必取于人，知敌之情者也。

故用间有五：有因间，有内间，有反间，有死间，有生间。五间俱起，莫知其道，是谓神纪，人君之宝也。因间者，因其乡人而用之；内间者，因其官人而用之；反间者，因其敌间而用之；死间者，为诳事于外，令吾间知之，而传于敌间也；生间者，反报也。

故三军之事，莫亲于间，赏莫厚于间，事莫密于间。非圣智不能用间，非仁义不能使间，非微妙不能得间之实。微哉！微哉！无所不用间也！间事未发，而先闻者，间与所告者皆死。

凡军之所欲击，城之所欲攻，人之所欲杀，必先知其守将、左右、谒者、门者、舍人之姓名，令吾间必索知之。必索敌人之间来间我者，因而利之，导而舍之，故反间可得而用也。因是而知之，故乡间、内间可得而使也；因是而知之，故死间为诳事，可使告敌；因是而知之，故生间可使如期。五间之事，主必知之，知之必在于反间，故反间不可不厚也。

昔殷之兴也，伊挚在夏；周之兴也，吕牙在殷。故惟明君贤将，能以上智为间者，必成大功。此兵之要，三军之所恃而动也。

# 第三章　战略环境

## 第一节　国际战略环境

国际战略环境是指世界各主要国家和政治集团在一定时期内在战略上相互联系、相互作用、相互斗争所形成的世界全局性的大环境。国际战略环境包括国际战略格局和国际战略形势两个方面。国际战略格局是国际战略环境的框架结构，国际战略形势是国际战略环境的动态表现。国际战略环境从本质上反映了世界各主要国家的政治集团建立在一定军事、经济实力基础上的政治关系的基本状况和总体趋势，其核心是世界范围内的战争与和平问题。

国际战略环境是在一定的时代背景下形成的，时代的特征对它的基本面貌有决定性的影响。此外，影响国际战略环境的主要因素还有：国际间战略利益的矛盾及其发展，政治、军事、经济力量在世界范围内的分布与配置，主要国家之间的战略关系及其斗争、制约、合作的态势，战争的进程和结局，以及战争威胁的性质和程度等。目前，影响国际战略环境的因素主要表现在以下三个方面。

### 一、霸权主义和强权政治呈现新的表现形式

东欧剧变和苏联解体后，虽然美国与前苏联争霸世界的局面已不复存在，但霸权主义仍未退出国际舞台，尤其是以美国为首的某些西方国家推行霸权主义更加肆无忌惮，一些地区霸权主义也乘机抬头，出现了一些新的变化，这是世界不安宁的主要根源。

### （一）强权政治有所发展

以美国为首的某些西方国家依仗其实力优势地位，粗暴干涉别国内政，它们打着"民主"、"自由"的旗号，到处推行西方的政治模式与价值观，竭力在政治上控制发展中国家，致使许多发展中国家政局不稳、社会动荡、战乱不休。尤其是在人权问题上，西方竭力鼓吹"人权高于主权"等观点，对别国内部事务指手画脚、说三道四，甚至提出建立"国际人权干预部队"。1999 年 3～6 月的科索沃战争，是冷战后以美国为首的西方列强第一次以"人道主义"为借口发动的侵略战争，它打破了人类战争史和国际关系中的许多禁忌，对国际政治、军事和安全形势造成了广泛而深刻的影响。自 20 世纪 90 年代初至今，西方国家在联合国人权委员会上连续 7 次假借人权问题干涉中国内政；联合国人权委员会在美国等少数西方国家操纵下通过的一系列决议，几乎全都是针对发展中国家的。

## （二）军事干涉更加频繁

从 20 世纪 90 年代起，西方大国使用军事力量干涉别国事务的行为更是有恃无恐、有增无减，并在科索沃战争中表现出前所未有的破坏性和冒险性。据美国国防部称：自1989 年"柏林墙"倒塌以来，美国对外动用军事力量已达 40 余次，平均每年对外用兵 5次以上，大大超过其在冷战时期对外用兵年均 2.8 次的纪录。西方国家实施军事干涉的形式和手段主要是：以军事联盟的形式出现，将冷战时以防御为主的军事集团改造成为进攻性的扩张工具；使用高技术兵器，对精心选择的目标实施突袭；在所谓的潜在危机地区及其附近保持足够的军事力量，炫耀实力，随时准备进行武力干涉。这些直接引发了一些地区的危机和战火，加剧了地区紧张局势，破坏了地区的和平与稳定。

## （三）经济制裁逐渐增多

从 20 世纪 90 年代以来，美国等西方国家几乎在每一次重大的国际对抗与冲突中都使用了经济制裁与封锁手段，或以经济利益为交换条件，逼迫对方让步。近年来，美国在与伊拉克、伊朗、利比亚、古巴等国家的对抗和冲突中，以及处理其他国际争端时，政府和国会的首要行动通常是宣布进行经济制裁与封锁。美国对伊拉克的经济制裁长达 9 年，对南斯拉夫塞尔维亚共和国的经济制裁长达 4 年，近年来又进一步强化对古巴的经济制裁。从 20 世纪以来，美国对别国共实行过 100 多项制裁决议，其中有 60 多项是近 6 年炮制的，其制裁对象包括它的敌对国家、非敌对国家及盟国。例如，美国国会于 1996 年通过的"赫尔姆斯-伯顿法"和"达马托法"，不仅干涉古巴、伊朗和利比亚的内政，而且干涉了同这三个国家发展经济贸易关系的所有国家的内政，遭到包括美国盟国在内的世界各国的强烈反对。

## （四）文化渗透日趋公开

文化渗透是西方国家推行其价值观念、生活方式和政治制度模式的重要手段之一。它们凭借信息传媒工具的技术优势，以各种消遣娱乐、流行时尚等商业文化，或以影视音像、文学作品等形式，或通过信息高速公路的互联网络，跨国进行思想文化渗透，达到无孔不入的地步。西方媒体往往过分宣扬西方的物质富裕和民主自由的优越，企图削弱别国人民，尤其是削弱别国青少年对本国本民族优秀文化遗产和历史传统的向往与凝聚力，诱惑他们羡慕和追求西方的生活方式和价值观念。总之，文化渗透已成为某些西方大国对别国进行"和平演变"的基本手段，甚至成为引发某些国家社会动乱的祸水。

纵观当今世界形势，和平与发展是时代的主旋律，对话代替对抗是主流，振兴和发展经济是主体。同时，国际社会还存在着一些与时代主题不和谐的噪声，和平还是不全面的，在发展经济中也充满着激烈的竞争，人类谋求全面和平与持久发展的美好愿望仍然受到诸多的挑战，"霸权主义、强权政治的存在，始终是解决和平与发展问题的主要障碍"。维护世界持久和平，促进世界经济发展，必须坚持不懈地反对霸权主义和强权政治。

## 二、经济全球化

世界经济全球化浪潮最早出现于 19 世纪末 20 世纪初，二十世纪五六十年代出现了第二次浪潮，进入八九十年代，在经济区域集团化新浪潮的基础上出现了加速发展趋势。

所谓经济全球化，是以发达国家为主导、跨国公司为主要动力的世界范围内的产品结构调整。其基本特征是：商品、技术、信息特别是资本在全球范围内自由流动和配置。世界经济全球化实质上是新科技革命所带来的国际分工日益深化的发展趋势，是各国在追求贸易国际化的同时所必然出现和必须实现的生产国际化及金融与服务业国际化，是生产要素资源在全球范围内的流动和配置。以信息技术为核心的新技术革命，使世界经济加速走向信息化、网络化和知识化，必将深刻地影响传统的生产、流通、消费和生活方式，加快世界各国工业结构的调整和转移，加快贸易投资国际化的进程。金融的国际化极大地影响了经济全球化的形势，跨国公司自身资金雄厚，具有信息、管理和高科技优势，专业化、规模化和综合化经营效益显著，正在以不可阻挡的发展势力成为经济全球化和贸易投资国际化的主要驱动力。

### （一）经济全球化深刻地改变着当代世界的面貌

经济全球化，一方面，它以诱人的经济利益拉紧了各国的经济联系，使得国土意义上的经济活动边界越来越模糊；经济活动的主体将是由多个国家、组织（如欧盟、东盟）的群体所联合起来的复合体；经济主权也有了共享、转移的余地。另一方面，它又以同样诱人的经济利益把国与国之间、各经济组织之间的摩擦和竞争也拉紧在一起，使得全球市场、资金、资源的争夺和矛盾更加尖锐，世界范围的贸易竞争和国与国之间经济实力的较量越来越激烈。面对世界经济全球化的发展趋势，任何国家都不可能搞封闭式发展，必须从更高层次上进行产业结构调整，把自身经济融入世界经济全球化的洪流，积极参与世界经济全球化的进程。只有保持清醒头脑，高度警惕和严加防范由此带来的负面影响，才能趋利避害、赢得主动。

### （二）经济全球化是制约世界战争的基础

世界经济全球化和科技的发展加重了和平条件下经济利益的砝码，促进了各国利益的进一步融合。各国经济你中有我、我中有你，从而使战争成为日益锋利的一柄"双刃剑"。全球化使商品流通、资本流动、信息技术、跨国公司、大众文化、国际组织等均大大超越了民族、国家的范围和界限。例如，1970 年，越过国界的股票、债券交易额占国内生产总值的比例，美、德、日都在 5% 以下，而 1996 年则分别猛升至 152%、197% 和 83%。跨国公司直接在全球范围内组织生产和销售，经济关系中投资的重要性和发展速度又大大超过了国际贸易。发达国家经济结构的调整使其"夕阳产业"大规模向发展中国家转移。在这一浪潮的推动下，20 世纪 90 年代出现了所谓的"无国界经济"。跨国界的计算机网络和信息高速公路的建立，使电视、电话、计算机连为一体，思想、文化、政治、经济、军事信息通过网络迅速传播，成为无国界的资源。随着科技的发展，武器的种类越来越多，杀伤力也越来越强。各大国尽管武器发展水平参差不齐，但都有自己的杀手锏。以上这些因素致使企图通过战争获取巨大利益的主观愿望和两败俱伤的客观效果发生严重背离，这对世界大战的发生形成有力的制约。

### （三）经济全球化对发展中国家的影响

由于旧的国际经济秩序的存在，以及受到各国各地区经济利益的差别和其他因素的影响，世界经济全球化在其发展过程中存在着发达国家与发展中国家的严重不公平。在国际分工体系中，发达国家占有资本、技术和市场的优势，它们将利润高、控制力强的高端产业留在本国，把一些利润差、人力密集型的产业转移到发展中国家，从而造成了"马太效应"——富国越富，穷国更穷。现在世界上的许多发展中国家，过去长期受着帝国主义的殖民统治和掠夺，难以提高本国的经济水平，在今天这种不合理、不公正的国际经济秩序下更是拉大了与发达国家的差距。更为严重的是，在科技领域的差距也迅速扩大，出现了令人忧虑的"数字鸿沟"。正如阿尔及利亚总统布特弗里加在联合国千年峰会上所指出的："应该讨论如何应对当前存在的社会和经济状况的鸿沟，在这个经济技术飞速发展的时代，许多发展中国家面临着残酷的市场竞争和令人目眩的技术，而全世界有一半人口还从来没有用过电话。"我们知道，世界的和平与安全是不可能建立在国家间贫富相差悬殊的基础上的。一些发展中国家正是由于贫困、饥荒造成了动乱和内战，相伴而来的难民潮则给周边国家带来更多的麻烦。在经济全球化浪潮中，没有国家可以置身事外，自我封闭只有死路一条。我们应该如何应对经济全球化浪潮呢？一方面应联合大多数国家推动建立公正、合理的国际经济新秩序，这是促进共同发展的必由之路；另一方面则是大力发展自己的高端产业，增强综合国力，这样方能立于不败之地。

### 三、新军事革命

从第二次世界大战以来，科学技术的发展日新月异。从二十世纪五六十年代开始，世界上出现了一大批高新技术群，它们包括以微电子技术、计算机技术、人工智能技术、通信技术为基础的信息技术群，以人造卫星和航天飞机为代表的航天技术群，以核聚变为代表的新能源技术群，以复合材料和耐高温材料为代表的新材料技术群，以遗传工程为代表的生物技术群，以海洋工程为代表的海洋开发应用技术群等。其中，信息技术群处在核心地位。随着高新技术的发展，大批当代高新技术被广泛应用于军事领域，使军事高新技术发展的大潮一浪高过一浪。当前这场新军事革命，内涵十分丰富，它从军事技术、武器装备、军事理论、军事组织体制诸方面对局部战争产生了巨大的影响。

### （一）军事技术的进步对局部战争的影响

科学技术的发展，必然导致军事技术的进步。军事技术的进步是军事领域一切变革的物质基础。它深刻地影响着武器装备、编制体制、作战理论、教育训练等所有方面的发展与变化。军事微电子技术能够把信息采集、交换、存储等功能集中在一个微小的芯片上，从而实现了军事通信数字化、信息交换程控化、通信管理自动化、通信器材智能化；提高了装备的系统性能，使火控雷达的信号处理速度提高10多倍，使武器的保密性、可靠性、

图 3-1-1

突防能力和命中精度提高 10 倍，极大地提高了战场情报获取、指挥、通信、目标识别、精确制导等能力。在海湾战争中，多国部队发射的精确制导弹药虽然只占发射弹药总量的 7%，却摧毁了 80% 的重要目标。另外，目前一些发达国家的军队已装备了多种信息化作战平台，以及重视研制单兵数字化装备。这种装备从头到脚，从攻击、防护到观察、通信、定位，能实时地侦察和传递信息，具有人机一体化、多功能等特点。图 3-1-1 为美军"捕食者"无人机。

## （二）军事理论创新对局部战争的影响

武器装备的发展与军事理论创新之间存在着一种相互依存的互动关系，即武器装备的发展推动着军事理论的创新，军事理论的创新又牵引着武器装备的发展。在新军事革命中，军事理论创新的实质是把以机械化战争理论为核心的工业时代的军事理论发展成为以信息化战争理论为核心的信息时代的军事理论。20 世纪 80 年代以来，一些国家先后提出了一些带有全新意义的军事理论，在一定程度上描述与揭示了未来战争的基本特点：一是战争动因方面。有人提出，在信息时代，由于各国之间、国际国内各派政治力量之间交往增多，联系复杂，矛盾增多，这就可能导致各个国家、民族、社团之间由政治、外交、精神等因素引发冲突，使宗教、民族矛盾上升，使暴力活动、走私贩毒国际化，这些矛盾与冲突是导致战争的动因之一。二是战争目的方面。有人提出，为了减少交战双方的重大伤亡和避免引发民众的强烈反战情绪，未来战争一般不追求占领敌国、全歼敌军或使敌方"彻底"投降等"终极目标"，战争指导者往往要对战争进程和战争目的严加限制。三是战争内涵方面。有人提出，与工业时代的战争相比，信息时代的战争不仅要对付敌国军队和削弱敌国工业基础，还要摧毁敌国信息系统；作战样式将出现信息战、控制战、瘫痪战、隐形战、计算机病毒战、"虚拟现实"战等许多新作战样式。四是战场方面。有人提出，未来战场将十分透明，前线的传感器、太空的卫星将不停地把各种情报传输给计算机，这些情报信息的图像画面可以实时出现在指挥所的显示屏上，从而对敌我双方的位置、态势，以及集结、运动等情况看得一清二楚。同时，战争伤亡破坏减小，战争持续时间缩短。五是战争一体化方面。有人提出，陆、海、空、天、电、网六维战场高度一体化，军种间作战的界限将不易区分，战区作战行动将联为一体，战略级、战役级、战术级作战的界限将模糊不清，战斗部队、战斗支援部队、战斗勤务部队等各种作战系统，以及战场情报、指挥、控制、通信、打击、毁伤评估等各种作战职能都将连成一个有机的整体。六是集中兵力方面。有人提出，首先，集中兵力的方式有所改变。在工业时代的战争中，必须首先在战术上集中兵力，以获得不断积累的作战效果，最后达成战役乃至战略目标。在未来战争中，由于大量使用精确打击兵器和隐形兵器，因而通过一两次火力突击就可能达成战役或战略目标。其次，集中兵力的实质将由集中兵力兵器变为集中火力和信息。将来，不必集中兵力就可集中火力。各类远程打击兵器不需集中部署就可对目标实施集中突击。要使集中后的火力能有效地发挥作用，还必须集中大量信息，否则就无法捕捉、跟踪和摧毁目标。

### （三）军事体制变革对局部战争的影响

军事组织体制是联结军事技术、军事人员、军事理论的纽带和桥梁，是发挥军队整体效能的"倍增器"。新军事革命对军事组织体制的影响是把工业时代适于打机械化战争的军事结构改造成信息时代的适于打信息化战争的军事结构。这种军事结构的最大特点是便于信息的快速流动和使用。为了适应信息时代和信息战的要求，发达国家的军队正在酝酿变纵长形"树"状指挥体制为扁平形"网"状指挥体制。这种指挥体制的结构特征是：外形扁平，横向联通，纵横一体。外形扁平要求，减少指挥层次，缩短信息流程，充分发挥横向网络的作用，使尽量多的作战单元同处一个信息流动层次。横向联通是不仅平级单位之间能直接沟通联系，各作战平台之间也能适时交换信息。这种体制不仅信息传输速度快、保密性能好、失真率低、抗干扰能力强，而且生存率高，适应指挥决策分散化的要求。另外，由于一体化部队比合成部队的合成度更高、内部结合更紧密、协同作战能力更强。到目前为止，属于新军事革命范畴的军事组织体制调整仅限于少数发达国家军队，而且只进行了初步探索，但是我们可以看出它的发展趋势是使部队的体制编制正向小型化、一体化和多能化方向发展。

## 第二节　国际战略格局

国际战略格局是指世界各主要国家或地区在一定时期内相互关系的基本结构。国际战略格局是国际战略环境的总体框架，表现了世界力量的分布、组合和对比。在国际战略格局中，拥有强大军事实力和政治影响力的国家和地区，在世界事务中扮演着主要角色、起着主导作用，通常被称为"极"或"力量中心"。国际战略格局的样式是由力量对比关系所决定的。由于各个历史时期新生力量的形成与变化，使起主导作用的"力量中心"也随之变化，因而形成单极格局、两极格局及多极格局。国际战略格局同经常变动的国际战略形势有所不同，它在一个相应的历史时期内具有相对的稳定性。新旧战略格局的交替转换通常发生在涉及世界主要国家的剧烈的社会大动荡之后，其根本原因在于世界基本矛盾的不断发展变化。真正具有世界意义的国际战略格局是在近代资本主义发展的基础上形成和发展起来的。19 世纪以后，欧洲列强统治，影响着世界上的广大地区，从而形成了以欧洲为中心的国际战略格局。这一格局的特点是几个大国都想争夺欧洲和世界霸权，列强内部争夺剧烈发展，导致 20 世纪上半叶发生了两次世界大战。第二次世界大战后形成的"雅尔塔"格局体系，使美苏争霸的局面左右国际关系长达半个世纪之久。

进入 21 世纪后，世界上各主要国家为夺取 21 世纪的战略主动权、适应不断变化的世界军事形势都进行了军事调整和战略改变。

两极格局被打破以后，国际社会和各种力量正在进行分化组合。尽管"一超独霸"是当今世界的客观现实，但是国际战略格局的多极化趋势已经越来越明显。正如江泽民所指出的，世界多极化的趋势已经成为不可抗拒的历史潮流，无论是在全球还是在地区范围，无论是在政治还是在经济领域，多极化趋势都在加速发展。可以预料，在未来一二十年内，国际战略力量失衡的状况将难以根本改变。在未来的国际战略格局中，必将出现美国、俄罗斯、欧盟、日本和中国等国家和地区起战略主导作用的局面。

## 一、美国军事调整和战略改变

冷战后，美国出于自己的超强实力和唯一超级大国地位的自信，企图建立一个以美国为主导的新的国际格局，使21世纪变成美国的世纪。海湾战争、科索沃战争可以看做是美国为实现这种野心的初步尝试。布什政府在对外关系方面奉行"单边主义"，在国际贸易方面推行贸易保护主义，在国际裁军与军控方面只考虑一国私利，在军事打击对象方面将"恐怖国家"无限扩大化。美军在海外部署了近1/4的兵力以实现"前沿威慑"，并且具备超强的远程精确打击、隐形攻击、信息战、联合作战和综合保障能力，但是面对世界上纷纭复杂的各种矛盾、冲突、威胁和挑战，美国也难以解决所有问题，反而在"9·11"事件中致使本土成了恐怖分子的袭击目标。此外，美国国内的经济状况能否负荷起"世界警察"的重任也让美国人忧心。从历史上看，一个国家的野心如超出其实力范围，就会造成不可避免的衰落，历史的教训足以使美国的战略决策者们深思。

从布什政府第二任期的军事战略指南——《四年防务审查报告》（2006年2月3日公布）的内容看，美国军事战略不会有根本性的改变，但会在若干方面作适度调整。

在威胁的判断上，美国首次把国家行为体作为最主要的威胁来源之一。冷战结束后，随着大战可能性的消退，美国政府出台的各类国防战略与政策报告中开始强调威胁的不确定性和多样性，很少再把国家行为体作为最主要的威胁来源，"9·11"事件后更是将非国家行为体的恐怖主义活动视为最大威胁。但从美国2005年发表的《国防报告》和《军事战略报告》中已可清晰地看到，美国再次将传统型威胁，即地区性军事强国不断发展传统军事力量对美国利益构成现实和潜在威胁，视为美国国家安全的首要威胁，认为只有国家特别是大国才能对美国全球霸权构成真正的挑战。其次是非常规威胁，指敌对势力利用恐怖行动和游击战等非常规手段挑战美国的安全利益。再次是灾难性威胁，指敌对势力通过寻求大规模杀伤性武器对美国形成威胁。最后是破坏性威胁，指敌对力量通过获取和使用生物、网络、空间及定向能武器等领域的突破性技术，发现和攻击美国的弱点，削弱美国的优势。

在战略力量的使用上，美国再次强调前沿军事存在和联盟作用，尤其是加强亚太地区的战略预置能力。冷战结束初期，美国曾一度大幅收缩海外军事力量，但亚太地区的前沿军事却一直呈增强之势。自2006年，美国在亚太地区的军事战略部署调整已完成法规性程序，进入实质性部署调整阶段。2005年11月，美国国会批准了布什政府的全球军事基地调整计划，这一为期6年的计划于2006年开始实施，美国在全球各战略要冲上的战略地缘优势进一步凸显。美国国防部2014年3月4日发布《四年防务评估报告》，回顾近年来美国国防的战略演变。报告强调了亚太地区的重要性，并承认在中东仍旧存在很多"摩擦点"。报告同时指出，美国国防部的"三大肌肉动作"是保护家园、建设全球范围安全及投射力量。图3-2-1为美国海军"罗纳德·里根"

图 3-2-1

号航空母舰。

在战略力量建设的途径上，美国将继续推进军队转型，着眼建立一支"50年内无对手"的军队。据称，新的《四年防务审查报告》仍以"拉姆斯菲尔德主义"为指导，强调通过减员增效的途径来实现同时打赢两场战争的能力。为此，美军要向装备更好、规模更小、反应更快的方向转型。据悉，新报告在力主发展新型武器装备的同时，仍保留大部分大型传统武器装备项目的研发与生产，并将太空军事化和导弹防御系统的研制与部署作为重点，以确保美军的战略优势地位。

在打击目标的选定上，遏制新一代恐怖主义势力蔓延和防止核扩散将成为反恐战争的主要目标。据报道，美国国部长拉姆斯菲尔德提出，美国新军事战略应着眼于应对这样几个核心问题：消除以恐怖组织、宗教极端分子为代表的非国家行为体的威胁；消除可能会成为恐怖分子、叛乱组织避难所的"失败国家"的威胁；应对伊斯兰世界不稳定、有可能成为诸多问题主要根源的局面；防止大规模杀伤性武器的加速扩散。有鉴于此，美国将继续奉行"先发制人"战略。

总之，与布什政府第一任期的《四年防务审查报告》相比，此次美国军事战略调整虽不是转折性的，但将对未来若干年甚至几十年的美军建设产生重大影响。在经过若干年反恐战争和新军事变革的实践后，美国军事战略兼顾现实威胁与未来挑战之间的平衡，兼顾反恐及其他非常规战争与防范崛起中大国的传统战争之间的平衡，兼顾现有能力与未来战略目标之间的平衡。美国为确保其全球战略目标，在反恐战争进入新阶段后，加强对力量上升中大国的防范力度和战略合围态势，这是此次军事战略调整最值得关注的动向。

## 二、俄罗斯军事调整和战略改变

冷战最直接的后果之一便是俄罗斯实力的骤降。普京担任俄罗斯总统后，根据俄罗斯的现实力量和国际形势，在对外政策和军事战略方面做了大幅度调整。以"9·11"事件为契机，俄罗斯全力缓和与美国的关系，积极支持美国的反恐怖战争，在反导系统和北约东扩问题上作出了重大让步，为俄罗斯发展经济、重振国威创造了一个友好的外部环境。在核战略方面，俄罗斯放弃不首先使用核武器的承诺，依靠自己占世界第二位的核武器库作为威慑手段。在军事建设方面，俄罗斯在经济状况有所好转的情况下，加大军费投入，同时在缩减军队员额、调整体制编制中突出"质量建军"的方针。可以预见，俄罗斯作为当今世界多极力量中的一极，仍然会积极发挥自己的影响。

以2003年10月2日召开的俄罗斯军事战略和军队建设原则改革会议为起点，经过几年来的探索和实践，俄罗斯的军事战略系统性调整思路初现轮廓。大体上体现在以下几个方面：俄军事战略调整的根本目标是有能力击败针对俄罗斯及其盟国的武力施压和入侵。从根本上讲这还是应对"威胁"的军事战略思想，并非着眼于主动的"能力"建设思想。这是俄罗斯军事战略调整与美国军事战略调整的根本差别，其他的一切差异都是源于这个根本的差别。当前俄罗斯军事战略在军事力量部署方面显示出几大特点：一是加速独联体军事一体化进程，重点是以俄白联盟为核心构建独联体联合防空体系；二是努力与欧洲建立更紧密军事伙伴关系；三是将首先在远东地区部署最新型战役战术导弹系统；四是加大在高精尖武器系统，特别是新型战略武器研制方面的投入。操作上的策略是：随时对威胁作出反应，不排除"先发制人"。俄罗斯除了保存和加强其核战略遏制力量外，还试图在和平时期能够有效应对任何形式的军事冲突。虽然都标榜为"先发制人"，但俄罗斯军事战略中的"先发制人"概念是在威胁临头的情况下被动地"先发制人"，而美国军事战略中的"先发制人"概念是根据美国自身判断，在需要"先发制人"进行打击的任何情况下"先发制人"，这其中既包括了被动的"先发制人"，也包括了主动的"先发制人"。

为了确保"同时打赢两场局部战争"的目标得以实现，俄军采取了四大举措：第一，强调质量建军和军队的机动灵活性。俄罗斯增加了常备部队的数量，并提高其大范围快速部署的能力。同时，俄在常备部队的基础上，组建接受统一指挥的常备武装力量集团，并将其部署到所有的战略区域。常备武装力量集团可随时根据需要部署到任何地方。第二，在大量裁减军队人数的情况下，俄军加快向合同制方向转化的步伐，走职业化发展的道路。截止到2007年，俄武装力量已有27.7万名士兵和军士签订了服役合同，占全军总人数的24.88%。第三，给军队配备现代化的武器。到2010年，俄军先进武器装备已达到军队装备总量的35%，到2015年达到45%。第四，根据最近10年来战争表现出的特点，俄军要加强和巩固反导弹袭击和反空中打击的能力。

2006年2月2日俄罗斯《独立报》一篇题为《总参谋部揭开秘密改革计划》的文章披露了俄罗斯军事战略改革的进程。俄罗斯将正式放弃军事战略中的"对称"原则，即放弃不惜任何代价也要同潜在的敌人保持数量上的平衡这种做法，转而根据"非对称"原则建设武装力量和军事组织。在高技术条件下，维持数量庞大的军队应对大规模常规战争或核战争，显然与国家的财力、物力和人力有明显矛盾。为此，俄罗斯将进一步精干常备部队，发展侦察、通信和电子对抗部队。军队结构要形成作战部队和保障部队的最佳配置，以便在不同的战略方向建立有自我保障能力的集团军。另外，为了实现战略遏制和地区遏制，俄罗斯核力量的潜力要保持在起码的水平上。再者，要重点发展空军，在资金分配上要照顾到防空武器的发展，将来还要重视发展太空防御力量。

在军事力量的组织模式方面俄罗斯将作出一些重大决定：国防部和总参谋部的职能将被分开。国防部在很大程度上将成为文职机构，对军队进行监督，执行干部政策和负责军队给养并负责对军队进行精神道德教育；总参谋部将负责统一指挥军队的军事行动。同时一些军兵种将被取消，转而在其基础上组建战略核力量司令部和军事太空防御司令部、海军司令部等。军区的地位将降低，主要的指挥单位是地区司令部，军区将服从地区司令部指挥。可能成立的3个地区司令部将分别建在乌兰乌德（包括远东军区和西伯利亚军区）、萨马拉（伏尔加河沿岸——乌拉尔军区和北高加索军区）和莫斯科（莫斯科军区和彼得格勒军区，而且莫斯科军区的司令部有可能搬到斯摩棱斯克）。拆解所有的4个舰队，取而代之的是分舰队和区舰队，它们将听从地区司令部指挥。从这些措施中，我们或多或少地看到美国军事力量组织模式的影子。俄罗斯的行动反映了世界范围内的新军事变革和军事战略大调整的趋势。

### 三、日本军事调整和战略改变

日本的经济实力仅次于美国，居世界第二位。这些年来，日本力图改变"经济大国、政治侏儒"的形象，要求进入联合国安理会担任常任理事国，在世界舞台上扮演重要角色。日本的军事力量较为强大，几任政府近年来不断突破"和平宪法"的限制，力争实现海外派遣自卫队的目标。日本自卫队的防卫范围已经被政府拓展到包括朝鲜半岛、台湾海峡、南中国海甚至印度洋在内的广大地区。国际社会，特别是深受日本侵略之苦的亚洲地区国家对此持高度警惕态度。

2006 年，日本大力强化与美国的安保同盟关系，军事战略调整进入突破性阶段。日本将进一步加快军事外向型建设步伐，将在为自卫队正名、加速日美军事一体化、谋求军事自主能力和积极走出国门等方面采取实质性措施。第一，继续加速推进日美军事一体化，进一步扩大日美联合演习、训练的深度和广度，在联合作战上努力构筑有效的协作体制。协作提高弹道导弹防御能

图 3-2-2

力，在 2006 年部署导弹防御系统，构筑攻防兼备的战略体系。加强在防空、反扩散、反恐等 10 多个领域的合作，双方确认制定共同的作战计划，日本将给予美军"不间断的支持"。双方还将加强在武器装备技术上的合作研制和生产。日本打算通过以上措施建立日美共同应急机制，实现情报共享，提高日美联合指挥和作战能力。第二，谋求军事自主。在 2005～2009 年度《中期防卫力量发展计划》中已有表露，这标志着日本已开始启动军事转型，迈出了走向军事大国的实际步伐，循着与美国彼此确认战略目标，到提出让自卫队分担美军任务，再过渡到让自卫队入主驻日美军基地并与美军工企业共享军事资源这一条路，最终实现日本军事自主。第三，全面提升干预国际事务的能力。2005～2009 年度《中期防卫力量发展计划》明确将"国际和平合作"作为自卫队的基本任务，"积极主动地参与国际和平活动，改善国际安全环境"，以"快速、持续地向国际派遣维和部队"，推进自卫队转型。为此，日本将对自卫队实施改编，新编中央快速反应集团，进一步提高快速反应能力、空中侦察能力和远洋作战能力。图 3-2-2 为日本 F-2 战机。

## 四、印度军事调整与战略改变

印度近年来大幅度增加军费开支，积极发展核武器，进行扩军备战。印度不甘心地区性大国的地位，逐步朝世界军事强国、核大国和联合国安理会常任理事国方向努力。

进入 21 世纪后，印度及时推出了新军事战略理论，其核心是变消极防御为积极防御，强调主动出击，准备打"有限战争"，争取以较小的代价取得最佳的效果。印国防部长费尔南德斯 2002 年 1 月 24 日正式宣布，印度已将打"有限战争"作为今后的主要作战形式。在新军事战略指导下，印度正在国防体制、武器装备和核打击能力等方面进行全面变革。首先，印军决定改革长期实行的三军分立体制，其中心环节是建立集中统一、精干高效的指挥系统——"国防参谋部"。作为"国防参谋部"的过渡机构，印军已设立"联合国防参谋部"，并将三军的情报、采购等部门进行合并，置于其统一领导下。此外，印度还于 2003 年初设立了核指挥系统，该系统由政治委员会、执行委员会和战略部队司令部组成，其中战略部队司令部归属联合国防参谋部。随着指挥体制改革的深化，印军的协同作战能力正在得到逐步提高。其次，进攻性军事战略要求更多、更先进的进攻性武器装备。近年来，印军进一步加大改善武器装备步伐，并将此作为军队现代化建设的重要内

容。据《印度教徒报》报道，2003～2004 年度财政，印国防预算为 136 亿美元，其中用于装备采购的资金达 45 亿美元，较上年度增加约 40%。再次，为加强战略威慑和远程打击能力，印度一直在努力发展核导武器，加速建设陆、海、空三位一体的核力量。据报道，在运载工具方面，主要通过"大地"和"烈火"两种型号导弹的研制，以及幻影-2000 和苏-30 两种战斗机的装备，印度已形成陆基和空基短、中程核投掷能力。同时，印度在加紧研制核潜艇，并在加速发展远程和洲际核投掷能力。此外，印政府还出台了新的核政策，一方面重申不首先使用核武器，不对无核国家使用核武器；另一方面又坚持拥有最低限度的核威慑，有权在遭受核生化攻击时进行核报复。第四，印军认为，以信息技术为代表的高科技在未来战争中的作用日益突出。因此，印军十分重视高素质人才的培养。其中，陆军将加强"精干和高效的技术型

图 3-2-3

部队"建设；海军将努力提高部队的信息战和电子战能力，重点加强两支航母编队的建设，适当增加驱逐舰和潜艇数量，图 3-2-3 为印度海军"维特拉"号航空母舰；空军将积极发展"航空航天部队"，力争尽快将高科技作战飞机占战机总数的比例提高到 30%。值得注意的是，当前以印度教为基础的印度人民党政府笃信实力主义，将发展军事实力特别是核导能力视为迈向世界大国的捷径。因此，随着经济实力的不断增强，印度国防建设的步伐将进一步加快。

### 五、欧盟力量不断增长且自主意识不断增强

欧盟是当今世界上规模最大、经济一体化程度最高的地区性国家组织，现有成员国 27 个，其整体经济实力、人口数量已经超过美国。在军事上，2003 年 11 月，欧盟组建了欧洲军备局，负责加强欧洲解决危机问题的防务能力，争取在 2010 年以前形成统一作战能力。2004 年 4 月，欧盟又通过了由法、英提出的建立欧洲快速干预战术部队的计划，并于 2007 年组成了 13 支快速反应部队，每支部队由 1500 人组成，可在 15 天之内部署到任何地方，以便在世界任何热点地区应付威胁和挑战。这是欧盟全面提升军力、实现军队一体化的重要步骤，标志着欧盟在独立防务上迈上新的台阶，也表现出欧盟在军事上缩小与美军差距的积极努力。在对外政策上，欧盟也开始对美国说"不"，明确自己的利益，如在环保政策、贸易政策、中东和平进程、打击伊拉克等问题上，欧盟表明了与美国不同的立场。这种独立意识说明欧盟对于成为独立于美国之外的世界一极具有充分的信心。

### 六、中国在国际事务中将发挥越来越大的作用

中国的崛起对国际战略格局产生了深远的影响。中国是联合国安理会常任理事国之一，有着不断增强的综合国力和较为雄厚的国防实力，中国人民解放军在"科技强军"的方针指引下现代化水平不断提高，中国还拥有不容忽视的核力量。中国一直以负责任的世界大国形象出现在世界舞台上。特别是亚洲金融危机之后，中国积极帮助亚洲国家克服金融危机的危害，提出建立与东盟集团"10＋3"框架下自由贸易区的主张，与俄罗斯等国

一道发起成立"上海合作组织",发展或改善与美、日、印等国的关系,推动朝鲜半岛和平进程,斡旋印巴危机,对于维护亚太地区乃至整个世界的和平与安全发挥着越来越重大的作用。

# 第三节 中国周边安全环境

周边安全环境是指国家周边有无危险和受到威胁的情况及条件。一个国家维护自身的安全,首先必须对其周边国家或集团在一定时期内对自己国家主权、领土完整是否构成威胁,有无军事入侵、渗透颠覆等情况作出综合分析和评估。周边安全环境是外部安全环境的两个组成部分之一,是国家安全的外部小环境。周边安全环境是关系国家和民族兴衰存亡的大事,是制定国防战略的首要依据。

## 一、中国周边地理环境概况

中国位于亚太地区中心位置,周边陆上与东北亚、东南亚、南亚、中亚、北亚毗连相接,海上濒临西太平洋地区。这种地理上的国际环境,使得中国与周边国家、地区之间发生全方位的地缘关系。同时,中国是陆海兼备的东方大国。据卫星精确测量,包括领陆(大陆与岛屿),中国领土为960余万平方千米,为亚洲第一、世界第二大国。另有,根据《联合国海洋公约》规定,中国所管辖的专属经济区与大陆架海域,约有300万平方千米的海洋国土。中国疆域空间跨度大,东西长约有5200千米,南北相距5500千米。国境线长2.28万千米,大陆海岸线长1.84万千米,因此中国的陆海边防任务繁重。

与中国相邻的国家有15个:在东北、西北和西方的一部分与俄罗斯、哈萨克斯坦、塔吉克斯坦、吉尔吉斯斯坦接壤。正北面是蒙古。西方的一部分和西南方与阿富汗、巴基斯坦、印度、尼泊尔、锡金、不丹等相接。南方与缅甸、老挝、越南毗连,与马来西亚、文莱隔海邻近。东方和朝鲜交界,同韩国、日本、菲律宾隔海邻近。而美国则远在太平洋彼岸。

## 二、中国周边环境的特点

中国不仅位于亚太地区的中心位置,而且又是陆海兼备的地理大国。这种独特的地理位置,使中国周边环境呈现出以下几个主要特点。

### (一)周围邻国多,国际战略力量相对集中

中国是世界上毗邻国家最多的国家之一。周边国家中既有大国,又有小国;既有强国,又有弱国;既有穷国,又有富国;既有资本主义国家,又有社会主义国家。上述国家之间,在社会制度、历史背景、民族宗教、经济状况、国力强弱,以及内外政策等方面有较大差异,也有许多共同利益,相互关系比较复杂。特别是在中国周边聚集了世界上的4个力量中心。从世界军事角度观察,世界上拥有百万军队的国家大部分集聚在中国周围,并分布在4个不同的方向,使中国周边环境存在着一系列摩擦以致冲突的可能性。

## （二）战略地位重要，是各国利益冲突的"热点"地区

中国的战略地位十分重要。无论是美国、俄罗斯、日本还是东盟、印度与中亚若干国家，因为它们处于亚太某一方位，其影响所及只能限于与之相邻的局部地区，唯独中国居于亚太"四战之地"的特殊战略要冲上。为此，西方地缘政治学者的主要观点中都将中国列为世界重要的战略地区，如"心脏地区说"、"边缘地带说"、"生存空间说"、"内外环区说"等。同时，中国与周边国家存在利益冲突。与俄罗斯、印度、越南等国存在领土争端；与日本、越南、菲律宾、印度尼西亚、马来西亚、文莱等国分别在北海与南海存在领土归属和海洋权益的争议。上述问题，不仅是现实或潜在的"热点"，而且在中国周边环境中还存在一些国际社会的"热点"地区，其影响也涉及中国。

## （三）中国所位于的亚太地区是世界经济政治高度注意地区

两极格局结束以后，世界局势动荡不安。南北差距拉大，东西矛盾加剧，东欧经济萧条，巴尔干战火不断，中东政局不稳，而亚太地区"政局相对稳定，经济快速发展"令世人刮目相看。中外学者的理论都证明，亚太地区是世界经济最有活力的地区，亚太地区有可能成为未来世界科学技术革命的中心，因而成为世界经济政治高度注意的地区。从世界各主要国家的动向上来看，均具有向亚太地区发展的战略趋势，该地区必然成为未来世界政治军事高度敏感区域。中国是一个对世界，特别是对亚太地区具有重要影响力的国家，因此也引起亚太与世界有关国家的重视。

## （四）从中国自身环境看，历史遗留问题变得更加突出

由于西方一些国家不希望看到一个强大的中国出现在世界舞台上，它们制造种种事端破坏中国的稳定，制约中国的发展，干涉中国的内政。特别是近些年来，在西方一些国家明里暗中的支持下，西藏分裂势力四处游说，活动频繁；"台独"势力明显增强并公开打出"台湾独立"的旗号；境外宗教势力和极端民族分子也在不断向国内渗透，与境内的民族分裂主义遥相呼应。以上因素给中国的安全和稳定造成严重威胁，使中国周边环境更加复杂。

### 三、我国周边安全环境现状

进入 21 世纪以来，世界格局和安全形势正发生变化，和平与发展成为新时代的主题。一个相对和平稳定的安全环境已经出现。经过多方共同努力，中国与所有邻国的关系得到全面改善，与一些曾经关系紧张的国家也逐渐建立起相互谅解和信任的正常关系，重新走上了健康发展道路。我国周边安全环境处于新中国成立以来最好的时期，呈现出和平稳定的新局面。

## （一）和平合作是我国目前周边安全环境的主流

### 1. 世界大国与我国建立了合作伙伴关系

中美关系是当今世界大国关系中最为重要的关系之一，也经历了跌宕起伏的坎坷历

程。两国曾是共同抗日的盟友，从新中国诞生到中美建交前，两国关系从长期对峙逐渐趋向缓和。中美建交后，两国关系出现了历史性的改善。中美两国领导人实现互访，把两国关系带入了新阶段。《中美联合声明》中指出：中美双方将"共同致力于建立中美建设性战略伙伴关系"，双方将"在中美三个联告公报的原则基础上处理两国关系"。中美关系在布什政府上台后，曾因台湾问题而出现波折，但共同利益特别是双方的经济合作，使两国关系又重新走上了正轨。

中美军事关系发展受到诸多因素影响。中美两国在维护世界和平与稳定、地区防止核扩散等重大问题上存在的共同利益，是两国关系发展的基础。两国各自的战略需求是其发展的动力，大国关系的互动和意识形态因素等都对其带来影响。另外，美国国内因素，如决策国内的总统、国会和军方，决策国外的利益集团、新闻媒介、公众舆论等，也对中美关系影响极大。台湾问题始终是中美关系中最重要、最敏感的核心问题。

中俄关系对中国安全的影响深远。冷战结束以后，中俄关系发展顺利。两国保持着良好的国家关系，两国领导人保持互访，发表了一系列联合声明。1996 年双方建立了"平等信任、面向 21 世纪的战略伙伴关系"，由原来"建设性伙伴关系"上升到"战略协作伙伴关系"。中俄已经建立不对抗、不结盟，以"和平共处五项原则"为基础的友好和互利合作关系。进入新世纪后，两国政府和人民决心继续致力于中俄世代友好这一主题，2001年 7 月，两国领导人在莫斯科签署了具有历史意义的《中俄睦邻友好合作条约》。该条约以"永做好邻居、好朋友、好伙伴，永不为敌"的战略思想为核心，全面总结了 20 世纪中俄关系的历程，并对未来双边关系发展确定了指导原则。中俄两国已经建立了良好的国家关系，在普京访华期间双方签署的《联合声明》重申："无论国际风云如何变幻，无论是中俄各自国内发生什么样的变化，双方决心恪守《中俄友好合作条约》所确定的方针和原则，不断推进、扩大并以新的内容充实和深化两国全面战略协作伙伴关系，在双方关切的问题上协调立场，相互支持。"未来，两国关系必将更加稳固，合作领域还将更加宽广。

中日关系是今天国际关系中的重要组成部分。中日建交后，两国关系发展基本平稳，双方都把发展长期稳定的友好关系作为各国的基本国策。1998 年 11 月，双方曾在我国领导人访日的联合宣言中明确"建立致力于和平与发展的友好合作伙伴关系"。中日两国的根本利益，决定中日关系必将要克服一切困难向前发展。2008 年 5 月，胡锦涛主席访问日本，双方共同提出了构建"战略互惠关系"蓝图。"战略互惠关系"是中日建交以来提出的第三个定位，也是规定 21 世纪两国关系的新框架。

中国与欧盟各国保持着良好的关系。中国与欧盟领导人就建立中欧长期稳定的建设性伙伴关系达成共识。鉴于中国社会经济发展情况，欧盟 2001～2003 年优先对华合作的领域：为中国加入 WTO 提供支持和援助，在反偷渡和非法移民、社会保险改革、电讯、环境、能源，以及人力资源开发等方面开展合作。这些合作项目的开发促进了中国相关领域的发展，亦提高了"欧盟在中国的知名度"。2001～2005 年的合作预算约 2.5 亿欧元。欧盟对华合作项目集中于支持中国的人力资源开发，向与中国经济和社会改革关系密切的部门提供培训及技术援助；通过鼓励地方经济发展，帮助解决农村及城市贫困问题；环保合作及加强中欧商业对话和产业的合作等。

**2. 我国与邻国友好关系发展顺利**

我国在坚持"和平共处五项原则"基础上与一切国家发展友好关系，特别注重发展与邻国的睦邻友好关系。目前，我国与所有邻国的关系均得到改善。20 世纪 90 年代以来，我国分别与俄罗斯、哈萨克斯坦、吉尔吉斯斯坦、塔吉克斯坦签订了国界协定，与中亚各邻国的边界问题已经得到完全解决。在上海合作组织框架内，与中亚地区各国之间的政治、经济、文化、军事方面的交流日益频繁，对区域内"三股势力"的联合打击取得良好效果。

我国同越南、印度的关系也得到发展，全面加强政治、经济、文化交往，国家领导人正常互访。中越陆地边界问题得到较好解决。中越陆地边界线长 1347 千米，边界谈判是从 20 世纪 70 年代开始的，双方签署了关于边界领土的基本原则协议，1999 年签署了《中越边境条约》。作为世界上两个人口大国，中国和印度都被国际社会认为具有在新世纪发展成为世界大国的潜力。中印有着 2000 多年的友好历史，目前长期困扰中印关系主要有两大问题：一是边界问题；二是西藏问题。自 1988 年以来，在双方的共同努力下，中印边界问题联合工作小组一直定期举行会谈并取得一定进展，双方曾签署了《关于中印边境实际控制线地区军事领域建立信任措施的协定》。2003 年 6 月印度前总理瓦杰帕伊访华时，承认西藏是中华人民共和国领土的一部分。2005 年 4 月国务院总理温家宝访问印度，与印度总理辛格签署了两国联合声明，宣布中印建立面向和平与繁荣的战略合作伙伴关系。同时宣布了中印《全面经贸合作五年规划》，提出两国到 2008 年贸易额达到 2000 亿美元。双方还达成解决中印边界问题的政治指导原则，这将为解决中印长期遗留的边界问题奠定了基础。2006 年 11 月中国国家主席胡锦涛对印度进行国事访问。作为世界上两个最大的发展中国家，中印关系具有全球和战略意义。两国有足够空间实现更大规模的共同发展，在地区和国际事务中发挥各自作用。在当今全球化形势下，随着两国在所有重大问题上的参与力度和作用日益增大，中印伙伴关系对国际社会应对全球挑战和威胁至关重要。作为正在形成中的多极化国际秩序中的两个大国，中印共同发展将对未来国际体系产生积极影响。同时，我国与韩国、日本等国在经济贸易和文化等领域进行了广泛交流与合作。

## （二）相对稳定的安全环境中存在着不安全因素

我国的安全环境存在着两重性。一是相对和平稳定的安全环境不断得到巩固和发展；二是我国仍面临着一些不安全因素和潜在的威胁。

**1. 西方军事强国对我国安全环境影响深远**

在世界军事强国中，美国对我国安全环境的影响较大。美国与我国虽远隔重洋，但对我国安全的影响却无处不在。在各大国与我国关系向前发展的同时，在以美国为首的西方世界仍然有一股企图遏制中国的逆流，顽固地坚持冷战思维，不愿意正视我国政治、经济的发展，以及在国际社会中的积极作用。散布所谓的"中国威胁论"，以"人权"为幌子，干预中国的内政，继续坚持对台军售，阻挠中国统一大业。美国对华政策的两面性，是我国安全环境不稳定的主要因素之一。

**2. 周边热点地区仍有发生情况突变的可能**

朝核问题是我国周边地区的热点之一。由于核问题的立场与美、日、韩三方的立场相距甚远，多方谈判虽然在艰难中取得了一些进展，美国与朝鲜达成了阶段性妥协，但距彻底解决问题的路还很长，军事对峙的僵局也很难打破，朝鲜半岛发生战争的可能性不能排除。一旦这种情况发生，必将对我国安全造成影响。

印度与巴基斯坦的对立一天不解决，我国这一边境地区的隐患就无法排除。由于历史原因，印巴两国既存在民族怨恨，又存在宗教纠纷，还存在着领土争端，在短时间内难以得到解决。多年来，印巴军事摩擦时有发生。印度作为地区大国，1996 年拒绝在《全面禁止核武器条约》上签字，并以"中国威胁论"为借口，大力发展核武器，积极谋求世界核大国地位。印巴核军备竞赛的升级和对立的加剧，对我国的安全环境产生了不利影响。印巴双方陈兵于边境，相互对峙，克什米尔地区是印度和巴基斯坦争夺的焦点，如果战争爆发，必然会对我国边境安全构成较大威胁。另外，伊朗核问题、伊拉克战争造成的地区安全问题等也不可避免对我国安全环境带来影响。

**3. 边界和海洋权益争端尚存**

我国坚持在"和平共处五项原则"的基础上与一切国家发展友好关系，特别注重发展与邻国的睦邻友好关系，但也必须看到，我国与邻国的边境争议和关于海洋权益的争议情况复杂。解决起来难度很大，这些争议一直是影响我国边境和领海安全的不稳定因素。在这些争议中，陆地边界问题的争议，尤以中印边界争议较为突出。关于海洋权益的争议则更为复杂。我国与朝鲜、韩国之间关于黄海、东海大陆架划分，与日本之间关于东海大陆架划分和钓鱼岛的归属问题，都存在着争议。中国的南海处于岛屿被侵占、海域被分割、资源被掠夺的严重局面。我国南沙群岛的岛礁几乎被越南、菲律宾等国瓜分殆尽。关于南沙群岛的争议，短期难以解决。如果处理不当，还有可能引起国际争端或诱发局部战争。

**4. 外国势力插手台湾问题影响我国统一大业**

台湾是我国第一大岛，位于我国东南海域，西隔台湾海峡与福建省相望，东临太平洋。台湾是我国东南的海上屏障，扼西太平洋南北航线之要冲，战略地位十分重要。自古以来，台湾就是中国领土的一部分。台湾问题事关国家主权和领土完整、国家现代化进程和民族复兴大业。在国际反华势力的支持下，台湾分裂分子大肆进行分裂活动，台湾当局阻止两岸关系发展，研制和购买武器，积极整军备战，企图以武拒统，以武谋"独"。美国长期坚持"以台制华"的政策，利用台湾问题干涉中国内政，不断提升售台武器的数量和质量，阻碍我国统一。由于外部势力插手，致使台湾问题复杂化。20 世纪 80 年代以来，海峡两岸关系由对抗走向对话，由紧张走向缓和，由隔绝走向交往。台商在祖国大陆的投资项目增多，两岸人员交流大幅度增加，从探亲、旅游扩大到经济、科技、文化、教育、新闻和学术等多方面的合作与交流。两岸关系得到进一步改善，但在祖国统一问题上却困难重重。1979 年元旦，全国人大常委会发表《告台湾同胞书》，标志"一国两制，和平统一"的开始。和平统一受阻，主要原因是台湾当局在外部势力的暗中怂恿和支持下，坚持拒绝两岸进行政治谈判的顽固立场，坚持反对"一国两制，和平统一"的主张，积极推行"两个中国"、"一中一台"的分裂政策，进行分裂祖国的活动。台湾分裂势力是中国安全的最大隐患。2005 年 3 月 14 日我国人大通过并颁布实施《反分裂国家法》强调了祖国统一是中华民族的共同心愿。2008 年 4 月中共中央总书记胡锦涛与中国国民党荣誉主席连战会面时提出了"建立互信、搁置争议、求同存异、共创双赢"16 字对台工作方针，开启了两岸关系新的一页。

**5. 恐怖主义和民族分裂活动威胁我国安全**

我国是一个多民族的国家，国家统一、民族团结、社会稳定始终是国家安全和发展的重要前提。但恐怖主义和民族分裂势力对我国安全统一的危害不容低估。当前，出现了民族分裂主义、国际恐怖主义和宗教极端主义合流的趋势。这"三股势力"内外勾结、相互借重，对世界和平与发展构成了更加严重的威胁。中东、中亚、南亚和东南亚成为恐怖活动的高发区。我国也处于恐怖主义和民族分裂势力活动的威胁之中，境外"东突"恐怖组织和"藏独"分子正加紧向我国境内渗透。恐怖主义和民族分裂势力活动，已对我国改革、发展、稳定构成最直接和最现实的威胁。

## 四、构建周边安全机制，营造睦邻友好环境

构建周边安全机制，营造睦邻友好环境，是我国安全政策的基本着眼点。新中国成立以来，我国周边东、西、南、北四个方向都曾爆发过局部战争或边境冲突。保持和维护本区域的安全利益，是我国和周边国家共同追求的目标。我国需要长期和平、稳定的周边环境，把同周边国家发展睦邻友好关系作为既定国策、积极参与构建地区安全体制，营造良好的周边安全环境。

### （一）构筑软实力，强化新战略安全观

国家安全往往体现国家大战略的总体思想。随着全球化的发展，围绕国家安全问题产生了新的现代战略文化。着眼于需要，我国树立并遵循"综合安全观"这一新战略安全观。综合安全观认为国际安全问题除了以主权概念为核心的政治安全和军事安全之外，还有经济安全、环境安全、文化安全、社会安全等一系列新的安全问题。其中经济安全的重要性日益突出，它是综合安全的基础和持久安全的根本保证。各国在维护经济安全方面有着越来越多的共同利益。1997 年发生的亚洲金融危机就曾引发某些国家的社会、政治和军事危机。我国的新战略安全观主要包括：以国家为安全主体，突出主权安全；以和平共处五项原则为政治基础；以相互安全为理论前提；以综合安全为安全维护的内容；以合作安全为实现安全的途径；以"共同安全"和"普通安全"为目标，以"互信、互利、平等、协作"为新安全观的核心。安全观对国家的软实力具有很强的依赖性。一个国家所倡导的安全观念能否为多数国家所接受，与该国软实力的强弱有着非常直接的关系。"软实力"是一种吸引力，让别的国家不由自主地跟随你。我国传统文化中有很多非常吸引人的地方，"己所不欲，勿施于人"、"和为贵"的思想具有极强凝聚力，它在东亚地区的影响非常广泛。特别是随着改革开放以来我国发展模式巨大成功所产生的广泛影响，已成为我国软实力的重要组成部分。但是，我们仍必须正视我国的"软实力"还有待进一步加强和完善。

## （二）致力于发展新型大国关系

纵观世界战略形势的演变，我国要实现自己的安全战略目标，很大程度上取决于国际战略平衡。苏联解体前，在中苏美大三角格局中，我国利用"战略平衡"赢得了有利的战略地位。冷战结束后，面对新的安全环境，我国则必须最大限度地推动国际战略平衡，广交天下朋友，扩大自己的安全空间。

我国历来重视与大国关系的发展，面对冷战后国际体系复杂化的挑战，在发展大国关系政策上也有新的定位。一是不对抗、不结盟、不针对第三国的原则定位。建立大国间健康、稳定的关系对地区乃至世界和平与安全至关重要。《中俄联合公报》声明：中俄的合作并不针对第三国。中美两国政府和人民对中美关系的态度和立场都同样重要。中国出于共同利益的考虑，重视与大国加强合作与协调，改善和发展与各大国的关系，提出不对抗、不结盟、不针对第三国的大国关系原则，不仅符合今后大国关系发展主流，也为中国塑造良好的国际形象发挥了积极的作用。二是包容整体利益的"双赢"策略定位。冷战思维包含霸权思想、"零和"游戏、迷信实力或武力，支持"单赢"的思想。冷战虽已结束，但种种冷战思维并未销声匿迹。冷战没有毁灭世界，但冷战思维仍会导致灾难性的后果，因此，与时代潮流合拍的高度政治智慧应当是包容整体利益的"双赢"策略。我国在发展大国关系中努力构筑伙伴关系框架，为我国营造一种良好的国际环境发挥积极作用，也不失为一种实现"双赢"的理念基础。三是多重角色并举、灵活多变，万变不离其宗的角色定位。在复杂多变的国际政治体系中，我国可以就不同的问题、不同的时期、不同的领域做出合作、伙伴、旁观、挑战、领导等多种角色的选择。同样，伴随着冷战的结束，大国关系也出现了一些重要的新特点：摩擦不放弃合作，并且以合作而不是冲突的方式来解决争端问题日益突显，大国关系中"敌""我""友"界限模糊，国家利益成为形成和解决国家间矛盾的主要因素。我国注重在国家利益基础上构筑良性互动、多边平衡的新机制，并在内外战略上向以经济、科技为导向的综合国力倾斜。我国注重多重角色并举、灵活多变、万变不离其宗的大国关系战略，就是以国家利益作为对外行为的根本出发点。可以在政治领域是对手而在经济领域是伙伴，或昨天是对手而今天是伙伴。美国学者戴维·香博认为："对手的确可以在某些有限的领域（其中许多具有战略意义）进行合作，而同时保持着竞争性的、有时引起争议的关系。"

## （三）稳定周边，改善安全环境

我国的睦邻政策是以和平共处五项原则为核心。"近者悦，远者来"、"四邻安，国乃兴"、"亲仁善邻，国之宝也"等是我国传统的立国方略。历史上我国与一些周边国家曾有过宗藩关系，反对大国沙文主义是我国政府的一贯方针。周恩来曾在亚非会议上强调："一切国家不分大小一律平等。我们重视这个问题，因为我们是一个大国，容易对小国不尊重。我们在人民中就经常提出警惕大国主义思想的问题。由于历史的传统，大国容易对小国忽视和不尊重，因此我们经常检讨自己。"

营造稳定的周边环境是我国发展经济的必要前提，也是进一步发展与全球性大国合作关系的基础。首先稳定陆地边界，继续加强与俄罗斯的经贸、科技、能源及战略利益"捆绑"；维护南亚战略平衡，争取与印度关系有新的改善，继续发展与巴基斯坦的传统友好关系；在东部濒海战略带，一方面在东北亚继续推进与朝、韩友好合作关系，并与美国合作，防止竞争失控；增进与日本的信任度，对两国间的具体争端，力避向全局扩散，而对日本军事大国化问题，则要继续保持高度警惕。同时加强在东南亚的战略合作，以经贸为基础，落实中国——东盟贸易区计划，在推动区域化的同时，加强安全对话，举办博鳌亚洲论坛等，来加强与东盟和周边国家的联系。我国是亚太地区政治区域中心的政治和经济大国，立足亚太是我们坚定不移的方针。

## （四）重塑国家安全体制和区域合作机制

全球化是客观和不可逆转的历史进程。国家安全的挑战已经涉及全方位。以国防为主导，包括军事、政治和社会的传统安全仍然是国家安全的支柱。以经济为中心包括科技与信息安全、金融安全、石油安全、生态与环境安全、粮食安全等非传统安全是国家安全的基石。文化安全是国家安全必须坚守的精神阵地。国家综合安全没有平时、战时之分，也没有前方、后方界限，需要动员综合国力，建立包括危机预警、反应评估、管理保障在内的指挥控制与协调机制，并由国家立法，形成对国家安全体制机制和各要素的规范化。国家安全体制和机制的建立是保证国家安全的必要条件，它也随着全球化的发展不断发展。所以，我国把践行新安全观的重点放在积极推进安全体制的重塑和建设上，通过重塑国家安全体制和区域合作机制固化新安全观所取得的成果。

一是深化"上海合作组织"的机制化建设。自《上海合作组织成立宣言》等一系列文件签署以来，这一地区性的国际组织已向机制化的方向迈出了坚实的步伐。但总体而言，要应对不断出现的新挑战、新问题，这一组织还需要进一步明确其在地区和国际政治舞台上的位置，并进一步加强该组织的机制化、制度化建设，在组织内部形成统一的合作管理系统。规范常设机构的工作职能和运作方式等方面，都是重塑国家安全体制机制亟待解决的重要问题。

二是积极推动东盟地区论坛的机制化进程。东盟地区论坛成立以来，通过不同层次、不同形式的对话，为各成员国提供了一个相互了解和表明各自对安全问题的观点、立场，以及增加信任、防止冲突的广阔舞台。但是，由于亚太地区各国社会制度和经济体制的差异，文化传统和宗教习俗的多样性，政治安全形势和国家利益的复杂性等诸多原因，东盟地区论坛至今仍是一个较为松散的安全对话与合作的组织形式，因此还不能算是一个完整意义上的区域性国际安全组织。但东盟地区论坛不可能长期处于一个"清淡馆"的状况，而且随着成员国间信任措施的逐渐建立，论坛不可避免地会向各成员国更有约束性的预防性外交方向发展。预防性外交要求实施某些具有约束力的措施，如建立"减少危机中心"，派出调查事实的"特别代表"，论坛主席国获得"斡旋权"等。由于这一阶段将会涉及地区内的一些具体安全问题，如南中国海问题，因此中国方面的相关机制应该积极主动地施加自己的影响，推动机制建立朝着公正合理的方向发展。

## （五）独立自主和平推进多极格局

独立自主、和平外交是中国外交的首要方针，也是我国对外开放的重要保证。独立自主的关键在于不置于任何一个国家的影响之下。新中国成立后，虽曾一度采取"一边倒"的战略，但没有成为苏联的卫星国。《中美联合公告》后，中美苏之间形成了著名的"大三角"关系。我国在国际战略平衡中强调多种文化的共融，加强多边协商和合作机制，主张通过谈判和协商解决国际争端，不诉诸武力等。

在多极化格局中，有多个独立的权力中心，这些权力中心没有一个强大到可以统治别的国家，这个格局可能相当稳定，维持同样的互动模式，因而发生战争的几率小，在一定程度上限制了某些大国的一意孤行，给某些小国在特殊情况下发挥较大作用提供了条件。因此，推动多极制衡战略有利于我国开拓外交活动空间，拓宽战略回旋余地，有利于合纵连横，制止霸权，有利于地区稳定和世界和平。

在新的历史时期，中国坚持独立自主、和平外交和不结盟政策。坚持所有国家不论大小、贫富强弱一律平等，反对以大欺小，以富压贫，以强凌弱，尊重别国的独立自主，尊重别国的民族利益和民族尊严。和平与发展已经成为当今世界主题，和平与安全因素进一步增长，总趋势走向缓和。在世界形势趋于缓和的环境中，我国安全环境既有机遇，又有挑战，而机遇大于挑战。抓住有利机遇、利用和争取较长的和平环境，发展经济，增强综合国力，加强国防现代化建设，为维护祖国统一和保卫国家安全做出新的贡献。

## 思考题 》》》

1. 国际战略环境的概念是什么？
2. 霸权主义和强权政治有哪些新的表现形式？
3. 什么是国际战略格局？你对目前的国际战略格局是如何认识的？
4. 试论中国周边安全环境。

# 第四章　军事高技术

科学技术特别是军事高技术的发展，正在军事领域引发一场深刻的变革。从近年的海湾、科索沃、阿富汗和伊拉克等局部战争中可以看出，现代战争已进入信息时代，战场对话已经成为高技术武器装备的较量，谁拥有军事高技术，谁就能占据更大的战争主动权，为获取战争胜利奠定了物质技术基础。通过对本章的学习，使学生了解军事高技术的内涵、分类、发展趋势及对现代战争的影响，熟悉高技术在军事上的应用范围，掌握高技术与新军事变革的关系，激发其学习科学技术的热情。

## 第一节　概　　述

### 一、军事高技术的概念与分类

#### （一）军事高技术概念

军事高技术是指建立在现代科学技术成就基础上，处于当代科学技术前沿，以信息技术为核心，在军事领域发展和应用的，对国防科技和武器装备发展起巨大推动作用的高技术总称。

#### （二）军事高技术分类

军事高技术的范围十分广泛，也有各种各样分类。

从高科技向军事领域自然延伸的角度，军事高技术可分为六大领域：军用信息技术、军事航天技术、军事海洋开发技术、军用生物技术、军用新材料技术、军用新能源技术。

从军事高技术与武器装备的关系出发，军事高技术可分为两大类型：一是支撑武器装备发展的共性基础技术，主要包括微电子技术、光电子技术、计算机技术、新材料技术、高性能推进与动力技术、仿真技术、先进制造技术等；二是直接用于武器装备并使之具有某种特定功能的应用技术，主要包括侦察监视技术、伪装与隐身技术、精确制导技术、信息战技术、指挥控制系统技术、军事航天技术、核化生武器技术、新概念武器技术等。

### 二、军事高技术的主要特点

军事高技术是高技术的重要组成部分，它既具有高技术的共同特征，又有其自身的特点。军事高技术与一般技术相比，具有以下七大特点。

1）高智力。高技术是知识密集型技术，其发展和运用都必须依靠创造性的智力劳动，依靠富有创新意识、创新能力的高素质人才，体现了高智力的特性。比如半导体集成电路，从成本上讲，原料及能源仅占其总成本的 2%，而其余 98% 都是其智力含量。

2）高投资。高技术的研究开发，需要昂贵的设备和较长的研制周期，因而需要耗费巨额资金。据统计，一般高技术企业用于研究开发的经费占其产品销售额的比例高达 10%～30%，而科研成果产业化的投资又比研究开发投资高出 5～20 倍，形成高技术产业后的设备更新投资还会越来越大。

3）高竞争。高技术的竞争性，决定了谁先掌握并应用高技术，先研发出新武器装备并抢先用于战场，谁就能占据战争主动权。为此，世界军事大国都试图在高技术发展的竞争中占据主动。

4）高风险。高技术研究本身蕴含着巨大的风险。高技术竞争的失败，对民用技术而言，意味着企业投资的失败；对军事技术而言，则意味着国家利益将受到损害。以航天技术发展为例，40 多年来取得了神话般的巨大成就，但在 1961 年 3 月 23 日，苏联的邦达连科就成为为航天事业献身的第一人；1986 年 1 月 28 日，美国"挑战者号"航天飞机失事；2003 年 2 月 1 日，"哥伦比亚"号航天飞机在重返大气层时于空中解体，可见其风险之大。

5）高效益。新型武器装备往往是军事高技术的物化，是军事高技术的综合集成。战争实践证明，军事高技术成果一旦转化为新型武器装备，不仅能够大大提高部队战斗力，而且能够逐步改变作战样式甚至战争形态。比如航天技术，其投资效益比高达 1：14，充分体现了高效益的特点。

6）高保密。高技术本身具有极强的综合性和技术辐射性，隐含着巨大的潜力，更加强调保密。高技术的保密，对于民用技术来说，保的就是"金钱"；而对于军事技术，保的则是"生命"。比如，F-117 隐形战斗轰炸机，1982 年 8 月 23 日服役后一直处于高度保密之中，1989 年 12 月 20 日首次用于巴拿马战争；海湾战争中出动 42 架、1000 多架次，却完成了 40% 的战略目标空袭任务，特别是完成了 95% 巴格达战略目标的打击任务，作战能力和效果十分突出；1999 年 3 月 27 日被南联盟军队击落后，这种世界上先进隐形战机的技术暴露无遗，作战能力大大降低。

7）高速度。高技术产业是目前发达国家经济中最活跃也是增长最快的领域。美国经济在"9·11"事件前已连续十多年呈现高增长、低通胀趋势，都是以信息技术为龙头的高技术产业带来的结果。高技术产业的成功，不仅表现在产值、产量的发展高速度上，而且还突出表现在产品性能更新的高速度上。比如计算机芯片的处理速度，从其诞生至现在几乎每隔 18 个月就翻一番。

## 三、军事高技术对现代战争的影响

随着军事高技术的发展及其在军事领域的广泛应用，已经对现代战争行动产生了巨大影响。其可概括为"五化"，即侦察立体化、指挥控制智能化、反应快速化、打击精确化、防护综合化。

### （一）侦察立体化

侦察立体化，通俗地讲就是"眼观六路、耳听八方"。在未来战争中，新型信息化装备将使战场更透明，可实现全球感知，实时进行远程指挥控制。从大洋深处到茫茫太空，布满了天罗地网式的侦察监视系统。水下的声呐，能够偷偷寻找军舰和潜艇的踪迹；地面的传感器，能够警惕地注视人员与车辆的动静；空中的侦察飞机，能够同时监视高空、低空、地面、海上的各种活动目标。比如，E-3A 预警机当飞行高度为 9 千米时，可以探测到 500～650 千米远的高空目标、300～400 千米远的低空目标和 270 千米远的巡航导弹。间谍卫星，"站得高，看得远"，其侦察效果更加显著。比如同样一架视角为 20 度的照相机，装在 3 千米高的侦察机上，一幅照片可以拍摄到 1 平方千米面积的地面；装在 300 千米高的侦察卫星上，一幅照片可囊括 1 万平方千米的范围。如果把侦察卫星定位到地球同步轨道上，则一颗卫星就能同时看到太平洋两岸，监视地球表面 42% 的面积。

在未来战争中，"侦察—判断—决策—行动"的回路越来越短。信息化装备的广泛使用，使得争夺信息优势成为高技术战争的首要任务。特别是战略信息战，就如核战争一样具有大规模毁灭性作用，将成为新的威慑手段。美国参联会原副主席欧文斯曾对美伊两军的侦察监视能力做过一番比较，得出的结论是如果交战的一方"可以一天 24 小时，仅以 30 秒钟的延迟、在各种气象条件下、透过云层、在 10 厘米的误差以内非常精确地看到另一方，而他的对手则不能，他一定会赢"。侦察能力的差异性，决定了交战双方的不对称性。

## （二）指挥控制智能化

现代军事高技术的发展和应用，使武器装备的射程、威力、精度都几乎达到了各自的极限。交战双方的差别，在很大程度上取决于其对作战力量的指挥控制水平上。在战役和战术级，信息战的表现样式是以电子战为核心的指挥控制战，夺取制信息权的核心是使拥有信息密集型武器的部队取得信息能力的优势。

在未来战争中，以计算机为核心的网络将把所有的通信系统、探测装置和武器系统联成一体，作战将从"以平台为中心"转向以"网络为中心"。美海军网络中心战的网络结构由三个互相链接的部分组成，即探测装置网络、交战网络和信息传输网络。网络中心战的体系分为三级：第一级战术级，网络用户数量在 24 个之内，信息传输时间为零点几秒，信息精度达到武器控制级；第二级为战区级，网络用户数量在 500 个之内，信息传输时间为秒级，精度达到部队的控制所需的要求；第三级为战略级，网络用户数量在 1000 个之内，信息传输时间为几分钟，精度达到部队的协同所需的要求。各级指挥官利用网络交换大量信息，感知整个战场的态势，阐述指挥意图，制订作战计划，解决各种问题。网络中心战特点是提高了部队的指挥速度，建立了对战场空间持续而完备的态势感知。

## （三）反应快速化

"兵贵神速"历来是兵家所追求的目标，但传统武器装备因受技术条件限制，常常"欲速不达"。高技术武器装备在现代战争中应用，才使"兵贵神速"成真，实现了机动快、反应快、打击快和转移快。

高技术武器从发现目标到攻击目标的反应时间也大为缩短。当前，计算机控制的火控系统，能在 96 秒内操纵 4 门火炮摧毁 35 个分离的目标，而传统武器摧毁这些目标则需要

2 个小时。在信息化战争中，"被发现就意味着被命中"。对于现代防空系统的反应时间，那更是以秒计时。如美国的"爱国者"、俄罗斯的"C-300"地空导弹系统的反应时间为 15 秒，我国的"红旗"系列地空导弹的反应时间也为 15～20 秒等。

在未来战争中，时间因素将变得越来越重要。西方军事家已经把"兵贵神速"赋予了新的含义，即"时间就是一切，时间就是胜利"、"时间是未来战争的第四维战场"。越来越强调战争准备的及时性、战争指挥控制的实时性、战争行动的突然性。战争从旷日持久向速战速决演变，战争的进程将大大缩短。

## （四）打击精确化

精确打击武器和精确的信息支援系统有机结合，使得精确打击成为战争的重要样式。作战精度越来越高，攻击距离越来越远。精确打击在现代战争中的地位日益重要。根据推算，就杀伤破坏效果而论，爆炸威力提高 1 倍，杀伤力只能提高 40%；而命中概率提高 1 倍，杀伤力却能提高 400%。当前，1 架次 F-117A 战斗机，投掷一两枚 2000 磅激光制导炸弹的作战效果，相当于过去 B-17 重型轰炸机 10 架、4500 架次，投掷 9000 枚炸弹。统计显示，越南战争中，所用精确制导弹药占总弹药数的比例仅为 0.02%；海湾战争达 8%，科索沃战争为 35%，阿富汗战争为 56%，伊拉克战争达 68%。目前，一种全新的作战样式——"精确战"正在登上战争舞台，它要求探测目标精确，攻击目标精确，摧毁目标精确，毁伤评估精确。总之，仗越打越"精"了。在求"精"的同时，借助军事高技术特别是智能化技术，未来战争也开始在"巧"字上下工夫。比如，对于人，是打死好还是打伤好；对于物，是打碎好还是打废好。随着时代的发展，人们已经开始重新审视这个古老而又崭新的课题。美国人认为，要想最有效地削弱敌人的战斗力，致死不如致伤，致伤不如使其失能。这里讲的"失能"，既可以指武器，也可以指人员。这样的战争，耗费高，副作用小，后遗症大。

## （五）防护综合化

"保存自己，消灭敌人"是一切战争的共同原则。由于现代侦察、监视和探测手段具有全方位、全频谱、全天候、全时域的特点，进攻一方如果不能有效地保护自己，就可能出现"发难者先遭难"的结局。

现在，当一架战斗机在重要地区 300 米以上高度飞行时，可能受到 800～900 部雷达的照射，其中可能有 300～400 部雷达以 600～700 个不同频率的波束进行搜索，有 30～40 部雷达跟踪飞机。如果再加上光电探测设备的威胁，战场电磁环境必将更加复杂。这对飞机、导弹等进攻性武器是一个严峻的挑战。在这种情况下，防护的地位显得特别重要。海湾战争中，F-117A 飞机大出风头，且无一损伤，其奥妙之处便是借助于外形设计和表面涂料，有效地实现了隐身要求，其雷达反射面只有 0.1 平方米，和一顶钢盔差不多。

除了隐身技术外，先进伪装、预警告警、致盲致眩、施放诱饵、加固装甲、防电磁脉冲等也都成了现代武器装备的防护手段。对于武器装备处相对劣势的一方而言，搞好防护和伪装隐蔽，直接关系到胜败与存亡。科索沃战争中，南斯拉夫人民和军队敢打善藏，在北约部队进行的 78 天的空袭轰炸中，巧妙地保存了自己的军事实力。由此可见，那种认为"高技术侦察监视手段发展了，伪装隐蔽没有意义了"的观点是错误的。

军事高技术的发展给现代战争带来的新变化还远远不止这些。随着新军事革命的兴起及在全球范围内的迅速拓展，未来战争还将出现更多新的变化。

# 第二节  高技术在军事上的应用

## 一、精确制导技术

### （一）精确制导技术的概念

精确制导技术是一门按照特定基准（规律）选择飞行路线，控制和引导武器系统对目标攻击的综合性技术。它是利用探测器和敏感装置获取被攻击目标的信息和特征（如目标反射的自然光或夜光，目标反射、散射或辐射的红外线、无线电波或声波等物理现象），对目标进行判断识别，并精确定位和跟踪。

实现导引和控制的全部装置称为制导系统，它是由导引系统和控制系统组成的。导引系统主要由测量装置和计算机组成，其功能是测量导弹与目标的相对位置和速度，计算导弹实际飞行弹道与理论弹道的偏差，产生清除偏差的制导指令。控制系统由敏感装置、综合装置，放大变换装置和执行机构组成，其功能是根据指导指令和导弹的姿态信号形成综合控制信号，经放大、变换，由执行机构驱动导弹舵面偏转或调整发动机推力方向，使导弹按制导指令的要求运动，并消除外界干扰对导弹运动的影响，使导弹以允许的误差命中目标。

### （二）精确制导的制导方式

1）寻的制导。寻的制导，又称自寻的制导。主要特点是通过导弹上的导引系统感受目标辐射或反射的能量，自动跟踪目标，导引制导武器飞向目标。

2）遥控制导。遥控制导是以设在精确制导武器外部的制导站来测定目标和导弹的相对位置，然后引导精确制导武器飞向目标。

3）惯性制导。惯性制导是利用惯性测量设备测量导弹运动参数的制导技术。采用此类制导技术的多是中远程导弹，一般用于攻击固定目标，因此制导程序和初始条件是预先输入弹载计算机的。

4）匹配制导。匹配制导分为地形匹配制导和景象匹配制导两类。前者又称地图匹配制导，后者又称数字景象匹配区域相关制导或区域相关制导。

5）卫星定位制导。卫星定位制导又称全球定位系统（GPS）制导。它的工作原理是利用弹上安装的 GPS 接收机接收四颗以上导航卫星播发的信号来修正导弹的飞行路线，使之沿修正的航线飞向目标。这种制导方式可攻击非预定目标，攻击前准备工作简便，所需准备时间短。

6）复合制导。复合制导是由两种以上的制导方式构成的。它不仅具有较强的抗干扰能力，而且制导精度较高。由于复合制导采用的是两种以上的制导方式，所以制导系统一般比较复杂，体积大、成本高，而且因元器件多而降低了系统的可靠性。

## （三）精确制导武器

精确制导武器，是指采用精确制导技术，直接命中概率在50％上的武器。其特点是高技术、高精度和高效能。精确制导武器包括精确制导导弹和精确制导弹药两大类。精确制导导弹是一种依靠自身的动力装置推进，由精确制导系统探测、处理、导引和控制其飞行轨迹，导向并命中目标的武器。精确制导弹药分为末制导弹药和末敏弹药两类。前者主要有制导炮弹、制导炸弹和制导地雷等；后者主要是一些反装甲子弹药。前者是依靠自身的动力系统和导引、控制系统飞向目标；后者自身无动力装置，其弹道的初始阶段、中段多需借助大炮、飞机投掷。

### 1. 精确制导导弹

该制导武器主要包括反坦克导弹、反舰导弹、空空导弹、空地导弹、远程巡航导弹等。

1）反坦克导弹。为抗击坦克集群宽正面、多波次的连续进攻，一些国家从20世纪50年代开始研制反坦克导弹。到目前为止，各国先后研制和装备的型号已有数十种。按发射方式可分为地面发射和空中机载发射两大类；按射程远近又可分为近程、中程、远程。近程反坦克导弹射程在1000米以内，中程反坦克导弹射程为1000～3000米，远程反坦克导弹射程在3000～5000米。反坦克导弹的命中率可以高达70％～90％。图4-2-1为我国的"东风-21"中程导弹。

反坦克导弹的发展大体可分成三代。第一代是人工有线指令制导的反坦克导弹。第二代反坦克导弹是半自动有线指令制导的反坦克导弹。第三代反坦克导弹，采用了一些新的制导方式，主

图4-2-1

要有激光、毫米波、红外成像和光纤制导等，命中率明显提高。采用各种新技术的第三代反坦克导弹，可以有效地对付20世纪90年代出现的各种新式装甲目标。

2）反舰导弹。反舰导弹是用以攻击水面舰船的导弹。根据发射平台的不同，可分为空舰导弹、舰舰导弹、潜舰导弹和岸舰导弹，至今已发展了三代。到目前为止，世界上已有10多个国家能研制和生产反舰导弹，前后共研制了50余种80多个型号，装备反舰导弹的国家和地区有70多个。第一代于第二次世界大战后开始研制，20世纪50年代末期生产装备部队。第二代是20世纪60年代中期至70年代初研制装备部队的。这一代导弹的特点是：体积小，可掠海飞行，反应时间短，能用飞机、舰艇、潜艇发射，但速度较低，射程较近，抗干扰能力也较差。第三代是20世纪80年代初西方发达国家开始研制装备部队的。这一代导弹的主要特点是：突防能力强，飞行速度高达2倍音速，使敌方防御系统的反应时间大为减少，实现了远程的"发射后不用管"，最大距离可达200千米以上；机动性更高。导弹可按预编程序进行变向飞行，并能选择不同方向对敌舰进行攻击，其制导技术更先进，抗干扰能力强，制导精度大大提高。

3）空空导弹。空空导弹是从空中平台发射，攻击空中目标的导弹。1944 年德国首先研制了有线制导的空空导弹，但从未使用过。第二次世界大战后，美、英、法和前苏联等国都展开了空空导弹的研究，至今已发展了四代，研制成功的空空导弹有五六十种，正在研制的型号近十种。第一代于 20 世纪 50 年代装备部队。第二代主要是 20 世纪 60 年代中期出现的中距拦截型空空导弹（对付超音速轰炸机和执行轰炸任务的战术飞机）。第三代是 20 世纪 70 年代初出现的新研制的远距拦射型。目前，西方发达国家以第三代空空导弹为主要装备。第四代是 20 世纪 80 年代开始研制的。主要特点有：多数兼具超视距攻击和近距格斗的功能；全天候、全方位攻击能力进一步提高；制导精度和抗干扰能力增强；能对多目标进行攻击，并做到了"发射后不用管"。

4）空地导弹。空地导弹是现代战略轰炸机、歼击轰炸机、强击机、武装直升机的主要进攻武器。空地导弹种类繁多、用途各异。据不完全统计，各国已装备和正在研制的约 90 种。空地导弹中的通用型和反辐射导弹是两种应用较普遍的导弹。通用型空地导弹是由航空兵在对方防空火力区以外发射，用以攻击地面小型坚固目标的进攻性武器。为了提高命中精度，第四代空地导弹通常采用地图匹配、"导航星"精确定位等制导技术作为中段制导。为提高突防能力，还采用低空空防的办法。空地反辐射导弹是利用敌方雷达波束进行被动式制导的精确制导武器。载体为飞机的称为空地反辐射导弹，以军舰为载体反舰载雷达的称为舰舰反辐射导弹。空地反辐射导弹主要用于攻击警戒雷达网、防空导弹的制导雷达、炮瞄雷达和舰载雷达。反辐射导弹飞行速度高（为音速的 2～3 倍），射程比较远（20～60 千米），能在遭敌防空导弹攻击前，抢先摧毁敌方雷达。

5）远程巡航导弹。巡航导弹是指在大气层内以巡航速度飞行的带翼导弹，又称飞航式导弹。最早的巡航导弹是德国在第二次世界大战前研制的 V-1 型。战后，美苏将巡航导弹发展到一个新水平，出现了远程巡航导弹。通常按射程划分，其射程为 1000～3000 千米的称中程导弹，3000～8000 千米的称远程导弹，8000 千米以上的为洲际导弹。巡航导弹具有许多优点，如射程远，突防能力强，命中精度高，打击效果明显，通用性强，综合效益高。也有其明显的弱点：飞行速度比较低，只能以亚音速飞行；导弹的使用比较复杂，要积累足够的目标数据，发射前还必须根据选定的飞行路线向导弹的计算机输入大量信息，准备时间比较长。

**2. 精确制导弹药**

该制导武器主要包括制导炸弹、制导炮弹、制导地雷和末敏弹药等。

1）制导炸弹。制导炸弹的制导系统同一般空地导弹的导引头相似，有的甚至就是直接移植过来的，因而结构简单，是一种便宜而精确的空地武器。

2）制导炮弹。制导炮弹是用地面火炮发射，弹头带有制导装置的炮弹的总称。制导炮弹同普通炮弹的区别在于弹丸上有小型化的导引头，在弹道末段能自动搜索、捕获目标并进行精确制导，以达到很高的单发命中概率。制导炮弹目前有四种主要类型，它们是激光制导炮弹、毫米波制导炮弹、红外成像制导炮弹和双模式制导炮弹。

3）制导地雷。普通地雷、水雷上加装制导系统后即成为制导地雷。制导地雷是一种把自毁破片技术、遥感技术和微处理机结合起来的新型地雷。一般将制导地雷分为三大类：第一类是反坦克、反装甲车辆和直升机的制导地雷；第二类是执行反潜、反舰任务的制导水雷；第三类是执行反卫星任务的太空地雷。制导地雷的出现，使地雷从单纯的防御性武器变成了进攻性和防御性兼备的武器。

4）末敏弹药。末敏弹药通常由一些子弹药组成，又称末端制导子弹头。末敏弹药不能自动跟踪目标，也不能改变飞行弹道，只能在被撒布的范围内利用其自身的探测器（寻的器）探测和攻击目标。由炮弹、炸弹、子弹药撒布器携带至目标制导上空抛撒分散。子弹药被抛撒（投放）后，立即开始工作，用自携带的探测器在小范围内探测目标，发现目标后，沿探测器瞄准的方向发射弹丸，实施攻击。

## 二、隐身与伪装技术

### （一）隐身技术与武器

#### 1. 隐身技术

隐身技术亦称隐形技术，是减弱己方目标辐射和反射的特征信息，使敌方难以用探测系统发现的技术。隐身技术包括有源隐身技术和无源隐身技术两类。有源隐身技术主要是利用光或电子干扰手段隐蔽己方目标，如施放光或电子干扰敌方光或电子探测系统，施放诱饵使敌方探测系统跟踪假目标等。这类技术主要靠增加而不是减少目标的可探测信息特征来达到目标隐身的目的。无源隐身技术是靠减少武器装备等目标的可探测信息特征，使敌方探测系统难以发现或发现概率降低，致使等到发现时防御系统已来不及反击的技术。由于现代战场上的侦察探测系统主要有雷达、红外、电子、可见光、声波等探测系统，所以目前的隐身技术也相应地分为以下五种：反雷达探测隐身技术、反红外探测隐身技术、反电子探测隐身技术，反可见光探测隐身技术和反声波探测隐身技术。

1）反雷达探测隐身技术。反雷达探测隐身技术的核心是减小雷达的探测距离。要想缩短雷达的探测距离，就要减小目标的雷达散射截面积。因此，实现反探测的隐身技术即为隐身外形技术。通过合理设计目标外形，来减少其雷达散射截面积。目前，研究出的主要措施：①自适应阻抗加载技术；②微波传播指示技术；③等离子体隐身技术。

2）反红外探测隐身技术。反红外探测隐身技术除采用红外干扰措施外，主要是抑制武器装备等目标在敌方红外探测系统方向上的红外辐射。目前，研究出的抑制目标红外辐射的技术措施主要有：①改进发动机结构设计；②研制新的燃料；③采用吸热、隔热材料和涂料。

3）反电子探测隐身技术。反电子探测隐身技术主要是抑制武器装备等目标自身的电磁辐射。目前，采用的主要技术措施：①减少无线电波发射设备；②采用低截获概率技术改进电子设备；③减少电缆的电磁辐射；④避免电子设备天线的被动反射；⑤对电子设备实施屏蔽。

4）反可见光探测技术。目前，为了减少目标与背景之间的亮度、色度和运动的对比特征，研究提出的反可见光探测的主要隐身技术措施：①改进目标外形的光反射特征；②控制目标的亮度和色度，以使目标与背景的亮度和色度匹配；③控制目标发动机喷口的火焰和烟迹信号；④控制目标照明和信标灯光；⑤控制目标运动构件的闪光信号。

5）反声波探测隐身技术。目前，为降低目标向周围介质传播的噪声，研究的主要技术措施：①发动机和辅助机采用超低噪声设计；②采用吸声和阻尼声材料、减振和隔声装置；③减少旋桨对介质的扰动噪声；④合理进行目标整体设计，以避免发生共振现象。

**2. 隐身武器**

采用隐身技术而不易被敌方发现的武器，称为隐身武器。20 世纪 50 年代以来，隐身技术的研究有了突破性进展，加之战场对武器的隐身要求，使隐身武器的研制进展加快。目前，一些隐身轰炸机、隐身战斗机、隐身侦察机、隐身巡航导弹等已相继研制成功；其他类型的隐身飞机和隐身导弹、隐身坦克、隐身舰艇、隐身火炮等也在加紧研制，使隐身武器向系列化方向发展。

1）隐身飞行器。隐身飞行器特别是隐身飞机是隐身武器研制和发展最快、取得成果最多的领域。在这方面美国居世界领先地位，西欧国家、日本次之，俄罗斯落后美国 10～15 年。目前，美国的第一代隐身战斗机已服役并取得了实战经验（例如 F-117）；第二代隐身轰炸机 B-2 已研制成功并开始服役；正在研制的 F-22 新式隐身战斗机、F/A-X 隐身战斗/攻击机、MRF 多用途战斗机、RAH-66 "柯曼奇" 侦察/攻击直升机将于 21 世纪初装备部队。此外，第三代战斗机的改进型（如 F-16C/D、F/A-18E/F）和 OH-58D 直升机等也将具有一定的隐身特性。前苏联的米格-29、米格-31、苏-27 战斗机和 "海盗旗" 战略轰炸机，日本的 TV 无人侦察机，加拿大的 CL-227 "哨兵" 隐身飞机，西欧国家联合研制的欧洲战斗机（EFA）等都综合运用了各种隐身技术，并取得了较好的隐身效果。图 4-2-2 为美军 F-22 战斗机。

图 4-2-2

2）隐身舰船。为了使舰船具有低可探测概率和高生存能力，最近 10 多年来隐身舰船的研制正在兴起。舰船的可探测信息特征主要是探测雷达的散射回波、自身的红外辐射和噪声、舰载无线电台和雷达的电磁辐射、舰体的磁场、可见光散射和航迹等。所以，舰船的隐身就是控制舰船上述可探测信息特征，以降低其被探测概率，提高生存能力。1993 年 4 月 11 日，美国海军第一艘隐身战舰 "海影" 号首次亮相（图 4-2-3），其独特的外形和广泛使用的吸波材料使敌方雷达和导弹难以跟踪。法国的 "拉斐特" 级护卫舰，因综合使用了多种

图 4-2-3

隐身技术而成为法国海军最新型护卫舰。瑞典 "维斯比" 级隐身护卫舰，最高航速可达 35 节。该舰甲板上除设置有一座圆滑的锥形塔台和一座隐射火炮，几乎未布置任何过多的设施。此外，在相同的舰艇平台上可以根据作战需要配备不同的武器，还可以搭载一架直升机。美国最近购买的 "弗吉尼亚" 级隐身攻击型潜艇，将成为 21 世纪美国海军的主导潜艇。"弗吉尼亚" 级潜艇采用了一种模块组装方式，潜艇分为九段，然后焊接到一起。采用模块组装使整个潜艇具有更好的冲击吸纳性能，2004 年建成的第一艘，将是有史以来噪声最小的潜艇。随着计算机技术的发展，1 艘 "弗吉尼亚" 级的计算能力超过 65 艘

"洛杉矶"级和"海狼"级潜艇的计算能力总和,并能把"悄无声息的通信"融入越来越多的以网络为中心的舰队的通信联系。不仅如此,美军最近还决定要对"弗吉尼亚"级隐身核潜艇实施一项改良革新计划。即将改造的四艘是战略导弹核潜艇(简称SSGN),其中两艘SSGN将很可能达到全部装载154枚核弹头的巡航导弹武器携带能力。"弗吉尼亚"级核潜艇能够完成反潜、反舰、布放水雷、对陆地目标实施精确攻击、搜集情报,以及派遣/回收特种作战人员等多种任务,必将成为新的海上霸主。

3)隐身坦克。现代战场上,坦克在突破地势障碍后仍然面临雷达、可见光、红外和激光等多种侦察装备和智能兵器的威胁。而坦克在采用三色或四色迷彩隐身后,用微光仪器探测概率由75%下降到33%。为达到红外隐身目的,20世纪80年代中期以来,许多坦克采用隔热发动机并在燃油中加入添加剂,同时改进冷却和通风系统,在排气管附近加挡板等。俄罗斯"黑鹰"第四代主战坦克,1997年6月首次公开亮相(图4-2-4)。该型坦克是世界上第一种隐形

图 4-2-4

坦克,炮塔采用隐身设计,其外部轮廓棱线非常平滑,车身涂有吸波、吸热的隐身涂料。美国在研制的"未来作战系统"(FCS),因其将具有高隐身性、高机动性、高精度和远程火力等特点,将于2020年左右取代M1主战坦克。2003年2月,法国陆军武器工业集团公布了已经开发数年之久的AMX-30DFC隐形坦克的隐形方案,这种隐形坦克的神奇之处是依靠减少坦克车身和炮塔产生的红外和雷达反射信号,减少隐形坦克被热成像装置、雷达和毫米波装置探测到的可能。英国陆军目前正在抓紧研制具有隐身性能的塑料坦克,该车体的表面能够根据环境不同改变颜色。2014年3月,据国外媒体最新消息,波兰军火供应商日前研制了一款全世界第一型隐形坦克,该型坦克可在红外波段上实现隐身。从某种意义上看,"隐形坦克"的原理是利用了敷设可在红外波段上隐身的材料,如果改变材料的温度变化,可以模拟出其他车辆的红外信号。

4)隐身导弹。隐身导弹是伴随隐身飞机发展起来的,目的是降低被拦截概率,增强突防、攻击能力。1980年,美国着手准备"黎明的野鸭"计划,研制具有隐身性能的巡航导弹。20多年来,已先后研制出10余种包括AGM-137,和MGM-137隐身战术导弹等世界先进的战略战术隐身导弹。俄罗斯X-65C3反舰导弹采用减小头部雷达截面的方法来达到隐身的目的。法国生产的巡航导弹,采用翼身融合体,使用吸波材料来减少雷达截面。日本的ASM-1空对舰导弹弹翼也是用吸波材料制作的。目前,隐形导弹是隐形武器装备中最有前途的一种武器,它能够提供巨大的军事优势。根据科学家测试,隐形巡航导弹几乎不可能被及时发现并遭到反击,且能飞行1600千米以上,因此,可以从防空区以外发射,其现实威力不可小看。

## (二) 伪装技术

### 1. 伪装技术概述

伪装,是隐蔽自己和欺骗、迷惑敌方所采取的各种措施,即"隐真示假"。伪装技术,是为减少目标和背景在可见光、红外、无线电波等方面的反射或辐射能量差异而采取的各

种技术措施。

伪装的基本原理，就是调整或处理目标与背景之间的关系，减小目标与背景在光学、热红外、微波波段等电磁波波段的散射或辐射特性的差别，以隐蔽目标或降低目标的可探测性；模拟或扩大目标与背景的这些差别，以构成假目标欺骗敌方。军事伪装就是通过利用电子、电磁、光学、热学和声学的技术手段改变目标本身原特征信息，实现目标对周围背景的模拟复制，降低或消除目标的可探测性，以实现目标的"隐真"；或是模拟目标的可探测特征，仿制假目标以"示假"。

军事伪装有各种不同的分类。按其在战争中的运用范围，可分为战略、战役和战术伪装；按其所对付的侦察器材，可分为雷达波段伪装、可见光及红外波段伪装、防声测伪装等。另外，按所采用的技术，可分为传统伪装和高技术伪装。

**2. 伪装技术措施**

1）天然伪装。天然伪装技术就是充分利用地形、地物、夜暗和能见度不良天气（风、雪、雨、雾）等天然条件，隐蔽或降低目标暴露征候的一种手段。天然伪装技术主要用于对付光学（紫外、可见光和近红外）侦察，在一定条件下也能对付红外侦察、雷达侦察、声测和遥感侦察。

2）迷彩伪装。迷彩伪装就是利用迷彩技术生产的涂料、染料和其他材料来改变目标表面，达到消除或减小目标与背景之间反射或发射可见光、热红外和雷达波，以及改变目标外形，达到伪装目的。按照目标类型、背景特点和涂料技术，主要可分为保护色迷彩、变形迷彩、仿造色迷彩、光变色迷彩和多功能迷彩等。

3）植物伪装。植物伪装技术是利用种植植物、采集植物和改变植物颜色等方法对目标实施伪装的技术。由于简易有效，在现代战争中仍经常使用。如在目标上种植植物进行覆盖；利用垂直植物遮蔽道路上的运动目标；利用树木在目标地区构成植物林；利用种植植物改变目标外形和阴影（植物伪装技术）；利用新鲜树枝和杂草对人员、火炮、汽车和工事实施临时性伪装等。

4）人工遮障伪装。人工遮障伪装是利用各种制式伪装器材对目标进行遮蔽的一种手段。它由遮障面和支撑构件组成。遮障面采用制式的伪装网或就便材料编扎，制式遮障面有叶簇式薄膜伪装网、雪地伪装网、伪装伞、反雷达伪装网、反红外侦察伪装遮障和多频谱伪装遮障等。支撑遮障按其用途和外形，可分为水平、垂直、掩盖、变形和反雷达遮障五种。

5）烟雾伪装。烟雾伪装是利用烟雾遮蔽目标，迷惑敌人或使来袭制导武器失效所实施的伪装。通过散射、吸收的方式衰减光波能量，来干扰敌方光学侦察。由于发烟材料的发展，现代烟幕对雷达和红外波段同样具有干扰和遮蔽作用。同时，还可以对付激光制导炸弹等。随着纳米材料技术的发展，纳米晶体材料可用于形成新型气溶胶，具有微波、红外、光学波段的吸收能力，能全波段干扰敌方的侦察。

6）假目标伪装。假目标伪装，是指为欺骗、迷惑敌人而模拟目标暴露征候所实施的伪装。主要包括形体假目标和功能假目标两类。形体假目标主要是指仿造的兵器、人员、工事、桥梁等，目的是迷惑敌人，吸引敌人的注意力和火力，从而有效地保护真目标。功能假目标是指各种角反射器、尤伯透镜反射器、热目标模拟器、红外诱饵弹、综合红外箔

条等具有反射雷达波或产生热辐射等特定功能的假目
标。图 4-2-5 为俄罗斯制作的充气坦克。

7）灯火与音响伪装。灯火与音响伪装技术是通
过消除、降低和模拟目标的灯火与音响暴露征候，以
隐蔽目标或迷惑敌人所实施的伪装。灯火伪装分为室
内灯火伪装和室外灯火伪装。音响伪装可通过消除音
响使目标音响在达到侦听点时比环境噪声小 15 分贝。
如不能达到消除音响的要求，也应尽量降低音响，声
级每降低 6 分贝，可使侦听距离缩小 1/2。

图 4-2-5

### 3. 伪装技术的发展趋势

（1）伪装技术与武器装备一体化

现有的伪装技术大都是将伪装器材与伪装目标分开，单独设计和使用。战争的发展要
求伪装技术与各种具有高附加值的军事目标融为一体，即在研制、生产过程中，综合考虑
其外形、结构、材料和声、光、电、热等特性，以及表面涂层的使用，将伪装技术纳入其
结构之中，使武器装备的隐身化将成为伪装技术的重要发展趋势。隐身飞机、隐身舰船
等，将成为伪装技术与武器装备融为一体的典型代表。

（2）发展新型的伪装技术和器材

预计未来在继续使用、改进和完善现有伪装技术的基础上，将集中发展一系列性能更
优异的新型伪装技术和伪装器材。

1）超级植物毯。天然植物伪装可有效地对付可见光和近红外侦察，而使用人工伪装
的方法难以达到同样的效果。植物具有各种轮廓外形和空间层次感，这是人工斑点难以描
绘出来的。植物丛对电磁波具有特殊的反射、吸收效果，一般可被认为是均匀漫反射体，
而金属、塑料等人造物体表面性质则与其截然不同。所以，尽可能地采用植物伪装，是保
护伪装效果的一种有效而便宜的手段。

2）高技术迷彩。现用的迷彩只适用于特定的目标或环境，用途和效果都有限。现正
在研制一种智能迷彩系统，该系统以小斑点迷彩为基础，采用计算机辅助图形设计、配色
（空间混色）和喷涂技术制造。这种高技术迷彩是小斑点多色迷彩，即以各色小斑点相互
渗透但不均匀分布的方式组合，利用空间混色原理，形成大斑点图案。小斑点群经过空间
混色后能形成较大的斑点，而较大的斑点在更远的距离上又能混色成更大的斑点，这样可
保证在远近不同的距离上观察都有变形的效果。

3）高技术涂料。未来将研制并使用的高技术涂料主要有两种：光变色生物涂料和多
频伪装涂料。光变色生物涂料是根据变色龙的色素细胞变色的原理研制的。通过基因工
程，可以把变色基因移植到前述超级植物中去，使这些植物具有变色功能，自动适应周围
背景的变化。另外，通过细胞工程，可以培育出大量快速繁殖的藻类等简单生物，置入有
黏性的营养液中，并掺入超微粒金属粉末等电磁波吸收材料，做成新型生物涂料，喷洒在
军事目标上。这种涂料将具有极好的光学伪装性能，同时也具有红外和微波吸收特性，是
一种具有全谱段的理想的伪装涂料。

4）新型多功能伪装遮障。伪装网是实现宽频带伪装的较为简单易行的办法，但传统的伪

装网基本上只适于伪装固定不动的静止目标，对于运动中的目标只能用变形迷彩来伪装。现正在研制一种将迷彩与伪装网的特点结合起来，具有多种功能的变形遮障装置。这种遮障的伪装面采用具有光学、红外、雷达三种防护功能的伪装网制作，遮障面由几米或更小尺寸的小块组成。遮障不是将整个目标全部盖住，而是经过科学设计后，分为好几种基本形状，分别安装在目标易暴露部位或具有特殊形状的部位，和原有的迷彩有机结合，起到很好的伪装效果。

5）新型气溶胶发生剂。随着现代雷达、激光、电视和其他一些无线电制导、探测装置的发展，烟幕在现代战争中的作用越来越显著。因为烟幕对红外辐射、激光、雷达电磁波具有干扰和破坏作用，致使由红外和雷达制导的武器系统和观测装置无法工作。现正在研制新型的气溶胶发生剂，用这种发生剂形成的烟幕可以遮蔽可见光，并干扰长波长的电磁辐射，同时还保证对可见光、红外、雷达波有遮蔽作用。具体地说，这类新型气溶胶发生剂形成的烟幕在可见光波段有强的散射作用，而在探测器的红外窗口上对红外线有较强的吸收作用，同时还能强烈地反射雷达波等。

6）智能蒙皮。这是一种由具有程序控制并动态可调特性的材料制成的蒙皮。蒙皮表面由众多微机电系统元件组成。它可以传感外来红外线、近红外线、雷达等，并通过平板取向、染料抽运和粒子的取向使表面发生改变，实现与背景的良好匹配，达到伪装的效果。例如，采用智能蒙皮的潜艇，能迅速确定当时速度，并通过中央计算机控制调整，将声波信号特征减至最小。

## 三、侦察监视技术

### （一）侦察监视技术概述

侦察监视技术，是指在全时空内用于发现、区分、识别、定位、监视和跟踪目标所采用的技术。

侦察监视是军队为获取敌情、地形及其他有关作战情报而进行的活动。整个探测过程可分为六个阶段：发现、区分、识别、定位、监视和跟踪。发现，即发现目标，就是通过把目标与其背景作比较，将目标从背景中提取出来，即确定目标位置。区分，即确定目标的种类，主要是根据目标的外形和运动特征加以区分。识别，是指在探测目标过程中，对目标进行详细的辨认，即确认目标的真假、敌友及确切的种类型号。定位，即按照一定的精度，探测出目标的位置，通常包括目标的方位、高度和距离。监视，是指对目标进行严密的注视和观察。跟踪，是指对运动目标进行不间断的监视。

侦察监视技术的分类方法多种多样。根据运载侦察监视技术设备平台的活动区域不同，可分为地（水）面、水下、航空和航天侦察监视。按侦察任务、范围和作用的不同，可分为战略、战役和战术侦察监视。根据实施侦察监视技术原理的不同，可分为光学、电子和声学侦察监视。

### （二）主要侦察监视技术

#### 1. 地面侦察监视技术

地面侦察监视，是在陆地上进行的侦察监视行动。其手段除熟悉的光学侦察外，还有无线电技术侦察、雷达侦察和地面传感器侦察等。

（1）无线电技术侦察

无线电技术侦察，是指使用无线电技术器材搜集和截收对方无线电信号的侦察。它可以截收和破译敌方无线电通信信号，查明敌方无线电通信设备的配置、使用情况及战术技术性能，以此判明敌人的编成、部署、指挥关系和行动企图。无线电技术侦察具有隐蔽性好、获取情报及时、侦察距离大、不受气象条件限制和不间断地对敌进行侦察等优点，但也受到敌无线电通信距离、器材性能和采取的各种隐蔽措施所制约。

无线电技术侦察的方式，主要包括无线电侦收、无线电侦听和无线电测向等。无线电侦收，是使用无线电收信器材接收敌方无线电通信信号并从中获取情报的方法。无线电侦听，是使用无线电收信器材收听敌方无线电通话并从中获取情报的方法。无线电测向，是利用无线电测向设备确定正在工作的无线电台的方位。

（2）雷达侦察

雷达侦察，是使用雷达设备，利用物体对无线电波的反射特性测定目标距离、速度、方位的侦察方法。具有探测距离远、测量精度高、能全天候使用等特点。它是目前应用非常广泛的一种侦察方法。

雷达的种类很多，按任务或用途可分为警戒、引导雷达和武器控制雷达等。比如，对空情报雷达，主要包括对空警戒雷达、引导雷达和目标指示雷达，是用于搜索、监视和识别空中目标的雷达；对海警戒雷达，安装在各种水面舰艇或海岸、岛屿上，是用于对海面目标进行探测的雷达；机载预警雷达，是预警飞机的专用雷达，它可以探测、识别各种高度上的空中目标和地（水）面目标，引导己方飞机作战等；弹道导弹预警雷达，主要用来发现战略弹道导弹的发射，并测定其瞬时位置、速度、发射点、弹着点等弹道参数，为预警、防御和反导提供必要的信息。

（3）地面传感器侦察

地面传感器，是指对地面目标运动所引起的电磁、磁、声、地面振动和红外辐射等变化量进行探测，并把它们转换成人能识别与分析的图像及电信号的设备。地面传感器通常由探测器、信号处理电路、发射机和电源四个部分组成。其设置方法主要有人工埋设、火炮发射和飞机空投等方式，具有受地形限制小、结构简单、便于使用和易于伪装，以及容易受干扰等特点。目前，使用比较广泛的有震动传感器、声响传感器、磁性传感器、应变电缆传感器、红外传感器等。

1）震动传感器。是利用地面扰动波来探测目标，是使用最为普遍的一种传感器。其主要优点是探测灵敏度高，距离远。通常可有效探测到 30 米以内运动的人员和 300 米范围内运动的车辆，具有一定区分目标的能力。能有效地区分人为扰动还是自然扰动、人员还是车辆，但不能识别是徒手人员还是全副武装人员，是轮式车辆还是履带式车辆等。

2）声响传感器。其工作原理与麦克风相同，也是一种使用比较广泛的传感器。由于它能重现目标运动时所发出的声响特征，所以其特点是识别目标能力强。如运动目标是人员，则能直接听到他的声响和讲话内容，易于判明其国籍和身份；如运动目标是车辆，则根据声响判定车辆的具体类别。探测范围大，通常对人与人之间的正常音量对话，探测范围可达 40 米，对运动车辆的探测可达数百米。

3）磁性传感器。它利用磁场的变化探测目标。其特点是具有较强的目标识别能力。能区别徒手人员、武装人员和各种车辆。对目标探测速度快，通常速度为 2.5 秒。但由于受能源限制，其探测范围小，对武装人员 3～4 米，对运动车辆 20～25 米。

4）应变电缆传感器。它利用应变钢丝的变形引起阻值变化来探测目标。其探测范围与电缆布设长度相等，通常在 30 米左右。只能人工埋设，野战使用受限，但在边海防和特殊设施预警上使用方便，速度快，通常为 2.5 秒，可靠性高，能较好地识别人员和车辆。

5）红外传感器。它利用钽酸锂受热释电的原理来探测目标。具有体积小，隐蔽性能好，探测速度快等特点。但只能进行人工设置，限于探测器正面的扇形区域，也不具备识别目标性质的能力。

**2. 水下侦察监视技术**

水下侦察监视，是利用水下侦察监视设备来探测水下的各种目标。它是现代侦察监视系统的重要组成部分。

（1）水下侦察监视装备的类型

水下侦察监视装备大体可分为两类，即水声探测设备和非水声探测设备。水声探测装备，主要有声呐、水下噪声测量仪、声线轨迹仪、声速仪等；非水声探测装备，主要有磁探仪、红外线探测仪、废气探测仪等。目前，水下侦察监视网络是以水声探测为主构成的，非水声探测设备作为补充得到了较快的发展。

（2）声呐

声呐，是利用声波对水中目标进行探测、定位和识别的水声探测装备。它是最主要的水下侦察监视装备，俗称水下"千里眼"、"顺风耳"。

1）声呐按其工作方式分为主动式和被动式两种。

主动式声呐，主要由发射机、换能器、接收机、显示器、定时器和控制器等组成。发射机产生电信号，经换能器，把电信号变成声信号向水中发射，声信号在水中传递过程中，如遇到目标，则被反射，返回的声信号被换能器接收后，又变成电信号，经接收机放大处理，就会在显示器的荧光屏上显示出来。可见，主动式声呐需要主动地向海中发射声信号，测定目标方位和距离。它能够探测静止无声的目标，但同时也很容易被敌方侦听，使自己暴露。另外，侦察距离也比较近。

被动式声呐，主要由换能器、接收机、显示控制台等组成。当目标在水中、水上航行时，所产生的噪声被换能器接收变成电信号，传给接收机，经放大处理再传送到显示控制台进行显示。可见，被动式声呐不主动发射声信号，只接收海中目标发出的噪声信号，从而发现目标，测出目标方向和判别目标性质。它隐蔽性、保密性好，识别目标能力强，侦察距离较远，但不能探测静止无声的目标，也不能测定目标距离。

2）声呐根据使用对象不同，可分为水面舰艇声呐、潜艇声呐、航空声呐和海岸声呐等。

水面舰艇声呐。水面舰艇难以隐蔽，为了探测水中障碍，与己方潜艇进行水声通信，特别是为了避免遭受潜艇攻击和反潜作战的需要，水面舰艇往往装有几种不同类型的声呐，包括搜索、射击指挥、探雷、测深、侦察识别、通信等。

潜艇声呐。潜艇隐蔽于水下，对声呐的依赖程度高于水面舰艇。潜艇为了搜索、发现、区分、识别、监视和跟踪水面舰艇、潜艇等目标，探测水雷等水中障碍及进行水下通信和导航，通常装有多种类型的声呐。如噪声测向仪、回声定位仪、侦察仪、探雷器、水下敌我识别器、水下通信仪、声速测量仪、声线轨迹仪、测深仪和测冰仪等。

航空声呐。主要用于直升机对潜艇实施搜索、发现、区分、识别、监视和跟踪。航空声呐包括吊放式声呐、拖曳式声呐和声呐浮标系统三种。其中，吊放式声呐，便于对大面积海区实施搜索，能较迅速地查明有无潜艇活动。拖曳式声呐，航空拖曳式线列阵声呐收放十分方便，阻力小，搜索效率高。有些水成舰艇也装备反潜预警用的拖曳线列阵声呐系统，将数百个换能器组装在拖缆上，组成长达数百米的线阵，放到 1000 米水深层，具有远距离侦察能力。声呐浮标，适用于对大面积海域的搜索，使用比较便捷。反潜直升机先将若干声呐浮标按一定的要求投布于搜索海面，之后飞机在上空盘旋，接收和监听浮标系统发现并发射的目标信息，由此分析判断，确定潜艇等目标的准确位置。

海岸声呐。在港口附近的海区、重要海峡和航道，设置的固定换能器基阵，以此来实施对潜警戒，并引导岸基或海上的反潜兵力实施对潜攻击。海岸声呐的工作方式通常以被动式为主，其隐蔽性能好、探测距离较远，但体积庞大，安装维修困难，特别是易受气象条件和海底地质情况的影响。

**3. 航空侦察监视技术**

航空侦察监视，是指使用航空器对空中、地面、水面或水下情况进行的侦察。由于航空侦察具有灵活、机动、准确和针对性强等特点，它既是获取战术情报的基本手段，也是获取战略情报的重要过程，即使有了侦察卫星，航空侦察也仍是不可缺少和不可代替的。

（1）航空侦察监视设备

航空侦察监视设备，主要有可见光照相机、多光谱照相机、激光扫描相机、红外扫描装置、电视摄像机、合成孔径雷达和机载预警雷达等。

1）可见光照相机。它是利用普通黑白和彩色胶片作为感光组件的照相机。根据结构可分为画幅式、航线式和全景式三种。

2）红外照相机。与可见光照相机的原理相同，所不同的是它采用只能透过红外辐射的锗制镜头，而且要采用对红外辐射敏感的专门的红外胶卷。根据所拍摄的红外黑白照片的色调变化或红外彩色照的色彩变化，识别和发现隐蔽的目标。它具有在夜间或浓雾等不良条件下拍摄远距离影像的能力。

3）多光谱照相机。它是把电磁波划分成几个窄的谱段，用几台照相机（可以是一架多镜头照相机或多架单镜头相机或光束分离型多光谱相机）同时对同一地区拍照，得到同一地区的几个谱段的成套照片，经适当处理比较，就可将目标进行分类和区别。它最大的优点在于能够剥去绿色植物伪装，发现军事目标。

4）激光扫描相机。它利用激光良好的相干性实现非透镜成像，主要用于低空和夜间摄影。由激光器、发射机、接收机、视频信号存储和显示设备组成。它的优点是照片生动逼真、立体感强、分辨率高、容易判读。

5）红外扫描装置。它是利用光学扫描技术和对中、远红外辐射敏感的半导体材料，将目标辐射的红外能量转变成电信号，进行放大处理后再转变成可见光图像。根据提供图像的方式不同，有红外扫描相机、前视红外系统和热像仪等。

6）电视摄像机。它是把光学图像转换成便于传输的视频信号。常用的主要是反束光导管型多通道电视摄像机。电视摄像机具有体积小、重量轻、没有机械传动部件、易获得地面遥感数据，而且对光照度要求低、分辨率比较高等特点。

7）合成孔径雷达。它是利用雷达与目标的相对运动，把尺寸较小的真实天线孔径，用数据处理的方法，合成一较大的等效天线孔径雷达。它具有分辨率高，能全天候工作，能有效地穿透某些掩盖物识别伪装等特点，但图形几何畸变较大，判读困难。

8）机载预警雷达。它是预警飞机的主要电子设备，主要包括脉冲多普勒雷达和相控阵雷达。脉冲多普勒雷达，是利用多普勒效应探测运动目标，具有盲区小，对低空、超低空目标的探测距离远、机动性强等特点。目前，正在研制新一代相控阵雷达，是电扫描相控阵天线利用计算机控制相位的方法实现波束的扫描，具有扫描灵活、可靠性高、抗干扰能力强、对载机气动影响小和有利于隐身等优点。

图 4-2-6

（2）航空侦察监视平台

航空侦察监视平台，主要包括有人驾驶侦察机、侦察直升机、无人驾驶侦察机和预警机。图4-2-6 为日本海上自卫队 EP-3C 电子侦察巡逻机。

1）有人驾驶侦察机。从设计上分为两类：一是专门设计的侦察机，其特点是生存能力强，侦察容量大、精度高；二是由各型飞机改装的侦察机。比如，由运输机和轰炸机改装的侦察机主要用于完成战略、战役侦察任务；由歼击机、歼击轰炸机改装的侦察机主要用于完成战术侦察任务。

2）侦察直升机。它可依靠视觉和各种光学观察设备进行直接观察，还普遍装备了航空照相机、电视摄像机、红外扫描装置等侦察监视设备。其优点是有利于对地面进行更细致、更准确的观察，能够在空中旋停，可以在己方空域直接监视敌战术纵深内的活动目标。

3）无人驾驶侦察机。它能够携带可见光照相机、电视摄像机、前视红外遥感器及侧视雷达等侦察设备，具有成本低、可靠性高、体积小和机动灵活等特点。但在地面需要维护保养和测试时操作比较复杂，地面对飞机的控制信号及飞机向地面传送侦察的数据易受到电子干扰。无人与有人驾驶侦察机只能互为补充，而不能相互取代。

4）预警机。它是航空侦察监视系统的重要组成部分，起到了活动雷达站和空中指挥中心的作用，由载机和电子系统组成。电子系统包括监视雷达、数据处理、数据显示与控制、敌我识别、通信、导航和无源探测等。能够引导各种飞机进行作战、为战区指挥员提供各种作战情报。它具有监视范围大、生存能力强、指挥控制能力强等特点。

**4. 航天侦察监视技术**

航天侦察监视，是指使用有侦察设备的航天器在外层空间进行的侦察。随着航天技术的发展，航天侦察监视已经不仅能满足战略情报的需要，而且也能满足战役、战术情报的需要，具有轨道高、速度快、范围广和限制少等优点。还可根据需要长期、定期、反复、连续地监视全球或某一地区，能在较短的时间内实时地提供侦察情报。

航天侦察监视的分类，按是否载人，可分为卫星侦察和载人航天侦察（卫星侦察是主要方式）；按任务和侦察设备可分为照相侦察卫星、电子侦察卫星、导弹预警卫星和海洋监视卫星等。

（1）照相侦察卫星

照相侦察卫星，是侦察卫星中发展最早、发射最多的卫星，同时是航天侦察监视任务的主要承担者。它同时使用可见光相机、红外相机、多光谱相机及电视摄像机等不同种类侦察设备，可以优势互补。有的照片直观，易于判读；有的能识别伪装；有的便于识别更多的目标；有的可进行近乎实时的传送。目前，只有少数国家能够发射并回收照相侦察卫星，又以美国水平最高，历史最长，已经发展到第六代。前三代，分为普查和详查型两种；到了第四代，一颗卫星既可普查，又能详查；第五代实现了图像传输的数字化；第六代带有更先进的光电遥感器，进一步提高了夜间侦察能力和情报信息的准确性，据称其地面分辨率达 0.1 米，同时还具有截获电子信号的侦察能力和变轨能力。

（2）电子侦察卫星

电子侦察卫星是航天侦察的主要平台之一。为保证电子侦察卫星的寿命，其高度不能太低；但为保证侦察效果，又不能太高。一般高度在 300～1000 千米。电子侦察卫星上装有侦察接收机和磁带记录器，当卫星飞经敌方上空时，将接收的各种频率的无线电信号记录在磁带上，当卫星飞经本国地球站上空时，再回放磁带，以快速通信方式将信息传回。主要任务包括：一是侦察对方雷达的位置、使用频率等性能参数，为实施电子干扰和战略轰炸机、弹道导弹的突防提供依据；二是探测对方军用电台和发信设施的位置，以便窃听和破坏。侦察卫星具有天线覆盖面积大、侦察范围广、持续时间长、手段优越和安全等特点。

（3）预警卫星

预警卫星，用于监视、发现和跟踪敌方战略弹道导弹的发射及其主动段的飞行，并提供早期预警信息。此外，还兼顾有探测核爆炸的任务。它利用红外探测器，探测导弹在主动飞行期间发动机尾焰的红外辐射，为保证不"虚惊"、误报，还使用电视摄像机加以配合，准确地判明导弹发射。预警卫星属地球同步卫星，通常由 3 颗预警卫星组成预警网，每颗卫星负责地球表面的三分之一区域。一旦有导弹发射，卫星上的红外望远镜在导弹发射后约 90 秒时就能探测到尾焰产生的红外辐射信号，并传送到地面站，然后又传送到指挥中心。此过程仅需 3～4 分钟，能为己方争取 15～30 分钟的预警时间。海湾战争中，美国利用预警卫星，使"爱国者"导弹成功地拦截了伊拉克的"飞毛腿"导弹。

（4）海洋监视卫星

海洋监视卫星，主要用于探测、监视海面状况和舰船、潜艇活动，侦收舰载雷达信号和窃听舰船无线电通信。能在全天候条件下鉴别舰船的编队、航向和航速，并能探测水下核潜艇的尾流辐射等，还可为舰船的安全航行提供海面状况和海洋特性等重要数据。它具有覆盖海域广阔、能探测运动目标、轨道高，以及由多颗卫星组网等特点。

## 四、电子对抗技术

### (一) 电子对抗技术概述

电子对抗，是为削弱、破坏敌方电子设备（系统）的使用效能，保护己方电子设备（系统）正常发挥效能而采取的各种措施和行动的统称。

#### 1. 电子对抗技术的发展

电子战的发展大体经历了四个阶段。

第一阶段是 20 世纪初至第二次世界大战结束之前。此间电子战斗争的核心是针对早期的无线电通信、导航和典型的脉冲雷达，发展了电子侦察、噪声干扰及消极干扰设备，奠定了电子战的基本。1914 年，英舰"洛罗斯塔"号在地中海发现并跟踪德国巡洋舰"格义班"号和"布瑞斯劳"号，由于德舰成功地干扰了英舰对基地的无线电通信，并利用大雾作掩护，从而摆脱了英舰的跟踪，安全脱险。

第二阶段是第二次世界大战后至 20 世纪 70 年代。此间雷达技术迅猛发展，火控雷达和各种导弹的广泛应用，促进电子对抗技术全面发展。新的综合性电子对抗系统（如反辐射导弹、电子战飞机、投掷式遥控干扰机及光电对抗和水声对抗装备）得以迅猛发展。1943 年 7 月底，英军空袭德国汉堡时，首次使用消极干扰器材，大量的金属箔条使德军防空雷达的荧光屏上充满了虚假信号，为此无法控制火炮瞄准射击，歼击机无法实施拦截，英军完全掌握了主动权。这次空袭，持续了 10 天，英军共出动飞机 3095 架次，仅被击落 87 架。

第三阶段是 20 世纪 70 年代以后，电子技术特别是数字技术、微小型计算机技术等新技术的运用，使电子对抗装备向数字化、自动化、多功能、自适应的综合电子对抗系统发展，除自卫式、被动式电子战装备外，用于主动攻击和硬杀伤型的电子战装备得到进一步发展。越南战争初期，由于美军缺乏对地空导弹的电子干扰设备，很多飞机被越南北方的地空导弹击落。为了减少损失，美国紧急动员了几十家公司、研究部门和大专院校，设计和制造了大量电子干扰设备和器材，装备飞机上使用，使导弹的命中率大幅度下降。据美国公布的统计数字，1965 年越南击落一架飞机平均发射 15 枚导弹，而 1972 年则需发射 86.6 枚导弹才能击落一架飞机。

在通信对抗不断发展的同时，出现了导航对抗，雷达对抗也迅速兴起。一些国家相继建立了电子对抗专业部队，研究发展了有源干扰技术和无源干扰技术，生产了多种电子对抗设备和器材，并用于实战。

第四阶段是 20 世纪 80 年代，特别是 1990 海湾战争后，电子对抗开始进入第四个发展阶段。在电子战方面，海湾交战，实际上是从空前的电子战开始的。美军使用了 EF-111、EC-130 和 EA-6B 等电子作战飞机，在发动首次空袭前即对伊军电子设备实施电子干扰，压制伊军通信和预警雷达系统，使其失灵，保证多国部队空袭的突然性。这个发展阶段，无论从对电子对抗的认识上，还是从电子对抗装备的更新方面，均出现了全面发展的势头，展现出电子对抗具有广阔的发展前景。

### 2. 电子对抗的主要内容

电子对抗主要围绕着电子侦察、电子干扰、反侦察和反干扰几个方面展开。电子侦察主要通过平时和战时进行，一般可分为战术侦察和战略侦察两类。前者主要利用电子设备查明对方电子设备的技术性能，如工作体制、频率、脉冲宽度、重复频率及功率等，为采取对策和实施干扰提供战术和技术依据；后者主要是利用电子设备查明对方电子设备的类型、数量、位置、部署和变动情况，以获取相关军事情报，为制定作战预案和实施攻击提供决策参考。

## （二）几种主要电子对抗形式

### 1. 雷达对抗

雷达对抗是电子对抗的一个重要组成部分，是为削弱乃至破坏敌方雷达使用效能，保护己方雷达正常发挥效能而采取的各种措施和行动的统称。一方想方设法摸清对方的雷达频谱和工作特性，以进行必要的干扰，使对方雷达迷盲，武器失控；另一方则千方百计隐蔽自己，以免遭对方探测和干扰，从而保证己方雷达始终处于正常工作状态。雷达对抗主要包括雷达侦察和雷达干扰两个部分。其中，雷达侦察是进行雷达对抗的前提。

### 2. 光电对抗

光电对抗是电子战的一个重要方面，是作战双方在光频波段进行的一种电磁斗争。一方利用各种手段侦察、破坏和削弱对方光电技术装备的效能；另一方则千方百计采取一系列对抗措施消除各种干扰，以保证己方光电技术装备的正常工作。光电对抗包括光电侦察、光电干扰和反光电侦察与干扰三个方面。第四次中东战争中，以色列用58枚电视制导的"小牛"导弹，击毁了52辆前苏制坦克。海湾战争中，激光制导炸弹由于精度高而成为攻击巴格达城中的军事目标和桥梁的首选武器。光电对抗可以有效地破坏或削弱对方光电装备的使用效能。1972年美军飞机曾在越南没有光电干扰的情况下，在两小时内用20枚激光制导炸弹摧毁了17座桥梁。可是后来，在美机轰炸河内安富发电厂时，由于越南采取了施放烟幕和喷水等干扰措施，美军投下的几十枚激光制导炸弹无一命中目标，仅有一枚落在围墙附近。光电对抗，就是作战双方在光频段进行的电磁斗争，即利用光电设备或器材，通过光波的传输作用获取对方光电子装备的信息，削弱、破坏对方光电子设备效能和保障己方光电子设备正常工作的技术措施，光电对抗包括光电侦察与反侦察、光电干扰与反干扰等内容。

### 3. 无线电通信对抗

无线电通信对抗是电子对抗的重要组成部分。它是敌对双方利用无线电通信设备及专门的通信对抗设备，在无线电通信领域进行的电磁斗争，目的是获取敌方的情报，限制和破坏对方的无线电通信设备的使用，使对方无线电通信设备的效能降低或完全丧失，从而使其通信中断、指挥失灵、协同失调，以及隐蔽己方的军事情报，保障己方的通信设备正常使用。由于无线电通信是军队战时通信的主要手段（有时是唯一的手段），因此，扰乱敌人的无线电通信与保持己方无线电通信的顺畅，必然受到作战双方的高度重视。基本内容包括对无线电通信的侦察和反侦察、干扰和反干扰、摧毁和反摧毁。

**4. 红外干扰**

红外干扰是对付红外制导导弹的一种手段，常有红外诱饵等。红外诱饵也称假目标干扰，是一种可从飞机、舰艇、地面发射，通过辐射强大红外能量诱骗来袭导弹的一种欺骗方式。红外诱饵弹分为烟火型诱饵弹、复合型诱饵弹和塑料型诱饵弹等。

**5. 激光干扰**

激光干扰主要是对激光制导武器进行干扰和欺骗。用一部或多部激光干扰机通过侦察进行频率瞄准，然后发射激光干扰波，利用大气对激光的散射效应，在空间形成许多杂乱的激光散射波，干扰敌激光目标指示器等光电接收设备，使其传感器失灵。

**6. 水声对抗**

水声对抗亦称声呐对抗，是为削弱、破坏敌方水声设备和声制导武器的使用效能，保护己方水声设备和声制导武器正常发挥效能而采取的各种措施与行动的统称。一方想方设法侦察对方的潜艇和声自导鱼雷；另一方则千方百计降噪隐身，进行水声对抗；以免遭对方探测和攻击。

## （三）电子对抗的发展趋势

现代电子战装备发展的技术基础是超高速集成电路、微波集成电路、人工智能、人工神经网络、并行处理技术、光纤数据总线、高级程序语言和隐身技术等高新技术成果。电子对抗将面临宽频带、高精度、低截获概率、多模式复合、多信号格式、多技术体制的电子威胁，并要面对全高度、全纵深、全方位的作战空域，必须具有快速应变的作战能力。其发展趋势主要表现在以下几个方面。

图 4-2-7

**1. 电子对抗的电磁频谱范围将从射频段向空频段发展**

雷达侦察技术向扩展频段、提高测向/测频精度、增强信号处理能力方面发展。20 世纪 80 年代研制使用的电子侦察装备的工作频率为 0.5～0.8 吉赫，90 年代研制使用的电子侦察装备的工作频率扩展到了 40 吉赫。根据国外现役及研制中的电子侦察设备情况，可以预测 21 世纪初电子电磁斗争频谱将从射频段向全频段发展，电子侦察装备的工作频率可扩展到 0.05～140 吉赫。近几年来国际上的局部战争和军事冲突表明，一个军队不具备电子对抗能力，就难以适应现代战场激烈的电子对抗环境。例如，在 1999 年的科索沃战争中，北约为了取得制电磁权，广泛实施电子战。电子战飞机的出动架次占到空袭飞机总出动量的 30% 以上。北约用 38 架 EA-6B 电子战飞机对南联盟的预警雷达和火控雷达实施"致盲"干扰，用 3 架 EC-130H 大功率干扰机轮流升空对南联盟 20～1000 兆赫频率范围内的无线电指挥通信系统实施"致聋"干扰。每次空袭开始时都首先实施电子对抗，派出多架 EA-6B "徘徊者"电子战飞机（图 4-2-7）对预定空袭区域进行强电磁定向干扰，压制、破坏或摧毁南军电子辐射源，干扰其通信联络，使其处于信息遮蔽状态，无法有效地组织与实施反空袭作战行动。而南联盟军队则广泛实施防御电子战，如在保持无线电静默的同时，让其电子侦听部队认真监听北约的指挥通信。南军防空雷达短时开机的电子战战术也很奏效。由于南军适时采用这种战术，北约未能侦测到"萨姆-3"型防空导弹雷达的开机信号，造成了F-117被击落的严重损失。

**2. 电子对抗的手段将从传统的单一手段向综合一体化、通用化方向发展**

在现代战争中，战场上的电磁环境日益复杂，以往那种彼此分立、功能单一的电子战装备已远远不能适应作战需要了，一体化和通用化已成为当前电子战装备发展的重点和未来电子战装备的发展方向。

所谓一体化，就是将功能相近、相互关联的数个设备组合成一个系统，从而简化系统，实现资源共享，提高电子战装备的信息综合能力和快速反应能力，同时对付多种威胁。如美军的F-4G"野鼬鼠"电子战飞机，将雷达告警系统、双模干扰吊舱、箔条和闪光弹投放系统、反辐射导弹发射系统与机上的雷达、导航、显示等电子系统组合成一个有机整体，对敌方雷达告警、识别和精确定位，然后酌情施放电子干扰软杀伤或发射反辐射导弹硬摧毁。

所谓通用化，是指电子对抗系统的设备普遍采用标准化的模块结构，通过组建多种作战平台通用的弹性系统骨架，使不同的系统、设备之间尽可能拥有相同的电子模块，相互之间可以通用，根据不同的对抗对象快速组装成功能不尽相同的电子战装备。这样，避免了设备的重复研制，降低了成本造价，减少了设备、器件的种类，简化了系统的后勤保障和技术维护，并最终有效地提高电子对抗系统的反应速度和作战效能。例如，美国

图 4-2-8

现装备使用的电子对抗设备的型号达 200 多种，这些装备的设计、生产和维护极为复杂。而目前美军 F-15 战斗机（图 4-2-8）上所使用的 AN/ALQ-135 电子干扰系统，以及新研制的 AN/ALQ-165 电子干扰系统，则都遵循了新的模块化设计原则。法国研制成功的 TMV-433 电子战装备，既可用于舰船、潜艇上，又可用于直升机、巡逻机和海岸上，并能够根据作战平台不同，调整系统组件。

**3. 电子对抗的重点将向军事信息网络和反精确制导武器方向发展**

电子对抗的对象是较广泛的，其中主要目标是指挥、控制、通信、计算机、情报、监视、侦察系统，防空（指挥）雷达系统，武器制导（指挥）系统等。这些系统中最重要的是军事信息网络，是指一个开放的系统架构，它提供所有军事信息设施的互联互通，并集合不同军兵种和分布于不同地域的军事力量，为完成每一个特定任务动态构成战略/战术虚拟组织，进行实时和时空一致的协调和组织。传统战争是以平台中心为支撑，增加或提高一个实体的潜在价值遵从加法原理，它高度依赖于将各个实体连接起来的"网"的性质。现代战争是体系对体系的战争，而不是平台之间的战争，体系作战的本质是各种平台之间的联合，因而对信息优势的依赖程度日益提高。一个安全的、可操作的网络能增加每一个或所有网络节点的价值，网络能力的提高对潜在价值的影响遵从乘法原理。因此，以网络为依托的战争必将取代以平台为支撑的战争。网络技术是"网络的网络"、"系统的系

统”，将实现信息快速收集、处理和共享，并转化为指挥的快速、武器系统打击和拦截的快速，转化为战场上的优势。干扰敌军事信息网络可使敌整体作战能力遭到削弱乃至瘫痪，它比干扰敌单个武器有更大的作战效能。例如，1988 年 11 月 2 日，美 24 岁博士生罗伯特莫斯编制了一种称为"蠕虫"的病毒程序，偷偷输入美国国防部、军事基地、大学、私人公司，一夜间从美国的东海岸传到西海岸，美国国防部 8500 台计算机中有 6000 台染上了病毒，不得不关机。海湾战争前伊拉克从法国购买用于防空系统的新型电脑打印机，准备通过安曼偷运巴格达，美情报部门获悉后即派特工把一套带有计算机"病毒"的同类芯片偷换至该打印机内，在战略空袭前以无线电遥控技术将"病毒"激活，使伊军防空指挥系统发生混乱。1999 年 3 月 31 日，北约指挥控制系统的互联网址及电子邮件信箱受到南联盟黑客的侵袭，电子邮件服务器被阻塞；4 月 4 日，北约的计算机通信网因受到"梅利莎"、"疯牛"等病毒攻击而一度陷入瘫痪，美海军陆战队所有作战部门电子邮件系统均被"梅利莎"病毒阻塞，美"罗斯福"号航母的计算机也曾瘫痪 40 分钟。

精确制导武器具有极高的命中率和作战效能，在历次局部战争中都发挥了重要作用。在海湾战争中，其对要害目标的打击精度和杀伤威力非同凡响，使其成为海湾战争的三大支柱之一；科索沃战争及"9·11 事件"后对阿富汗的军事打击中，精确制导武器同样是美军的制胜法宝。精确制导武器的命中率取决于其的制导系统，由电磁波、红外或激光传感器来引导，因此，对付它的最有效手段就是电子对抗，尤其是综合电子对抗系统。可以预见，精确制导武器势必成为高技术战争中广泛应用的主要杀伤性武器系统，一批围绕制导与反制导斗争的新电子对抗装备或系统，将成为电子对抗技术发展的重要内容。

**4. 电子对抗的领域将不断扩展，新样式不断出现**

在高新技术的推动下，电子对抗装备将不断更新，电子对抗领域将不断拓展。计算机病毒战将成为电子战的新领域；定向能武器可望成为电子战的又一"拳头"；电磁脉冲弹可能成为电子设备的新"克星"；网络战将成为信息争夺的重要平台。

## 五、航天技术

航天技术，是指将航天器送入太空，以探索、开发和利用太空及地球以外天体的综合性工程技术，又称空间技术。它是 20 世纪人类认识和改造自然进程中最有影响的科学技术之一。

### （一）航天技术概述

**1. 航天技术的组成**

航天技术主要由航天运载器技术、航天器技术和航天测控技术组成。

1）航天运载器技术。它是航天技术的基础，常用的运载器是运载火箭。运载火箭主要由动力系统、控制系统、箭体和仪器、仪表系统组成，通常分为单级运载火箭和多级运载火箭。

2）航天器技术。航天器是在太空沿一定轨道运行并执行一定任务的飞行器，亦称空间飞行器。通常分无人航天器和载人航天器两大类。无人航天器，按是否环绕地球运行又分为人造地球卫星和空间探测器等。人造地球卫星，按用途分为科学卫星、应用卫星和技术试验卫星等。空间探测器，按探测目标分为月球探测器、行星（金星、火星等）探测器和星际探测器。载人航天器，按飞行和工作方式分为载人飞船、空间站和航天飞机等。载人飞船可分为卫星式载人飞船、登月式载人飞船和行星际载人飞船等，我国发射的"神舟"飞船就是卫星式载人飞船。空间站可分为单一式空间站和组合式空间站。

3）航天测控技术。航天测控技术，是对飞行中的运载火箭及航天器进行跟踪测量、监视和控制的技术。为了保证火箭正常飞行和航天器在轨道上正常工作，除了火箭和航天器上载有测控设备外，还必须在地面建立测控（包括通信）系统。地面测控系统由分布全球各地的测控台、站及测量船组成。航天测控系统主要包括：光学跟踪测量系统，无线电跟踪测量系统，遥测系统，实时数据处理系统，遥控系统，通信系统等。

**2. 航天器飞行的基本条件**

目前，将航天器送入外层空间的手段和运载工具有两种：一是多级火箭运载；二是航天飞机向近地轨道运载和布放。不论采用哪种手段和运载工具。要使航天器在太空飞行，必须具备：

1）一定的速度。从地球上将航天器发射上天，使其沿一定轨道运行而不落回地面，必须借助运载火箭的推力产生足够大的飞行速度，航天器才能冲破地球引力和空气的阻力，飞向太空。根据对航天器的不同运行要求，通常将航天器运行速度分为第一、第二、第三宇宙速度。第一宇宙速度：又叫环绕速度，指航天器（地球上的物体）绕地球作圆轨道运行而不落回地面所必须具有的速度为 7.9 千米/秒。第二宇宙速度：又叫脱离速度。航天器运行速度大于环绕速度时，将沿椭圆轨道运行。当发射速度增加到 11.2 千米/秒时，航天器将挣脱地球引力，成为一颗绕太阳运行的人造行星。第三宇宙速度：又称逃逸速度。当运行速度达到 16.7 千米/秒时，航天器将脱离太阳系，进入茫茫宇宙深处。

2）一定的飞行高度。地球周围有稠密的大气层，空气密度与距地面的垂直高度成反比。在距地面 100 千米的高度上，空气密度约为海平面的一百万分之一；在 200 千米高空，空气密度只有海平面的五亿分之一。航天器运行轨道太低时，与空气摩擦产生高温，会将航天器烧毁，空气的阻力也会使航天器运行速度下降而陨落。因此，要使航天器在空间轨道上安全运行，除必要速度外，运行高度通常在 120 千米以上。

**3. 航天器的运行轨道**

航天器行轨道是其运行时质心运动的轨迹，由其入轨点位置、入轨速度和入轨方向决定。

1）轨道参数。人们为了说明航天器运行轨道的形状、在空间的方位及其在特定时刻所在的位置，常用以下轨道参数来描述：一是轨道形状和高度。绕地球运行的航天器轨道形状有圆轨道和椭圆轨道两种。航天器到地球表面的垂直距离，称为航天器的轨道高度。沿圆轨道运行的航天器只有一个高度参数；沿椭圆轨道运行的航天器在轨道上离地面最近的位置叫做近地点，离地面最远的位置叫做远地点，这两个点到地面的垂直距离分别称为近地点高度和远地点高度。根据执行任务不同，航天器可以选用不同形状、不同高度的轨道。二是轨道周期，即航天器在轨道上绕地球运行一周所用的时间。航天器高度越高，速度越慢，周期也就越长。三是轨道倾角，即航天器绕地球运行的轨道平面与地球赤道平面之间的夹角。它用地心至北极的方向与轨道平面正法向之间的夹角度量。倾角小于90度的轨道，航天器自西向东顺着地球自转方向运行，称为顺行轨道；倾角大于90度的轨道，航天器自东向西逆着地球自转方向运行，称为逆行轨道；倾角为0度的轨道，航天器始终在赤道上空飞行，称为赤道轨道；倾角为90度的轨道，航天器飞越地球两极上空，称为极轨道。

2）常用轨道。常用轨道主要有：一是地球同步轨道。轨道周期与地球自转周期（23小时56分4秒）相同的航天器轨道称为地球同步轨道。此时航天器每天在同一时刻经过地球同一地方的上空。对于轨道周期与地球自转周期相同、倾角为0度的航天器轨道，则称为地球静止轨道。在这种轨道上的卫星，高度为35786千米，星下点（卫星和地心连线与地面的交点）轨迹为赤道上的一个点，从地面上看好像静止不动，故称为静止卫星。通信、气象、广播电视等卫星，通常采用地球静止轨道。二是太阳同步轨道。轨道平面绕地轴的旋转方向和周期，与地球绕太阳的公转方向和周期相同的航天器轨道，称为太阳同步轨道。在这种轨道上运行的卫星，每次从同一纬度地面目标上空经过，都保持同一地方时、同一运行方向，具有相同的光照条件，因此可在同样条件下重复观测地球。气象、地球资源等卫星，通常采用这种轨道。三是极轨道。倾角为90度的航天器轨道称为极轨道。在极轨道上运行的卫星，每圈都经过地球两极上空，其星下点轨迹可覆盖整个地球。气象、地球资源、侦察等卫星，通常采用这种轨道。

**4. 航天技术的发展状况**

航天运载系统技术是航天技术的关键，它是能把航天器、宇航员或物资等有效载荷从地面运送到太空预定轨道或将有效载荷带回地面的运载系统技术。随着航天运载系统技术的发展，为各种航天器提供了强大的动力装置。大多数航天器的运载器是多级火箭。

（1）火箭的故乡在中国

人类的航天史是一部激动人心的伟大史诗，它集中了全人类的智慧、勇气和创造力；而这部史诗的开篇就在中国，因为航天的工具是中国人发明的。

图4-2-9

"火箭"这个词最早出现在三国时期（公元220～265年），当时的火箭就是在普通箭的箭杆前部绑上易燃物，点燃后用弓弩射出去。后来，随着火药的发明，到了南宋孝宗年代（公元1163～1189年），出现了靠自身喷气推进的火箭雏形。明代《武备志》中就刊载了靠喷气推进的原始火箭的图形。

中国古代的发明家们发明了各种各样的火箭武器，如一窝蜂、震天雷、神火飞鸦、火龙出水（图4-2-9）、震天雷炮、飞空沙筒、万人敌等。其中，一窝蜂是多发火箭，火龙出水是最早的多级火箭。在明代，中国还出现了一位举世闻名的航天先行者——万户。为了实现人类遨游太空的梦想，万户献出了他宝贵的生命。

（2）现代火箭的发展

现代火箭的发展已走过了漫长道路，使人类遨游太空从幻想变为现实。牛顿、开普勒等的伟大发现，是现代航天事业的基础。根据牛顿力学的基本原理，要克服地球引力飞向太空，就必须达到一定的速度，即所说的"宇宙速度"。

火箭是靠自身携带推进剂（燃烧剂和氧化剂），不靠外界物质（如空气），在火箭发动机燃烧室内燃烧产生高温、高压的气体，从喷口喷出高速气流，在反作用力的作用下推动火箭向前运动的。

在现代火箭的发展过程中，美国人戈达德做出了杰出的贡献，他是液体火箭的创始人。戈达德于 1926 年制造了世界上第一枚液体火箭，它的推进剂是煤油和液氧。1931年，他首次使用与现代火箭相似的程序系统发射火箭。1932 年，他又首次用陀螺控制的燃气舵操纵火箭飞行。1935 年，他研制的火箭可以用超音速飞行。他的杰出贡献直接启发了 20 世纪 30 年代德国的火箭研究者，为 V-2 火箭的制造奠定了基础。

在第二次世界大战末期，德国人为了挽救战场上的失败，向英国、比利时等国发射了4300 多枚"复仇"二号导弹（也称 V-2 火箭）。V-2 火箭虽没能挽救希特勒的命运，但它技术上的成功却使人类在征服太空的道路上迈进了一大步，成为现代大型火箭的鼻祖，是航天史上的里程碑。V-2 火箭的缔造者是冯·布劳恩。

（3）现代运载火箭与导弹

第二次世界大战以后，美国和前苏联在 V-2 火箭的基础上发展了自己的火箭武器（地地导弹），并且在地地导弹的基础上稍加改动，形成了发射军事卫星和科学研究航天器的运载火箭。此后，各国几乎都走了相同的道路，即先发展导弹武器，然后在其基础上改造，形成初期的运载火箭。例如，前苏联的"东方"号、美国的"德尔它"和"大力神"、我国的"长征二号"（图 4-2-10）等。

随着航天技术的发展，各航天大国都在已有的火箭基础上加了高水平的第三级，形成了过渡阶段的运载火箭。例如，美国的"宇宙神-阿金纳"、欧洲的"阿里安"、前苏联的"质子号"、我国的"长征三号"等。

图 4-2-10

后来，由于需要将更大的"有效载荷"送入太空，各国都研究了捆绑技术，即在整个火箭的周围再捆绑几个助推火箭，以提高运载能力，把更大的航天器送上天，使航天器步入了独立发展的阶段。其典型代表有美国的航天飞机、前苏联的"能源号"、我国的"长征二号 E"、日本的"H-11"、欧洲的"阿里安-5"。

现代火箭的基本组成包括火箭发动机、控制系统（对导弹来说叫做制导系统）、箭（弹）体和有效载荷。有效载荷是火箭（导弹）运送的各类航天器（卫星、飞船等）或各种杀伤武器（各种核弹、化学武器、常规炸弹等）。

（4）多级火箭

要提高弹道式导弹的射程，或用运载火箭发射卫星和其他人造天体，都对运载火箭提出了速度要求。目前的火箭发动机大多采用化学推进剂，发动机能达到的有效排气速度有限，而且火箭的结构性能受材料性能的制约，所以，单级火箭难以满足远程导弹和发射卫星的速度要求，因而在工程上不得不采用多级火箭"速度接力"的办法来达到所需的速度。

通常，中程以下的弹道式导弹可采用单级火箭，远程和洲际导弹需要采用 2～3 级火箭，而发射卫星的运载火箭多为 2～4 级。当第一级火箭的推进剂耗尽时，关闭发动机并将第一级分离掉，第二级开始工作，以此类推，直至最后一级达到所需速度，按控制指令关闭发动机从而达到所需速度要求。

运载火箭是一个复杂的系统，而要完成运载火箭的发射，除了运载火箭本身之外，还有庞大的地面发射勤务系统，组成运载火箭发射基地。

半个世纪以来，世界航天技术取得了划时代的巨大成就。迄今为止，人类共成功发射 5000 多个航天器。目前，世界上已有 60 多个国家投资发展航天技术，有 170 多个国家和地区应用航天技术的成果，总投资在数千亿美元以上。世界上航天技术发展较快的国家有美国、俄罗斯、法国、日本、英国、印度等国。

**5. 我国航天发展史**

我国航天技术的发展历程是从 20 世纪 50 年代起，依靠我们自己的力量，经过 50 多年的自力更生、艰苦创业，进入了高速发展时期。我国的航天技术也取得了突飞猛进的发展，已经跻身于世界航天技术先进的行列。

（1）初创时期

我国航天工业起步于新中国导弹工业的建立。

导弹武器出现于 20 世纪 40 年代。纳粹德国曾在第二次世界大战后期用早期的 V-1 导弹和 V-2 导弹攻击英国。战后，美、苏都在德国技术和人才的基础上争先研制导弹。美国在朝鲜战争中虽未使用导弹，但导弹可有效地用于实战的研究一直在加紧进行，导弹即将成为陆、海、空军的主要武器系统的趋势日渐明朗。以毛泽东主席为首的党中央领导中国人民刚刚胜利结束了抗美援朝战争，对此有着清醒的认识。面对国外敌对势力的包围封锁，党中央毅然作出发展尖端武器的战略决策。1956 年 5 月，由周恩来总理主持的中央军委会议决定，创建我国导弹研究机构——国防部第五研究院，这是我国航天工业起步和建立的主要标志。

国防部第五研究院以钱学森为首任院长，当时的基本队伍是 30 多名技术专家和 150 余名应届大学毕业生。至 1956 年年底，组建了导弹总体、空气动力、发动机、结构强度、推进剂、控制系统、控制元件、无线电、计算技术、技术物理 10 个研究室。当时的研究室负责人中，任新民、应逢甘、屠守锷、梁守槃、梁思礼现均为中国科学院院士、国际宇航科学院院士。

经党中央批准的五院建院方针是"以自力更生为主，力争外援和利用资本主义国家已有的科学成果"，历史已经证明这一方针是正确的。它保证了我国的航天工业 50 多年一直走在适合国情的发展道路上，取得了支撑我国国际地位的辉煌成果，而且在技术上不受制于人。

（2）形成时期

国防部第五研究院初建时按专业技术组建了 3 个分院，后来根据各类导弹型号研制的需要，于 1964 年 11 月调整为 4 个分院，各分院所负责研制的型号总体与分系统的研究、设计、试验和试制基本上自成体系。稍后，在五院的基础上，加上从全国各有关部门调集的研制力量组建了第七机械工业部，统一组织和管理航天工业的研究、设计、试制和生产。1969 年，上海建成了防空导弹、运载火箭和应用卫星的综合科研生产基地，与此同时，我国航天工业三线基地的建设也在加紧进行。至 70 年代末，分布在四川、贵州、陕西、湖北等地的七机部大多数三线基地陆续建成，成为我国航天工业的重要组成部分。

中国科学院卫星设计院于 1965 年开始筹建，1966 年初正式成立并开始研制人造地球卫星。后来，中央军委决定调集有关力量，成立由国防科委领导的空间技术研究院，以便在非常时期实施强有力的领导和组织工作，加快我国第一颗人造地球卫星的研制。中国空间技术研究院于 1968 年 2 月成立（钱学森兼任院长），1973 年 7 月成为七机部的第五研究院。此后，由国防科委负责发射试验，由七机部负责各类导弹、运载火箭和人造卫星的科研、生产的格局完全被确定下来，我国航天工业体系初步形成。

（3）成熟时期

1970 年 1 月，我国中远程两级液体弹道导弹飞行试验成功，在此基础上研制的"中华第一箭"——"长征一号"运载火箭于当年 4 月 24 日成功地将我国第一颗人造地球卫星"东方红一号"送上了轨道。"东方红一号"的发射成功，揭开了我国航天活动的序幕，并展示了我国航天活动综合性的成就。人造卫星、多级运载火箭、航天发射场以及地面测控网组成了协调、高效的航天大系统。从导弹工业发展起来的我国航天工业开始进入了不断壮大的发展时期。

20 世纪 70 年代到 80 年代初的 10 余年间，我国运载火箭、应用卫星的研制取得了丰硕的成果。在"长征一号"运载火箭成功的基础上研制了"长征二号"，其近地轨道运载能力达到 1.8 吨。"长征二号"（图 4-2-11）于 1975 年、1976 年和 1978 年三次成功地发射了返回式遥感卫星。改进后的"长征二号"称"长征二号丙"，近地轨道运载能力增加到 2.5 吨，在以后的 10 年多时间内，11 次成功地发射了返回式卫星。在应用卫星方面，返回式遥感卫星于 1975 年 1 月首次上天，之后的近 10 年间，17 次发射有 16 次圆满回收，所获得的大量空间遥感资料用于国民经济、国防建设和科研事业，取得了巨大的效益。命名为"实践"系列的科学实验卫星的研制在这一

图 4-2-11

时期成绩斐然，实践一号设计寿命为 1 年，实际运行时间长达 8 年；"实践二号"、"实践二号甲"、"实践二号乙" 3 颗卫星于 1981 年 9 月用 1 枚风暴一号运载火箭发射成功，取得了一箭多星发射技术的重大突破。

1977 年 9 月国防科委主任张爱萍主持制订的导弹和航天发展规划确定：80 年代前期要完成向太平洋海域发射远程弹道导弹、水下发射固体弹道导弹和发射地球静止轨道试验通信卫星等三项重点任务，简称"三抓"任务。1980 年 5 月 18 日，我国第一枚洲际射程的运载火箭从酒泉发射场起飞，经过 30 分钟飞行，准确到达南太平洋预定海域，我国成为世界上第三个获得洲际射程的运载火箭全程飞行试验成功的国家。这第一项任务的成功

还使我国拥有了自己的远洋测量船等大型航天测控设施。1982 年 10 月 12 日，我国潜艇发射固体弹道导弹取得成功，我国成为世界上第五个拥有潜地战略导弹的国家。发射卫星的"长征三号"运载火箭（其第三级采用液氢液氧低温推进剂发动机）的研制成功，使我国成为世界上第三个掌握高能低温推进剂技术的国家，第二个掌握在高空、低重力条件下发动机二次点火技术的国家。命名为"东方红二号"的卫星本身的研制工作也在攻克了一系列关键技术后取得成功。1984 年 4 月 8 日，"长征三号"发射"东方红二号"取得成功，8 天以后，卫星成功地定点于东经 125°赤道上空，功能一切正常。至此，"三抓"任务圆满完成。这一时期的成就，使我国航天工业空前壮大，航天技术进入了世界先进行列。

（4）高速发展时期

20 世纪 80 年代前后，我国运载火箭逐渐形成系列，进而组成了"长征"火箭"大家族"。主要用于发射各类近地轨道卫星的"长征二号"系列拥有了"长征二号丙"、"长征二号丙"改进型、"长征二号"捆绑式和"长征二号丁"运载火箭。继"长征三号"成功发射了"东方红二号"卫星之后，"长征三号"系列陆续增加了新成员"长征三号甲"、"长征三号乙"，其中"长征三号乙"三级液体捆绑火箭于 20 世纪 90 年代后期问世，其地球同步转移轨道运载能力达到了 5.1 吨，全长近 55 米，已跃入世界大型火箭行列。90 年代后期，主要用于发射太阳同步轨道和极地轨道各种应用卫星的"长征四号乙"运载火箭也成功地投入了使用。

长征运载火箭系列化的意义是重大的。自此，我国火箭的运载能力低轨道从 1 吨到 9.2 吨，高轨道从 1.45 吨到 5.1 吨，已经可以满足国内外各种用途卫星的发射要求，长征火箭"大家族"是中华民族的骄傲，是我国航天事业蓬勃发展的象征。

在这一时期里，我国发射了多种应用卫星，如新型返回式遥感卫星、"东方红二号甲"实用通信广播卫星、"东方红三号"中容量广播通信卫星、"实践四号"科学探测卫星、"风云一号"和"风云二号"气象卫星等。这些应用卫星在国土普查、通信广播、气象预报等各领域发挥了重要作用。与此同时，多种新型号的战略战术导弹武器研制出来并陆续装备了我国陆、海、空三军和战略导弹部队，大大增强了我国国防实力。

我国航天工业进入高速发展新时期的另一个重要标志是：20 世纪 80 年代后期，我国运载火箭开始挺进国际商业卫星发射市场。自 1987 年长征火箭首次向国外用户提供搭载服务，以及 1990 年 4 月"长征三号"运载火箭发射美国制造的"亚洲一号"通信卫星获得成功以来，至 2000 年 10 月，我国长征系列运载火箭已成功发射和载发射了 27 颗国外制造的卫星。此外，我国还和法国、德国、美国、瑞典、巴西、俄罗斯等 10 多个国家进行了广泛的航天技术合作与交流，并与外资合作成立了若干个卫星公司，以便开展更广泛的国际合作。

在这一时期里，我国还启动了已做了多年技术准备的载人航天活动。

1999 年 11 月 20 日，将"神舟一号"不载人试验飞船发射升空并成功回收。

2001 年 1 月 10 日又成功地进行了试验飞船"神舟二号"的发射试验。

2002 年 3 月 25 日，"神舟三号"升空并在预定轨道上运行 7 天后于 4 月 1 日成功回收。同年再次成功发射了"神舟四号"飞船，为下一步发射载人飞船做好了准备。

2003 年 10 月 15 日，中国首位航天员杨利伟，乘坐"神舟五号"飞船飞向太空并顺利返回，中华民族千年"飞天"梦想变成现实，向世界展示了中国人民的智慧和力量，标志着我国载人航天技术已经取得了重大突破。

2004 年北京时间 4 月 18 日 23 时 59 分，我国在西昌卫星发射中心用"长征二号丙"运载火箭成功地将以哈尔滨工业大学为主研制的"试验卫星一号"和搭载的以清华大学为主研制的"纳星一号"科学实验小卫星送入太空，这是我国第一颗由高校牵头自主研制的具有明确应用目标的微小卫星。"试验卫星一号"的研制和成功发射，不仅对我国微小卫星技术的发展起到积极的推动作用，对于提高我国卫星应用的能力和水平也具有重要意义。

2005 年 10 月 12 日"神舟六号"载人飞船成功发射并顺利返回，我们仅用两年时间就实现了从"神舟五号"、"一人一天"（杨利伟，21 小时）的航天飞行到"神舟六号"、"多人多天"（费俊龙、聂海胜，119 小时）航天飞行的重大跨越，标志着我国在发展载人航天技术方面取得了又一个具有里程碑意义的重大胜利。

2007 年 10 月 24 日 18 时 05 分，我国在西昌卫星发射中心用"长征三号甲"运载火箭托举着"嫦娥一号"卫星顺利升空；18 时 30 分许星箭分离，卫星在太平洋上空以接近每秒 8 千米的速度进入预定的大椭圆轨道；19 时 09 分，"嫦娥一号"发射成功，"嫦娥"奔月旅程正式开始。11 月 5 日 11 时 15 分，第一次近月制动即"刹车"准确实施，"嫦娥"成功被月球引力捕获，进入周期 12 小时、近月点 210 千米、远月点 8600 千米的月球椭圆轨道，投入月球怀抱，成为一颗真正的"月球卫星"。此前，卫星在地月转移轨道行程 43.66 万千米。11 月 26 日上午，来自"嫦娥一号"的一段语音和《歌唱祖国》歌曲从 38 万千米外月球轨道传回。9 时 40 分许，中国首次月球探测工程第一幅月面图像通过新华社传到了世界各地。首幅月图的完成和公布标志着中国首次月球探测工程取得圆满成功，标志着中国已经进入世界具有深空探测能力的国家行列。

2008 年 9 月 25 日 21 时 10 分 04 秒，"神舟七号"载人飞船载着翟志刚、刘伯明、景海鹏三位航天员，再一次驶上全新的探索之路。与"神舟五号"、"神舟六号"不同——这一次，来自神州大地的中国航天员将首次走出小小的飞船，在无际的太空中实现出舱行走，迈出自己也是中华民族的第一步。27 日下午，航天员翟志刚在景海鹏的协助下顺利地打开舱门走出舱外，创造了中国人民攀登世界科技高峰的又一伟大壮举。

2011 年 11 月 1 日，中国"神舟"系列飞船的第八艘飞船"神舟八号"由改进型"长征二号"F 遥八火箭顺利发射升空。升空后 2 天，"神舟八号"飞船与此前发射的"天宫一号"目标飞行器进行了空间交会对接。组合体运行 12 天后，"神舟八号"飞船脱离天宫一号并再次与之进行交会对接试验，这标志着中国已经成功突破了空间交会对接及组合体运行等一系列关键技术。11 月 16 日，"神舟八号"飞船与"天宫一号"目标飞行器成功分离，返回舱于 11 月 17 日许返回地面。

2012 年 6 月 16 日 18 时 37 分，执行我国首次载人交会对接任务的"神舟九号"飞船在酒泉卫星发射中心成功发射，顺利将航天员景海鹏、刘旺、刘洋送上太空。刘洋也成为中国第一个飞向太空的女性。18 日，"神舟九号"与"天宫一号"完成自动交会对接，三位航天员先后进入"天宫一号"目标飞行器，这是中国航天员首次进入在轨运行的航天器，标志着中国载人航天飞行由验证性飞行试验完全过渡到"真正有人参与的空间飞行试验"。24 日，"神舟九号"航天员成功驾驶飞船与"天宫一号"目标飞行器对接，这标志着中国成为世界上第三个完整掌握空间交会对接技术的国家。29 日 10 时许，"神舟九号"飞船返回舱安全返回地面，航天员景海鹏、刘旺、刘洋健康出舱。"天宫一号"与"神舟九号"载人交会对接任务获得圆满成功。在轨飞行期间，航天员景海鹏、刘旺、刘洋按计划开展了一系列空间科学实验和技术试验，取得了丰富成果。

2013 年 6 月 11 日 17 时 38 分，"神舟十号"飞船从酒泉卫星发射中心发射升空。在轨飞行期间，与"天宫一号"进行了一次自动交会对接和一次手控交会对接。3 名航天员聂海胜、张晓光、王亚平在"天宫一号"开展了一系列空间科学实验和技术试验，并向全国青少年进行了太空授课。26 日 8 时 07 分，"神舟十号"飞船成功降落于内蒙古四子王旗主着陆场预定区域。

## （二）军事航天技术及应用

军事航天技术是将航天技术应用于军事领域，为军事目的而进行的一门综合性工程技术。是现代军事技术的重要组成部分。航天技术的军事应用成果是军事航天系统。军事航天系统大致可分为 4 类：军事航天运输系统，军事卫星系统，军事载人航天系统和航天作战系统。

### 1. 军事航天运输系统

军事航天运输系统，是能把军用航天器、宇航员或物资等有效载荷从地面运送到太空预定轨道或将有效载荷带回地面的运输系统。目前，可利用的军事航天运输系统主要是一次性运载火箭，还有可重复使用的航天飞机。

### 2. 军事卫星系统

军事卫星系统包括侦察卫星、通信卫星、导航卫星、测地卫星和气象卫星。

1）侦察卫星。主要用于侦察对方的各种战略目标，对敌方的领土进行准确测图，侦察对方战略武器系统的数量和质量趋势、地面部队的部署情况和战场情报。目前美国最先进的电子侦察卫星为"大酒瓶"系列或其改进型，它可覆盖全部无线电频率波段，能侦听到雷达、导航、电子对抗设施、通信对话等。在海湾战争中，它曾帮助美军预警机测定干扰伊拉克飞机。此类同步轨道电子侦察卫星覆盖面积广，如 1985 年"发现号"航天飞机施放的"大酒瓶-1"，它覆盖前苏联、中东、非洲和整个欧洲，同时还包括中国在内的部分亚洲地区，并且能较为准确地监测到前苏联的导弹试验信号和军事，中国的军事、外交、电信、广播等，现在在轨的"大酒瓶"系列卫星和"漩涡-6"卫星构成 4 行星星座。前苏联电子侦察卫星始于 1967 年，已发展了三代。目前俄罗斯的电子侦察卫星已经发展到第四代，代号为"宇宙-2263"、"宇宙-2278"等。它们通过"急流"中继卫星实时传输信息。

2）通信卫星。军用通信卫星要求保密，抗干扰，工作可靠，在战争条件下具有较强的生存能力等。军用通信卫星目前可分为战略通信卫星、战术通信卫星和舰队通信卫星。在现代技术特别是高技术条件下的局部战争中，后两类通信卫星的作用越来越突出。目前美军的通信，特别是海上军事通信有 80% 是用卫星中继的。在海湾战争中，多国部队至少运用了 11 颗通信卫星和大量地面终端设备进行通信保障，从而确保了指挥中心与各部队之间的通信畅通。据美军事专家称，"在海湾战争中，通信发挥了非常重要的作用，而卫星通信发挥了关键性作用。"典型的军用通信卫星有美国的"国防通信卫星"、"舰队通信卫星"、"军事卫星"，俄罗斯的"闪电"、"虹"、"地平线"，英国的"天网"，法国的"电信"和北约的"纳托"等。

3）导航卫星。把卫星作为一个导航信标，为飞行器、潜艇和地面部队提供导航定位数据。随着军事活动领域的扩展、武器射程的提高和军队运动速度的加快，特别是精确制导武器的出现，使导航、定位问题变得格外突出，导航卫星也因此而得到迅速的发展。美国早在 20 世纪 60 年代就发射了由 6 颗"子午仪"导航卫星组成的导航卫星网。1973 年美国开始研制新一代的导航卫星全球定位系统 GPS，并且军用民用分开。在海湾战争中，美国利用 GPS 为海军、空军导航，使地面部队在沙漠地区行军作战不至于迷失方向，使海湾地区基本上实现了全区域的覆盖。美国为进一步改善 GPS 的性能，提高其导航定位精度，于 1997 年 4 月开始部署新一代 GPS 系统，其为"GPSBLOCK-2R"型，其定位精度由优于 10 米提高到优于 6 米。其他国家，如俄罗斯的 GLONASS 全球导航定位系统于 1996 年 12 月全面部署完毕，总共部署 25 颗卫星，其中 1 颗为备用星，24 颗为工作星。它的结构、导航定位工作原理、工作频段以及信号和星历数据都与美国 CPS 基本相同，只是导航信号、坐标系统等稍有差异。欧洲空间局准备研制的"NAVST"定位系统类似于美国的 GPS。

2003 年 5 月 25 日，我国成功发射了第三颗"北斗一号"导航定位卫星，作为"北斗"导航定位系统的备份星，连同 2000 年 10 月 31 日和 12 月 21 日发射升空的两颗"北斗一号"导航定位卫星和一个地面中心站，形成了一个较为完善的"双星"导航定位系统。该定位系统具有卫星数量少、投资小、用户设备简单价廉、能实现一定区域的导航定位、通信等多用途，可满足当前我国陆、海、空运输导航定位的需求。不足之处是不能覆盖两极地区，赤道附近定位精度差，只能二维主动式定位，且需提供用户高程数据，不能满足高动态和保密的军事用户要求，用户数量受一定限制。但最重要的是，"北斗一号"导航系统是我国独立自主建立的卫星导航系统，它的研制成功标志着我国打破了美、俄在此领域的垄断地位。

4）测地卫星。测地卫星是用来测定地球重力场分布、地球形状和地球表面上各点的精确地理坐标的卫星。它是大地测量的一种重要而有效的手段。通过对地球形状和重力场分布的测量，为战略武器提供打击目标的地理坐标，提高武器命中的精度。目前美国、俄罗斯、法国和日本拥有测地卫星。美国于 1962 年开始发射专用测地卫星，30 多年来相继发射了 7 种型号的专用测地卫星，共 15 颗。其中较为先进的有"测地-3"型和激光地球动力学卫星，其中激光动力学卫星是美国典型卫星，于 1976 年 5 月发射入轨，卫星表面装有 426 个激光反射镜，用来建立一个精度为 10 厘米的地心坐标系统。据称改进的地球引力场参数将使美国潜艇"三叉戟-Ⅱ"导弹的精度提高 10%。前苏联自 1968 年以来共发射 29 颗测地卫星，它们采用 1400～1500 千米高、倾角为 73.6°的近圆轨迹，它们的任务是测量地球引力场数据。另外，法国于 1975 年 2 月发射了激光测地卫星。日本于 1986 年 8 月发射了实验测地卫星。

5）气象卫星。军用气象卫星和民用气象卫星并没有实质上的区别，唯有在分辨力上要求不同。军用气象卫星要求能提供对特定的地区拍摄高分辨力的云图，为发射照相侦察卫星探测道路，提供被侦察地区上空的气象情报。此外，军用气象卫星也可为陆、海、空三军的行动提供战术气象情报，为此有时要进行应急发射。目前，已发射过气象卫星的国家和组织有美国、俄罗斯、日本、欧洲航天局、中国和印度。早在 20 世纪 60 年代初，美国空军就提出了国防气象卫星计划，此后就发射了"布洛克"军用气象卫星系列。美国现有"泰罗斯 N/诺阿"卫星，是属于美国国家海洋大气局的第三代气象卫星，也是采用太阳同步轨道，轨道高约为 867 千米，周期为 102 分钟。星上主要装备有高分辨率的辐射仪、红外探测器、平流层探测器、微波探测器等。它主要为民用用户提供气象服务，但美军在特殊时期也常使用此类卫星。例如，在 1982 年的英阿马岛战争中，美国国防部提供的气象资料就来自此类卫星。

### 3. 军事载人航天系统

军事载人航天系统包括运载工具和空间站系统。运载工具包括航天飞机、空天飞机和航天飞船。空间站系统包括载人空间站、轨道转移飞行器、轨道机动飞行器和有人照料自由飞行器。

1）航天飞船（宇宙飞船）。航天飞船是能保障宇航员在太空执行航天任务，并能使宇航员座舱沿弹道式或升力弹道式路径返回地面垂直着陆的航天器。它有卫星式载人飞船、登月载人飞船和行星载人飞船等类型。航天飞船在绕地球运行期间，可对地面目标进行观测和侦察；可为空间站接送军事航天员及各种物资；可为试验新的军事设备、发展新的军事航天技术和新型军用卫星取得必要的数据。美国的阿波罗载人飞船，采用三舱结构，质量为 45.7 吨，乘员为 2 人，1969 年 7 月 20 日首次登上月球。前苏联的"联盟-IM 号"载人飞船，采用三舱结构，质量为 7 吨，乘员为 3 人。

图 4-2-12

2）航天飞机。航天飞机是靠运载器发射入轨的、带翼的、返回时能像滑翔机那样在机场跑道上水平着陆，并可重复使用的载人、运货或二者兼用的航天器，又称轨道器。航天飞机可发射一系列军事航天器；可对轨道上运行的侦察卫星进行检修、补充能源、更换或回收胶卷，并能长期载人进行军事侦察和监视等。若带上战略武器进入轨道可当轰炸机用，可对别国的航天器进行检查、拦截、捕获或加以破坏。图 4-2-12 为美国"哥伦比亚"号航天飞机。

3）空天飞机。空天飞机除能完成与航天飞机一样的军事任务外，据称它可载 300～500 人在两个小时之内飞抵地球上的任何城市，实施突击；还能向空间站运送人员和物资，从空间站接回人员和物资，将大而重的卫星送入轨道等。20 世纪 80 年代兴起的空天飞机计划，是以解决天地往返运输、军用跨大气层飞行器和民用高超音速运输机为背景。美国集中了科学界、工业界和军方优秀人才，实施国家空天飞机（NASP）计划。继美国之后，英国提出了"霍托尔"（HOTOL）空天飞机方案；德国提出了"桑格尔"空天飞机方案；法国、前苏联、日本、印度等国家也提出各自的空天飞机计划。但目前，只有美国正在研制"风险星"号单级火箭式空天飞机，其他国家的空天飞机计划并未付诸实践。如果空天飞机一旦研制成功，除了能执行航天飞机所能完成的各项任务外，还特别适用于作为一种强大的战略武器装备使用。正如美国一些军方高级官员所预言的，未来只要用 4 架空天飞机组成的航天机群，就足以覆盖全球。

4）空间站。在空间轨道环境中长期运行并保证所载人员能长时间持续工作、生活、科研的飞行器。永久性空间站实际上是建立在外层空间的军事基地。它可作为空间指挥所；可作为空间武器发射平台，用于部署空间定向能武器和其他空间武器；可进行空间侦察、观测和预警；可进行空间通信；可作为空间后方基地，储备物资、维修航天器等。1981 年，前苏联"礼炮六号"空间站上的宇航员曾从空间站上发射一枚导弹摧毁靶星。1987 年，前苏联的"和平号"空间站曾用激光来瞄准并跟踪一枚洲际导弹，这些试验曾使美国人极为担心。前苏联 1982 年 4 月发射的"礼炮七号"空间站，主要目的是系统地研究与评估空间站在支持陆、海、空军军事行动方面的可能性。当前，正由美国牵头，俄、日、欧洲航天局、加拿大等 12 个国家和组织参加，合作制造"阿尔法"国际空间站，第一批组件已于 1998 年 11 月送入轨道，计划 2004 年全部建成，总质量为 400 多吨，设计寿命为 20 年。前苏联的"和平号"空间站的寿命已完结，在 2001 年已经损毁。

**4. 航天作战系统**

航天作战武器系统，是部署在太空、陆地、海洋和空中，用以打击、破坏与干扰太空目标的武器，以及从太空攻击陆地、海洋和空中目标的武器的统称。航天作战武器系统主要包括：反卫星武器、反导武器、轨道轰炸武器、军用空天飞机等。

1）反卫星武器。它是专门用于攻击航天器的武器。按设置场所的不同，反卫星武器可分为地基（包括陆基、舰载和机载）和天基两种；按杀伤手段不同，反卫星武器又可分为核能、动能和定向能（激光、微波、粒子束）三种。

2）反导武器。它包括地基反导武器和天基反导武器，主要用于拦截弹道导弹和巡航导弹。包括动能拦截弹和电磁轨道炮在内的动能反导武器和强激光武器、高功率微波武器、粒子束武器在内的定向能反导武器。与地基反导武器相比，天基反导武器可实现全球范围的拦截，并大大提高拦截概率。

3）轨道轰炸武器。它平时在轨道上运行，接到作战命令后，借助于反推火箭脱离轨道再入大气层攻击地面目标。运行轨道不足一圈的轨道轰炸武器称为部分轨道轰炸武器。由于轨道轰炸武器和部分轨道轰炸武器从轨道再入发起攻击，敌方的预警时间短，难以防御。

4）军用空天飞机。这是一种既能跨大气层飞行，又能进入绕地球轨道运行，并可执行专门军事任务的可重复使用航天器。它将给空间作战乃至整个军事活动带来重大影响。目前在研的空间武器，主要有反卫星武器和反弹道导弹武器。

## 六、夜视技术

### （一）基本概念

夜视，即是夜间观察。人类最早使用而现在依然大量使用的夜间观察手段是借助可见光照明。在军事领域，第一次世界大战期间，在黑暗的条件下，采用人工光源（如探照灯、照明弹等）应用于夜战。但是由于可见光照明很容易暴露自己，所以促使人们积极探索新型隐蔽观察手段，因而导致了夜视装置的问世。

夜视技术是应用光电探测和成像器材，将肉眼不可视目标转换（或增强）成可视影像的信息采集、处理和显示技术。

狭义而言，夜视技术装备是人眼夜间观察的助视器。广义而言，夜视技术装备是指能将非可视目标转化为可被人或技术装备感知的信息的传感装置。它能扩展人眼在低能见度环境中的视觉能力，能使武器系统或指挥、控制系统在低照度条件下更有效地发挥瞄准、火控、制导或监视功能。常用的夜视技术装备主要有：红外夜视仪、微光夜视仪、微光电视、热成像仪、激光成像雷达和微波成像雷达。目前，夜视装备已成为军队夜间侦察、瞄准、车辆驾驶、飞机和舰艇导航等不可缺少的装备，它是部队夜间作战的"眼睛"。

## （二）夜视器材的分类

在军事领域中应用的夜视器材种类繁多，其主要分类有以下两种。

### 1. 按工作方式分类

按工作方式分类可分为主动式夜视器材和被动式夜视器材两类。

（1）主动式

工作时，需要使用人工红外线光源（如红外探照灯）照射目标，夜视器材接收由目标反射回来的红外线图像。采用主动工作方式的夜视器材，其观察距离和效果主要取决于人工红外照射条件，受外界自然条件影响很小，故称主动式。

（2）被动式

工作时不需要外加红外光源，直接利用目标自身辐射的红外线或反射的微光进行工作。采用被动工作方式的夜视器材，其观察距离和效果主要取决于目标辐射的红外线或反射的微光强弱，受外界自然条件影响较大，故称被动式。

### 2. 按工作波段分类

按工作波段分类可分为微光夜视器材和红外夜视器材两类。

（1）微光夜视器材

工作时利用可见光波段；主要包括微光夜视仪、微光电视等。

（2）红外夜视器材

工作时利用红外波段，主要包括主动式红外夜视仪、热成像仪等。夜视器材的分类可见图 4-2-13。

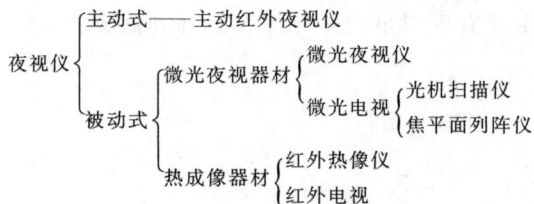

图 4-2-13　夜视器材的分类

## （三）夜视器材在战场上的应用

### 1. 星载与机载侦察、预警技术

在星载与机载侦察方面，光学遥感、成像技术是现阶段空间分辨率最高、测量结果最直观（从而信息量丰富）的信息采集技术。在海湾战争前夜和战争进程中，美国先后发射了3颗改进型KH-11照相侦察设备，使美军指挥官能利用最新的侦察监视等技术获取战场情报。

在预警技术方面，当今有雷达预警和红外预警两种主要战略预警手段，两者相辅相成。在某些方面，红外预警具有独特的优点。利用包括红外技术在内的多种传感与侦测手段，能识别大面积、大纵深范围内混杂在假目标中的真导弹和飞机，能探测火箭助推段轨迹及掠地或掠海飞行的导弹和飞机。目前美国用位于地球同步轨道上的预警卫星构成了全球监视网，监视战略导弹的发射。

### 2. 机载导航、瞄准技术

在机载导航、瞄准技术方面，按照功用分，目前机载红外、夜视技术装备主要有导航吊舱、瞄准吊舱和光电对抗吊舱三类。导航吊舱一般配备前视红外摄像机，有的加装地形跟踪雷达，主要为飞机昼夜飞行提供导航；瞄准吊舱主要装有前视红外摄像机、激光指示器/测距仪等光电设备，用于目标搜索和捕捉，为制导武器及非制导武器提供精确制导和瞄准。机载导航和瞄准光电吊舱的主要特点是采取被动工作方式，因此可对敌方进行出其不意的突然袭击，不易受到电子干扰和反辐射导弹的威胁。

### 3. 舰载观察、火控与告警技术

在舰载观察、火控与告警技术方面，由于舰船目标大，天空背景空旷，夜视器材能在较远的距离发现海上目标。夜视器材分辨率高，独具探测掠海飞行目标的技术优势。

1982年，在马岛战争中，阿根廷发射飞鱼导弹击沉英舰；1987年，在波斯湾，伊拉克用飞鱼导弹击中美舰。这两个典型战例证明，在现代海战中，低空、超低空掠海导弹是舰艇的主要威胁。

### 4. 陆上侦测、瞄准、驾驶技术

在陆上侦测、瞄准、驾驶技术方面，夜视器材是一种优良的夜间观察、侦察和监视装备，根据实际需要，可将其分别配置在阵地前沿、观察哨所、指挥所或配属给侦察、观测分队，用以观察敌方地形、工事构筑情况，侦察敌方兵力部署、火力配备和行动企图。也可以配置在边防、海防线上或重要的军事目标、通信枢纽、指挥中心等部位进行监视，防止对方的偷袭和空袭。

根据各种常规武器的性能装配不同的夜视瞄准具，不仅可以达到夜间观察目标的目的，还可以进行精确射击瞄准，提高了夜间射击的命中精度。

不同类型的夜间驾驶仪是各种坦克、车辆等夜间行驶的良好观察装置，不仅实现了夜间隐蔽行进，而且还可以提高车辆夜间行驶速度，大大提高了摩托化部队、装甲部队、炮兵部队的机动能力和快速反应能力。

## （四）与夜视器材对抗的方法

### 1. 巧妙伪装

夜间的伪装不仅要使目标伪装的颜色与背景相似，同时要使目标的反射或辐射条件与背景相似，以缩小目标与地形、地物背景的光、热对比度，尽量降低夜视器材的观察效果。如迷彩伪装、各种制式的伪装网等。

### 2. 利用地形、地物

利用地形、地物要注意选择敌夜视器材不易直接观察的死角和不易观察的遮蔽物下，如树林、土丘及各种建筑物等。

### 3. 利用不良天气

利用不良天气，如风沙、雨雪、烟雾等对夜视器材的观察有一定的影响，有利于隐蔽行动。因此要尽量利用不良天气，已达到战斗的突然性。

### 4. 强光干扰，烟幕迷盲

微光夜视仪对白光特别敏感，受到一定白光照射，就无法观察甚至损坏仪器。主动式红外夜视仪，遇到灯光直射，也会降低效能。因此，只要条件允许，就可以采取强光干扰措施。烟幕对光有很好的散射和吸收作用，施放烟幕也可以迷盲夜视器材的观察。

### 5. 采用正确的战术动作

实践证明，在夜视器材的视距内易发现运动和高大的目标，难发现静止和矮小的目标；易发现横向运动的目标，难发现纵向运动的目标。因此，正确的战术动作和队形也是对抗夜视器材的方法。

### 6. 欺骗、迷惑

夜视器材辨别真假目标的能力较差，因此，可以有计划地在战场上设置假目标、假阵地，达到欺骗、迷惑对方的目的。

### 7. 减少目标与背景的温差

热像仪是利用目标和背景的温差发现目标的。因此，消除或减小目标与背景的温差就可以使目标图像"淹没"在背景之中，难以鉴别。

### 8. 加强观察和侦察

及时发现对方夜视器材是与敌夜视器材斗争的前提，可利用已方装备的各种夜视器材实施反侦查。

### 9. 火力摧毁

火力摧毁夜视器材是与对方夜视器材作斗争最积极，最有效的手段。在作战前和战斗过程中，查明对方夜视器材的配置地域、数量，利用各种兵器将其摧毁。

## （五） 国外几种近期夜视器材

### 1. 美国 AN/PVS5 夜视器材

该装备由美国夜视器材生产厂家——ITT 夜视公司和利顿电光系统公司联合研制生产。2000 年年末，第四代产品已通过了美国陆军合格检验试验，并将其用于美国特种作战部队使用的 M4A1 卡宾枪的新型夜瞄具，还将向陆军航空兵提供新型夜视眼镜。

### 2. 美国 F4956 式步枪夜视瞄准具

F4956 式夜视瞄准具是美国国际电话电报防御公司光电产品部生产的一种小质量、高性能被动式夜视瞄准具，它既可用于步兵新型单人武器，也可用于中距离监视和警戒。该瞄准具装有一个三代微光系统，适合加装在许多步兵武器上(图 4-2-14)。

### 3. 以色列 HRS100 式全息反射式瞄准具

HRS100 式全息反射式瞄准具是以色列奥尔泰克公司生产的一种轻型光学瞄准具，适于轻武器使用。该瞄准具的光透射高于普通光学瞄准具，图像呈自然色彩，从而提高了夜间条件下的图像质量，提高了武器的命中概率，便于射手迅速、准确地射击。

图 4-2-14

## 七、新概念武器

新概念武器是指工作原理、结构功能和杀伤机理有别于以往的传统武器的新型武器。高新技术的飞速发展，正在引起军队武器装备的巨大变革，也为发展全新武器开辟了诱人的前景。这些新型武器有的已投入实战，有的还处在研制和探索之中。

## （一） 定向能武器

定向能武器又称束能武器，是利用激光束或粒子束，直接或由反光镜间接照射目标，破坏其结构和敏感元件，使之丧失效能的新式武器。它具有速度快，距离远，可多方向、多目标、多次射击的优点。但它体积庞大、笨重，造价高。

### 1. 激光武器

它是利用沿一定方向发射的激光束的能量直接来杀伤、破坏目标或使其丧失作战效能的武器，具有快速、灵活、精确和抗电磁干扰等优点，可以制成激光枪、激光炮和激光致盲器。其破坏机理包括热破坏、力学破坏和辐射破坏。由于光速远大于目标的运动速度，因此激光武器在射击时不需要考虑提前量。低能激光器可用于对人员致盲或使武器系统的光学瞄准装置及电光传感器失效。从经济上来讲，激光武器与常规导弹相比是极为经济的。例如，一枚巡航导弹需几百万美元，而发射一个激光脉冲仅需几千美元。图 4-2-15 为美国空军正加紧准备的机载激光武器(ABL)。

图 4-2-15

（1）战略激光武器

战略激光武器分为反卫星激光武器和反战略导弹激光武器两种。

1）反卫星激光武器是用来摧毁敌方各种侦察卫星、预警卫星或使其失效的激光武器。它的作用主要是干扰和破坏卫星的光电系统。由于卫星的轨道可以测得，卫星相对地面运动的不算太快，加之卫星的光电系统脆弱，很容易招致攻击，因此，它的部署可能先于反战略导弹激光武器。从 1967 年开始，前苏联先后进行了数十次反卫星激光武器试验，1975 年曾用陆基激光武器使两颗飞临西伯利亚上空监视其导弹发射情况的美国卫星变成了瞎子。最近几年，俄罗斯又进行了 18 次反卫星激光武器试验，11 次获得成功。据报道，美国也计划研制射程达 4 万千米的反卫星激光武器，用于攻击同步轨道运行的预警卫星。

2）反战略导弹激光武器主要用于拦截敌方处于助推段飞行的战略导弹。所谓助推段，指的是战略导弹从起飞到最后一级发动机关机的飞行阶段。这一飞行阶段由于战略导弹的发动机连续工作，辐射的强红外线很容易被早期预警卫星发现并跟踪，导弹的体积庞大脆弱，易被破坏和摧毁，导弹的分级式多弹头和诱饵等突防装置尚未展开，需要拦截的目标数目少，此时拦截的效果最好。在反战略导弹激光武器的研制中，美国已处于领先地位。20 世纪 80 年代初，针对当时苏联大规模导弹攻击的威胁，提出了星球大战计划（SDI）。其重点是建立"第一阶段战略防御系统"，以拦截当时苏联的攻击导弹。而激光武器就是这个战略防御系统选用的重要拦截手段，但 20 世纪 80 年代末特别是进入 90 年代后，随着东欧剧变和苏联解体，美国政府对 SDI 计划进行了重大修正。由过去重点研究的以激光武器为首的定向动能武器转为重点研究动能武器，因此激光武器的研究费用逐年减少。近几年美国又加大了激光攻击机研制的力度，计划在波音 747-400F 上安装氢化碘高能激光器，并于 2002 年首次进行摧毁处于助推段的弹道导弹的试验，首批 3 架 AL-1 激光攻击机将于 2006 年进入美国空军服役。

（2）战术激光武器

战术激光武器分为以攻击传感器为主的"软杀伤"激光武器和以破坏目标壳体等为主的"硬杀伤"激光武器。

1）激光反传感武器又称激光致盲武器，是一种用激光干扰或破坏飞机、坦克、导弹、火炮，以及舰船上用于监视、侦测、观瞄、火控、导航的光电传感器的新型武器。前苏联早在 20 世纪 80 年代就研制出一种激光致盲武器系统，把它装在 FST-1 坦克上，用于致伤人眼或观瞄器材。美国陆海空军都在发展这类武器，如陆军的"鱼工鱼"、"致眩器"、"美洲虎"、"浮雕宝石——蓝坚鸟"；空军的"贵冠王子"；海军的"机载高级光学干扰吊舱"等。其中"鱼工鱼"激光器平均输出功率在 1000 瓦以上，光束质量好，效率也较高，可破坏 8 千米内的光电传感器。"机载高级光学干扰吊舱"发射绿色激光脉冲，作用距离几千米。美国在 1983 年的机载激光武器打靶试验中，用激光破坏了 5 枚"响尾蛇"空空导弹制导系统，使其失控坠落。美国海军一架 P-3 侦察机在导弹落区夏威夷群岛附近执行监视任务时，受到前苏联武器试验船"楚可特卡一号"上发射的激光照射，飞机副驾驶员的视力受到 10 分钟的干扰。此后，苏联船用激光器曾多次照射过美国空军、瑞典空军飞机驾驶员，使其视力受到干扰或暂时致盲。

2）输出功率较大的"硬杀伤"战术激光武器正在迅速发展。这类激光武器一般采用氟化氚化学激光器或二氧化碳激光器，是飞机、巡航导弹、反导导弹的克星。美国和以色列从 1996 年联合研制的战术高能激光武器"鹦鹉螺"系统，由激光器、指示追踪、火控雷达和指挥中心 4 个主要部分组成，其指挥控制中心可同时追踪 15 个目标，激光束照射靶标 5 秒钟即可摧毁。如果配以强大的电力支持，也可用于攻击飞机。至今"鹦鹉螺"已成功地进行了 3 次拦截"喀秋莎"火箭的试验。俄罗斯也在"基洛夫"号巡洋舰上建造了防空激光武器，作用距离 10 千米，试验中用它击落过模拟美国巡航导弹的无人驾驶飞机。

**2. 粒子束武器**

它是用高能亚原子（电子、质子等）束摧毁目标或使之失效的一种定向能武器。它用加速器将粒子源产生的粒子加速到近光速，用磁场使其聚集成密集束流射向目标。按粒子是否带电，又可分为带电粒子束武器和中性粒子束武器。粒子束武器有极强的动能，在击中目标瞬间，可产生 8000 开氏度高温，连陶瓷、碳等耐热材料都会被钻洞、熔化，其破坏力与天然雷击相仿。其弱点是传输损失大，束流受地磁影响会弯曲，束流也有扩散，因而只能打近目标。

**3. 射频武器**

射频武器也称微波束能武器。它是采用强微波发生器和高增益定向天线发出强大的会聚的微波波束，对目标杀伤、破坏的一种新式武器。其波束能量比普通雷达用的微波功率要大几个数量级。它具有能量集中、传输快、方向单一的优点。它对人员的杀伤可分非热效应和热效应两种。非热效应包括心理和各种微妙的功能减退现象，如烦躁、头痛、神经混乱和记忆力减退等；热效应包括灼伤、烧伤。射频武器比激光束、粒子束武器的作用距离远，受天气影响小，是定向能武器的"超级明星"。

## （二）动能武器

动能武器指的是以每秒数千米以上高速运动的弹头的动能直接摧毁目标的武器。所谓超高速，通常指 5 倍音速以上的速度。动能武器因获得动能来源的不同而形成多种类型，主要有动能拦截弹、电磁炮和群射火箭等。

1）动能拦截弹。动能拦截弹分反卫星和反导弹两种。前者指的是用于击毁敌方卫星的机载空对空导弹，后者指的是用于摧毁敌方来袭导弹的反弹道导弹。动能拦截弹很大部分是利用现有的导弹技术。美国 1983 年开始试验反导弹动能拦截弹，1984 年 4 月在 160 千米的高空曾成功地拦截掉一枚洲际弹道导弹。试验的动能拦截弹也分 3 级，前两级是火箭，第三级是战斗部。战斗部的杀伤机构由 36 根轻合金杆作为伞状结构，直径 4.5 米，以扩大碰撞面，提高碰撞概率。

2）电磁炮。它是利用电磁力加速弹丸的电磁发射系统。电磁炮按其结构的不同，分为线圈炮、轨道炮和重接炮 3 种。电磁炮作为发展中的高技术兵器，其军事用途十分广泛。一是用于反卫星和反导弹。采用电磁炮把 10～1000 克的弹丸加速到 3～20 千米/秒，可用于摧毁空间的卫星和导弹，还可以拦截由舰船和装甲车发射的导弹。二是用于防空。用电磁炮替代高射武器和防空导弹执行防空任务有许多无可比拟的优点。美国和英国正在研制用于装甲车的防空电磁炮。三是用于反装甲。美军的打靶试验证明，电磁炮是对付坦克装甲的有效手段。发射 50 克、速度为 3 千米/秒的炮弹，可穿透 25.4 毫米厚的装甲。

3）群射火箭。它是一种子弹式旋转稳定的无控火箭。普通钢质壳体，迫击炮弹，用高氯酸铵作推进剂，飞行速度可达 1.5 千米/秒，在 1.2 千米的射程内足以穿透和摧毁敌方处于再入段飞行的洲际弹道导弹弹头。其拦截过程大致为：向来袭导弹在入大气层后的临空弹道上齐射很多这种火箭，形成一个多层次密集的火箭阵雨，与来袭弹头相撞将其摧毁，或利用火箭爆炸后形成的碎片云阻击来袭导弹。这种火箭体积小、质量小、成本低，便于大规模生产、使用和操作，也易于实现全自动化控制。因此，它曾是美国原 SDI 计划中构成最后一道反导屏障的主要武器系统。

## （三）次声武器

次声武器，是指以频率低于 20 赫兹的次声波杀伤有生力量的武器。频率范围在 20～20000 赫兹的声波，人的耳朵可以听见；频率低于 20 赫兹的声波，人的耳朵就听不见，称为次声波。由于次声波的频率和人体各主要器官的固有频率十分接近，所以当次声波作用于人体时，固有频率与次声波频率接近的器官会不由自主地产生共振，造成损害。次声武器就是利用上述机理杀伤人员的。

次声武器大体分两类。一类是"神经摧毁型"次声武器。它基于次声波的频率和人脑的阿尔法节律（8～12 赫兹）极为接近的原理。因此当次声波作用时，引起的共振会不同程度地损害人的神经系统，影响人的意识和心理。轻者，会感觉不适，注意力无法集中，难以从事复杂细致的工作，有时还会出现头痛、恶心、晕眩、心悸、恐惧不安；重者，甚至会神经错乱，癫狂不止，休克昏厥，丧失思维能力。另一类是"器官杀伤型"次声武器。它基于当次声波的频率和人体内脏器官的固有频率（4～18 赫兹）相当时，将会使人的五脏六腑产生强烈共振这一原理。轻者，会肌肉痉挛，全身颤抖，呼吸困难；重者，可造成血管破裂，内脏损伤而迅速死亡。

次声武器具有下列一些特点：①作用距离远。因为对声波而言，其频率越高，空气、水等介质对它的吸收就越大，能量衰减就越快，传输的距离就越近；反之，则吸收小，衰减慢，传输距离远。例如，炮弹爆炸时，频率较高的可听声波，最大传输距离只有几千米，但它产生的次声波，却可传到 80 多千米，而氢弹爆炸产生的次声波，甚至可以绕地球好几圈，行程达到十几万千米。②由于次声波频率低，介质对它的吸收小，所以它有很强的穿透能力。一般的可听声波，由于频率较高，一堵墙就可能把它挡住，频率更高的声波，甚至一张厚纸就可能堵住它的"去路"，而面对次声波，即使人员乘坐在坦克、装甲车内，躲藏在钢筋混凝土的隐蔽所里，甚至在深海的潜艇中，也难逃它的攻击，而且次声波还可穿过设施的孔洞或缝隙，杀伤内部人员。③它的作用方式突然、隐蔽。因为次声波看不见，也听不到，所以很容易采取突然袭击行动。

## （四）气象武器

所谓气象武器，就是人工影响天气在军事上的应用。具体地说，就是运用现代科学技术，人工控制风云、雨雪、寒暑等天气变化，把它们作为武器用于战争，用以改变战争环境，使其利于己而不利于敌，或摧毁敌人的抵抗能力。鉴于气象可由人工来影响的认识，美国和前苏联都进行秘密的研究。美军在越南战争期间就曾利用东南亚地区西南季风盛行季节多雨的有利条件，秘密在老挝、越南和柬埔寨的毗邻地区进行人工降雨，出动大批飞机、投掷催化弹 47400 多枚，造成局部地区洪水泛滥，桥断坝毁，道路泥泞难行，使得"胡志明"小道每周车辆通行量锐减 90%，破坏了越军的运输生命线。前苏联的专家对地震研究声称取得重大成果，可以利用太平洋底地震带，诱发美国西部大地震。当今，世界各军事强国不遗余力地加大人工影响天气技术在军事应用上的研究与发展力度，并争先恐后使之推向战场应用。

### （五）人工智能武器

人工智能武器是指利用人工智能技术研制的具有某种智能特征的武器系统。主要有智能弹药和智能机器人两大类。

1）智能弹药。智能弹药与普通弹药的根本区别在于它增加智能计算机和图像处理设备，这样就具备了一定的智能功能。智能弹药已经投入使用或正在研制并接近实战的有："黄蜂"反坦克导弹，"萨达姆"和"斯基特"反坦克子母弹，"海尔法"反坦克导弹。这几种弹药均具有"发射后不用管"、自主捕捉和识别目标以及准确命中目标的能力。

2）智能机器人。机器人是一种具有某种仿人功能的自动机。当前，机器人在军事上考虑最多的应用领域：一是直接执行战斗任务，以减少人员的伤亡和流血。正在研制中的有固定防御机器人、步兵先锋机器人、榴炮机器人、无人飞机。二是侦察和观察。目前正在研制的有战术侦察机器人、"三防"侦察机器人等。三是工程保障。从事艰巨的修路、架桥、排雷和布雷等工作，如多用途机械、排雷机器人、布雷机器人等，还有智能坦克等。

### （六）计算机病毒武器

计算机病毒实际上是一种人为编制的、特殊的计算机程序。这种"病毒"能够修改计算机程序并把自身包括进去，使受侵害的计算机系统染上"疾病"，并使与之相联系的其他计算机系统也受到感染。它的习性同生物病毒在生物群体里的习性十分相似。20 世纪 90 年代，美国已推出一些用于实战的病毒武器，并和一些软件供应商合作在软件中预留战争设置病毒，一旦与所购国家发生战争就激活病毒，使该国计算机指挥系统瘫痪。

### （七）基因武器

基因武器就是通过基因重组，完成同种甚至异种微生物或动物之间的基因转移，在一些致病细菌或病毒中接入抗普通疫苗或药物的基因，或者在一些本来不致病的微生物体内"插入"致病基因而制造出来的新型的生物武器。它的特点是成本低，杀伤力大，持续时间长。

## 第三节　高技术与新军事变革

当今世界，在以信息技术为核心的高技术推动下，军事领域正在发生着一场新的军事变革。这场军事变革的实质是一场以信息化为主要特征的军事信息化革命，其产生的主要动因与高技术的发展密切相关。随着高技术的进一步发展，当前这场新军事变革已进入到一个新的质变阶段，并将发展成为一场遍及全球、涉及所有军事领域的深刻革命，将对世界军事形势、国际战略格局乃至战争形态的演变产生深刻影响。

## 一、新军事变革概述

"新军事变革"是从英文 revolution in the military affairs（RMA）翻译而来的。目前，最热衷于这场军事变革的国家主要是美国等西方军事大国。然而，首先洞察这场军事变革的并不是美国人，而是前苏联人。第二次世界大战后，随着信息技术的迅猛发展及在军事领域的广泛应用，使得军队指挥手段不断向自动化方向发展。20 世纪 70 年代，美、苏等军事强国基于战略需求，基本都实现了军队指挥自动化。越南战争中，美国率先使用精确制导炸弹并产生出巨大的作战威力。此后，各军事大国纷纷投入巨资开始研制并生产这类精确制导武器。随着指挥自动化系统与精确制导武器的研制与发展，为军事变革的孕育提供了最基本的物质技术条件。在这种历史背景下，1979 年苏军总参谋长奥加尔科夫元帅提出了"新军事技术革命"的概念。他认为，新兴技术将使军事学说、作战概念、军事训练、兵力结构、国防工业、研制重点发生革命性变化，即出现新的军事技术革命。

20 世纪 80 年代初，美军领导人提出，目前工业时代正在产生第三次浪潮。这种由信息革命引发的第三次工业浪潮，必将在人类社会各个领域引发根本性变革，从而给军事领域带来一场深刻的革命。1982 年，美军针对前苏军在欧洲战场提出的"大纵深作战"理论，结合自身高技术武器装备的发展现状，提出了"空地一体战"理论，同时开始着手重点发展精确制导武器，调整军队体制编制，以适应第三次浪潮战争形态的变化。1991 年海湾战争爆发，从而正式拉开了这场世界性军事变革的序幕。1993 年 8 月，时任美国国防部基本评估办公室主任的资深分析家马歇尔以更深邃的目光对"新军事技术革命"概念提出异议，他认为："对军事革命的含义常有误解，我们打算不用早些时候的军事技术革命这一术语，因为它把重点放在了技术上。技术使得革命有可能出现，但只有制定了新的作战概念，在许多情况下，建立了新的军事组织的时候才会发生革命。"为此，他建议改称"新军事革命"。1994 年 1 月，美国国防部接受了这一提法，并正式组建"军事革命高级指导委员会"进行官方研究。1995 年年底，美军在深化理论研究的基础上开始采取实际步骤进行军事变革的一系列实验。

1996 年 5 月，美国参谋长联席会公布《2010 联合作战构想》。在该构想中提出："机动制敌、精确打击、全维防护和聚焦保障"，勾画了今后 15 年美国武装力量建设和作战蓝图。同年 12 月，美国防部又正式颁布《信息作战》纲要。至此，美军开始全面推动军事变革。2003 年 3 月伊拉克战争爆发。美军在这场战争中全面检验了这几年新军事变革的重大成果。从战争结局上看，美军在军事上取得了巨大成功。如果说 1991 年的海湾战争是介于机械化战争和信息化战争之间的话，那么伊拉克战争则标志着人类战争已经进入到一个新的发展阶段。在这场战争中，美军只用了海湾战争一半的兵力、时间和物资消耗就达成了推翻萨达姆政权的战略目的。这除了美、伊两国巨大的经济差距（美国 GDP 是伊拉克的 260 倍）以及其他政治因素外，主要是因为美国在军事上占据着绝对优势，具体来讲，就是通过不断推进新军事变革，使得美军建立起了一套高度机械化和半信息化的军事体系，而与此相对抗的伊拉克军队则仍处于机械化半机械化阶段，从而使双方在军事力量的对比上形成了巨大的"时代差"。透过这场战争，人们不仅看到军事变革给当代世界军事领域所带来的巨大冲击，同时也看到了军事变革所塑造出的信息化军队的作战威力。

通过大力推进新军事变革，美军获得了超强的作战能力，这使世界各主要大国在震惊的同时更增强了紧迫感和危机感，围绕如何缩小与美国的"时代差"和"技术差"而纷纷制定措施，竞相加快了军事变革的步伐。一些国家结合伊拉克战争的主要做法及前期军事变革的经验教训，出台了一系列新军事变革的新举措，推动军事变革在更高的层次、更广的领域、更大的范围加速发展，从而使世界新军事变革进入到一个整体质变的发展阶段。

## 二、新军事变革的主要动因

新军事变革的主要动因是科学技术的突破性发展，军事需求的强力拉动以及军事理论的有力牵引等，其中科学技术的突破性发展是新军事变革产生的重要因素。

### （一）科学技术的突破性发展是新军事变革的强大动因

马克思主义认为，科学技术是最高意义上的革命力量，是推动社会进步和军事变革的强大动力。当代科学技术，特别是以信息技术为核心的高新技术的飞速发展是新军事变革最直接的推动力。以信息技术为核心，以航天技术、生物技术、新材料技术、新能源技术和海洋开发技术等为代表的一大批高新技术和高技术产业蓬勃兴起，在被广泛应用于军事领域后，催生了新军事变革，并不断推动世界新军事变革向深度和广度发展，成为推动世界新军事变革最有力的杠杆。同时，新军事变革的出现和不断发展又必然要求武器装备的不断更新，从而牵引和推动军事高技术的深入发展。

在当代高技术领域，信息技术是基础，是核心。信息技术在军事领域引发的变化主要表现在它物化出新一代的信息化武器装备，并使军事理论和体制编制发生革命性的变化。其中，武器装备及其体系的变化是直接的、基础的和革命性的。

一是信息技术的迅猛发展导致武器装备信息化。现代武器装备广泛采用侦察监视、网络通信、导航定位等信息技术，大量装备传感器、计算机、显示器、控制器等先进的电子设备。除此之外，武器装备信息获取、信息处理、信息传输和信息对抗等信息能力的不断增强，使得战场感知、横向组网、远程精确打击和对抗等作战能力取得了长足的发展。

二是信息领域的激烈对抗导致信息系统武器化。信息优势的争夺成为现代战争的重要内容。信息装备及其组成的信息系统作为武器装备体系新的、重要的组成部分，大大提高了信息获取、信息传输、信息处理和信息控制等能力，使传统意义的作战能力得到了飞速增强。信息系统作为现代作战的重要手段，具备攻防兼备的功能，从而使武器化的信息系统在现代战争中发挥着日益重要的作用。

三是信息技术的综合应用导致指挥系统自动化，成为军队战斗力的倍增器。信息技术的不断发展和综合应用，推进了指挥系统的自动化，使得指挥自动化系统的地位和作用日益突出。近几次高技术局部战争表明，指挥自动化系统不仅已经成为装备体系的"黏合剂"，成为指挥决策的"智囊"，而且已经成为战斗力的"倍增器"。

## （二）　军事需求的强力拉动是新军事变革产生的内在动因

军事变革不是自然发生的客观物质运动，而是对抗主体之间的主观能动行为，是军事需求驱动和军事主体选择的必然结果。因此，在一定物质技术基础上，战略需求和战略主体的选择便成为决定军事变革进程和结局的重要因素。就当前这场新军事变革而言，正是源于冷战时期敌对国家、政治集团对抗的需要，是美国与苏联之间争夺世界霸权的需要。在冷战结束、两极格局解体后，世界安全形势发生了深刻变化，信息化战争成为新的战争形态，国际恐怖主义成为当今世界的主要威胁，这种新的军事需求使得军事斗争的形式和手段又发生了新的变化，它使冷战时期那种建立在机械化战争基础上、准备打大规模战争甚至核战争的军事斗争方式和军队建设模式难以适应新的安全需求。因此，必须对建立在机械化战争基础上的军队进行彻底改革，以满足新的需要。美国先于其他国家推行军事变革，率先把美军建设成为世界上第一支信息化军队，从而为在 21 世纪按照美国的意愿"塑造世界"提供强大的后盾。

## （三）　军事理论的创新是新军事变革产生与发展的基础和先导

军事理论的创新对新军事变革的产生与发展起着基础性和先导性的作用。20 世纪 50 年代以来，随着军事理论的不断创新与发展，引导着新军事变革沿着正确的方向顺利进行，从而使新军事变革的进程缩短、速度加快。军事理论的创新促进了军事战略的调整。冷战结束后，世界各军事大国和强国的军事战略已经由机械化战争形态下的军事战略向信息化战争形态下的军事战略转变。军队建设理论的创新引导了军队的改革与发展，军队建设的质量特别是高科技含量在不断提高。作战理论的创新推动了作战方式的变革。"空地一体战"理论、信息作战理论、空间作战理论和联合作战理论等相继提出与运用，催生了超视距打击、精确打击等新的作战方式，极大地改变了现代战争的面貌。

## 三、新军事变革的基本内容

新军事变革的本质与核心是信息化，其目的是建设信息化军队，打赢信息化战争，基本内容可概括为"四新一变"。

## （一）　创新军事技术，实现武器装备的信息化

武器装备的断代性发展是军事领域出现革命性变化的重要标志。现阶段，主要是应用信息技术成果对现有武器装备进行改造，同时研制和发展新型信息化武器系统，从而实现武器装备的信息化、智能化和高效化。目前，发达国家军队已经实现了高度机械化和部分信息化。同时，在战争中大量使用经过信息化改造的精确制导武器。2003 年 5 月，伊拉克战争结束不久，美国副总统切尼就宣布："从战场投放的精确制导弹药占总投弹量的比例看，海湾战争是 9％左右，这次伊拉克战争则占到 68％。"

## （二）　创新体制编制，重组军队组织结构

一场军事变革的完成是以军队组织结构调整的最终实现为标志的。调整改革军队的体

制编制是实现人与武器有机结合、最终完成军事变革的关键。世界各国为适应世界新军事变革的发展,高度重视优化军队的内部结构,使军队的体制编制向着精干、高效、合成的方向发展。总的趋势是,压缩常备军规模,裁减一般部队,增编高技术军兵种部队,使军队向小型化、多能化、一体化方向发展。现阶段,主要是建设便于灵活组合的中小型模块式部队,建立适合信息快速流通的扁平式作战指挥体制。伊拉克战争中,美军在指挥上改变了以往各军兵种分别指挥的方式,由联合作战中心实行一体化指挥;在保障上改变了以往逐级实施的方式,由后方基地统供,直接投送到前沿部队和分队,这就是所谓的"聚焦后勤"。

## (三) 创新军事理论

随着高新技术武器装备的发展,传统的战争理论、作战原则以及战略、战役、战术之间的关系等都随之发生变化,出现了一些建立在新的物质基础之上的军事理论。比如,信息化战争理论、信息战理论、联合作战理论、精确化作战理论、非对称作战理论、空间作战理论、非接触作战理论和网络中心战理论等。在伊拉克战争中,美军所使用的"快速决定性作战"理论就是一种全新的作战理论。它强调作战行动必须充分利用信息化装备优势,采取"远程精确打击+小规模地面快速突击"的新战法,尽快由有限规模的战役行动达成战略目的。通过实战检验,这一理论得到了充实验证,说明适应信息化战争要求的创新的军事理论是完全必需的。

## (四) 创新作战方式

自 20 世纪 90 年代以来,非接触、非线式作战日益成为重要作战方式。网络中心战、太空攻防战等也会在不久的将来登上实战舞台。美军在伊拉克战争中所采用的基本方式就是非接触、非线式作战。这种作战方式不再是逐次突破推进,而是一开始就超越防御地带和自然地理屏障,直接对敌战役和战略纵深目标实施中远程精确打击,通过瘫痪对方的整个作战体系、摧毁对方的战争潜力和国家意志来达成战略目的。2003 年 3 月 20 日凌晨战争一打响,美军第三机步师就从科威特出动,第二天便深入伊拉克腹地 160 千米,5 天内急进 400 多千米,直插巴格达外围。不少人认为,这样用兵是孤军冒险。其实,这正是为了以最快的速度推翻萨达姆政权。这种"闪电"行动,使伊拉克军队来不及纵火油田、炸毁桥梁、设置交通障碍,更来不及组织坚强有力的巴格达防御战。

## (五) 战争形态由机械化战争向信息化战争转变

一是战场空间日益扩展。由过去是陆、海、空三维空间扩展为现在的陆、海、空、天、电、心理六维空间。二是战争节奏日益加快。过去战争往往是以年、月计算,现代战争则往往是以日、小时计算。三是战略、战役、战术行动融为一体。通过对要害目标,特别是首脑目标实施中远程精确打击来直接达成战略目的。最典型的作战方式就是"斩首"行动。四是信息权成为争夺战场主动权的焦点。五是军队作战一体化程度日益提高。通过信息网络把各种武器装备横向链接起来,朝着指挥一体化、部队编组一体化、各个作战单元行动一体化和补给保障一体化的方向发展。六是前方与后方的界限日趋模糊。战争一开始就在作战一方国土的全纵深同时展开，国家战略资源和要害性设施的防护问题空前突出，全社会民众的战争意志坚强与否成为战争胜负的决定性因素。

## 四、新军事变革的重要影响

这场新军事变革，促进了世界军事力量的大发展、大动荡和大调整，将对重建国际军事安全秩序、重建世界军事力量格局、重塑未来战争形态和重建未来型军队等产生决定性影响。

### （一）进一步加剧了世界战略力量对比的失衡态势

在历次军事变革中，尽管霸权主义国家能够实现局部扩张，但没有哪一个帝国能够随心所欲地对全球进行控制。新军事变革却截然不同。作为这场新军事变革"领头羊"的美国，拥有当今世界上最雄厚的经济实力、最先进的科学技术和最强大的军事力量，加重了其称霸世界的筹码，使它有可能具备全球投送、全球抵达、全谱作战的能力，有能力实施全球性扩张、干涉和控制。根据美国陆军《目标部队白皮书》至 2020 年前，美军可在 4 天内向全球部署 1 个旅战斗队，5 天内部署 1 个师，30 天内部署 5 个师。空军可在很短时间内到达全球各地，战略轰炸机经空中加油可连续飞行 18000 千米以上。这种结果必将导致世界军事力量的严重失衡，使弱国与强国之间已经存在的差距越拉越大，并由此引发新一轮军备竞赛。

目前，不仅世界大国加快了军事变革的步伐，一些中小国家也积极创造条件进行军事变革，大力推进军事理论、作战思想、武器装备、组织体制、教育训练、后勤保障等各个方面的创新，从而使新军事变革呈现出向广度和深度加速发展的趋势。英、法、德、日等发达国家和俄罗斯，为拉近与美国的距离，正逐步增大投入，力争在某些领域谋取优势；许多发展中国家，为避免陷入被动挨打的境地，也在千方百计发展国力、壮大军力，力求防止和消除"隔代差"。这就构成了一种各国竞相发展、全球战略互动的新局面。

### （二）进一步推动了世界各国军事战略的全面调整

新军事变革极大地冲击了传统的战争理念，改变了现代战争面貌，促使各国重新审视安全环境和战略策略，依据客观环境和主观需求积极主动地进行战略调整。自 20 世纪 90 年代以来，美国出于维护其霸权的需要，先后进行过四次军事战略调整。俄罗斯从前苏联解体后到现在也已调整了三次军事战略。英、法、德等欧盟集团出于集团利益的需要，在反映各成员国战略主张的同时，积极谋求"联盟战略"。日本以建立"合理、高效、精干"军队为目标，对其军事战略进行了全面调整。此外，一些发展中国家基于维护自身安全的考虑，在战略上也作出了必要调整。可以预见，随着新军事变革的深入发展，各国还会进行新的战略调整并促进国际战略格局进行新的整合。

### （三）进一步拉大了世界各国军队武器装备和作战能力上的"时代差距"

在机械化战争时代，武器装备和作战方式上的"时代差"曾经使法西斯德国军队在第二次世界大战初期的陆战场上取得了显赫战果，也曾使军国主义日本在海战场上独占鳌头，但与其主要对手的差距往往并非悬殊。而新军事变革中所产生的武器装备和作战能力上的"时代差"却使优劣差距极其明显。一旦存在"时代差"的两军在战场上对垒，就会出现"占有优势的一方，可以看到劣势的一方，而劣势的一方却看不到优势的一方；优势的一方可以打到劣势的一方，而劣势的一方却根本打不到优势的一方；优势的一方可做到攻守自如，而劣势的一方则手足无措"的局面。这就是这场新军事变革在武器装备和作战能力上所产生的"时代差"的突出表象。

## （四）进一步增强了军事手段维护国家安全的作用

新军事变革的飞速发展，使强国在短时间内变得愈强、弱国变得愈弱，两者之间的差距可能越拉越大，而且这种差距一旦形成，则难以消除，其结果是一方面力量的失衡导致战争的危险性增加；另一方面，由于"时代差"的存在，增强了战争的可控性，从而为强国运用军事手段达成政治目的提供了低风险、高效益、多样化的战略选择。据统计，冷战时期发生的局部战争和武装冲突年均为 4 次，而冷战后年均却达 10 次之多。特别是 20 世纪 90 年代以来发生的海湾战争、科索沃战争、阿富汗战争、伊拉克战争，更显示出军事手段在解决争端中的"泛化"趋势。以美国为首的西方发达国家认为，拥有绝对军事优势是处理国际危机的前提。在这种理念支配下，自 1990 年以来，美国对外出兵 60 多次，占第二次世界大战后对外出兵总数的一半以上。由此可见，新军事变革不仅使军事手段的地位和作用明显上升，而且刺激了新干涉主义进一步抬头，给世界和平与地区安全带来了新的威胁和挑战。

## 五、新军事变革的发展趋势

未来 10～20 年，随着纳米技术、隐形技术和定向能技术的更新和突破，将为世界新军事变革提供新的物质技术基础。在可以预测的未来，新军事变革将呈现出以下趋势。

## （一）军事科学技术的发展水平将有进一步突破

从 20 世纪 70 年代起，属于信息化军事范畴的信息革命便拉开序幕，这场信息革命分为军事传感革命和军事通信革命两个阶段。

军事传感革命主要表现为出现了计算机控制的探测器材以及单个作战平台和武器系统的计算机化，武器的命中精度有了极大提高，单个作战平台的性能成倍地提升。据测算，装有新型传感器的作战平台，其探测距离相当于过去的 5 倍，探测范围和探测到的信息量是过去的 25 倍。目前，在成熟探测技术的基础上，人们又大力发展人工智能技术，目标是使探测与智能相结合，从而实现探测的智能化和无人化。现阶段，人工智能技术已经能造出可供实战使用的机器人；新材料技术、遥控技术和遥感技术的不断发展，使无人机变得日趋轻巧灵便，作战效能增强。

军事通信革命主要表现为数字技术广泛应用于军事领域，出现了可以处理大量数据信息的指挥、控制、通信、情报与计算机系统，即 $C^4I$ 系统。目前，传感器材可搜集超视距信息，卫星可搜集全球信息。如果这些信息只供给单个作战平台使用，目标识别和快速攻击问题就无法解决。为此，美国国防部投入巨资，加速信息网络技术的发展，2010 年已建成全军统一的 C⁴ISR 系统，预计到 2025 年建成 C⁴ISRW（W 指 weapon，即武器）系统，从而实现侦察预警、指挥控制和打击手段的一体化。

预计在 2020 年前后，一批更加高效的新型武器将陆续出现，用信息网络技术把它们链接起来，就能为新军事变革提供新的物质技术基础，推动军事信息化变革向高级阶段发展。

### （二）武器装备信息化建设将进一步向广度和深度发展

当前，世界各国武器装备发展的大趋势是由机械化逐步向信息化过渡。自海湾战争以来，人们发现，经信息化改造的武器装备都具有较强的综合作战效能，为此，世界各国开始投入巨大的人力、物力和财力来加强武器装备的信息化建设。目前，美国陆军正在研制的"未来战斗系统"就是一种新型的信息化陆战武器系统。该系统把陆军的各种作战平台和各种作战需求与部队各要素紧密结合起来，使之共享作战信息并最大限度地发挥协同优势，以缔造先发制人、决战决胜的新型陆军。美国空军也在不断加强信息化建设。2005 年 12 月装备的 F-22 与正在试飞的 F-35，将替代 F-15 与 F-16。前者将具有更好的隐身性、更高的机动性，同时还将具备超音速巡航和远程作战等能力，届时将使美国空军作战能力大大提高。未来的海上武器装备将充分吸收航空、航天、电子等领域的最新技术成果，并将在机动能力、两栖作战能力、隐身能力、安全性和经济可承受性等方面有较大突破，综合作战效能将得到全面提高。

空间武器将逐步由后台走向前台。从发展的角度看，空间作战飞行器和空天飞机将是未来空间作战的威慑和实战力量，其可以在数十千米的高空或数百千米的近地轨道上执行多种作战任务。空天飞机集飞机、运载器、航天器等多种功能于一身，将是 21 世纪遂行全球作战乃至控制空间、争夺制天权的"杀手锏"装备。美国已把重点放在发展空间作战飞行器上，把研制空天飞机作为 20 年后的长远目标，近期将推出技术难度比较小的具有空天飞机部分功能的空间作战飞行器。

### （三）军事组织体制将向便于信息快速流动与使用的方向发展

新军事变革主要内容之一就是使军事组织体制实现从工业时代向信息时代的跨时代跃升。这种跃升的实质是使信息这一主导要素能在军队内部和战场上快速、顺畅、有序地流动，以适应打未来信息化战争的要求。反映到体制编制上，就是用信息化时代的体制编制改革工业时代机械化的军事形态，从而使信息化武器装备和创新性作战理论所蕴含的作战潜力实现"物化"。因此，军队体制编制改革的总体趋势是向便于信息快速流动和使用的方向发展：一是变纵长形"树"状领导指挥体制为扁平形"网"状领导指挥体制。近期几场局部战争表明，工业时代构建的适用机械化战争要求的领导指挥体制已不再适应信息化战争的要求，在实战中已暴露出信息流程长、信息流动速度慢、抗毁能力差等弊端。为了改变这种情况，世界各国正逐步建立外形扁平、横向联通、纵横一体的网状领导指挥体制。二是进行陆军结构改革。近期高技术局部战争表明，陆军的地位和作用与以往相比在下降，陆、海、空协同作战的理念正日益深入人心。为此，改变陆军结构就成了各国面临的重大军事问题，小型化、轻型化、多能化是军事强国陆军改革的大方向。三是组建信息战部（分）队。为了实施和打赢信息战，一些国家开始组建信息攻防部（分）队，如建立专门负责实施进攻信息战的航空队，建立"黑客"与"反黑客"等各种计算机应急反应分队和计算机网络防护分队等。这些新型部队的建立，将在未来信息化战争中发挥举足轻重的作用。

### （四）作战双方的对抗方式将呈现出以网络为中心的体系对抗

随着以计算机为核心的网络技术的发展，战争中作战双方不再是力量单元之间的较量，而是以网络为纽带、以整体对抗为表现形式的体系与体系之间的对抗。在这种以网络为中心的体系对抗中，作战人员并不像过去那样仅仅依赖单元武器装备，每个作战人员面对的是己方和敌方两大网络化的信息网络系统，一切作战资源都必须依赖信息网络才能发挥最大的作战效能。双方对抗中，谁先获取信息，并以最快的速度处理信息、分发信息，谁就能夺取制空权和制海权，进而谁就能够掌握战争的主动权。如果从武器装备构成体系上分析，在未来战争中，武器装备的使用将从突出强调利用坦克、飞机、军舰等作战平台的单元作战性能转到强调综合利用信息化武器装备系统的整体效能上来，突出武器装备系统的体系对抗。目前，美军正在加紧研制 $C^4IKSR$ 系统，该系统是将预警、侦察、监视、指挥、控制、通信、计算机和情报系统与精确打击系统联成一体，从而形成一个以网络为中心的庞大的武器装备系统。在未来战争中，计算机网络和通信网络将把信息化作战平台与各种探测系统、指挥控制系统、精确打击系统集成为一体化的军事信息系统，使武器装备体系的整体性更强、更完善，从而使信息化战争中体系对抗的特征表现得更为鲜明。

### （五）战争形态将逐步由机械化战争向信息化战争转变

随着信息化武器装备的大量使用，战争形态正逐渐由机械化战争向信息化战争转变。据统计，海湾战争中，使用的信息化武器装备只占8％，科索沃战争中则占到了35％，阿富汗战争中占到了56％，而到了伊拉克战争，信息化武器装备占到了美军装备总量的70％。由此可以看出，信息化武器装备在战争中的使用量在不断增加。由于信息化武器装备的大量使用，使得战争双方在信息空间的争夺日趋激烈，继争夺制陆权、制海权和制空权之后，争夺制信息权已成为战争双方的新焦点，并出现诸如信息战、网络战、指挥控制战、心理战等许多新的作战样式，战场空间也从三维地理空间拓展到电磁空间、心理空间、信息空间等多维空间，并形成陆、海、空、天、电以及心理等多维一体的全方位联合作战，战争的形态也开始由机械化战争向信息化战争转变。这些变化，都与信息化武器装备的性质和结构的发展变化有关。可以预测，未来10～20年，随着信息化武器装备的大量使用，将有力推进机械化战争向信息化战争的加速转型，并最终实现完全意义上的信息化战争。

## 第四节　军队指挥自动化

随着现代科学技术的迅猛发展及在军事领域的广泛应用，使现代战争的形态和军事斗争方式发生了重大变化，进而对军队指挥提出了更高的要求。在这种形势下，研究军队指挥自动化理论，加强军队指挥自动化系统建设，是提高军队整体作战效能、掌握现代战争的指挥规律和方法、打赢高技术战争的重要因素。

## 一、基本概念

指挥自动化及指挥自动化系统是军队指挥自动化理论最基本的概念。

### (一) 军队指挥自动化的定义

从 20 世纪 60 年代开始，随着美、法等西方国家军队 $C^3I$ 系统和前苏联指挥自动化系统的起步与发展，并在作战、训练中逐步发挥出了重要作用，军队建设发生了较大变化。我军在积极吸收外军做法的基础上正式提出了"指挥自动化"的概念，并将"军队自动化指挥系统"的内涵与西方的 $C^3I$ 系统相等同。多年来，全军围绕"指挥自动化"的概念进行了许多有益的探讨，从其本质、目的、要素、手段、功能、实践需求、建设途径、运行机制等不同的角度和层面作出了多种定义和解释，不断丰富和发展了原有概念的内涵和外延。

我军《指挥自动化条例》中指出：军队指挥自动化是指在军队指挥体系中建立和运用指挥自动化系统，辅助指挥员和指挥机关实现科学、高效的指挥控制与管理的活动。其目的是提高军队的组织指挥和管理效能，最大限度地发挥军队的整体作战能力。这一定义是我军对指挥自动化的最新的定义，是进入 2000 年后，随着指挥自动化建设的飞速发展，我军对指挥自动化的认识的进一步加深，对它的内涵和本质有了更新的认识。

军队指挥自动化系统是指在军队指挥系统中，综合运用以信息技术为核心的现代军事技术和军事理论，实现军事信息收集、传递、处理自动化，以实现高效能的指挥、领导与管理，保障军队发挥最大效能的"人-机"系统。军队指挥自动化系统是国防基础设施的重要组成部分，是军队现代化的重要标志，是实现高技术条件下联合作战的物质基础和根本保证。

### (二) 军队指挥自动化系统的特性

#### 1. 内涵的延伸与拓展性

军队指挥自动化系统的内容不是一成不变的，它是随着军事技术的不断发展而不断丰富、不断延伸的。美国前总统里根的 $C^3I$ 顾问约翰·库什曼 1986 年 6 月 11 日来我国防大学讲学时，在讲到指挥自动化系统定义时，列出这样一个等式："$G^2 = C^3 = C^3I = C^4$"，从中可以看出 $C^3I$ 系统的内容是不断发展变化的，同时它的内容还在不断延伸。例如，美军指挥自动化系统就出现了 $C^2$（command and control，指挥与控制）、$C^2I$（command, control and intelligence，指挥、控制与情报）、$C^3I$（$C^2I$＋communication，指挥、控制、通信与情报）、$C^4I$（$C^3I$＋computer，指挥、控制、通信、计算机与情报）、$C^4ISR$（$C^4I$＋surveillance＋reconnaissance，指挥、控制、通信、计算机与情报以及监视和侦察）等术语。1995 年美国国防部报告中提出了 $C^4I$ 系统的概念，1997 年美国国防部又提出了 $C^4ISR$ 的概念。这充分反映出指挥自动化系统构成要素的不断扩展与延伸，说明指挥自动化的功能在不断扩充和完善，人们对它的认识也在不断加深和进一步发展。虽然外军指挥自动化系统的概念在不断扩展与延伸，但是目前在世界上许多国家仍沿用美国 1979 年国防报告中使用的 C$^3$I 系统的称谓。

我军使用的指挥自动化系统这一概念虽然没有改变，但是其内涵也在不断地发展变化，与外军发展相对应而不断扩展与延伸。

**2. 概念的综合性**

军队指挥自动化系统是一个综合性的概念。指挥自动化系统的基本特性的外在表现是系统呈现出功能的综合性、结构的综合性、业务的综合性、组织使用的综合性、使用人员的综合性等特点。即系统以计算机技术为核心，是各种高新技术、理论的集中运用；系统集成了多种学科、多个领域、多种层次，功能多样，结构庞大；各分系统从属于综合系统，小系统从属于大系统，单一业务从属于综合业务，具体功能从属于整体功能；把多种分散的系统综合集成为一个统一的大系统，形成一个能够整体运作的军事信息系统；每一个分系统在功能上具有一定的相对独立性，系统结构、操作人员、技术规范等不尽相同，可形成一定的独立功能；各分系统需要按照一定的军事和技术需求分布配置，结构上是多层次、多链条、多网络；各有关系统间、软硬件设备间、功能间相互连接、相互渗透，你中有我，我中有你；系统体系结构复杂、功能种类繁多、具体要求不一，具有明显的多样性；要求整体上必须能互通、互联、互操作、互代替，实现一体化。指挥自动化整体要素的不断扩充，反映了各作战要素整体动作需求不断增加。例如，在业务上，指挥自动化系统是把作战指挥、通信、情报、电子对抗等多种军事业务部门紧密地联系在一起的综合业务统一体；在功能上，是依照指挥的主要职能和业务关系，按系统工程原理，把指挥控制、情报侦察、通信、电子对抗多信息系统功能综合集成，形成一个技术先进、结构合理、运转灵便的有机整体；在技术上，它是将现代计算机技术、情报侦察技术、通信技术、航空航天技术、电子对抗技术、密码技术等综合集成，形成一个高技术的综合体。

## 二、实现军队指挥自动化的作用与意义

### （一）实现军队指挥自动化的作用

由于现代科学技术广泛应用于军事领域，使战争的各个方面、各个层次都发生了深刻的变化，从而也给军队指挥带来许多新的问题。实现军队指挥自动化，其作用主要表现在以下几个方面。

**1. 科学分析处理情报**

现代战争情报数量激增，情报来源广、数量大、变化快、临界性强。因此，必须对大量的情报进行科学的分析处理，紧紧把握与决策相关的重要情报，作为作战指挥的依据。很显然以往传统的手工处理战场信息的方式已不能适应高技术条件下作战指挥的需要。

**2. 提高应变效率**

现代作战时间的价值空前增大。时间对作战双方都充满了危机，争夺时间的斗争更加激烈。由于各种高技术武器能在极短时间内给对方造成重大损伤，军队的快速机动能迅速改变战场态势和兵力对比，军队指挥自动化能极大地提高指挥效率，从而使作战节奏加快、指挥周期缩短。因此，要适应现代战场情况的急速变化并作出快速反应，必须实现军

队指挥自动化。

### 3. 有利于作战的定量分析

现代作战定量分析要求高。近期几场局部战争的实践表明，作战指挥已广泛应用数学方法，进行大量复杂的战役战术计算。诸如，对大量情报的分析处理、双方兵力兵器的对比、各种武器的作战效能、部队的机动能力和作战能力及分配使用、制定作战方案和协同动作计划以及后勤保障等，都要求运用现代数学方法和计算机进行定量分析。

### 4. 有利于指挥协同作战

现代军队指挥任务繁重，趋向复杂化、多样化。指挥人员既要指挥诸军兵种在主战场的合同作战，又要指挥地方部队、民兵游击队配合主力作战；既要组织指挥以一种作战形式为主、多种作战样式相结合的作战，又要采取多种战法战胜敌人；还要组织好各种作战保障和后勤保障，合理地运用各种作战力量，发挥整体合力，综合打击敌人。为此，要想在有限的时间内完成极为繁重的指挥任务，也必须实现军队指挥自动化。

## （二）实现军队指挥自动化的意义

### 1. 充分发挥指挥人员的创造性

实现军队指挥自动化，可以把指挥人员从繁忙的手工作业中解放出来，以便集中精力从事创造性劳动。在实现军队指挥自动化之前，指挥人员一直为手工劳动所困扰，尽管他们处在支配一切的位置，但所从事的工作并非全是支配性的，自然而然也就影响了指挥人员支配作用的发挥。实现军队指挥自动化以后，他们可把主要精力投入到创造性劳动中去，更好地发挥其作战指挥的作用。

### 2. 全面提高军队指挥的时效性

实现军队指挥自动化，可以大大缩短作战准备的时间，加速决策过程，提高军队指挥的时效性，以利于作出快速反应，缩短指挥周期。以情报的处理与利用为例，在实现军队指挥自动化之前，参谋人员要用大部分工作时间将获取的必要情报标在首长工作图上，而在自动化系统中，指挥员和指挥机关有关人员可从自动化情报源获取全部重要的情报。由于情报及时、准确，因此为指挥员迅速下定决心、作出处置创造了条件。

### 3. 实施战场优化控制

实现军队指挥自动化后，指挥人员可借助于"机器"，分析研究部队作战行动的代价、风险与效益，及时作出科学的决策。同时，还可利用监控反馈系统，监督、了解参战部队对上级命令、指示、计划的执行情况，以便修改、调整作战计划，使各部队的作战行动能始终按照最优化的目标运行。

## 三、军队指挥自动化的发展历程

军队自动化指挥诞生于 20 世纪 50 年代。就其产生的性质而言，是现代高技术与作战指挥相结合的产物，就其产生的背景而言，是第二次世界大战后依战争形势的变化而发展起来的一个新生事物，它的产生代表着军队指挥历史发展之必然。

军队指挥自动化系统的发展大体经历了三个发展阶段。

## （一）初创阶段（20 世纪 50 年代末至 60 年代中期）

这一阶段是指挥自动化系统单系统分散建设时期。由于电子信息技术的发展及计算机在作战指挥系统中的运用，使作战指挥手段得以向现代化方向发展。20 世纪 50 年代末，美国最先建成并使用"赛其"半自动化防空指挥控制系统，它被国际上公认为是军队指挥自动化系统的先驱。该系统是以第二次世界大战中英伦三岛防空系统为蓝本设计的。当时，英国本土防空系统之所以能与德国大规模的空袭相抗衡，主要依靠"本土链"雷达网、"超级机密"情报部门和"扇形站"作战控制中心三件法宝。而美国的"赛其"系统是这三个系统功能的综合集成，只是在某些环节上应用计算机取代了手工作业。几乎在美国建成"赛其"系统的同时，苏联也建成了本土防空半自动化的"天空一号"系统，其结构也与"赛其"系统相似。

20 世纪 60 年代初，美国又首先建成并开始使用世界上第一批战略指挥自动化系统，如战略空军指挥控制系统、弹道导弹预警系统、战略空军核攻击指挥控制系统等。其结构性能均较为简单，之所以优先发展战略性国土防空与战略核攻击用的指挥自动化系统，正是由于 60 年代中期以前，美、苏两个超级大国出于冷战对峙下执行核威胁、核报复战略的需要。当时，战术指挥自动化系统虽然也开始研制，但没有给予应有的重视。

我军这一阶段相对应时间是 50 年代末至 70 年代末，是学习、摸索和试验时期。学习了国外 C$^3$I 系统的概念、内涵和技术，摸索中国军队指挥自动化系统建设的方法、技术和途径，试验研制初级指挥自动化系统。

## （二）全面发展阶段（20 世纪 60 年代末至 80 年代中期）

这段时间是指挥自动化系统业务系统全面发展阶段。20 世纪 60 年代至 70 年代末，从麦克纳马拉到施莱辛格的几任美国国防部长逐渐完善了准备打"两个半战争"（全球核战争、大规模常规战争和局部地区冲突）的灵活反应战略。其间，美国除建成国家级 C$^3$I系统外，各军种的 C$^3$I 也有了较大的发展，主要体现在：改进完善早期的战略 C$^3$I 系统；更新以手工作业为主的指挥设施，如海军的战术旗舰控制中心、空军的战术控制系统等；研制机动式系统与诸军种联合作战使用的系统，如 E-3A 空中预警机、EC-130 战场空中控制中心等。20 世纪 70 年代，苏联与美国指挥自动化系统的差距已有了缩小。同时，北约组织中，欧洲部分国家的指挥自动化系统建设也有了较大的发展。北约盟国共建的系统和各国自建的系统相继开工并投入使用。日本也于 70 年代后期决定改建其防空警戒系统，并兴建中央指挥所。

可以说，在 20 世纪 60 年代中期至 70 年代末，指挥自动化的发展主要体现在系统的数量和种类的增加上。进入 20 世纪 80 年代以后，则主要表现在系统性能和系统之间兼容性的提高上。在这一发展阶段，美、苏两国的战略性系统得到进一步的改进和更新。美国的原"赛其"系统已被新系统所取代，各军种的战术 C$^3$I 系统也相继建成，并启用了先进的空中或地面机动式指挥自动化系统，连同空中与地下的 C$^3$I 设施，基本构成了全球性的

（全方位、全高度）C³I 系统，且现代化水平也有了明显的提高。因此，包括中国在内的 20 多个亚非拉国家、北约和华约的 10 多个国家分别建成了各自的指挥自动化系统，其中以国土防空型居多。从 60 年代至 80 年代初，处于美苏对峙下的国际形势，核大战虽未发生，但局部战争连绵不断。在这种形势下，形成了战略与战术指挥自动化系统并重、协调发展的局面，两类系统均得到较大的发展。

随着以微电子技术与计算机为代表的信息技术的迅猛发展及其在指挥控制、通信、情报等军事领域的广泛应用，现代战争呈现出了高技术的特点。作战指挥自动化系统正是在高技术战争的运用中发挥了作用、经受了检验，同时也暴露出已建系统的不足。正是在作战需求牵引下和技术需求的推动下，指挥自动化系统才向着更新的阶段发展。

我军这一阶段相对应时间是 20 世纪 70 年代末至 80 年代末。这一阶段我军是以军兵种独立建设指挥自动化系统为特征的阶段。这一阶段军队指挥自动化系统建设，从雷达（声呐）情报传递处理系统到具有指挥引导功能的战术级指挥自动化系统，从办公自动化系统到指挥所作战值班（交班）系统，从指挥所内部局域网络到全军指挥自动化二期工程等，建成了一批能在平时担负作战值班任务的系统。这些系统的建成，对提高我军整体作战能力发挥了一定的作用。同时，也积累了经验，培养了人才。

## （三）成熟阶段（20 世纪 80 年代末至今）

这一阶段是指挥自动化系统的一体化发展阶段。20 世纪 80 年代末至 90 年代初，以美国为代表的发达国家的指挥自动化系统已经成熟，进入了向综合性指挥自动化系统发展的过渡阶段。

军事科学技术和作战理论的迅猛发展，使 C³I 系统的性能在军事需求的牵引下不断得到开拓，能力得到大大增强，各国对指挥自动化的建设与发展给予了高度的重视。美国在 20 世纪 80 年代初率先提出了战略力量现代化计划，并把战略 C³I 系统与支持它的武器系统置于同等重要的地位。而美军"2000 年空地一体战"理论的提出则有力地促进了战术 C³I 系统的建设。80 年代苏联的指挥自动化系统发展得也很快，其水平几乎与美国的系统相差无几，并已形成自己的体系；澳大利亚在 80 年代也实施了规模庞大的 C³I 发展计划；一些第三世界国家也已开始建设本国的 C³I 系统。

进入 21 世纪后，军队指挥自动化处于大发展并趋于成熟的时期。一方面，各国相继制定了其军队指挥自动化新的发展战略，并采取多种措施，投入大量资金，加快发展其军队指挥自动化系统。另一方面，大部分老系统通过引进高新技术而得到更新与改造，以使其发挥更大效益。目前，正在形成技术上新老几代系统并存、结构上小系统与大系统结合的局面，指挥自动化系统的一体化程度不断提高，整体功能不断加强。

这一阶段我军在指挥自动化系统建设中是以区域性军兵种指挥自动化系统工程始建为标志，军队指挥自动化系统建设逐步由单系统建设向"成线"、"成区域"的方向发展。这一阶段军队指挥自动化建设得到很大的发展，已经建成或正在建设的代表性工程是陆军集团军、海军、空军许多区域性指挥自动化系统工程及机动式自动化指挥、自动化系统工程。特别是进入 90 年代以来，以战区指挥自动化系统建设为标志，军队指挥自动化系统建设和使用向一体化方向迅速发展。战区指挥自动化系统的建成标志着军队指挥自动化系统发展到一个更高的阶段，为我军打赢未来高技术条件下局部战争提供了可靠的指挥手段，为实施信息作战提供了重要的物质和技术基础。

### 四、军队指挥自动化系统的组成

军队指挥自动化系统，一般由指挥控制分系统、通信分系统、情报分系统、电子对抗分系统和综合保障分系统五大功能部分组成（图 4-4-1）。

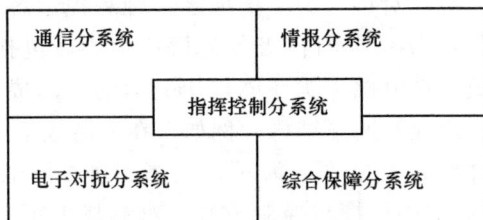

```
┌──────────────────────┬──────────────────────┐
│      通信分系统        │      情报分系统        │
│              ┌────────────────┐              │
│              │   指挥控制分系统   │              │
│              └────────────────┘              │
│     电子对抗分系统      │     综合保障分系统      │
└──────────────────────┴──────────────────────┘
```

图 4-4-1  军队指挥自动化系统

### （一）指挥控制分系统

指挥控制系统（要素）是军队指挥自动化系统的核心，有时也称指挥控制中心或指挥所系统。它直接影响着指挥自动化系统的整体性能指标的高低和效能的发挥。指挥控制系统主要由各级各类指挥中心（所）和执行分系统构成。它是指挥自动化系统的"心脏"和"大脑"，其核心是计算机和有关辅助设备，主要用以将输入的各种情报和信息快速地进行综合处理，为指挥人员进行决策判断提供可靠的信息；同时辅助指挥人员拟制作战方案并通过模拟推演、分析判断，得出结果数据，为指挥人员下定决心、下达命令提供准确依据；根据作战命令提供各种兵力、兵器的指挥控制和引导数据，通过通信分系统传递给执行分系统（有关部队和武器系统），实施指挥和控制。指挥自动化系统的总体结构设计，在某种意义上来说，主要是围绕着指挥控制分系统来进行的。

**1. 指挥控制分系统的组成要素**

指挥控制分系统从作战使用上可分为作战指挥要素和技术保障要素两部分。作战指挥要素是指挥员和战勤、参谋人员实施作战指挥和组织勤务保障的部位，他们通过设置的指挥控制台、大屏幕显示设备、各种终端设备和指挥通信设备完成指挥活动。

作战指挥要素：作战指挥要素（部位）的设置原则主要是指挥机关的编成和它所担负的作战指挥任务。各级指挥控制中心因其任务不同，作战指挥要素也有所不同。通常包括指挥要素、作战保障要素、后勤与装备保障要素、辅助指挥要素。

技术保障要素：技术保障由四种要素组成，即信息处理要素、内部通信要素、信息显示要素、辅助设备要素。

**2. 指挥控制分系统硬件与软件的组成**

依据上述指挥控制系统组成要素和系统战术功能，指挥控制系统是由硬件平台和完成系统战术功能的信息处理软件等构成的。

系统的硬件平台通常由信息处理设备（计算机系统）、信息显示设备（各种显示控制台、工作站、终端、大屏幕显示设备、闭路电视和投影设备等）、内部通信设备（程控交换机、对讲机、通信终端设备等）、系统监控设备（监控台和其他环境监控设备）和局域网等组成。

系统完成战术功能的信息处理软件，除必需的系统软件、应用开发工具软件外，主要有情报处理、文电处理、辅助决策、武器控制、数据库、资料检索、图形处理、战勤保障等信息处理软件。

现代战争将是体系与体系的对抗。为了指挥诸军种和控制各种高技术武器协同作战，发挥整体威力，要求指挥控制分系统的各级各类指挥中心，包括空间、空中、海上、水下、地上、地下的广阔领域，在电磁干扰环境与快速运动中形成立体配置，并做到互连、互通、互操作的一体化高抗毁性的网络结构。例如，在海湾战争中，美军中央总部在海湾前线建立了前线指挥部，并组建了陆军、海军、空军、海军陆战队等司令部各级指挥中心，调用了 39 架预警机作为空中指挥与控制中心，对参战美军实施指挥与控制，为制定战略决策、拟定作战计划、选定攻击目标等提供了重要依据，有效地提高了快速反应能力，保证了部队间密切协同和多国部队的联合行动，大大增强了总体作战能力。

## （二）情报分系统

情报分系统主要由情报侦察、预警探测系统和情报处理中心组成。主要负责搜集敌我双方的各种情报信息，供指挥人员及时了解军情和战场态势。现代化的情报系统是陆基、天基并举，光、电、磁、声多种探测手段并用，构成空、地、海、天一体化的情报侦察网，对整个军事动态和战场态势实施全方位、立体化、全天候的监视与侦察。

一个 $C^3I$ 系统需要配置多种侦察监视设备，以期最有效地获取战场情报信息，为作战指挥服务。现代情报侦察监视系统，从防空角度讲，通常由地面雷达网、空中预警网和无线电技术侦察网等组成；从防天角度讲，通常由侦察卫星预警网和地面雷达预警网组成。

### 1. 防空情报侦察监视子系统

防空情报侦察监视子系统的主要任务是对来袭的轰炸机、巡航导弹等空中目标尽早提供预警、搜索、监视，识别空中目标，并连续测报目标的位置和飞行参数。由于现代战争中空袭兵器及其突防手段多种多样，所以必须综合使用多种侦察监视设备和手段。

（1）地面雷达警戒网

地面雷达警戒网是将各种程式的警戒雷达按其性能统一布局、合理配置的，预警侦察网。预警线主要由远程警戒雷达站组成，并适当配置一定数量的低空目标探测雷达站，使其对高、中、低空目标都具有探测预警能力。根据需要和可能，可设置多道预警线。例如，美国目前的战略预警系统设置了两道预警线，在北美西起阿拉斯加东至格陵兰一线设置了一道远程预警线，对时速 960 千米的飞机可提供 3 小时的预警时间；在美国和加拿大边境的加方境内设置了一道近程预警线，能在敌机进入美国本土前 20 分钟发出警报。对空侦察雷达网主要由中、近程雷达站组成，各个雷达的探测范围互相衔接、重叠，形成全方位、大纵深、覆盖空袭兵器全部飞行高度的探测空域，为作战指挥中心和各防空部队提供空中目标的情报信息。

（2）空中预警网

空中预警网是由空中预警机组成。其主要优点是机动性强、情报传递快、侦察范围大，尤其可贵的是对低空、超低空目标的探测性能好。例如，美国为防止敌机从海上入侵，沿其东西海岸各设置了一道空中预警线，由 E-3A 空中预警机（图 4-4-2）担负空中巡逻警戒任务。它在 9000 米以上的高空对高度 18000 米以下的空中目标，发现和跟踪距离为 460 千米，并能发现高度 100 米以下超低空来袭目标。

图 4-4-2

（3）无线电技术侦察网

无线电技术侦察网是由装备有专门无线技术设备的侦听站组成。其任务是通过侦听、侦收、测向等方法，截获、破译敌指挥通信信息并进行测位，以获得敌人空袭活动的预先征兆和实时情报。

此外，对空观察仍不失为一种有效的侦察手段，它作为雷达警戒网的辅助网在一些国家仍在使用。它是由众多的地面观察监视哨（站）组成，用目力或听力借助光学、电子观察设备或音响设备，监视（听）空情并传递情报。它能弥补其他侦察网的不是，是获取低空、超低空目标情报的有效手段。

**2. 防天情报侦察预警子系统**

防天情报侦察预警子系统的主要任务是对来袭的战略弹道导弹和其他航天兵器提供预警，测定其轨道参数，识别真伪弹头和国籍，并进行分类编目，必要时拟定拦截所需要的目标指示数据。

（1）侦察卫星预警网

侦察卫星预警网是由部署在地球静止高轨道或周期 12 小时的大椭圆轨道上的预警卫星组成的。预警卫星是一种装有红外探测器、X 射线探测器和电视摄像机等侦察设备，用于探测弹道导弹发射和飞行方向的先进预警设备，预警卫星数量按其侦察性能、运行轨道高度和侦察范围而定。例如，美国预警卫星网由部署在印度洋、太平洋和大西洋上空地球静止轨道上的 5 颗卫星组成，其中 3 颗工作，2 颗备用。该预警网可提供 10～20 分钟的预警时间。

（2）地面雷达预警网

地面雷达预警网是由部署在国境线附近的超视距雷达和大型相控阵警戒雷达组成。这些雷达能发现在轨道上飞行的地对地导弹、潜射导弹，并测定其目标位置和轨道参数，为防御导弹袭击提供预警和拦截所需的目标弹道数据。超视距雷达探测距离可达 5000 千米。如美国设在北美阿拉斯加、格陵兰和英国西部的 3 个超视距雷达站，形成了对北美三个主要方向实施侦察的预警网，预警距离为 5000 千米。设在美国东西海岸的 3 个雷达站，组成了对潜射导弹的预警网，预警距离为 1000～1500 千米。

此外，美国、俄罗斯将初步部署在弹道导弹轨道上空装有诸如新型微波雷达、毫米波雷达、激光雷达和米波、红外探测器等各种探测设备的天基探测预警网。这一预警网不仅能提供天基预警，还能监视弹道导弹及其弹头全程的飞行情况，为天基防天反导武器提供截击数据。

### （三）通信分系统

通信分系统的任务是信息的传输和交换。从战争发展情况看，武器装备越先进，战争就越现代化，对通信的依赖也就越大，要求也就越高。随着现代战争的突发性、快速性的不断增强，军队指挥机关需要掌握和运用大量的各式各样的信息，要求通信传输必须迅速、准确、保密和不间断。因此，在指挥自动化系统中，良好的通信保障是实施指挥自动化的基础和军队作战的生命线。

通信传输的种类很多。按传输的信号形式，通信可分为模拟通信（普通电话、传真）和数字通信（电报、数据通信）两大类。随着电子计算机在通信领域中的广泛应用，数字通信将在指挥自动化系统中得到广泛的应用。按传输的介质，通信可分为有线通信和无线通信。按传输的内容，通信有指挥控制信息（指挥命令、兵力调配、组织指挥和武器控制）和情报信息（图形、图像、文字、数据）。按作战用途，通信传输则有战略、战役和战术之分。

通信是指挥自动化的基础，没有发达的通信网，就不可能实施指挥自动化，为了适应指挥自动化系统的需要，现代化的通信网应该向数字化、自动化发展，并具有多手段、大容量、高保密性、高可靠性和高抗毁性等特性。我国的国防通信网目前虽初具规模，但不能满足指挥自动化的要求，必须采取一定的措施逐步向综合业务数字网过渡。

### （四）电子对抗分系统

电子对抗分系统是军队指挥自动化系统的重要组成部分。电子对抗分系统一般由侦察传感设备、显示操作设备、干扰执行设备、通信设备以及数据处理中心等组成。其根本任务是：干扰和破坏敌指挥自动化系统，使之完全瘫痪或执行错误命令；有效地保护己方指挥自动化系统不受敌方干扰、破坏和打击，并处于良好的工作状态。电子对抗是电子信息技术与军事斗争日益结合的产物，是在信息空间展开的斗争。为了取得作战胜利，最初是直接杀伤敌方战斗人员和摧毁敌方工事，后来演变为首先摧毁敌方武器系统，进而发展为首先攻击作战用的信息系统。攻击信息系统除了采取传统的硬杀伤式摧毁外，还可利用电磁信号辐射和交换的特点在信息空间进行干扰，这种软杀伤是电子对抗区别于其他攻击手段的显著特点之一，外军称之为在地面（含海上）、空中、空间三维战场之外的第四维战场——信息战场。在未来战争中，信息战场的争夺将会越来越激烈。

### （五）综合保障分系统

综合保障主要指气象保障、测绘保障和后勤、装备保障。

气象保障子系统，其主要任务是收集、整理、编辑和传输气象情报资料，及时与地方各级气象部门交换气象资料；及时准确地向各级指挥中心提供有关地区的气象实况、天气预报和气候资料，并对可能危及军事行动的灾害性天气及时发出警报；通过气象资料数据库，为各级指挥机构提供有关数据。

测绘保障子系统，其主要任务是通过军事地理信息数据库，及时为各级指挥中心提供各种数据地图和军事地理数据；通过电子地图库，可为陆、海、空军提供导航定位保障，为第二炮兵和有关部队提供精确制导所需的各种数据；通过地理和地形分析专家系统，可以就地理因素对作战的影响提供决策建议和参考数据。

后勤、装备保障子系统，具有文电、图形和自动化处理功能，辅助决策功能以及情报资料自动查询和数据共享功能。能够实时收集和管理各类后勤、装备业务数据，为拟制和优选后勤、装备保障计划和后方保卫作战计划提供决策支持；为实行联勤联供、装备和技术保障，做好物资、油料、卫生、医疗、运输、技术等保障工作和后方支援计划的有效实施提供高速有效的手段。

## 五、军队指挥自动化系统存在的缺陷和发展趋势

### （一）现有指挥自动化系统存在的缺陷

$C^4ISR$ 系统的出现使得军队战斗力水平产生了质的飞跃，因此该系统已成为世界各军事强国竞相发展的军事系统。但经过几次实战的检验，美军发现现有的 $C^4ISR$ 系统存在着严重的缺陷。

**1. $C^4ISR$ 系统没有实现全球联网**

美军出于全球战略的需要，于 1992 年提出"武士 $C^4I$ 计划"，并经过多年努力建起美军自己的军事信息网络体系，但由于保密性、机动性和野战化带来的特殊要求，该系统无法在全球范围向军民共用、整体互联的方向发展，无法达到与国际互联网比肩的普及程度。

**2. $C^4ISR$ 系统缺少对信息的有效加工**

实战证明，官兵在战时获得的信息并不是越多越好，而是需要进行甄别、筛选、处理，把最有用的信息传递给最需要的人，这样才能真正消除"战场迷雾"，而现在的 $C^4ISR$ 系统却做不到这一点。

**3. $C^4ISR$ 系统无法实现多种设备兼容**

目前，各国的军用 $C^4ISR$ 系统大多是各军事部门或军兵种独自开发的"烟囱式结构"，技术体制不统一，互联互通能力差；特别是只能链接和处理通过计算机通信联网的信息，而对战场前端的传感器、作战平台、射击系统等仍不具备兼容共享的能力。

### （二）军队指挥自动化系统的发展趋势

进入 21 世纪以来，世界各国作战指挥自动化系统的发展呈现出了以下趋势。

**1. 在功能上，向综合化、智能化方向发展**

军队指挥自动化系统在技术上要向综合化、智能化方向发展。综合化是指挥自动化为适应体系对体系、系统对系统的作战需要，根据整体出威力、系统出效能的原理构造未来的指挥自动化系统的思想。

多年以来，包括美国在内的世界多数国家的军队 $C^3I$ 系统，受发展规划、技术和条件等因素的限制，走的都是"烟囱式"发展道路，致使建成的系统功能独立，互连、互通、互操

作能力差，难以适应未来高技术条件下联合作战的需要。为克服上述缺陷，各国对其指挥自动化系统的研制建设都强化了综合集成。美军则开始采用开放式系统工程的方法，从分立的"烟囱式"系统向综合系统转变，首先提出建立更广泛的 $C^4I$ 系统的新概念，它把 $C^4I$ 的范围扩展到反情报、联合信息管理和信息战领域。这种体制不仅可以指挥控制己方的作战部队，而且还可提供敌方如何指挥、控制其部队的有关信息，实现了多层次、大范围的连接和信息共享，增强了信息作战能力。美军 1997 年将监视和侦察与 $C^4I$ 系统集成为 $C^4ISR$，它是综合集成的指挥、控制、通信、计算机、情报、监视和侦察系统，其中蕴涵着通信对抗、反侦察等功能，基本涵盖了指挥自动化系统的全部内容。美军的 $C^4ISR$ 系统将要向综合化方向发展，即向着应用范围更广、层次更高、系统更大、内容更新的阶段发展。

大力提高指挥自动化系统的智能化水平也是其未来发展的方向之一。提高智能化的核心是开发各类智能化软件系统。随着思维科学、决策科学、认识科学、机器自学功能的提高，以及神经网络新一代计算机的产生，指挥自动化系统的智能化水平将进入更高的发展阶段。

**2. 在规划上，强调系统的一体化，更重视信息安全**

实现系统的一体化，是指挥自动化发展的又一趋势。我军根据多年的指挥自动化建设的经验，提出了努力实现指挥控制、情报侦察、探测预警、通信、电子对抗等功能的一体化；努力实现战略、战役、战术指挥自动化系统一体化；努力实现诸军种指挥自动化系统一体化；努力实现指挥自动化系统与主战武器系统一体化等。美军则提出了实现国防部 $C^4I$ 系统与三军 $C^4I$ 系统以及三军 $C^4I$ 系统之间一体化的要求。据不完全统计，美国国防部和陆、海、空三军的各级 $C^4I$ 系统就有 140 多个。在一体化过程中，美国国防部首先带头将国防部所属的 14 个系统集成为一个大系统。美陆、海、空军也分别将本军种所属的若干系统向着一体化的方向集成，最终集成为本军种的一个大系统。与此同时，各军种的系统和国防部的系统还要进一步综合集成为一个一体化的更大系统，以实现互联、互通、互操作。为促进一体化的实现，美制定了国防信息系统网（DISN）综合化计划和全球指挥、控制、通信系统（GCCS）计划。其国防信息系统网已于 1993 年 10 月实现了 9 个独立网的综合，1996 年已将 170 多个网络综合进了该网，这对实现一体化产生了巨大的作用。GCCS 全部实现后，陆军指挥官可用海军的平台指挥陆上作战；同样，海军的指挥官也可以用陆军指挥平台指挥海上作战，实现了指挥平台的一体化。

随着信息技术的发展和信息战的到来，信息安全受到了严重威胁，各国视安全为信息的生命，因此对加强信息和信息系统的安全特别重视。美军对信息安全提出了如下的要求：第一，信息系统必须有能力在任何复杂环境中安全地处理各种信息；第二，必须充分保护国防部的信息系统，以便有能力与有关网络上的多个主机间进行分布式信息处理和分布式信息管理；第三，信息系统必须有能力支持具有不同安全要求的用户，利用不同的安全保密级别的资源进行信息处理。

**3. 在使用上，提高系统的多种能力，向深海和外层空间发展**

根据海湾战争的实战经验，人们普遍认识到必须进一步提高指挥自动化系统的各种作战性能和适应能力，以满足未来高技术战争的需求。

（1）提高快速反应能力

实战表明，指挥自动化系统的各个环节都要注重提高对付突发事件的反应能力。这就要求，必须建立多层次、多手段预警和侦察系统，提供准确情报，保证对作战命令和情报信息的迅速传送，以保障各种战勤指挥通畅、供应及时。要利用计算机模拟各种复杂情况，迅速作出决策，提高机动和适应能力。指挥自动化系统必须有较强的机动能力，适应恶劣的自然环境和残酷的战争环境的能力。各级指挥自动化系统要实现车载、舰载或机载，以便于灵活、迅速地开设和重新组合，在机动中保障不间断的指挥。

（2）提高抗毁伤和生存能力

随着指挥自动化系统技术水平的提高，其脆弱环节也会越来越多，抗毁伤和生存能力问题将更加突出，必须采取机动隐蔽、防护加固、容错系统、抗干扰抗病毒等多种手段，从多种途径提高抗毁伤和生存能力。有专家预测，在21世纪，发达国家的$C^3I$系统中的核心部分将在核战争中生存，而容错计算机、自适应结构的通信网路、多级保密系统等将大大提高$C^3I$系统的可靠性。

（3）向深海和外层空间发展

目前的$C^3I$系统都是沿地球表面配置的，随着航天技术的不断发展，$C^3I$系统平面配置的格局将被打破，取而代之的是一种从外层空间到海洋深处的立体配置，永久性的载人空间站、轨道站的建成都可成为$C^3I$中心和武器平台。据称，在21世纪初，空间平台将能监视整个陆地、30米深的海水以及直到数万千米高的空间。美军在研究从潜艇发射通信卫星的同时准备建立海底指挥中心。可以预见，未来$C^3I$系统将从外层空间一直延伸到海洋深处，形成立体配置、全球连通的网络。

## 思考题

1. 什么是军事高技术？军事高技术的分类和特点有哪些？
2. 军事高技术会对现代战争带来哪些影响？
3. 什么是新军事变革？其中包含哪些基本内容？
4. 新军事变革产生的动因有哪些？其战略影响包含哪些方面？
5. 什么是精确制导武器？精确制导武器有什么特点？
6. 制导技术目前主要有哪几类？
7. 什么是伪装？
8. 伪装技术的措施有哪些？其发展趋势是什么？
9. 什么是隐身技术？
10. 什么是现代侦察与监视技术？
11. 什么是电子对抗？电子对抗的分类及主要内容有哪些？
12. 航天技术、军事航天技术的概念是什么？
13. 航天技术在军事上的应用有哪些方面？
14. 航天支援卫星有哪些？
15. 中国航天技术的发展经过哪些时期，其主要标志是什么？
16. 什么是夜视技术？
17. 什么是激光？

# 第五章　信息化战争

进入 21 世纪，高技术的迅猛发展和广泛应用，推动了武器装备的发展和作战方式的演变，促进了军事理论的创新和编制体制的变革，由此引发新的军事革命。在世界新军事变革浪潮推动下，信息化战争作为一种新的战争形态开始登上人类战争的舞台。信息化战争最终将取代机械化战争，成为未来战争的基本形态。

## 第一节　概　　述

### 一、信息化战争的基本概念

信息化战争是信息时代的基本战争形态，是信息化军队在陆、海、空、航天、信息、认知、心理七维空间，运用信息、信息系统和信息化武器装备进行的战争。

信息化战争的基本内涵：一是信息化战争作为信息时代的产物，是该时代生产水平和生产方式在战争领域的客观反映；二是信息化战争必然以信息化军队为主体作战力量，战争双方至少有一方拥有信息化军队，机械化或半机械化军队之间打不了信息化战争；三是信息化战争的主要作战工具是信息、信息化和智能化武器装备平台，如作战单元实现了网络化、一体化；四是要在七维战场空间进行，其中在航天空间、信息空间、认知空间和心理空间占相当大的比例；五是在物质、能量和信息等作战诸要素中，信息起主导作用，信息能在战争中表现为火力和机动力的物质能量；六是战争的破坏性和附带性伤亡依然存在，但附带破坏将降至最低限度。

### 二、信息化战争的产生与形成

信息化战争是人类社会政治、经济、科学技术和战争实践发展到一定阶段的必然产物。

### （一）信息化战争是社会经济形态发展的必然结果

战争形态是人类社会经济形态的产物，因为人们从事战争的工具和手段是由特定时代的社会经济形态所提供和决定的。

农业时代的手工业生产方式决定了战争能量的释放形式主要是依靠人的体能，战争所使用的武器主要是冷兵器。因此，这一时代的战争被称为冷兵器战争。在漫长的农业时代，社会所创造的工具是人力工具，由于科学技术水平低下，生产力发展缓慢，生产工具只能通过人力来驱动，靠人去操纵，人们也只能使用手工制作的青铜和铁质的刀枪剑戟、弓箭和战车等冷兵器进行战争。这一时代，有限的物质条件和效率低下的人力生产工具以及自给自足的分散式农业生产和作坊式的手工业，使得战争形态的演变十分缓慢。

工业时代的机器大工业生产方式决定了热能成为战争能量的释放形式，战争所使用的武器为机械化武器，因此这一时代的战争被称为机械化战争。从 17 世纪上半叶开始，伴随着蒸汽机的发明和电力、化学等工业的产生，人类进入工业时代。由于人们对能量和物质资源的利用，动力生产工具的使用，导致了社会生产方式的机械化、电气化和规模化。机器大工业生产方式的出现，使人们能够大量运用火炮、坦克、飞机和舰船等机械化武器装备从事战争，战争的能量释放形式从以人的体能为主转变为使用热能和核能。战争物质基础发生的根本性变化，必然推动和要求战争形态发生革命性的变革，使工业时代的战争呈现出空间广阔、规模宏大、人数众多、进程缓慢、消耗和损失巨大的特征。从冷兵器战争演化到机械化战争，完成这场军事革命的进程持续了将近 300 年。

20 世纪中叶以来，由于科学技术的飞速发展和生产力水平的大幅度提高，以计算机技术和信息技术为龙头的高新技术群不断涌现，人类开始进入了信息时代。随着信息技术在军事领域的广泛运用，大量信息化武器装备投入战场，为新一轮战争形态的变革提供了物质基础。在科学技术和战争实践的推动下，一场迄今为止人类军事史上波及范围最广、变化最深刻、发展最迅速的军事革命正在世界范围内蓬勃兴起。一个以使用信息化武器装备为主导，使战争基本方式发生根本变化的信息化战争，开始登上战争舞台。

人类社会和战争历史的发展表明，社会的经济形态是战争形态的母体，有什么样的经济形态，就会孕育出什么样的战争形态。这是不以人的意志为转移的客观规律。

## （二）高技术的发展是信息化战争产生的直接动因

战争形态的重大变革通常发生在技术革命之后，而技术革命又往往是在科学技术水平迅猛发展并发生质的飞跃的情况下出现的。20 世纪 50 年代以来，世界上陆续出现了一大批高新技术群：以微电子技术、电子计算机技术、人工智能技术和通信技术为基础的信息技术；以导弹为代表的精确制导技术；以人造卫星和航天飞机为代表的航天技术；以激光技术为先导的聚能技术；以核聚变为代表的新能源技术；以新材料为基础的隐形技术等。其中，信息技术在高技术群中起主导作用。这些新技术一出现，便以前所未有的速度向深度和广度发展。

高技术的迅猛发展和运用，必将导致新的技术革命。毛泽东曾经指出："技术上带根本性的、有广泛影响的大的变化，叫做技术革命。蒸汽机的出现是一次技术革命，电力的出现是一次技术革命，太阳能或核能的出现也是一次技术革命。"高技术群的出现，除其本身的发展具有革命性之外，它的影响之深远、波及领域之广泛，是历史上任何一次技术革命都无法比拟的。如今，高新技术群体，尤其是微电子技术和计算机技术已渗透到人类社会活动的各个领域，引发了政治、经济、科技、军事和文化等各个领域的深刻变革，已经产生并将继续产生难以估量的重大影响。

科学技术的进步必将引起军事领域的技术革命。与以往历史上的军事技术革命不同的是，当今这场军事技术革命不是由单项和少数民用领域的技术引发的，而是由多项高技术交叉综合作用的结果。因此，这场军事技术革命是全方位的，其中起核心作用的技术是军事信息技术。军事信息技术中的骨干技术包括微电子技术、计算机技术、光电子技术和军事航天技术。军事技术革命的出现，必然导致武器装备发生质的变化。以军事信息技术为核心的军事高技术群，使人类进行战争的工具发生了时代性的飞跃，即由机械化武器装备阶段进入了信息化武器装备阶段，这必然引起作战方式、作战理论和军队编制体制的根本性变革。

### （三）近年来局部战争实践是信息化战争产生的基础

20 世纪 90 年代以来先后发生的海湾战争、科索沃战争、阿富汗战争和伊拉克战争是人类战争史上具有划时代意义并起到承前启后作用的战争。它们既是工业时代机械化战争的延续，更是孕育信息化战争雏形的"母体"。这几场局部战争几乎都使用了全新的武器和全新的战法，每场战争都给人们以耳目一新的感觉。人们越来越强烈地感悟到，战争形态正在发生深刻变化，机械化战争形态正向信息化战争形态转变，信息化战争已处于萌芽阶段。

海湾战争闪现了新军事革命的影子，世界从此进入一个新的战争时代。信息攻击，远程精确打击，陆、海、空、天、电一体化作战，成为主要作战行动。传统的线式作战、梯次攻击、层层剥皮的作战方式已经被摒弃，"零死亡率"的战争已经成为人们追求的目标。

总之，近年来几场局部战争的实践，使人们已经深刻感悟到新的战争形态所具有的深刻内涵，战争实践成为推动信息化战争形成和发展的催化剂。它促使人们更加自觉地接受信息化战争，适应信息化战争，更重要的是主动地选择和设计信息化战争。

## 三、信息化战争的历史演变

### （一）信息化战争孕育阶段

时间为 20 世纪 60 年代至 80 年代，最具代表性的是 60 年代的越南战争、70 年代的第四次中东战争和 80 年代的马岛战争。

图 5-1-1

美军在 20 世纪 60 年代的越南战争中有以下突出的特点：一是投入了大批新式武器，如运用了 F-105、F-111 和 B-52 轰炸机（图 5-1-1），运用了"百舌鸟"、"响尾蛇"新式导弹和激光制导炸弹等。激光制导炸弹在作战中首次使用就显示了神奇的威力，当时美军用普通炸弹轰炸越南清化大桥，出动近 600 架次飞机，投弹数千吨，也没有炸毁大桥，当在战争后期使用激光制导炸弹后，只用了 12 架次就将大桥炸毁。二是运用了电子战飞机与机载电子干扰设备实施了广泛的电子干扰，为后来的大规模电子战勾画了基本轮廓。可以说从越南战争起，以后的战争几乎都伴随着激烈的电子战。

第四次中东战争是埃及和叙利亚与以色列之间的一场战争，由于美、苏分别为作战双方提供了一些高技术武器装备，因此高技术特点比较明显，具体表现在：一是导弹战比较明显，由于采用了先进的制导技术，双方损失的 340 飞机、300 多辆坦克大部分是被导弹击毁的，这预示着精确制导武器将主导战场；二是首次利用卫星进行战场侦察，使天战这一崭新的方式脱颖而出。美国发射了 18 颗侦察卫星，苏联发射了 10 颗侦察卫星，分别向以色列和埃及提供情报支援。卫星首次投入战场就发挥了重要作用。

1973 年 10 月 6 日开罗时间下午 14 时零 5 分，第四次中东战争爆发，埃及第二、三军团强渡运河，一举攻克以军构筑 4 年之久的"巴列夫防线"，打得以军节节败退。埃及军队准备乘胜前进，扩大战果。就在这时，美军侦察卫星发现埃及军队两个军团的结合部有一条 7～12 千米宽的间隙，防守薄弱，并且后方空虚。以军得到这个情报后，欣喜若狂，立即组织部队，秘密插入结合部，偷渡运河，迅速向西、向南发起猛烈进攻，并合围了埃及第三军团，从而反败为胜，夺取了主动权，最后由于苏、美干预，双方握手言和。这种情况在第二次世界大战中是不可想象的，因此，今天的战略战役指挥员不能不考虑侦察卫星这个重要因素，军事卫星提供的情报甚至能够改变战争的进程和结局。

1982 年 4 月爆发的英阿马岛战争是一次高技术条件下的海空联合作战。突出的特点表现在：一是在战争中第一次大规模地集中使用制导武器。交战双方共投入 17 种类型的战术导弹、制导鱼雷和制导炸弹进行对抗，由此改变了传统的"巨舰大炮"对抗的海战方式，在作战中制导武器发挥了重要作用。阿根廷有 73 架飞机被英军导弹摧毁在空中，占空中击毁总数的 84%，英军先进的"谢菲尔德"号驱逐舰和"大西洋运送者号"大型货船

图 5-1-2

以及其他十几艘舰船都毁于阿根廷"飞鱼"导弹之手。二是指挥自动化系统发挥了巨大的作用。当美国侦察卫星发现阿根廷唯一的一艘万吨级巡洋舰"贝尔格拉诺将军号"正在马岛附近行驶，就及时将这一情报提供给英国特混舰队，该舰队立即制定了消灭巡洋舰的作战方案，并报送英国战时内阁，战时内阁批准了这一方案，特混舰队又把任务下达给已在靠近该舰海域的英国核动力潜艇"征服者"号。"征服者"号随即发射了两颗鱼雷，就让"贝尔格拉诺将军"号葬身海底。从这个例子可以看出：战争发生在海上，而情报却来自天上的侦察卫星；战争在东半球进行，而指挥命令却发自西半球；信息由空到地，由东到西，多次远程传递。这一切仅凭借感官是无法详察和控制的，必须依靠自动化的手段来实施指挥。图 5-1-2 为以色列"梅卡瓦"型主战坦克。

## （二）信息化战争萌芽阶段

时间是 20 世纪 90 年代，以海湾战争为主要标志。

海湾战争以机械化战争为主导，大规模机械化作战发展到极致，信息化作战初露端倪，信息化武器装备在战争中发挥了重大作用。海湾战争是机械化战争向信息化战争过渡的一个重要转折点。

海湾战争的特点是：一是以精确制导武器为主实施了高强度的空中打击。这次战争一改过去以地面作战为主的方式，以空中打击为主，空战中使用精确制导弹药虽然仅占总投弹量的 9%，却炸毁了 70%～80% 的目标，起到了战争的主角作用。空战中还有一个创举，那就是巡航导弹进入了空中打击的行列，多国部队共发射了 200 多枚战斧式巡航导弹实施远程打击。二是进行大规模的电子战，多国部队投入电子战部队人数达 5000 余人，

电子战飞机和预警机 200 多架，从战前到战争结束进行了全方位的电子干扰。三是使用了先进的 C⁴I 作战指挥系统。多国部队投入战场的计算机就达 3000 台，确保了快速准确的信息传递。四是使用了大规模的高性能侦察器材。共动用了 30 多颗卫星、130 多架侦察机以及大量的侦察器材，进行了地、空、天覆盖性侦察，保证了及时可靠的情报来源。五是使用了多种新型的夜视器材，使夜战的地位、作用有了显著的提高，形成了连续作战的能力。

### （三）信息化战争初始阶段

时间是 20 世纪末至今，最具代表性的是科索沃战争、阿富汗战争和伊拉克战争。

1999 年 3 月，以美国为首的北约打着"人权高于主权"的旗号，对南联盟发动了科索沃战争。战争中，夺取信息优势、控制机动、精确打击成为战争的主导。主要表现有：一是在 C⁴ISR 系统运用方面，实现了全球网络化、信息化、一体化，具备了跨军兵种、跨地域无缝连接和实时指挥控制能力；二是首次使用了电磁脉冲炸弹、计算机病毒、石墨炸弹等信息化武器装备；三是首次大批量使用了"JDAM"等精确制导弹药。通过科索沃战争，美军验证了信息战理论和联合作战理论，创新了全纵深精确打击作战理论、非对称作战理论、非接触作战理论等。

2001 年 10 月，美国以"反恐"为名发动了阿富汗战争。这场战争规模不是太大，强度也不是太高，但信息化程度和联合作战水平都很高。主要表现在四个方面：一是首次使用了侦察攻击型无人机、全球信息栅格，验证了网络中心战理论；二是首次使用了单兵数字通信系统、掌上电脑、光电侦察设备、地面传感器和 GPS 等系统，验证了信息化战争中的特种作战理论；三是首次使用了 GBU-28 钻地炸弹、BLU-l18B 燃料空气炸弹等新型武器，验证了大规模毁伤性武器的可控性理论；四是首次实现了以 C⁴ISR 系统为主的全球一体化作战模式。

2003 年 3 月，美国发动了伊拉克战争。战争中，美国成功地验证了"先发制人"战略和"震慑"理论，创新了夺取信息优势、实施全频谱控制、联合对地攻击、精确闪击作战和快速决定性作战等作战理论，创新了地面作战中接触与非接触相结合、空中遮断及空中近距支援与地面快速推进相结合的战法，为美军大规模信息化作战奠定了理论和实践基础。

经过这三场战争，美军的信息化战争理论得到了充分验证，加快了信息化军队建设的步伐，目前，美国陆军信息化装备已占 50％，海军、空军信息化装备已占 70％。估计到 2020 年前后，美国的主战武器装备都将实现信息化。

## 第二节　信息化战争的基本特征

较之其他战争形态，信息战争呈现出鲜明的时代特征。

### 一、信息资源主导化

信息对战争影响的关键是要准确获得战场信息并把信息及时用于决策和控制。在机械化战争中，起主导作用的是物质和能量，打的主要是"钢铁仗"和"火力仗"。在信息化战争中，信息是核心资源，是决定战争胜负的关键因素。信息化战争是以争夺战场"制信息权"为主要行动的战争。信息成为部队战斗力的核心要素。

在未来战争中，对信息的争夺将发挥核心作用，可能会取代以往冲突中对地理位置的争夺。攻城掠地已经成为机械化战争的历史。在信息化战争中，地理目标将日趋贬值，信息资源将急剧升值。制信息权必然成为凌驾制空权、制海权和制陆权之上的战场对抗的制高点。拥有信息资源，握有信息优势，是取得战争胜利的先决条件。

急剧升值的信息资源，决定了争夺制信息权的斗争在全时空进行，决定了战争中交战双方将倾全力去争夺"信息优势"。海湾战争中，争夺信息优势的斗争贯穿于战争全过程，渗透于所有作战空间。美军利用了世界上最先进的计算机系统所提供的大型智能平台和C$^4$ISR指挥信息系统，完成了超大容量信息处理，赢得了战场优势。在科索沃战争和阿富汗战争中，由于美军夺取和保持了全时空的信息优势，因而以很小的代价夺取了战争的胜利。战争的实践，不仅使人们越来越充分地认识到物质、能量和信息在战争中的作用将发生革命性变化，而且使人们清晰地看到了信息、信息系统和信息化武器装备的巨大作用，感觉到了未来信息化战争的无限前景。传统的火力、防护力和机动力仍是战斗力的重要组成部分，但已经不处于核心位置，取而代之的是信息。

## 二、武装装备信息化

科学技术在军事领域的运用，尤其物化为战争"手臂"，是引起战争形态发生深刻变革的根本原因。工业时代的战争，是以机械化武器装备为物质基础；而信息时代的战争，则是以信息化武器装备系统为物质基础。信息化的武器装备系统又是以计算机技术为核心、以信息技术为基础的一体化的武器装备系统，其构成主要包括信息武器、单兵数字化装备和C$^4$ISR系统。

信息武器系统，包括软杀伤型信息武器和硬杀伤型信息武器。软杀伤型信息武器是指以计算机病毒武器为代表的网络攻击型信息武器和以电子战武器为代表的电子攻击型信息武器。这类武器已在海湾战争中开始使用。硬杀伤型信息武器主要是指精确制导武器和各种信息化作战平台。信息化作战平台装有大量的电子信息传感设备，并与C$^4$ISR系统联网。它们集侦察、干扰、欺骗和打击功能于一体，既可实施战场探测，为精确打击和各种战场行动提供目标信息，还可实施信息攻防作战，是信息化战争的重要物质基础。

单兵数字化装备是指士兵在数字化战场上使用的个人装备，也称信息士兵系统（它由单兵计算机和无线电分系统、综合头盔分系统、武器分系统、综合人体防护分系统和电源分系统5个部分组成）。信息化的士兵装备，既是战场网络系统的一个终端，也是基本的作战单元，具有人机一体化的远程传感能力、攻击和生存能力，能够实时实地地为炮兵和执行空地作战任务的飞机提供数字化的目标信息。阿富汗战争中，美国空军准确无误地对地面目标实施攻击，就是得益于特种作战部队装备的信息士兵系统将整个战场数字化网络连为一体，为其提供了及时准确的目标数据。单兵数字化装备的出现和运用，意味着陆军作战效能将出现革命性变化。

C$^4$ISR系统是战场指挥、控制、通信、计算机、情报、监视和侦察系统的简称，它把作战指挥控制的各个要素、各个作战单元黏合在一起，是军队发挥整体效能的"神经和大脑"。在信息化战争中，C⁴ISR 系统是敌对双方的主要作战目标，围绕着 C⁴ISR 系统展开的攻击和防护成为战争的重要作战行动。海湾战争具有划时代的意义，在人类战争史上，它是工业时代向信息时代过渡时期发生的一场战争，尽管还称不上完整意义上的信息化战争，但是它所显示的信息化战争的特征，在尔后的科索沃战争、阿富汗战争、伊拉克战争中，已经表现得十分清楚。

### 三、作战空间多维化

作战空间随着科学技术和武器装备的发展逐渐呈现出日益拓展的趋向。人类战争历史上由于飞机的问世和航空技术的发展，作战空间发生了第一次革命性变化，由陆、海平面战场发展为陆、海、空三维一体的立体战场。机械化战争中，交战的舞台主要是在陆、海、空等物理空间展开，重点是在陆地、海洋和空中进行。而信息化战争中，虽然活动的依托仍然离不开物理空间，但决定战争胜负的因素主要是信息空间，主要包括网络空间、电磁空间和心理空间。近期世界高技术局部战争的实践表明，信息化战争的作战空间明显拓展，呈现出陆、海、空、天、电等多维一体化趋势。信息化战争作战空间的这种多维性和复杂性，打破了传统的作战空间概念。

首先，物理空间超大无限。第一次世界大战中，决定战争胜负的马恩河战役、亚眠战役，战场范围仅有数百至数千平方千米。第二次世界大战中，决定战争胜负的维斯瓦河奥德河战役、柏林战役、诺曼底战役，战场范围也不过数万或数十万平方千米。而海湾战争，战场空间急剧扩展，东起波斯湾，西至地中海，南到红海，北达土耳其，总面积达到1400 万平方千米。阿富汗战争，其作战规模远不及海湾战争和科索沃战争，但其作战空间范围要远比海湾战争和科索沃战争大得多。美军在空中部署有各种侦察、预警飞机，全方位、全时段地监视敌方的所有行动。在外层空间利用多颗卫星组成太空侦测网，全面监视、搜寻塔利班和拉登的动向。随着军事信息技术的高速发展，未来信息化战争的作战空间将在目前陆、海、空、天的基础上进一步拓展。

其次，信息空间多维广阔。信息空间是一个全新的概念，它包括电磁空间、网络空间和心理空间，渗透于陆、海、空、天各个战场领域。由于信息和信息流"无疆无界"，使得信息作战的领域大大突破了传统的战场界限，是一个超大无形、领域广阔的作战空间。

电磁空间是信息空间的重要组成部分。电磁战场被称为继陆、海、空、天之后的"第五维战场"，是信息化战争的重要作战空间。

网络空间是人类进入信息社会的必然产物。信息时代的一个明显标志就是计算机和计算机网络技术的广泛应用。目前，国际互联网将全世界 170 多个国家和地区的计算机网络连为一体。信息高速公路在全球范围内逐步建成，时空的概念正在急剧缩小。网络空间的出现，使地理上的距离概念和国家之间的地理分界线在信息对抗中失去意义，凡是与网络空间相联系的目标都可能遭到攻击。

心理空间，特别是决策者的思维空间，是信息化战争的重要作战空间。心理是控制和决定人的行为的重要因素，心理空间的对抗备受各国军队的重视。美军不仅编有心理战部队，而且正在研制"噪声仿真器"、"电子啸叫器"等专用心理战武器。美军在近期几场局部战争中都采取了军事打击与攻心并举的方针，成功地实施了心理战。战争的实践证明，心理空间作为信息作战空间的一个重要组成部分已体现得非常明显。

### 四、作战节奏快速化

时间是战争的基本要素。随着计算机、电子通信、卫星技术和信息化武器装备的发展，信息化战争的作战节奏和作战速度将比机械化战争大大提高，持续时间明显缩短，呈现出迅疾、短暂、快速化的特征。促使战争时间迅疾、短促的主要因素有以下三个。

一是战场信息流动加快，作战周期缩短。信息时代，数字信息技术广泛运用于战场侦察监测设备和信息快速传输网络，实现了信息的实时获取、实时传输、实时处理，使得信息流动速度空前加快，空间因素贬值，时间急剧增值，作战行动得以快速进行。在网络化的战场上，尽管基本作战程序和信息的流程没有发生根本变化，同样要经过发现目标、进行决策、下达指令、部队行动等环节，但这几乎都是实时同步进行的。

二是战争的突然性增大，时效明显提高。信息化战争中，各种信息武器具有快速的作战能力，使得作战行动的速度加快，时效性明显提高。

三是广泛实施精确作战，毁伤效能剧增。据有关资料介绍，1架F-16战斗机的毁伤效能相当于第二次世界大战时30架B-17轰炸机的毁伤效能。图5-2-1为美军F-35战斗机，性能更优。在海湾战争中，多国部队发射的精确制导弹药，虽然只占发射弹药总量的9%，却摧毁了约80%的重要目标。精确打击直接指向敌人的战争重心，迅速而有致命性，这必然使得作战时间短促，战争持续时间大为缩短。

图 5-2-1

此外，数字化战场的建立、部队机动能力的提高、受经济能力和战争目的的制约等，都是促使作战时间迅疾、短促，战争进程日趋缩短的重要原因。

### 五、作战要素一体化

信息化战争，一是作战力量一体化。通过信息网络和信息技术，可以将处于不同空间位置的各种作战能力联结成一个有机整体，形成一体化作战力量。二是作战行动一体化。信息化战争中的主要作战样式，是两个以上的军种按照总的企图和统一计划，在联合指挥机构的统一指挥下共同进行的联合作战，其作战行动具有一体化的特征。三是作战指挥一体化。信息化战争中，集指挥、控制、通信、计算机、情报、侦察和监视为一体的 $C^4ISR$ 系统，为作战指挥提供了准确的战场情报、快速的通信联络、科学的辅助决策、实时的反馈监控，从而使树状的指挥体制逐渐被扁平为网络化的指挥体制所代替，使作战指挥实现了一体化。四是综合保障一体化。保障军队为遂行作战任务而采取的作战保障、后勤保障、装备保障、政治工作保障等各项保障措施实现了一体化。

## 六、作战指挥扁平化

机械化战争的指挥体制，主要以作战部队多层次纵向传递信息的树状指挥体制为主。这种指挥控制网络就像大工业生产按行业、按流水线建立的控制体系一样，其特征是金字塔状，下面大上面小，所有来自前线的敌我双方的情报信息必须逐级向上汇报，上级的指示精神和命令也按照这样的树状模式逐级下达到前线或基层，是一种典型的逐级指挥方式。信息化战争的指挥体制，趋向作战单元与指挥控制中心横向传递信息的"扁平网络化"结构。在纵向上，从最高指挥机构到基层分队所形成的逐级控制关系虽仍然存在，但是，单兵数字化指挥控制系统成了指挥体系的最小层次。在横向上，各指挥系统间的横向联系更加紧密，它不仅包括平地指挥机构之间的联系，还包含非同一层次间指挥机构的横向联系；不仅包括不同军兵种各层次指挥机构的联系，还包括同一军兵种平行指挥层次指挥机构间的联系。指挥控制近乎实时，效率大大提升。

## 七、作战行动精确化

信息化战争中，在多层次、全方位、全时空的情报、侦察和监视网络的支持下，使用大量的精确制导武器，使各种作战行动的精确化程度越来越高。一是精确侦察、定位控制。精确侦察、定位控制是实现精确打击的前提和基础。二是精确打击。精确打击是信息化战争精确化的核心内容，它靠提高命中精度来保证作战效果，而不是通过增加弹药投射的数量去增强作战效果。三是精确保障。就是充分运用以信息技术为核心的高技术手段，精细而准确地筹划、实施保障，高效运用保障力量，使保障的时间、空间、数量和质量要求尽可能达到精确的程度，最大限度地节约保障资源。

# 第三节　信息化战争的发展趋势

从世界范围看，战争形态正处在一个从机械化战争向信息化战争过渡的转型期。因此，在当前条件下，要准确地预测信息化战争的发展趋势还比较困难。然而，历史的发展有其自身的逻辑轨迹。运用历史唯物主义的方法，我们仍然可以大致地勾画出未来信息化战争的发展趋势。

## 一、战争的表现形式不断拓展

传统的战争概念，主要指阶级、民族政治集团和国家之间为达到一定的政治和经济目的而进行的武装斗争。而未来的信息化战争将在战争的暴力性、战争的层次以及战争的主体等方面发生重大的变化，从而使传统的战争概念受到冲击，战争的表现形式有了很大的拓展。

### （一）战争的破坏性减弱

传统的战争理论认为，"战争是流血的政治"，但未来的信息化战争中，由于各种经济活动和社会活动的高度计算机化、信息化和网络化，社会的经济生活和政治生活更多地依赖于各种信息系统，战争则有可能成为不流血或少流血的政治。像支撑社会经济和政治活动的金融系统、能源系统、交通系统、通信系统和新闻媒介系统等，都是以计算机为基础的信息网络系统。信息和信息系统既是武器，也是交战双方攻击的主要目标，只需通过网络攻击、黑客入侵和利用新闻媒介实施大规模信息心理战等"软"打击的方式就可以破坏敌方的计算机信息网络，瘫痪敌方指挥系统，瘫痪敌国经济，制造敌方社会动乱，把战争意志强加给对方，以不流血的形式换取最大的政治和经济利益。在使用各种"硬"摧毁手段的作战中，进攻一方也不再以剥夺敌国的生存权利或完全夺占敌方的领土等为最终目标，而是注重影响对手的意志，尽可能地减少战争的伤亡，力争以最小的伤亡代价换取最大的胜利。战争暴力性将会减弱，传统战争的暴力行动将被非暴力的"软"打击行动所替代。

## （二）战争的层次更加模糊

在未来信息化战争中，战争的战略、战役和战术层次会逐渐模糊。一方面，战役或战术行动具有战略意义。由于大量信息化、智能化装备和系统的集中运用，武器装备的作战效能越来越高，精确打击和信息战等作战行动对敌方军事、政治、经济和心理的攻击威力越来越大，因而小规模的作战行动和高效益的信息进攻行动就能有效达成一定的战略目的。这使得战争进程更为短暂，战争与战役甚至战斗在目的和时空上的趋同性更为突出。另一方面，作战行动将主要在战略层展开。信息化战争不再是从战术突破到战役突破再到战略突破，而是战争一开始，打击的对象就将主要集中于关乎敌方政治、经济和军事命脉的重要战略目标，尤其是在信息化战争中起主导作用的战略信息战，它对敌方经济和政治信息系统的攻击，以及对敌方民众和决策者心理的攻击，更具有全纵深和全方位的性质。超视距的非接触作战和大规模的信息进攻将成为未来信息化战争的主要行动样式。

先进的信息系统既可以保障战略决策，也可以直接指挥战术行动，战术行动可以实现战略决策。科索沃战争中，战争主要是由战略性空中打击构成的，这使得空间对战略目标的防卫和屏障作用基本消失，首先遭到攻击的将是战略纵深的重要目标，前沿（战斗地域）、纵深（战役地幅）和战略后方的线式划分已失去原有的意义。

## （三）战争的主体多元化

传统的战争主要发生在国家和政治集团之间，战争打击的目标主要是对方的军事力量和战争潜力，战争的主体是军队。而在信息时代，由于信息技术和信息系统高度发展，计算机网络联通了整个世界，使得整个世界的政治、经济、科技和文化的联系日益密切，国家的安全受到来自多方面、多种势力的威胁，表现出易遭攻击的脆弱性。实施信息攻击的主体既可能是军队，也可能是社会团体，还可能包括恐怖组织、贩毒集团和宗教极端分子。

随着科学技术的发展，制造常规弹药易如反掌，制造核武器、化学武器和生物武器的技术也正在越来越多地被人们了解和掌握，这就使一些社会团体和组织，不仅可以掌握和使用常规武器，而且也有可能掌握和使用核、化、生武器，以及掌握和使用计算机病毒等信息武器。因此，这种情况使国家安全面临着严峻的挑战，并使得发动和从事战争的主体呈现出多元化的特征。当战争爆发时，受到攻击的一方可能难以判明谁是真正的对手，也难以迅速作出有效的反应和反击。战争不仅会在国家与国家之间展开，也可能会在社会团体与社会团体之间、社会团体与国家之间、少数个人与社会团体之间展开。为了应对这种挑战，仅仅依靠军队的力量是不够的，还必须依靠社会的各种力量，进行广泛的全民战争。

## 二、战争的威力极大提升

战争的历史从某种意义上说实际上就是作战效能不断提升的历史。核武器的出现，使热兵器作战效能的发展走到了极限。人类对武器作战效能的追求反而使得具有最大杀伤威力的核武器无法在实战中运用。然而人类并没有放弃对武器作战效能的追求，大量信息化武器和新概念武器的出现和运用，将使未来信息化战争具有亚核战争的威力。

首先，信息化时代的军事技术将把常规作战效能推到极致。未来信息化战争的常规作战效能将是建立在军事工程革命、军事探测革命、军事通信革命和军事智能革命已经完成或基本完成的基础之上。在这四大军事技术革命中，军事工程革命的起步最早。军事工程革命已经使传统武器装备跨越空间的距离和速度基本达到物理极限。军事探测革命将使得侦察、探测的空域、时域和频域范围大大扩展，使对作战行动的感知、定位、预警、制导和评估达到几乎实时和精确的极限。军事通信革命将在未来信息化战争中实现军事信息的

图 5-3-1

无缝链接和实时传输，使各指挥机构和部队、各侦察和作战平台之间达到在探测、侦察、跟踪、火控和指挥方面的信息畅通，真正实现实时指挥和控制。军事智能革命将真正实现作战指挥活动和作战行动的自动化和智能化。智能化指挥系统将使指挥控制活动的准确性和时效性大幅度提高。作战平台将集发现、跟踪、识别和自主发射为一体。智能化弹药将具有自动寻的和发射后不管功能，远程打击的精度将达到米级。同时大量高度智能化的机器人将被投放战场，使指挥活动和作战行动的效率接近极限。图 5-3-1 为中国歼-20 战斗机。

其次，大量新概念武器的使用将使信息化战争的作战效能具有亚核效果。在信息化时代，随着科学技术的进一步发展，大量新概念武器会不断出现和应用于战争。这些新概念武器具有完全不同的杀伤和破坏机理，它不以大规模杀伤对方人员的生命为目标，而是通过使对方的作战人员和武器装备丧失作战功能，或通过改变敌国的生态和自然环境来达到战争目的。

新概念武器中具有大面积破坏与毁伤效果的主要有次声波武器、电磁脉冲武器、激光武器和气象武器等。次声波武器具有洲际传送能力，并且可以穿透 10 多米厚的钢筋混凝土，因此作用范围极广。在高空施放的电磁脉冲弹可以在瞬间使大范围的电子设备丧失功能。在信息化战争中，大量新概念武器装备虽然不具备核武器那种大规模、大范围的物理杀伤和破坏作用，但它所拥有的精确摧毁能力、系统集成能力、战场控制能力和高效达成战略目的的能力是核武器无法相比的。从这个意义上说，信息化战争具备了亚核战争的威力。

### 三、军队将向小型化、一体化和智能化方向发展

在未来信息化战争中，伴随着新军事革命的步伐，军队的发展趋势将是高度的小型化、一体化和智能化。

#### （一）军队的规模将加速小型化

在未来信息化战争中，先进的信息化系统和远距离的投送能力为军队的小型化奠定了基础。由于军队的作战能力将成指数增长，小规模的高度一体化和智能化的军队即可达成战略目的，因此，未来军队的组织体制在数量规模上将具有两个基本的发展趋势。

一是军队的总体规模将大幅度缩小。随着军队的信息化程度和作战能力的不断提升，缩减军队规模将是必然的趋势，拥有庞大的常备军将成为历史。

二是作战部队的建制规模将更加小型灵巧。未来军和师的编制将可能最终消亡，旅、营或更低级别的战术单位将成为主要的作战建制，并可能出现按作战职能编成的小型作战群或能够同时在陆、海、空等多维空间作战的一体化的小型联合体。为适应未来信息化战争的需要，一些技术密集、小巧精干的新型兵种作战单元也将相继出现并逐步增多。

#### （二）军队的编成将高度一体化

未来信息化战争是高度一体化的作战，未来军队编成的一体化将主要表现为按照系统集成的观点，建立"超联合"的一体化作战部队。为此，未来军队组织的编成将按照侦察监视、指挥控制、精确打击和支援保障四大作战职能建成四个子系统，即探测预警子系统、指挥控制子系统、作战子系统和支援保障子系统。探测预警子系统将所有天基、空基、陆基和海基侦察监视平台和系统联为一体，完成对作战空间全天候、全方位的实时感知；指挥控制子系统把所有战略级、战役级和战术级指挥控制和通信系统联为一体，将对作战空间的感知信息转变为作战决策和控制；支援与保障子系统为作战行动提供实时精确的保障。这四个子系统的功能紧密衔接、有机联系，构成一个一体化作战系统。

按照这个思路构建的军队，将从根本上抛弃工业化时代军队建设的模式，革除偏重发挥军种专长和追求单一军种利益的弊端，使作战力量形成"系统的系统"或"系统的集成"，从而能够充分发挥整体威力，实施真正意义上"超联合"的一体化作战。

#### （三）军队的指挥与作战手段将高度智能化

信息化发展的高级阶段是智能化，因此信息化战争的发展趋势之上就是实现指挥平台与作战手段的高度智能化。

一是指挥控制手段的高度自动化和智能化，其标志是 $C^4ISR$ 系统的高度成熟与发展。未来的 $C^4ISR$ 系统将真正实现侦察监视、情报搜集、通信联络和指挥控制的无缝链接，成为作战指挥与控制的信息高速公路，可以高度自动化地确保指挥员实时地感知战场，定下决心，协调、控制部队和武器平台的作战与打击行动，$C^4ISR$ 系统的高度发展，将使军队指挥员观察战场和指挥作战的能力大幅度提高。计算机是自动化指挥控制系统的核心，是实现智能化作战指挥的基础。随着高技术群体的不断发展，未来将相继出现智能计算

机、神经网络计算机、光计算机、高速超导计算机、生物计算机等新概念计算机，将使人工智能技术迈上新的台阶。由运算、存储、传递、执行命令转向思维和推理，由信息处理转向知识处理，由代替和延伸人手的功能转向代替和延伸人脑的功能，从而为作战指挥控制提供更加先进的智能化手段，使作战指挥与控制进入自动化、智能化时代。

二是大量智能化的武器系统和平台将装备军队并投入作战。在未来信息化战争中，具有发射后不用管和自动寻的功能的智能化弹药将得到更加广泛的运用；无人驾驶的智能化坦克、飞机和舰船也将规模化投入战场。无人机在阿富汗战争中已经发挥了重要的作用。尤其值得关注的是，众多类型不同、功能各异的机器人将投入战场。特别是随着纳米技术的发展，机器人的概念将发生根本性的变化。大量微型和超微型的机器人可能在战争中大规模地投放于战场，执行侦察探测、信息传递、破袭敌电子设备和武器系统以及杀伤敌作战人员等任务。

三是许多作战行动将发生在智能化领域。在传统的机械化战争中，虽然在智能化领域也存在着敌我对抗活动（如敌我之间的谋略对抗就是一种思维对抗），但这种对抗是间接的，需要用部队真实的作战行动才能表现出来。然而，在未来的信息化战争中，由于信息战的广泛运用，智能化领域将会发生激烈的对抗。知识、信息和思维这些智能化的范畴，既有可能是作战所使用的手段，也有可能是作战所要打击的目标，因此在智能化领域将会发生大量的直接对抗的作战行动。为了阻止敌方及时制定出正确的作战计划，不仅需要采用谋略行动欺骗敌方，而且更需要采取信息攻击手段，直接打击敌方的 $C^4ISR$ 系统，破坏敌方的决策程序。

## 第四节　信息化战争与国防建设

信息化战争的到来，加剧了世界各国战略力量对比的不平衡性，增大了发展中国家战略选择的难度，特别是对我国国防建设与发展提出了严峻挑战。对此，我们必须立足当前，着眼未来，从发展的角度搞好国防和军队的信息化建设以求在未来信息化战争中立于不败之地。

### 一、国防建设要适应军队信息化建设的发展

机械化战争的制胜理念是消耗敌人、摧毁敌人，大量歼灭敌人的有生力量，而信息化战争的制胜理念是控制敌人、瘫痪敌人，通过击破敌人作战体系达到巧战而屈人之兵的目的；在机械化战争中，以万炮轰鸣的火力倾泻为主要打击手段，而在信息化战争中，则以实施精确打击为首要选择。国防建设是军队打赢信息化战争的重要基础。因此，我们在考虑国防建设和经济建设时，从宏观规划到人力、物力和财力的动员，从经济基础建设到国防工程、交通信息、防汛和医疗卫生等建设，都必须和打赢信息化战争通盘考虑、规划和建设。

战争形态的发展变化，给我们带来的挑战首先是观念上的影响和冲击，强烈要求我们必须适应这种不可抗拒的变化，树立与打赢信息化战争相适应的观念，为国防现代化提供有效的建设理念和指导方法。认识只有跟上时代变化才能占据主动，理念只有适应形势才

能把握先机。应对信息化战争形态带来的挑战，只有确立与打赢信息化战争相适应的思维方式，强化信息制胜意识，用源于实践高于实践的先进理论指导实践，用创新的观念谋求国防和军队的建设发展，才能使国防建设适应军队的信息化建设。

## 二、大力加强国家信息基础建设

在信息时代，国家的信息基础建设是国家战略能力的重要组成部分。国家战略能力是指一个国家在需要进行战争或应对突发事件时所能调动的各种力量的总称。加强国家战略能力建设也是胡锦涛提出的一个重要战略思想。

完善的国防信息基础设施是国防信息化的基础，如果没有快速、准确和高效的国防信息基础设施，就不可能真正实现国防和军队的信息化。加强国防信息基础设施建设，要促使传统的军事通信网向一体化指挥控制平台过渡，逐步实现综合、智能和"无缝"的国防信息网络；支持各级指挥员在任何时间、任何地点获取作战指挥信息。

国家的信息基础建设是军队信息化建设的基石，是打赢未来信息化战争的重要支撑，因此必须把加强国家的信息基础建设作为应对信息化战争的首要举措。当前，我国信息基础设施建设已获得了长足的发展。虽然在交通、金融和通信等主要行业的信息化水平我国已经接近发达国家，在数字地球领域和发达国家处在同一起跑线上，但与发达国家相比，在许多方面我国仍存在差距。因此，必须下大力加强我国的信息基础建设，努力提升我国的国家战略能力。

信息基础建设的重点应主要放在三个方面：一是努力发展以微电子技术、计算机技术和通信技术为主体的信息技术，这是一个国家信息基础建设的基础；二是加快国家大型网络系统建设；三是大力开发各种软件技术。目前，我国软件技术的研制、开发能力远远落后于发达国家，与一些发展中国家相比也不占优势。此外，国家信息安全的防护在相当程度上是由先进的软件技术来保障的。因此，应加大研制和开发软件技术的资金、技术和人力投入，使我国在软件技术上跻身于世界先进行列。总之，必须把加强国家的信息基础建设作为应对信息化战争的首要措施。

## 三、努力培养国防信息化人才队伍

人才是强国兴军之本，决定未来信息化战争胜负的是高素质国防和军队信息化人才。随着信息技术的飞速发展和在社会各领域的广泛运用，信息科技人才的紧缺已经成为一个世界性问题。必须加大力度，努力培养新型国防信息化人才，为我军打赢信息化战争提供强大的智力支撑。为此，我们必须把国防信息化人才队伍的培养工作作为国防信息化建设的根本大计，树立超前意识，构建我军新型的国防信息化人才培养体系，抓紧培养复合型人才，尽快缩小与发达国家军队在人员素质上的"知识差"，以适应国防信息化建设和未来信息化战争的需要。

我国信息技术人才的匮乏突出，因此必须下大力气采取多种有效措施加强国防信息技术人才的培养、引进与保留，建设一支雄厚的信息人才队伍，确保我国的信息基础建设能够持续不断的发展。一方面，要依托地方进行信息化人才的双向培养；另一方面，在军事院校教学中要加大高新技术知识的比重，提高部队信息化条件下的训练水平，创造良好的信息化环境和信息化文化氛围。

### 四、加速推进国防和军队信息化建设的进程

我军在加强军队机械化建设的同时，必须乘国家加快经济和社会信息化发展之势，跨越式加快国防和军队信息化建设。如果按部就班地在完成机械化建设后再进行信息化建设，就会坐失良机，无法赶上西方发达国家和军队建设的步伐。推进国防和我军信息化建设的进程，必须解决好以下两个问题。

首先，要树立信息主导的思想。观念是行动的先导，一是确立信息化在军队建设中的主导地位，全面推进国防和军队的信息化建设。二是"系统集成观"，要用大系统的观念来筹划军队建设。在"作战力量"建设上，强调加强作战空间预警、$C^4ISR$ 和精确使用作战武器；在战场准备上，要求建立数字化战场；在部队建设上，要求建立数字化部队；在装备建设上，要求积极推行"横向技术一体化"。三是"虚拟实践观"。虚拟现实技术的发展为人们"虚拟实践"提供了可能。人们可以面向未来，创造一种"人工合成环境"，在实验室里"导演"战争，主动适应未来。为此，美、英等国军队建立了许多"战斗实验室"、"作战模拟实验室"和"作战仿真实验中心"等。

其次，要实现我军信息化建设的跨越式发展。国防和军队的信息化建设是一个十分复杂的系统工程。我军信息化建设要抓住三个重点：一是要大力发展信息化武器装备。我军一方面要致力发展信息化武器装备，另一方面要在信息化弹药、信息化作战平台、专用信息战武器三个方面取得突破性进展，这样才能缩小与发达国家的时代差。二是要大力推进数字化部队建设。在建设思路上要突出我军的特色，走出一条投入少、周期短、效益好的发展路子。三是要大力加强数字化战场建设。数字化部队和数字化战场是信息化战争的两大支柱，有了数字化战场，数字化部队才有可靠依托。我军数字化战场建设应充分运用空间基础数据建设成果，将导航定位、天基立体测绘和时间基准、地球心坐标系统相统一，建设成能够覆盖整体作战空间的多维信息获取系统，形成平战结合、诸军一体的战场信息系统，推进我军的国防和信息化建设。

"历久远而不衰，临绝地而再造，逢机遇而勃发"，这不仅是中华民族的伟大精神，也是中国军队的突出特征。在信息时代的军事斗争中，更需要这种伟大精神。

### 思考题 »»»

1. 什么是信息化战争？
2. 信息化战争的产生与形成有哪些动因？
3. 信息化战争有哪些基本特征？
4. 信息化战争的发展趋势是什么？
5. 谈谈如何加强国家和军队的信息化建设。

# 下篇 军事技能

军事技能是国防教育法赋予学生进行军事实践活动的一项基本任务，一般采用课堂教学、训练示范、野外训练、轻武器实弹射击等形式进行。通常，学生军训大部分时间都在进行军事技能训练，因为通过技能训练，同学们可以更深刻地体会解放军团结紧张、严肃活泼、英勇顽强的精神。

# 第六章　解放军条令条例教育

条令，就是命令，是军队战斗、训练、工作、生活的法规和准则。

中国人民解放军有很多条令、条例，不同军、兵种又有各自不同的条例和规定，而《中国人民解放军内务条令》（以下简称《内务条令》）、《中国人民解放军纪律条令》（以下简称《纪律条令》）、《中国人民解放军队列条令》（以下简称《队列条令》）则是全军必须执行的共同条令，是全体军人必须共同遵守的法典。三部条令依据我军性质、宗旨，以立法的形式规定了军队日常活动等最基本的行为规范。学习和贯彻共同条令，对于继承和发扬我军优良传统，严格履行职责，培养优良作风，增强纪律性，巩固和提高战斗力，加速军队革命化、现代化、正规划建设，具有极其重要的意义。

## 第一节　《内务条令》与《纪律条令》

### 一、《内务条令》教育

《内务条令》是中央军委制定、发布的军事法规，是我军的共同条令之一。它是规定军队内部关系、生活制度和军人职责的条令，是全军进行行政管理教育的依据。现行的《内务条令》于2010年5月4日由中央军委常务会议通过，军委主席胡锦涛签发施行。它是我军在新的历史条件下建立、维护良好的内外关系和规范的内务制度，是履行职责，进行管理教育，培养优良作风的依据，也是军队生活的准则。其基本内容如下。

《内务条令》共分21章420条，并有附录11项。

第一章，总则。本章是整个条令的纲，集中阐述了我军的性质和任务。

第二章，军人宣誓。誓词："我是中国人民解放军军人，我宣誓：服从中国共产党的领导，全心全意为人民服务，服从命令，严守纪律，英勇顽强，不怕牺牲，苦练杀敌本领，时刻准备战斗决不叛离军队，誓死保卫祖国。"

第三章，军人职责。本章规定了每个军人必须恪守的军官、士兵、主管人员的职责。

第四章，内部关系。本章规定了军人相互关系，官兵相互关系，机关相互关系，部队（分队）、舰艇相互关系，强调了"中国人民解放军军人，不论职位高低，在政治上一律平等，相互是同志关系"。但是，部属、下级必须服从首长、上级。

第五章，礼节。本章主要规定了军队内部的礼节，军人和部队（分队）对军外人员的礼节及其他时机和场合的礼节。

第六章，军人着装。本章规定了着装的基本要求，礼服、常服、作训防护服穿着的时机及场合。

第七章，军容军纪。本章详细规定了军人仪容和举止的具体要求，及军容风纪检查。

第八章，与军外人员的交往。本章主要规定了军人在对外交往中必须遵纪守法，坚决维护国家和军队的利益。

第九章，作息。本章主要规定了一日时间的分配以及连队和机关一日生活的具体项目、内容和要求。

第十章，日常制度。本章主要规定了行政会议制度、请示报告制度、请假销假制度、内务设置制度、登记统计制度、查铺查哨制度、留营住宿制度、点验制度、交接制度、接待制度、证件和印章管理制度、保密制度等。

第十一章，值班。本章规定值班制度、值班人员一般职责和交接班、换班等内容。

第十二章，警卫。本章规定了警卫要求、注意事项和一般守则。

第十三章，零散人员管理。本章规定对公勤人员、单独执行任务人员、探亲休假人员和伤病号的管理教育内容。

第十四章，日常战备和紧急集合。本章规定了部队日常战斗准备的主要工作，紧急集合实施的时机和紧急集合方案的内容。

第十五章，后勤日常管理。本章规定了财务、伙食、农副业生产、卫生、军事交通运输、房地产方面的管理制度。

第十六章，装备日常管理。本章规定了武器装备的维护、保养、保管、检查和使用制度。

第十七章，营区管理。本章明确了营区治安、营区秩序和营区绿化建设，规定了防火和消防工作的制度和措施。

第十八章，野营管理。本章规定野营前、野营中、野营后的工作任务和内容，明确了野营管理的注意事项。

第十九章，常见事故防范。本章提出了对常见事故的预防措施。

第二十章，国旗、军旗、军徽的使用和国歌、军歌的奏唱。

第二十一章，附则，包括我军军旗、军徽、军歌、报告词示例；着装序号；军服的配套穿着和标志服饰的佩带；标志服饰的缀钉方法；连队宿舍物品放置方法；连队要事日志式样；外出证样式；军人发型。

## 二、《纪律条令》教育

《纪律条令》是以法规形式规定军队纪律的条令，是军人的行为和军队维护纪律、实施奖惩的基本依据。它有极大的权威性和约束力，是维护部队高度稳定和集中统一、巩固和提高战斗力的强有力的武器，是保障我军其他条令条例，规章制度贯彻执行的一个保障性法规，对于依法治军和军队正规化建设具有十分重要的作用。

军队的纪律，是战斗力的重要因素，是团结自己、战胜敌人和完成一切任务的保证。现行《纪律条令》于 2010 年 6 月 3 日由胡锦涛签发施行。

### （一）《纪律条令》总则

总则部分包括以下五点：

（1）执行中国共产党的路线、方针、政策。

（2）遵守国家的宪法、法律、法规。

（3）执行军队的条令、条例和规章制度。

（4）执行上级的命令和指示。

（5）执行三大纪律、八项注意。

《纪律条令》要求每个军人必须做到：

（1）听从指挥，令行禁止。

（2）严守岗位，履行职责。

（3）尊干爱兵，团结友爱。

（4）军容严整，举止端正。

（5）提高警惕，保守秘密。

（6）爱护武器装备和公物。

（7）廉洁奉公，不谋私利。

（8）拥政爱民，保护群众利益。

（9）遵守社会公德，讲究文明礼貌。

（10）缴获归公，不虐待俘虏。

## （二）奖励的目的、原则和项目

《纪律条令》强调奖励的目的在于维护纪律，鼓励先进，调动官兵的积极性、创造性，发扬爱国主义、共产主义和革命英雄主义精神，保证作战、训练和其他各项任务的完成。它明确了奖励应当坚持的原则：严格标准，按绩施奖；发扬民主，贯彻群众路线；以精神奖励为主，物质奖励为辅。它规定了对个人和单位的奖励项目为嘉奖、三等功、二等功、一等功、荣誉称号，规定的奖励项目，依次以嘉奖为最低奖励，荣誉称号为最高奖励，对获得三、二、一等功奖励的个人，分别授予三、二、一等功奖章。对获得荣誉称号奖励的个人，由军区以及其他相当等级单位批准的，授予二级英雄模范奖章；由中央军事委员会批准的，授予一级英雄模范奖章。对获得三、二、一等功奖励的单位颁发奖状；对获得荣誉称号的单位授予奖旗。

## （三）处分的目的、原则和项目

《纪律条令》强调处分的目的在于严明纪律，教育违纪者和部队，加强集中统一，巩固和提高部队战斗力，明确了处分应当坚持的原则是：依据事实，惩戒恰当；惩前毖后，治病救人；纪律前面人人平等。它规定了对士兵的处分项目：警告、严重警告、记过、记大过、降职或降衔、撤职、除名、开除军籍八种。对军官、文职干部的处分项目有警告、严重警告、记过、记大过、降职（级）或者降衔（级）、撤职、开除军籍。规定的处分项目，以警告为最低处分，开除军籍为最高处分。降职或者降衔，通常只降一职或者一衔。

# 第二节　《队列条令》教育与训练

## 一、《队列条令》教育

《队列条令》是规范全军队列动作、队列队形、队列指挥的军事法规，它由军队最高领导机关或领导人签署颁发，是军队队列训练和队列生活的依据。现行《队列条令》于2010 年 6 月 3 日由胡锦涛签发施行。其基本内容如下。

《队列条令》共分 11 章 71 条，并有附录 4 项。

第一章，总则。本章阐明了队列生活的意义、目的和要求。

第二章，队列指挥。本章明确了队列指挥位置、队列指挥方法和队列指挥的要求。

第三章，队列队形。本章规定了队列的基本队形，队列的间距，班、排、连、营的队形和指挥员的位置。

第四章，单个军人的队列动作。本章规定了单个军人的徒手队形动作，以及操枪、操筒（40 火箭筒）的队列动作。

第五章，班、排、连、营、团的队列动作。本章规定了班、排、连、营、团的集合、离散、整齐、报数、行进、停止、队形、方向变换以及持枪（炮）的动作。

第六章，分队乘坐汽车、火车、舰（船）艇和飞机。本章规定了分队乘坐汽车、火车、舰（船）艇和飞机的组织程序、实施的方法和要求，明确车辆进行与停止的注意事项和具体规定。

第七章，敬礼。本章规定了单个军人和分队在不同场合的敬礼动作。

第八章，国旗的掌持、升降和军旗的掌持、授予和迎送。本章规定了掌持国旗、军旗的要领，以及部队在迎军旗、送军旗时的队形和队列动作。

第九章，阅兵。本章明确了阅兵的时机和形式，规定了（摩托化步兵团）阅兵式和分列式的组织程序及分队的动作要领。

第十章，晋升（授予）军衔、授枪和纪念仪式。本章明确了授衔、授枪和纪念仪式的程序。

第十一章，附则。

二、《队列条令》训练

队列，是军人进行集体活动必需的组织形式。其一般要求是：坚决执行命令，做到令行禁止；姿态端正，军容严整，精神振作，严肃认真；按照规定的位置列队，集中精力听指挥，动作迅速、准确、协调一致，保持队列整齐，出、入列应报告，经允许方可出、入列。

## （一）单个军人队列动作

### 1. 立正、跨立、稍息

（1）立正

立正是军人的基本姿势，是队列动作的基础。军人在宣誓、接受命令、进见首长和向首长报告、回答首长问话、升降国旗和军旗、奏国歌和军歌等严肃庄重的时机和场合，均应按口令或自行立正。

动作要领是：听到"立正"的口令，两脚跟靠拢并齐，两脚尖向外分开约 60°；两腿挺直，小腹微收，自然挺胸；上体正直，微向前倾；两肩要平，稍向后张；两臂自然下垂，手指并拢自然微屈，拇指尖贴于食指的第二节，中指贴于裤缝；头要正，颈要直，口要闭，下颌微收，两眼向前平视（图 6-2-1）。

图 6-2-1

图 6-2-2

（2）跨立（即跨步站立）

跨立主要用于军体操、执勤和舰艇上分区列队等场合，可以与立正互换。

动作要领是：听到"跨立"的口令，左脚向左跨出约一脚之长，两腿挺直，上体保持立正姿势，身体重心落于两脚之间，两手后背，左手握右手腕，拇指根部与外腰带下沿（内腰带上沿）同高；右手手指并拢自然弯曲，手心向后（图 6-2-2）。

（3）稍息

稍息是队列动作中一种休息和调整姿势的动作，可以与立正互换。

动作要领是：听到"稍息"的口令，左脚顺脚尖方向伸出约全脚的三分之二，两腿自然伸直，上体保持立正姿势，身体重心大部分落于右脚。稍息过久，可以自行换脚。

**2. 停止间转法**

停止间转法是停止间（原地）变换方向的方法。分向右转、向左转、向后转，需要时也可半面向右（左）转。

（1）向右（左）转

动作要领是：听到"向右（左）——转"的口令，以右（左）脚跟为轴，右（左）脚跟和左（右）脚掌前部同时用力，使身体协调一致向右（左）转 90°，体重落在右（左）脚，左（右）脚取捷径迅速靠拢右（左）脚，成立正姿势。转动和靠脚时，两腿挺直，上体保持立正姿势。半面向右（左）转，按照向右（左）转的要领转 45°。

（2）向后转

听到"向后——转"的口令，按照向右转的要领向后转 180°。

**3. 行进与停止**

行进的基本步法分为齐步、正步和跑步。辅助步法为踏步、便步和移步。

（1）齐步与立定

齐步是军人行进的常用步法，一般用于队列的整齐行进。

当听到"齐步——走"的口令后，左脚向正前方迈出约 75 厘米，按照先脚跟后脚掌的顺序着地，同时，身体重心前移，右脚照此法动作。上体正直，微向前倾，手指轻轻握拢，拇指贴于食指第二节；两臂前后自然摆动，向前摆臂时，肘部弯曲，小臂自然向里合，手心向内稍向下，拇指根部对正衣扣线，并与最下方衣扣同高（着夏季作训服时，与第四衣扣同高；着冬季作训服时，与第五衣扣同高；着水兵服时，与腰带同高），离身体约 25 厘米；向后摆臂时，手臂自然伸直，手腕前侧距裤缝线约 30 厘米。行进速度每分钟

116~122 步。行进中听到"立定"的口令后，左脚再向前大半步着地，两腿挺直，右脚取捷径迅速靠拢左脚，成立正姿势。

（2）正步与立定

正步主要用于分列式和其他礼节性场合。

听到"正步——走"的口令后，左脚向正前方踢出约 75 厘米（腿要绷直，脚尖下压，脚掌与地面平行，离地面约 25 厘米），适当用力使全脚掌着地，同时身体重心前移，右脚照此法动作；上体正直，微向前倾；手指轻轻握拢，拇指伸直贴于食指第二节。向前摆臂时，肘部弯曲，小臂略成水平，手心向内稍向下，手腕下沿摆到高于最下方衣扣约 10 厘米处（着夏季作训服时，约与第三衣扣同高；着冬季作训服时，约与第四衣扣同高），离身体约 10 厘米；向后摆臂时（左手心向右，右手心向左），手腕前侧距裤缝线约 30 厘米。行进速度每分钟 110~116 步。

行进中听到"立定"的口令后，左脚再向前大半步着地（脚尖向外约 30°），两腿挺直，右脚取捷径迅速靠拢左脚，成立正姿势。

（3）跑步与立定

跑步主要用于快速行进。

听到"跑步"的预令时，两手迅速握拳（四指蜷握，拇指贴于食指第一关节和中指第二节），提到腰际，约与腰带同高，拳心向内，肘部稍向里合。听到动令，上体微向前倾，两腿微弯（图 6-2-3）；同时左脚利用右脚掌的蹬力跃出约 85 厘米，前脚掌先着地，身体重心前移，右脚照此法动作（图 6-2-4）；两臂前后自然摆动，向前摆臂时，大臂略直，肘部贴于腰际，小臂略平，稍向里合，两拳内侧各距衣扣线 5 厘米；向后摆臂时，拳贴于腰际。行进速度每分钟 170~180 步。

图 6-2-3          图 6-2-4

听到"立定"的口令后，再跑两步，然后左脚向前大半步（两拳收于腰际，停止摆动）着地，右脚靠拢左脚，同时将手放下，成立正姿势。

（4）踏步与立定

踏步用于调整步伐和整齐。

听到"踏步"的口令后，两脚在原地上下起落（抬起时，脚尖自然下垂，离地面约 15 厘米；落下时，前脚掌先着地），上体保持正直，两臂按照齐步的要领摆动。

听到"立定"的口令后，左脚踏一步，右脚靠拢左脚，原地成立正姿势。（跑步的踏步，听到口令，继续踏两步，再按照上述要领进行）。

（5）便步

便步用于行军、操练后恢复体力及其他场合。

听到"便步——走"的口令后，用适当的步速、步幅行进，两臂自然摆动，上体保持良好姿态。

（6）步法变换

步法变换，均从左脚开始。

齐步、正步互换。听到口令，右脚继续走一步，即换正步或者齐步行进。

齐步换跑步。听到预令，两手迅速握拳提到腰际，两臂前后自然摆动；听到动令，即换跑步行进。

齐步换踏步。听到口令，即换踏步。

跑步换齐步。听到口令，继续跑两步，然后，换齐步行进。

跑步换踏步。听到口令，继续跑两步，然后换踏步。

踏步换齐步或者跑步。听到"前进"的口令，继续踏两步，再换齐步或者跑步行进。

### 4. 行进间转法

（1）齐步、跑步向右（左）转

听到"向右（左）转——走"的口令后，左（右）脚向前半步（跑步时，继续跑两步，再向前半步），脚尖向右（左）约45°。身体向右（左）转90°时，左（右）脚不转动，同时出右（左）脚按照原步法向新方向行进。半面向右（左）转走，按照向右（左）转的要领转45°。

（2）齐步、跑步向后转

听到"向后转——走"的口令后，左脚向右脚前迈出约半步（跑步时，继续跑两步，再向前半步），脚尖向右约45°，以两脚的前脚掌为轴，向后转180°，出左脚按照原步法向新方向行进。转动时，保持行进时的节奏，两臂自然摆动，不得外张；两腿自然挺直，上体保持正直。

### 5. 坐下、蹲下、起立

（1）坐下

口令：坐下。

要领：左小腿在右小腿后交叉，迅速坐下（坐凳子时，听到口令，左脚向左分开约一脚之长），手指自然并拢放在两膝上，上体保持正直。

背背包时，听到"放背包"的口令，两手握背包带，取下背包，转体向右，右手将背包横放在脚后，背包口向左，按照口令坐在背包上。携枪（筒）放背包时，先置枪（架枪、筒）或两腿夹枪，然后放背包。

（2）蹲下

口令：蹲下。

要领：右脚后退半步，前脚掌着地，臀部坐在右脚跟上（膝盖不着地），两腿分开约60°，手指自然并拢放在两膝上，

图 6-2-5

上体保持正直（图6-2-5）。蹲下过久，可以自行换脚。

（3）起立

口令：起立。

要领：全身协力迅速起立，成立正姿势或成持枪（炮）、肩枪（筒）立正姿势。

### 6. 脱帽、戴帽

（1）脱帽

口令：脱帽。

要领：双手捏帽檐或者帽前端两侧，将帽取下，取捷径置于左小臂，帽徽向前，掌心向上，四指扶帽檐或者帽墙前端中央处，小臂略成水平，右手放下。

（2）戴帽

口令：戴帽。

要领：双手捏帽檐或者帽前端两侧，取捷径将帽迅速戴正。需夹帽时，将帽夹于左腋下，左手握帽墙，帽徽向前，帽顶向左。

### 7. 整理着装

整理着装，通常在立正的基础上进行。

口令：整理着装。

要领：双手从帽子开始，自上而下，将着装整理好。必要时，也可以相互整理。整理完毕，自行稍息。听到"停"的口令，恢复立正姿势。

### 8. 敬礼

敬礼分为举手礼、注目礼和举枪礼

（1）口令：敬礼

要领：上体正直，右手取捷径迅速抬起，五指并拢自然伸直，中指微接帽檐右角前约 2 厘米处（戴无檐帽或者不戴军帽时微接太阳穴，与眉同高），手心向下，微向外张（20°），手腕不得弯曲，右大臂略平，与两肩略成一线，同时注视受礼者（图 6-2-6）。

图 6-2-6

听到"礼毕"口令或对方还礼后，将手放下。

（2）注目礼

要领：面向受礼者成立正姿势，同时注视受礼者。并目迎目送（右、左转头角度不超过 45°）。听到"礼毕"口令，将头转正。

（3）举枪礼（用于阅兵式或执行仪仗任务）

要领：右手将枪提到胸前，枪身垂直并对正衣扣线，枪面向后，离身体约 10 厘米，枪口（半自动步枪准星护圈）与眼同高，大臂轻贴右肋；同时，左手接握表尺上方（持半自动步枪时虎口对准枪面并与表尺上沿取齐），小臂略平，大臂轻贴左肋；同时转头向右注视受礼者，并目迎目送（右、左转头角度不超过 45°）（图 6-2-7）。

图 6-2-7　　　　　　　　图 6-2-8

**（4）徒手行进间敬礼**

行进间敬礼时（跑步时换齐步），转头向受礼者行举手礼（手不随头转动），并继续行进，左臂仍自然摆动，待受礼者还礼后礼毕。

单个军人敬礼时，通常是在距受礼者 5～7 步处行举手礼或注目礼（图 6-2-8）。

## （二）分队队列动作

### 1. 分队的队形

**（1）班的队形**

班的基本队形，分为横队和纵队。需要时，可以成二列横队或者二路纵队。队列人员之间的间隔（两肘之间）通常约 10 厘米，距离（前一名的脚跟至后一名的脚尖）约 75 厘米。需要时，可以调整队列人员之间的间隔和距离（图 6-2-9）。

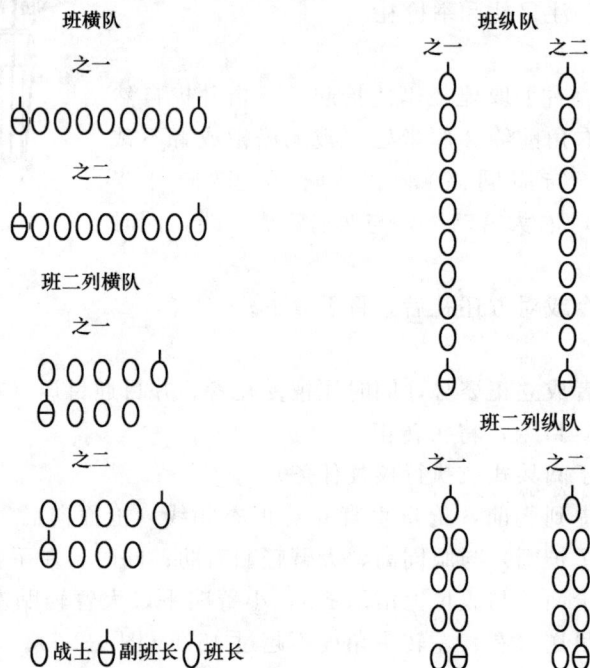

图 6-2-9

步兵班通常按照指挥员、机枪射手、机枪副射手、步枪手或者冲锋枪手、火箭筒射手、火箭筒副射手、副指挥员的顺序列队，必要时也可以按照身高列队。

（2）步兵排的队形

排的基本队形，分为横队和纵队。

排横队，由各班的班横队依次向后排列组成。排纵队，由各班的班纵队依次向右并列组成（图6-2-10）。

（3）步兵连的队形

步兵连的基本队形，分为横队、纵队和并列纵队。

连横队，由各排的排横队依次向左并列组成。

连纵队，由各排纵队依次向后排列组成。

连并列纵队，由各排的排纵队依次向左并列组成。

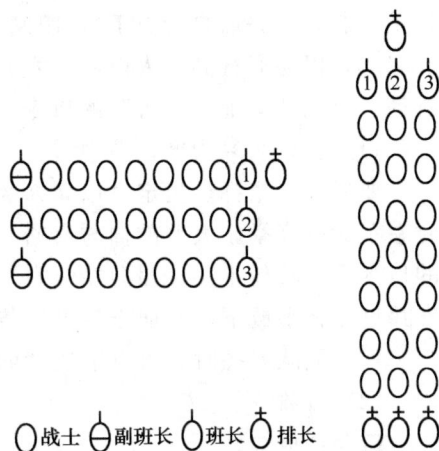

图 6-2-10

连指挥员的位置：横队、并列纵队时，位于一排长右侧，前列为连长、副连长，后列为政治指导员；纵队时，位于一排长前，前列为连长、政治指导员，后列中央为副连长。

**2. 集合、解散**

（1）集合

集合是使单个军人、分队、部队按照规范队形聚集起来的一种队列动作。

集合时，指挥员应当先发出预告或者信号，如"全班注意"，全班人员听到预告或者信号，原地面向指挥员成立正姿势；听到口令，跑步到指定位置面向指挥员集合（在指挥员后侧的人员，应当从指挥员右侧绕过），自行对正、看齐，成立正姿势。

听到"成班横队（二列横队）——集合"的口令，基准兵迅速到指挥员左前方适当位置，成立正姿势；其他士兵以基准兵为准，依次向左排列，自行看齐。

成班二列横队时，单数士兵在前，双数士兵在后。

听到"成班纵队（二路纵队）——集合"的口令，基准兵迅速到指挥员前方适当位置，成立正姿势；其他士兵以基准兵为准，依次向后排列，自行对正。

成班二路纵队时，单数士兵在左，双数士兵在右。

（2）解散

解散，是使列队的单个军人、分队、部队各自离开原队列位置的一种队列动作。分离开和解散，班通常只进行解散。

队列人员听到"解散"的口令，应迅速离开原列队位置。

**3. 整齐、报数**

（1）整齐

整齐，是使列队人员按照规定的间隔、距离，保持行、列齐整的一种队列动作。整齐分为向右（左）看齐和向中看齐。

口令：向右（左）看——齐；向前——看。

要领：基准兵不动，其他士兵向右（左）转头（持枪、炮时，听到预令，迅速将枪、炮稍提起，看齐后自行放下），眼睛看右（左）邻士兵脸部，前四名能通视基准兵，自第五名起，以能通视到本人以右（左）第三人为度。后列人员，先向前对正，后向右（左）看齐。听到"向前——看"的口令，迅速将头转正，恢复立正姿势。

口令：以××为准，向中看——齐；向前——看。

要领：当指挥员指定"以××为准（或者以第×名为准）"时，基准兵答"到"，同时左手握拳高举，大臂前伸与肩略平，小臂垂直举起，拳心向右。听到"向中看——齐"的口令后，其他士兵按照向左（右）看齐的要领实施。听到"向前——看"的口令后，基准兵迅速将手放下，其他士兵迅速将头转正，恢复立正姿势。

一路纵队看齐时，可以下达"向前——对正"的口令。

（2）报数

口令：报数。

要领：横队从右至左（纵队由前向后）依次以短促洪亮的声音转头（纵队向左转头）报数，最后一名不转头。数列横队时，后列最后一名报"满伍"或者"缺×名"。

**4. 出列、入列**

单个军人和分队出、入列通常用跑步（五步以内用齐步，一步用正步），或者按照指挥员指定的步伐执行；然后，进到指挥员右前侧适当位置或者指定位置，面向指挥员成立正姿势。

（1）出列

口令：×××（或者第×名），出列。

要领：出列军人听到呼点自己姓名或者序号后应当答"到"，听到"出列"的口令后，应当答"是"，并取捷径出列。

（2）入列

口令：入列。

要领：听到"入列"口令后，应当答"是"，然后，按照出列的相反程序入列。

**5. 行进、停止**

横队和并列纵队行进以右翼为基准，纵队行进以左翼为基准（一路纵队行进以先头为基准）。

（1）行进

指挥员应当下达"×步——走"的口令。听到口令，基准兵向正前方前进，其他士兵向基准兵标齐，保持规定的间隔、距离行进。纵队行进时，排、连通常成三路纵队，也可以成一、二路纵队。行进中，需要时，用"一二一"（调整步伐的口令）、"一二三四"（呼号）或者唱队列歌曲，以保持步伐的整齐和振奋士气。

（2）停止

指挥员应当下达"立——定"的口令。听到口令，按照立定的要领实施，分队的动作要整齐一致。停止后，听到"稍息"的口令，先自行对正、看齐，再稍息。

**6. 方向变换**

方向变换，是改变队列面对方向的一种队列动作。

（1）横队方向变换

停止间，通常是左（右）转弯或者左（右）后转弯，必要时可以向后转。

口令：左（右）转弯，齐（跑）步——走，或者左（右）后转弯，齐（跑）步——走。向后——转，齐（跑）步——走（当需要向后转走时，应当先下"向后——转"的口令，待方向变换后，再下"齐（跑）步——走"的口令）。

行进间口令：左（右）转弯——走，或者左（右）后转——走。

要领：轴翼士兵踏步，并逐渐向左（右）转动；外翼第一名士兵用大步行进并同相邻士兵动作协调，逐步变换方向（愈接近轴翼者，其步幅愈小），士兵用眼睛的余光向外翼取齐，并保持规定的间隔和排面整齐，转到90°或者180°时踏步并取齐，听口令前进或者停止。

（2）纵队方向变换

停止间，通常是左（右）转弯，或者左（右）后转，必要时可以向后转。

口令：左（右）转弯，齐（跑）步——走，或者左（右）后转弯，齐（跑）步——走。向后——转，齐（跑）步——走（按照横队和并列纵队向后转走的方法实施）。

行进间口令：左（右）转——走，或者左（右）后转弯——走。

要领：基准兵在左（右）转弯时，按照单个军人行进间转法（停止间，左转弯走时，左脚先向前一步）的要领实施，在左（右）后转弯时，用小步边行进边变换方向，转到90°或者180°后，照直前进；其他士兵逐次进到基准兵的转弯处，转向新方向跟进。

✏️ **思考题** ▶▶▶

1. 纪律条令处分的目的是什么？
2. 队列条令有什么作用？
3. 经过队列训练，你有怎样的感想？

# 第七章  轻武器射击与单兵战术

轻武器射击训练、单兵战术训练，是学生军训中军事技能训练的重要内容，有着特殊的地位和作用。加强轻武器射击与单兵战术训练是调动学生军训热情，提高士气，鼓舞斗志，增强临战实战的有效途径。

## 第一节  轻武器射击

### 一、常见轻武器介绍

轻武器是指武器重量轻，便于携带、操作，近战威力大，可有效地消灭敌人的武器。轻武器主要有：手枪、自动步枪、冲锋枪、机枪、手榴弹、火箭筒、轻型火炮（迫击炮、无坐力炮）和反坦克导弹等。

轻武器是陆军步兵的基本武器，亦是空军、海军和其他兵种自卫和近战的突击武器。纵观世界各国军队装备，品种数量最多的是步兵轻武器，它经历了漫长的战斗岁月，已逐步发展成为现代轻武器的大家族，这里我们主要介绍我国自主研发的 81 式自动步枪及其常用的维护方式。

81 式自动步枪是一种近距离消灭敌人的自动武器，既可对 400 米距离内的单个人员目标实施有效射击，也可集中火力射击 500 米距离内的集团目标，弹头飞行至 1500 米处仍有杀伤力。该枪使用 7.62 毫米的子弹，既可进行半自动射击（单发），又可进行自动射击（连发），还可发射枪榴弹。弹匣可装 30 发子弹，当弹匣的最后一发子弹发射出去时，滑机退回到后面挂机。该武器在 100 米距离上，使用 56 式普通子弹，可穿透 6 毫米的钢板、15 厘米厚的砖墙、30 厘米厚的土层或 40 厘米厚的木板。81 式自动步枪十大部件如图 7-1-1 所示。

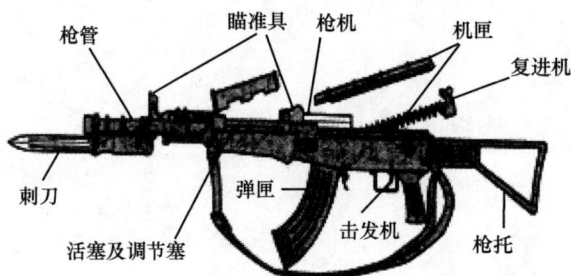

图 7-1-1

刺刀：用来刺杀敌人。
枪管：赋予弹头及枪榴弹的飞行方向。

瞄准具：由表尺和准星组成，用来瞄准。

活塞及调节塞：用来调节和承受火药气体的压力，推压枪机向后。

机匣：用来容纳枪机、复进机，固定击发机和弹匣。

枪机：用来送弹、闭锁、击发和退壳，并能使击锤向后成待发状态。

复进机：由导管、导杆、导管座、复进簧和支撑环组成，使枪机回到前方位置。

击发机：用来与枪机相互作用形成待发和击发。

弹匣：用来容纳和托送子弹，可装 30 发子弹。

枪托：用来操枪、据枪。

附品包括擦拭杆、鬃刷、铳子、附品筒、通条、油壶、背带和弹匣袋，用来分解结合、擦拭上油和排除故障。

武器装备的保养要做到"两勤四不"，即勤检查、勤擦拭，不碰摔、不生锈、不损坏、不丢失。

正常情况下，每周至少擦拭一次。实弹射击后应用油布将武器认真擦拭干净并上油，在以后的三四天内应每天擦拭一次，训练、演习后，应用干布和油布进行擦拭。擦拭后，可将武器放在通风干燥处晾干，严禁火烤和暴晒。

擦拭前，应分解武器。分解前必须验枪。按顺序和要领进行，不要强敲硬卸；分解下来的机件应按次序放在干净的物体上；除所规定的分解内容外，不准分解其他机件。

## 二、轻武器射击实践

### （一）验枪及射击准备

验枪及射击准备均是在射击训练或实弹射击前应做的准备工作，是保证训练和射击安全的重要措施。自动步枪和冲锋枪验枪、射击准备通常是在肩枪的基础上进行，半自动步枪通常是在持枪的基础上进行。

**1. 验枪**

验枪就是检查枪的弹膛、弹匣、弹盒和教练弹中有无实弹。在使用武器前后及必要时均应验枪。验枪时，严禁枪口对人。

听到"验枪"口令后，以右脚掌为轴，身体半面向右转，左脚顺势向前迈出一步（两脚约与肩同宽），同时右手移握护木将枪向前送出（半自动步枪右手将枪向前送出），左手接握下护木，左大臂紧靠左肋，枪托贴于右胯，准星约与肩同高；右手打开保险，卸下弹匣（半自动步枪打开弹仓），交给左手握于护木右侧，弹匣口向后、挂耳向下，右手移握机柄。当指挥员检查时，拉枪机向后。验过后，自行送回枪机，装上弹匣（半自动步枪关上弹仓），扣扳机。关保险，移握枪颈。

听到"验枪完毕"的口令后，左手反握护木，将枪倒置于胸前，上背带环约与肩同高，右手挑起背带，身体半面向左转，在右脚靠拢左脚的同时，两手协力将枪送上右肩，恢复背枪姿势（半自动步枪右手握上护木，成持枪立正姿势）。

**2. 射击准备**

射击准备主要包括向弹匣（夹）内装填子弹和采取各种射击姿势装退子弹。

（1）向弹匣（夹）内装子弹

射击前，应正确地向弹匣（夹）内装子弹，如果子弹装得不好，在射击中就会出现卡壳、不上膛等问题，影响射击效果。装弹时，左手握弹匣，使弹匣口向上，挂耳向前，右手将子弹放于弹匣口，两手协力将子弹压入弹匣内（半自动步枪向弹夹上装弹）。

（2）卧姿装退子弹

卧姿装退子弹，是射击准备中最常用的动作。当听到"卧姿装子弹"，的口令后，右手移握护木，使枪口向前（背带从肩上脱下），左脚向右脚前迈出一大步（也可右脚顺脚尖方向迈出一大步），左臂伸出，稍向内弯，掌心向下（手指稍向右），按照手、肘、膝的顺序顺势卧倒，以身体左侧、左肘支持全身；右手将枪向目标方向送出，左手接握下护木，枪面稍向左，枪托着地，右手卸下空弹匣（弹匣口朝后、挂耳向下），交给左手握于护木右侧（半自动步枪右手拉枪机到定位），解开弹袋扣，换上实弹匣。将空弹匣装入弹袋内并扣好（半自动步枪将子弹夹插入弹夹槽，用食指或拇指将子弹压入弹仓，抽出弹夹），拇指打开保险，拉枪机送子弹上膛，右手定复表尺，然后移握握把，全身伏地，两脚分开约与肩同宽，目视前方，准备射击（图7-1-2）。

图 7-1-2

图 7-1-3

射击完毕，听到"退子弹起立"口令后，身体稍向左侧，右手卸下实弹匣交给左手（半自动步枪打开弹仓，接住落下的子弹，装入弹袋），打开保险，拇指慢拉枪机向后，余指接住从膛内退出的子弹。送回枪机，将子弹压入弹匣内，解开弹袋扣，换上空弹匣，把实弹匣装入弹袋内并扣好，扣扳机，关保险，表尺分划归"3"。右手移握护木，将枪收回（图7-1-3）。同时左小臂向里合，屈左腿于右腿下，以左手和两脚撑起身体，右脚向前一大步，左脚再向前一步，左手反握护木，将枪倒置于胸前，右手挑起背带，在右脚靠拢左脚的同时，两手协力将枪送上右肩，恢复肩枪姿势（半自动步枪成持枪姿势）。

注意：退出膛内子弹时，右手要慢拉枪机，使子弹平衡落入手中。

## （二）据枪、瞄准、击发

在完成射击准备之后，一旦发现目标，就应正确地据枪，快速构成瞄准线，指向瞄准点，实施果断的击发。

### 1. 据枪

据枪自然、稳固、持久的据枪是准确射击的基础，要想做到稳固和持久，就应尽量充分利用地形，进行有依托射击。

卧姿有依托射击时，下护木放在依托物上，枪身要正，身体右侧与枪身略成一线。右手将保险机扳到所需的位置，虎口向前紧握握把（半自动步枪握枪颈），食指第一节靠在扳机上，右大臂略成垂直，右肘着地外撑，左手握护木（也可握弹匣），左肘着地外撑，两肘保持稳固，胸部挺起，身体稍前倾（右肘不离地），上体自然下塌，使枪托确实抵于肩窝。头稍前倾，自然贴腮（图 7-1-4）。

图 7-1-4

注意：如果按要领据好枪后，应该有"一正两紧三确实"的感觉。一正，枪身要正；两紧，两肘要撑紧，握把要握紧；三确实，抵肩要确实，上体下塌要确实，腹部着地要确实。

### 2. 瞄准

正确的瞄准是整个射击过程的重要环节。其方法是：右眼通视缺口和准星，使准星位于缺口中央，准星尖与缺口上沿平齐，指向瞄准点。此时，正确瞄准景况是，准星与缺口的平正关系看得清楚，而目标看得较模糊。

### 3. 击发

击发是完成射击的最后一个环节。均匀正直的击发是准确射击的关键，击发动作的正确与否直接关系到射击的效果。因此，士兵必须准确掌握击发的动作要领。

击发时，射手用右手食指第一节均匀正直地向后扣压扳机（食指内侧与枪机应有一定空隙），余指力量不变。当瞄准线接近瞄准点时，开始预压扳机，并减缓呼吸。当瞄准线指向瞄准点时，应停止呼吸，继续增加对扳机的压力，直至击发，击发瞬间应保持正确一致的瞄准。若瞄准线偏离瞄准点或不能继续停止呼吸时，应既不增加也不放松对扳机的压力，待修正或换气后，再继续扣压扳机，完成击发。

操纵点射时，应稳扣快松，扣到底松开为 2～3 发；在扣扳机的过程中，应始终保持姿势稳固，操枪力量不变，以提高连发射击的命中率。

注意：①绝不允许猛扣扳机，猛扣扳机会使枪身扭动，射弹就会产生偏差。②打点射时，要保持正常心态，不要因猛扣猛松扳机而造成据枪变形。只要按要领击发，枪响松手，就会操纵好点射。

据枪、瞄准、击发是互相联系和互相影响的整体动作。稳固持久的据枪，正确一致的瞄准，均匀正直的击发，三者正确的结合是准确射击的关键。因此，必须反复训练，才能熟练掌握。

## （三）射击时常犯的毛病及纠正方法

轻武器射击中，影响射击精度的原因有三：一是射手操作动作的不一致；二是武器弹药方面存在的各种差异；三是气象条件的影响。第一个原因是人为的，人为原因引起射弹散布，比后两者更值得注意。而影响射击精度的主要人为原因可归纳如下几个方面：

### 1. 迁就依托物

精度射击，对依托物的要求是比较高的，依赖性较大。射击时：依托物的高低如不适宜，依托物本身不稳固，就会造成射手据枪时两肘过分外张或里合，抵肩位置过高或过低：影响姿势的自然稳固，加剧枪身晃动，增大射弹散布。

纠正方法：依托物如不适宜：应及时加高或修低，直至合适为止。

**2. 抵肩位置不正确**

射击时，射手若不能正确地抵肩，会使射弹产生偏差。在通常情况下，抵肩过低易打低，抵肩过高易打高。但若抵肩太低，由于武器后坐时枪托下滑，射弹则会偏高。枪托抵在肩窝外侧或右大臂上，则易产生方向偏差。

纠正方法：射手要反复体会正确的抵肩位置。或请他人用摸和推的方法检查位置是否正确。

**3. 两手用力不当**

射击时，射手用力不当表现为两种：一是过分轻信，总觉得打单发对据枪要求不高，随便操枪就行，两手用力不够。在击发过程中若猛扣扳机或突然受外界刺激引起身体抖动的话，易使枪剧烈晃动，造成射弹偏差。二是为了命中高环数，强力控制枪的晃动，造成肌肉紧张，用力方向不正，姿势不稳，使枪产生角度摆动，增大射弹散布。

纠正方法：据枪时两手应适当正直向后用力，以枪托抵紧肩窝不会下掉为准，使用力方向与后坐方向一致。

**4. 闭眼（眨眼）**

闭眼（眨眼），这几乎是在所有射手身上都存在或曾经存在的问题，是害怕枪响或因枪响所致。表现为两种情况：一是未完成击发就闭眼（眨眼），原因是害怕枪响；二是枪响瞬间闭眼（眨眼），原因是枪声的刺激。第二种情况是在枪声刺激下引起的，当眨眼时子弹已出枪口，虽不影响首发，但影响连续瞄准与连发射击及观察弹道和修正偏差。第一种情况对射击精度有影响，因为腮部贴在枪托上，枪响前突然眨眼，必然带动腮部肌肉，从而带动枪托，使枪身发生角度摆动，而且击发之前闭眼，也容易使全身各部姿势及用力在瞬间发生变化（如全身突然放松），使据枪不稳。

纠正方法：在平时预习中就要养成击发过程中不闭眼（眨眼）的习惯。实弹射击中，射手要有意识地强制自己在击发中不闭眼（眨眼）。

**5. 屏住呼吸过早**

射击时屏住呼吸过早，易造成憋气，使肌肉颤动，据枪不稳或猛扣扳机。

纠正方法：射手应反复体会在瞄准线指向瞄准点或在瞄准点附近轻微晃动时，自动屏住呼吸的要领。即在瞄准开始时逐渐减缓呼吸，瞄准好了自然屏住呼吸，果断击发。在剧烈运动后，无法按正常情况屏住呼吸时，应进行深呼吸后再屏住呼吸。

# 第二节　单兵战术

战术是进行战斗的方法。战术从属于战役法和战略，并对战役法和战略产生一定的影响。灵活运用和变换战术，对于夺取战斗的胜利具有重要的意义。

单兵通常在班（组）内行动，主要任务是以手中武器和爆破器材，打、炸敌坦克、战斗车，消灭敌步兵。在战斗中，单兵必须发扬优良的战斗作风，巧妙地利用地形，以灵活机动的战斗动作，坚决完成战斗任务。下面主要介绍一下利用地形和敌火下运动的方法。

一、利用地形

利用地形的目的在于隐蔽身体，发扬火力。利用地形时，要做到"三便于、三不要、一避开"。"三便于"：即便于观察和射击，便于隐蔽身体，便于接近、利用和变换位置；"三不要"：即不要妨碍班（组）长的指挥、邻兵火器的射击，不要几个人拥在一起，以免出现大量伤亡，不要在一地停留过久；"一避开"：即要避开独立、明显、易燃、易倒塌的物体和难以通行的地段。

利用地形时，应根据敌情和遮蔽物的高低取适当姿势，迅速隐蔽地接近，由下而上地占领，周密细致地观察，不失时机地出枪。

下面介绍一下对几种地形的利用方法。

## （一）对坎的利用

坎有纵向、横向和高低之分。横向坎要利用背敌面隐蔽身体，纵向坎要利用弯曲部、残缺部或顶端的一侧隐蔽身体，以其上沿做射击依托。对土坎最好利用残缺部，对堤坎最好利用凹陷部。根据坎的高度可取立、跪、卧等姿势。

接近坎时，通常应采用跃进的方法。当进至坎的最大遮蔽界后，迅速卧倒，再匍匐至坎的底部，视情况可左右移动，选择好利用的部位。占领时，应由下而上地占领，隐蔽地观察，需要射击时，应迅速出枪。占领后，应不断观察战场，选择好前进的路线和暂停的位置。转移时，迅速收枪缩体，视情况可采取左右移动、扬土、施放烟幕等方法欺骗、迷惑敌人，突然跃起（出）前进。当敌火力被我压制时，可直接跃起（出）前进。

## （二）对土堆的利用

对独立土堆通常利用其右侧，视情况也可利用其左侧或顶端。双土堆可以利用其鞍部。对空射击时，通常利用其后侧或顶端。接近、占领、转移的动作与利用坎时相类似。

## （三）对坑的利用

对坑通常利用其前切面隐蔽身体，利用其上沿作射击依托，按其深浅、大小，以跳、跨、匍匐等方法进入，取立、跪、卧等姿势射击。跳入通常是在进入较深的坑时采用。其要领是右手持枪，左手撑坑沿顺势跳入坑内。跨入通常是在进入较浅的坑时采用。其要领是接近至坑沿时，左脚迅速跨入，顺势侧卧于坑内。滚入的要领是卧倒后迅速滚到坑沿，观察后再进入。转移时，应根据坑的深浅，采取不同的方法，突然跃起前进。

## （四）对壕沟的利用

对壕沟通常利用其壕壁或拐弯处隐蔽身体，利用其上沿或拐角作射击依托。

## （五）对树木的利用

树木通常利用其背敌面隐蔽身体，依其右后侧作射击依托。利用大树时，可取立、跪、卧等姿势；利用小树时，通常采取卧姿。

### （六） 对高苗地、丛林地的利用

对高苗地、丛林地通常应尽量利用靠近敌方的边缘内侧，以便观察和射击。接近时，右手持枪，左手分开高苗侧身前进。

### （七） 对墙壁、墙角、门窗的利用

利用墙壁时，根据其高度取适当姿势。对矮墙可利用顶端或残缺部作射击依托。墙高于人体时，可将脚垫高或挖射击孔。转移时，可绕过或跃过。

利用墙角时，通常利用其右侧作射击依托。射击时，左小臂外侧紧靠墙角，取适当姿势。利用门时，通常利用其左侧，右臂依靠门框进行射击，利用窗时，通常利用其左下角，也可利用其左侧或下窗框射击。

## 二、敌火下运动

单兵通常按班（组）长的口令，利用我火力掩护或敌火减弱、中断、转移的瞬间，迅速隐蔽地前进。有时，也可采取欺骗、迷惑敌人的方法突然前进。

单兵在运动前应选择好运动路线和暂停位置；运动中应不断观察敌情、地形、班（组）长的指挥和友邻的行动，保持前进方向；发现目标后，应按班（组）长的口令或自行射击。下面介绍几种主要的运动姿势和方法。

### （一） 直身前进

直身前进是在地形隐蔽，敌人对我观察不到时采用。通常以大步或快步持枪前进。

图 7-2-1

### （二） 屈身前进

屈身前进通常是在遮蔽物略低于人体时采用。其要领是：右手持枪，上体前倾，两腿弯曲，屈身程度视遮蔽物高低而定，目视前方，以大步或快步前进（图 7-2-1）。

### （三） 跳入

跳入时，应根据壕的深浅，采取不同方法，壕较浅时，右脚踏壕沿，左脚迈出的同时收枪，以右脚掌的弹力，顺势跳入壕内，两脚着地的同时（或下落中）劈枪。壕较深时，右手持枪紧贴右侧，左手扶壕沿，左脚踏壕沿，以左手的撑力和左脚的蹬力，顺势跳入壕内。在壕内运动时，根据壕的深浅，通常采取直身或屈身前进。其要领是：右手持枪紧贴身体右侧，左手扶装具，目视前方，隐蔽地前进。运动中做到：姿势低，速度快，不断地观察敌情和前进。

### （四） 跃进

跃进是在敌火下迅速通过开阔地时经常采用的运动方法。其要领是：跃进前，可左、右移动（滚动）以迷惑敌人，迅速收枪，屈左脚于右腿下，右手提枪，以左手、左膝、左

脚的力量将身体撑起，迈出右脚，突然跃起前进。也可在收枪的同时，屈左腿于腹下，以左手、右膝和左小腿的外侧支撑身体，迈出右脚，突然跃起前进。跃进时，右手持枪，目视敌方，屈身快跑。跃进的距离、速度应根据敌火力强弱和地形情况而定。地形越开阔，敌火力越猛烈，跃进的距离应越短，速度应越快。每次跃进的距离通常为20～40步。

停止时，应迅速隐蔽或卧倒。卧倒时，左脚向前一大步，按左小腿的外侧、左手、左肘的顺势卧倒；或右脚向前一大步，左手撑地迅速卧倒，并做好射击准备或继续前进的准备。

## （五）匍匐前进

匍匐前进是通过敌火力封锁下的较短地段或利用较低遮蔽物时采用。根据遮蔽物的高低分为低姿、高姿、侧身和高姿侧身匍匐四种。

1）低姿匍匐前进。在遮蔽物高约40厘米时采用。其要领：右手掌心向上，枪面向右，虎口卡住机柄，余指握住背带，枪身紧贴右臂内侧；或右手虎口向上，握住背带环处，食指卡椎管，使枪置于右小臂上。前进时，屈回右腿，伸出左手，用右腿和左臂的力量使身体前移，同时屈回左腿，伸出右手，再用左腿和右臂的力量使身体继续前移，依此法交替前进（图7-2-2）。

图 7-2-2　　　　　　　　　　　　　　　　　图 7-2-3

2）高姿匍匐前进。在遮蔽物高约60厘米时采用。其要领：携枪的方法同低姿匍匐，也可两手横托握枪，枪托向右。前进时，以两小臂和两膝的内侧支撑身体前进（图7-2-3）。

3）侧身匍匐前进。在遮蔽物高约60厘米时采用。其要领：携枪的同时向右转身，左小臂着地，左大臂向前倾斜，左腿弯曲，右脚近臀部着地，右手持枪，用左臂的支撑力和右脚的蹬力使身体前移（图7-2-4）。

4）高姿侧身匍匐前进。在遮蔽物高约80—100厘米时采用。其要领：收枪的同时屈左腿于腹下，以左手、左小腿的外侧将身体撑起，右手提枪，以左手的撑力和右脚的蹬力使身体前移（图7-2-5）。

图 7-2-4　　　　　　　　　　　　　　　　　图 7-2-5

图 7-2-6

## （六）滚进

滚进是为了避开敌人的观察和射击而左右移动或通过棱线时采用。其要领：关上枪的保险，滚动的同时微收枪，两臂向里合，两腿自然伸直，全身用力向移动的方向滚进；也可在卧倒的同时（通常是侧卧）右手将枪顺置于胸腹前，两臂紧贴两肋，两腿自然伸直，全身用力向移动方向滚进（图 7-2-6）。

### 思考题 》》》

1. 进攻战斗与防御战斗的关系？
2. 如何理解破袭战斗？
3. 战术有哪些基本原则？
4. 单兵战斗时可以对哪些地形加以利用？

# 第八章　军事地形学

军事地形学是从军事应用的角度研究和利用地形的一门学科。它主要研究地形对战斗行动影响的规律，军用地图和航空、航天相片的识别与应用原理，战场简易测量方法以及调制要图的要领等。随着现代战争的突发性增大，战场范围扩大，参战军种、兵种多，部队机动能力提高，研究利用地形愈发显得重要；加之军事测绘成果的不断丰富，军事地形学逐渐发展为一门专门学科，并成为军事训练的一门重要科目。军事地形学的内容主要有地形分析、识图用图、方位判定、简易测量、调制要图、相片判读等。

## 第一节　地形对作战行动的影响

地形是地物和地貌的总称。地貌是指地面高低起伏的状态，如山地、丘陵地、平原等。地物是指分布在地面上的固定性物体，如居民地、道路、江河、森林等。由于不同的地貌和地物的错综结合，形成了不同的地形。而地形对战斗行动有着巨大的影响。

地形对战斗行动的影响，主要表现在对军队的运动、观察、射击、隐蔽伪装和对原子、化学武器的使用与防护等方面的影响。但由于各种地形有各自不同的特点，对战斗行动的影响也不一样。

### 一、平原

地面平坦或起伏微缓的宽广地区叫做平原，海拔一般在 200 米以下，高差在 50 米以下。它以较小的高程区别于高原，以较小的起伏区别于丘陵。

#### （一）平原的地形特点

地面平坦，交通发达，人烟稠密，物产丰富，大部分为耕种地。北方平原，地势开阔，起伏和缓，间有小的岗丘、垄岗，道路四通八达，耕地多为旱地，地下水位较低。南方平原，江河、湖泊遍布，沟渠纵横，除公路外，乡村路窄而弯曲，且多桥梁，耕地大部分为水稻田，地下水位较高。

#### （二）平原对战斗行动的影响

便于组织指挥和通信联络，便于观察、射击，便于物资补给，适于机械化部队和大兵团协同作战。但不易选择良好的观察所，直射火器不便于超越射击，在冬春两季，荫蔽伪装困难，炮兵不易选择良好的遮蔽阵地，不利于对原子、化学武器的防护。

平原地区一般是易攻难守，除大江、大河外，一般无险可守，因此，居民地，特别是较大的村镇，常成为防御的重要依托，而独立高地，高大的土堆、土堤及高大的建筑物等，则常成为攻防双方争夺的要点。

## 二、山地

地面起伏显著，高差一般在 200 米以上的高地叫做山，群山连绵、岭谷交错的地区叫做山地。

### （一）山地的特点

山高坡陡谷深，山顶高耸，山背、山脊纵横起伏，死角荫蔽地多，地形复杂，人烟稀少，交通不便。

### （二）山地对战斗行动的影响

军队运动困难，尤其是坦克、大型火炮等重型兵器的作业受到限制；观察、射击死角多，通信联络、指挥协同均较困难，容易迷失方向；但山地便于隐蔽伪装；便于选择良好的制高点，设置观察所和指挥所；便于构筑坚固的工事，凭险固守；利于对原子、化学武器的防护。

山地一般有利于防御。山地的制高点、山垭口和隘路，往往是作战双方争夺的要点。

## 三、丘陵地

地面起伏较缓，岗丘错综连绵，高差一般在 200 米以下的地区叫做丘陵地。

### （一）丘陵地的地形特点

高差不大，谷宽岭低，坡度平缓，断绝地较少，人烟较密，农产品丰富，交通比较发达，大的城镇多在广阔的谷地和水陆交通要冲。北方丘陵地，多为土质丘陵，形状圆浑，局部有陡坡、冲沟，斜面及山脚多为旱地、梯田，多高秆作物；南方丘陵地，多为石质丘陵，呈尖顶，山脊、山背狭窄，地形起伏零乱，部分地区有陡坡和断绝地，山脚多为水稻田、梯田。

### （二）丘陵地对战斗行动的影响

丘陵地对军队的机动和各种兵器的使用限制较少，有一定的隐蔽条件，便于诸军种、兵种隐蔽机动和协同作战，便于组织指挥和通信联络，便于观察、射击和构筑野战工事，便于军队后勤补给，对原子武器袭击有较好的防护作用，但山谷和凹地容易滞留毒剂。

丘陵地，不论攻防均便于部署兵力兵器，攻者便于隐蔽接近敌人，实施迂回包围；防者可以利用纵深高地进行梯次部署，建立纵深梯次的支撑点式环形防御体系。制高点、重要高地是攻、防双方争夺的要点。

## 四、山林地

树木聚生的山地叫山林地。

## （一）山林地的特点

山林地的特点与山地基本相似，只是地形更隐蔽，人烟更稀少，交通更不便。南方的热带山林地，山高坡陡，谷深岭窄，林密草深，荆棘丛生，藤萝交织，河溪纵横，路窄多弯，多雨多雾多毒虫；北方山林地，山岭较平坦、浑圆，土壤层较厚，地形割裂程度较小，气候寒冷，冬季较长，积雪较厚。

## （二）山林地对战斗行动的影响

山林地对军队的机动、观察、射击、通信联络、物资补给造成困难，且易迷失方向，大兵团、尤其是重装备部队行军、作战困难。但便于隐蔽伪装；便于迂回包围，穿插分割；便于控制要点，据险扼守；便于构筑工事，设置障碍，制作简易工程保障器材；便于采集野生食物，短期克服困难。对原子武器有一定的防护作用，但易滞留毒剂和放射性物质，森林容易引起火灾。

## 五、水网稻田地

江河、沟渠纵横交错，湖泊、池塘密布，遍地水稻田的地区叫做水网稻田地。

## （一）水网稻田地的地形特点

地势平坦开阔，河、渠相连，岸堤不高，稻田积水、泥深，公路较少，乡村小路多蜿蜒于河岸和田埂，桥梁、涵洞较多，人口稠密。居民地多分布于道路和河流两侧，农产品丰富。

## （二）水网稻田地对战斗行动的影响

地势平坦，展望良好，视界、射界均较开阔，但不易选择良好的观察所、指挥所和火炮发射阵地，直射火器不便实施超越射击；由于河渠交错，岸陡水深，河底淤泥，形成断绝地形，严重影响诸兵种的机动，特别是机械化、装甲和炮兵部队的越野运动极为困难，进攻部队的战斗队形易被河渠分割，不便于指挥、联络和协同；部队连续通过泥泞稻田，体力消耗大、运动速度低；道路易被破坏，工程保障难度大；但便于步兵分队、轻便炮兵或船载炮兵、水陆坦克利用河流、沟渠实施水上机动；由于地下水位高，防御时不易构筑坚固工事，防御配置易受水网分割，但可利用河流、沟渠、湖泊等天然障碍组织防御；居民地、小高地、土丘等，常为防御的依托，有些居民地是水陆交通的枢纽，更是攻防双方争夺的要点。对原子、化学武器的防护作用与平原地区相近，但水有利于吸收辐射热和洗消，故消除袭击后果的条件相对较好。

## 六、居民地

人们按照生产和生活需要而形成的集聚定居的地区叫做居民地。根据性质和人口多少分为城市、集镇、村庄等。

## （一）居民地的地形特点

大的城市居民地，常是某一地区的政治、经济和文化中心，又多是交通枢纽。一般依山、临河或滨海、濒湖而筑，人口众多，房屋密集，建筑物高大而坚固，还有地下建筑和防空工事设施，街道排列整齐，纵横交叉，交通方便，有机场、港口、铁路、公路等运输设施。中小城市通常都有公路或铁路相通。

集镇，是一种较大的居民地，房屋较多，其建筑形式比较简单。山地的集镇，街道比较曲折，房屋布置分散；平原上的集镇，一般靠近道路或江河两侧，街道比较平直，房屋密集，交通发达，一般都有公路、大车路、乡村路或水路相通。

村庄，是较小的居民地。北方村庄多平房、院墙，部分有土围、寨墙，建筑材料多土坯、砖石，房顶覆盖较厚，比较坚固；南方村庄部分有楼房，沿海地区建筑材料多砖石、水泥，山区多砖木、泥瓦。

## （二）居民地对战斗行动的影响

居民地对战斗行动的影响程度，决定于它的大小、所在位置、建筑物状况和附近地形条件等。

大的居民地通常是攻、防要点，也是敌人航空兵、炮兵、导弹和原子、化学武器袭击的目标。居民地便于构成坚固的防御阵地，利于近战、夜战和小分队战斗活动；利用城市电信设备可组织部队通信联络，便于军队宿营和后勤补给，但观察、指挥和协同不便，战斗队形易被分割，城市附近的高地、隘路、交通枢纽、桥梁、渡口和机场、火车站、发电厂、水源以及重要的工业区等，常成为攻、防双方争夺的地方。

居民地对原子武器的防护能力，主要取决于建筑物坚固程度和有无地下建筑等，通常居民地能缩小杀伤范围，但易造成间接杀伤和引起火灾，庭院和街巷易滞留毒剂和放射性沾染物质。

## 七、岛屿和海岸

岛屿是散列于海洋、江河、湖泊中的陆地，面积大的叫做岛，小的叫做屿。

海水与陆地接触的滨海地带，叫做海岸；海边多年形成的大潮高潮线，称做海岸线。

岛屿的地形特点是：四面环水，面积狭小。多数为列岛或群岛，少数为孤岛。一般岛上多山，坡度陡峻，地形复杂；岸线弯曲，岸陡滩狭；道路少，且曲折狭窄；居民少，物产有限，淡水缺乏；多数岛上土壤贫乏，植被较少，但热带地区的岛上多茂密丛林；岛屿气象复杂多变，夏季台风威胁较大；有些岛屿之间水浅礁多，航道狭窄。岛屿对战斗行动的影响，主要决定于岛屿的位置、形状、大小、岛上地形以及港湾、交通和给水条件等。一般说来，岛屿利于防御不利于进攻。由于岛上多山，地形险要，登陆地段少，便于依托有利地形，构筑以坑道为骨干，组成完整、坚固的防御阵地，凭险固守。

海岸对战斗行动的影响，主要取决于海岸的性质和曲折程度，港湾的大小与设备、滨海地形、近岸岛屿及潮汐情况等。

海岸，依其性质可分为泥岸、岩岸和沙岸。

泥岸，多与平原连接，如河北、江苏，杭州湾北侧海岸。其特点是：岸滩多淤泥，岸线直、岸坡缓，涨落潮界线距离远，不便于军队登陆；由于泥泞下陷，技术兵器不便于发挥作用，构筑工事亦较困难，有海堤时可作依托；但内陆地形平坦开阔，除水稻田地外，一般适于诸兵种合成军队登陆后发展进攻。

岩岸，多为山地延伸入海，如浙江、福建、广东等地海岸。其特点是：岸高且陡，岸线曲折，土质坚硬，近岸多岛屿、礁石，滨海地形起伏大，港湾多。这种海岸的登陆地段小，不便于展开与靠岸，技术兵器使用受限制，向纵深发展困难，但便于依托要点组成纵深梯次防御，便于对原子武器袭击的防护。

沙岸，多由丘陵地延伸入海，如辽宁、山东海岸。其特点是：岸线较曲折，港湾较多，岸坡短平，地形隐蔽。这种海岸便于登陆地段较多，舰船易于靠岸，技术兵器使用受限制小，便于向纵深发展，对防御则便于控制要点和隐蔽机动兵力兵器。港湾是舰船抛锚、停靠和装卸物资之处，是海军作战之依托，敌我双方争夺的主要目标。海岸突出部、沿岸高地和近岸岛屿是防御的重点。

# 第二节　地形图一般常识

战争经验证明，无论进攻或防御，在其他条件都具备的情况下，善于利用地形，可以减少损失，取得战斗的胜利；不善于利用地形，会给战斗增加困难，甚至遭受挫折或失败。所以，古今中外军事家，无不重视了解地形，研究地形对军队战斗行动的影响，趋利避害，使自己立于不败之地。

将地面的自然和社会现象要素，按一定的投影方法和比例关系，用规定的图式符号、颜色和文字注记，综合测绘于平面图纸上的图叫做地图。

地图的分类，是根据地图的某些特征，把它们分成一定的种类。按内容可分为普通地图和专题地图；按比例尺可分为大、中、小比例尺地图；按用途可分为教学图、参考图、行政区图、军用图、飞行图、航海图、交通图、游览图等。普通地图能综合反映地表地理景观的外貌，比较全面地表示自然条件和社会经济要素以及人类改造自然的成果。主要包括：自然地理要素，如地貌、水系、土壤、植被等；社会经济要素，如居民地、行政区划、工矿、交通网等。普通地图又分为地形图和地理图，是编绘专题地图的基础。

地形图，是普通地图的一种。它是国家经济建设、国防建设和军队作战训练，研究地形不可缺少的主要地形资料。我国地形图比例尺系列为 1：1 万、1：2.5 万、1：5 万、1：10 万、1：20 万、1：50 万、1：100 万等七种。在地形图上能较详细地反映长度（距离）、高度、坡度、坐标、水平角度和面积等。

专题地图又称专门地图或主题地图，是以普通地图为底图，着重表示某一专题内容的地图，如地质图、地貌图、水文图、人口图、交通图、历史图、植被图、气象图等。

## 一、地图比例尺

地图比例尺是指图上某线段的长与相应的实地水平距离之比，即：地图比例尺＝图上长/相应实地水平距离。比如，一幅地图的比例尺是 1：5 万，那么图上两点间的长为 1 厘米，实地该两点的距离应为 50000 厘米。

根据用图的目的和要求的不同，地图比例尺也有大小之分。通常按比值的大小来衡量。比值的大小可按比例尺的分母确定，分母小则比值大，比例尺就大；分母大则比值小，比例尺就小。图幅大小相同的地图，比例尺越大，图幅所包含的实地面积就越小，但显示的地形就越详细，精度也就越高。因此，大比例尺地图比较适合于初级指挥员使用。小比例尺地图则适合于中、高级指挥员使用。

| 500 | 1 | 2公里 |

图 8-2-1

地图比例尺常以图形结合文字、数字表示，一般绘注在图廓的下方中央（图 8-2-1）。其中以数字表示的为数字比例尺，它是用比例式或分数式表示的。

以图形表示的为直线比例尺。比如 1∶5 万直线比例尺，从"0"向右为尺身，图上 1 厘米代表 0.5 千米；从"0"向左为尺头，图上一小格代表 50 米。

根据地图比例尺，可以从地图上量取实地相应的距离。如果是量取两点间的直线距离，通常可采取两种办法：一种是在直线比例尺上比量。先用两脚规或直尺在图上准确量取两点间的长度，然后把量得的长度移到直线比例尺上去比，从而得出实地两点间的距离。另一种是根据数字比例尺换算。先用直尺在图上量取两点间的距离，然后用公式换算。换算的公式是：实地距离＝图上长度×比例尺分母。

如果要量取两点间的曲线距离，则要使用专用的里程表。

需要注意的是，在地图上量取和计算的距离实际上只是水平距离。如果实地的坡度较大时，还应按比例加上适当的坡度和弯曲改正数。具体改正数可参考表 8-2-1 上距离为 1000 米，平均坡度为 7°，则实地距离 1000＋1000×10％＝11000。

表 8-2-1

| 坡度 | 改正数％ | 坡度 | 改正数％ |
|---|---|---|---|
| 0°～4° | 3 | 15°～19° | 30 |
| 5°～9° | 10 | 20°～24° | 40 |
| 10°～14° | 20 | 25°～29° | 40 |

地面上的地物，在地图上是用统一规定的符号结合注记表示的，这些符号称地物符号。它是构成地图的重要因素，是地图的语言。根据地物符号和注记，可以识别出实地地物的种类、性质、形状和分布情况。

## 二、符号的图形特点

地物符号的图形，依其形状，主要有以下三个特点（表 8-2-2）。

表 8-2-2

| 图形特点 | 符号及名称 | | |
|---|---|---|---|
| | 居民地  | 河流  | 公路、桥梁 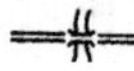 |
| 与平面形状相似 | | | |

| 图形特点 | 符号及名称 | | |
|---|---|---|---|
| 与侧面形状相近 | 突出的阔叶树 | 烟囱 | 水塔 |
| 与有关意义相应 | 变电所 | 矿井 | 气象站 |

## （一） 图形与地物的平面形状相似

这类符号的图形与地物正射投影后的平面形状相似，并保持一定的比例关系，所以叫做正形图形。正形图形一般用于表示实地较大的地物，如居民地、森林、河流、公路、桥梁等。

## （二） 图形与地物的侧面形状相近

这类符号的图形与地物的侧面形状相近，所以叫做侧形图形。侧形图形一般用以表示实地较小的独立地物，如突出树、烟囱、水塔等。

## （三） 图形与地物有关意义相应

这类符号的图形是按照会形、会意的方法构图的，所以叫做象征图形。它具有形象和富有联想的特点，如变电所、矿井、气象站等。

## 三、符号的分类

## （一） 依比例尺表示的符号 （又叫轮廓符号）

实地面积较大的地物，如居民地、森林、江河、湖泊等，其图形是按比例尺缩绘的，叫做依比例尺表示的符号。这类符号，可以在图上了解其分布、形状和性质，量算出相应实地的长、宽和面积。

## （二） 半依比例尺表示的符号 （又叫线状符号）

实地的窄长线状地物，如道路、垣栅、土堤、通信线等，其转折点、交叉点位置是按实地精确测定的，其长度是按比例尺缩绘的，因宽度太窄，若按比例尺缩绘，就表示不出来，只能放大描绘，所以叫做半依比例尺表示的符号。这类符号，在图上只能量测转折点、交叉点位置和相应的实地长度，而不能量取宽度和面积。

其准确位置在符号的中心线上或底线上。

## （三）不依比例尺表示的符号（也叫点状地物符号）

实地上一些对部队战斗行动有影响或有方位意义的地物，如突出树、亭、塔、油库等，因其实地面积小，不能按比例尺缩绘，只能用规定的符号表示，所以叫不依比例尺表示的符号。这类符号，在图上可了解实地地物的性质和位置，不能量取其大小。

其准确位置，在符号的定位点上。

## （四）说明符号和配置符号

主要是用来说明、补充上述三种符号不能表示的内容。说明符号是用来说明某种情况的，如表示街区性质的晕线、表示江河流向的箭头等。配置符号是用来表示某地区的植被及土质特征的，如草地、果园、疏林、道旁行树、石块地等。说明符号和配置符号只表示实地地物的分布情况，并不表示地物的真实位置和数量。

### 四、符号的有关规定

#### （一）颜色的规定

为使地图内容层次分明、清晰易读，地物符号采用不同颜色来区分地形的性质和种类。我国现出版的地形图均为四色。其规定见表 8-2-3。

表 8-2-3

| 颜色 | 使用范围 |
|---|---|
| 黑色 | 居民地、独立地物、管线、垣棚、道路境界、森林符号和注记等 |
| 绿色 | 森林、果园等植被的普染 |
| 蓝色 | 水系及其普染，水系注记，雪山等高线及注记 |
| 棕色 | 地貌和等高线的高程标记，公路普染 |

#### （二）定位点的规定

定位点是指符号中表示地物真实位置的部位。地物符号中，不依比例尺和半依比例尺的符号，实际上都是夸大了的符号，因此，它们在地形图上的定位点，制图时就必须明确规定。

不依比例尺符号（主要是指独立地物符号），其定位点的规定见表 8-2-4。

表 8-2-4

| 定位点 | 符号及名称 | | |
|---|---|---|---|
| | 三角点 | 亭 | 窑 |
| 图形中有一点的，在该点上 | △ | 亭 | 窑 |

续表

| 定位点 | 符号及名称 | | |
|---|---|---|---|
| 几何图形，在图形的中心 | 油库 ● | 独立房屋 ▬ | 发电厂 ✕ |
| 底部宽大的，在底部中心 | 水塔 | 气象站 | 碑 |
| 底部为直角的，在直角的顶点 | 路标 | 突出阔叶树 | 突出针叶树 |
| 两个图形组成的，在下方图形的中心 | 变电所 | 散热塔 散热 | 石油井 |

半依比例尺符号（主要是指线状地物符号），其定位线的规定见表 8-2-5。

表 8-2-5

| 定位线 | 符号举例 | 定位线 | 符号举例 |
|---|---|---|---|
| 成轴对称的符号，在中心线上 | 公路<br>土堤<br>高出地面的渠 | 成轴对称的符号，在中心线上 | 城墙<br>土城墙<br>陡岸 |

## （三）注记的规定

地物符号只能表示地物的形状、位置、大小和种类，不能表示其质量、数量和名称，因此，还需用文字和数字予以注记，作为符号的补充和说明见表 8-2-6。

表 8-2-6

| 符号及注记 | 说明 | 符号及注记 | 说明 |
|---|---|---|---|
| 7/0.4 泥　0.3　35/1.6 沙 | 分子：河宽<br>分母：水深<br>沙、泥：河底性质<br>流向、流速<br>0.3：流速 | 6　4　8<br>3　6<br>10　1.8　12<br>4 | 比高 |

续表

| 符号及注记 | 说明 | 符号及注记 | 说明 |
|---|---|---|---|
| | 运河、河渠<br>1. 沟宽、水深<br>2. 沟宽、沟深<br>分子：宽度<br>分母：深度 | # .51.2 淡<br>25<br>═ 砾6(8) ═ 56 ═ | 公路、里程碑<br>6：铺面宽<br>8：路面宽<br>砾：铺面材料<br>56：公里数 |
| | 高程点及其注记 | | 沼泽地<br>分子：水深<br>分母：软泥层深度 |

1）名称标记：用于注明地物的名称，如居民地、山和山脉、水系名称及地理单元名称分别以不同字体和颜色注记。

2）说明注记：用来说明地物的性质和特征，如公路路面的质量，渡口、桥梁的性质，森林的种类，河流的方向，井水的咸淡等，均采用不同颜色的文字简注在符号内或一旁。

3）数字注记：用来说明地物的数量特征，如山的高程，土堆、冲沟、陡崖的比高，森林的平均树高、树粗，公路的宽度，江河的宽、深和流速等，均用不同颜色的数字表示。

## （四）方向的规定

地物符号在地形图上的描绘方向，有以下四种情况。

1）直立方向：直立方向，也叫固定方向，即符号始终保持与南北图廓线垂直。不依比例尺的符号绝大多数是按此种方向描绘的。

2）真方向：真方向，即符号的描绘方向与实地地物的真实方向一致。依比例尺和半依比例尺的符号通常是按真方向描绘。此外，还有独立屋、窑洞、山洞、泉等，也是按真方向描绘。

3）光照方向：地形图上有少数符号是按照阳光照射方向描绘，如陡石山、溶斗和简易公路等。

4）风向方向：依风向描绘的主要是沙地地貌中的一些微型沙地符号，以及反映土质特征的个别符号，如波状沙丘地，其符号与主要风向垂直；窝状沙地，其符号是顺风方向描绘的，粗点绘在迎风面。因此，这类符号又是判断所在地区主要风向的标志。

## 五、地貌判读

## （一）等高线显示地貌

### 1. 等高线显示地貌的原理

等高线，是由地面上高程相等的各点连成的闭合曲线。按一定高差间隔描绘地面诸等高线于图上，以显示地貌的方法叫等高线法（图 8-2-2），假想把一座山从底到顶按照间隔相等的高度一层一层水平切开，山的表面便出现一条一条由下到上，从大变小的大小不等的截口线，再把这些截口线垂直投影到同一水平面上，就呈现出一圈套一圈的等高线图形。地形图就是根据这个原理显示地貌的。

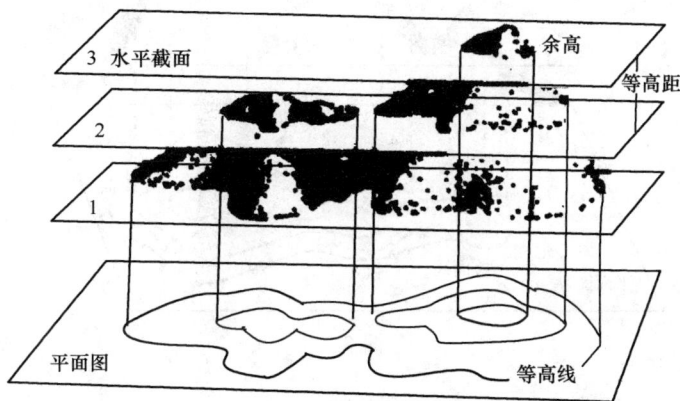

图 8-2-2

### 2. 等高线显示地貌的特点

1）在同一条等高线上各点的高度相等。

2）在同一幅地图上，等高线多，山就高；等高线少，山就低。

3）在同一幅地图上，等高线间隔密，实地坡度陡；等高线间隔稀，实地坡度缓。

4）图上等高线的弯曲形状与相应的实地地貌形状相似。

### 3. 等高距的规定

相邻两条等高线间的实地垂直距离叫等高距。等高距的选择通常根据地区的地貌特征、地形图比例尺和用图目的等情况而定。我国对基本比例尺地形图的等高距离大小有统一规定，见表 8-2-7。

表 8-2-7

| 比例尺 | 1：25000 | 1：50000 | 1：100000 | 1：200000 |
|---|---|---|---|---|
| 等高距 | 5 米 | 10 米 | 20 米 | 40 米 |

### 4. 等高线的种类和作用

地形图上的等高线，按其作用不同可以分为：首曲线、计曲线、间曲线、助曲线以及示坡线等（图 8-2-3）。

1）首曲线（基本等高线）。按规定的等高距，由平均海水面起算而测绘的等高线，图上以 0.1 毫米的细实线表示。用以显示地貌的基本形态。

2）计曲线（加粗等高线）。规定从高程起算面起，每隔四条首曲线（即五倍等高距的首曲线）加粗描绘一条粗实线，线粗 0.2 毫米。用以数计图上等高线与判读高程。

3）间曲线（半距等高线）。按等高距的 1/2 描绘的长虚线。用以显示首曲线所不能显示的局部地貌。

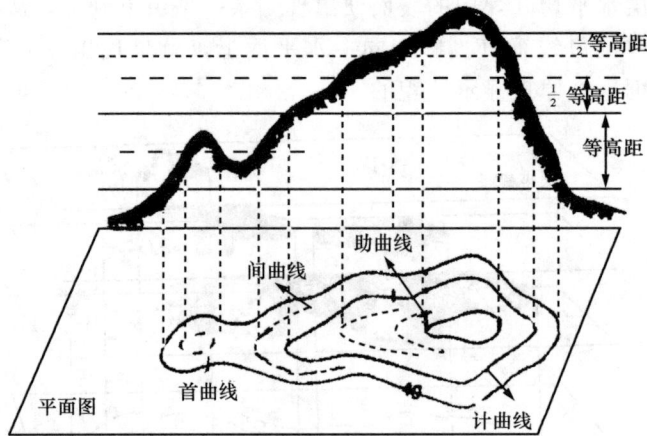

图 8-2-3

4）助曲线（辅助等高线）。按 1/4 等高距描绘的细短虚线。用以显示间曲线还不能显示的某段微型地貌。

对于独立山顶、凹地以及不易辨别斜坡方向的等高线，还绘有示坡线。它是与等高线正交的短线。示坡线与等高线相连的一端指向上坡方向，另一端指向下坡方向。

**5. 高程起算和注记**

1987 年以前，我国采用青岛验潮站 1950～1956 年依黄海海面验潮结果而确定的平均海水面位置，并把由此确定的点的高程，称为"1956 年黄海高程系"的高程。为保证精度，国家又依青岛验潮站 1952 年～1979 年的验潮资料进行了计算，确定出了新的黄海平均海水面的位置，并于 1985 年决定：自 1988 年起，以新的黄海平均海水面，作为全国高程起算面，并称此为"1985 年国家高程基准"。它与原平均海水面相差 29 毫米。

从黄海平均海水面起算的高程，叫做真高，也叫海拔或绝对高程。从假定水平面起算的高程，叫做假定高程或相对高程。由物体所在地面起算的高度，叫做比高。起算面相同的两点间高程之差，叫做高差。

地形图上的高程注记有三种，即高程点的高程注记、等高线的高程注记和比高注记。高程点的高程注记，均用黑色，字头朝向北图廓；等高线的高程注记，均用棕色，字头朝上坡方向；比高注记与其所属要素的颜色一致，字头朝向北图廓。

## （二）地貌识别

在地形图上，通过等高线和地貌符号，可以识别地貌的各种形态。

山顶。山体的最高部位叫山顶。图上以等高线中最小环圈表示，有时用示坡线表示斜坡方向，绘在环外侧。按山顶的形状，分为尖顶、圆顶和平顶（图 8-2-4）。

凹地。凡比周围地面低下，且经常无水的低地叫凹地。图上也以环圈形等高线表示，但环圈内必绘有示坡线（图 8-2-4）。

山背。从山顶到山脚的凸棱部分叫做山背。图上以山顶为准，等高线向外突出的部分表示山背。各等高线凸出部分顶点连线，就是分水线（图 8-2-5（a））。

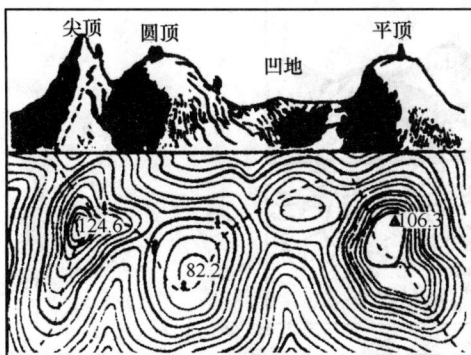

图 8-2-4

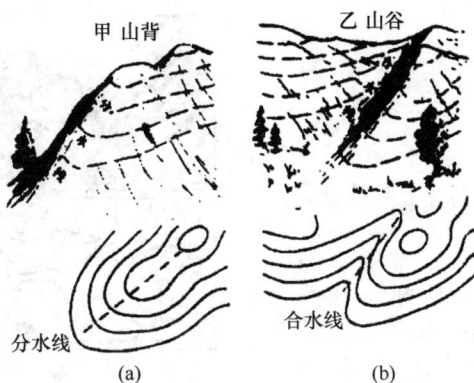

图 8-2-5

山谷。相邻山背或山脊之间的低凹部分叫山谷。图上以山顶或鞍部为准，等高线向里凹入的部分表示山谷。各等高线凹入部分的连线为合水线（图 8-2-5（b））。

鞍部。相邻两个山顶间形如马鞍状的低下部分叫鞍部。图上用一对表示山背和一对表示山谷的等高线表示（图 8-2-6）。

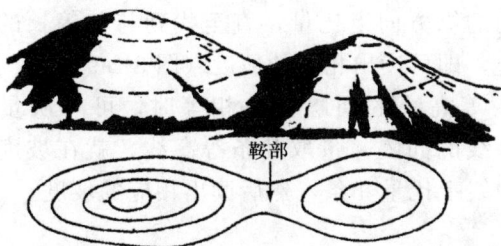

图 8-2-6

图 8-2-7

山脊。由若干山顶、山背、鞍部相连形成的凸棱部分叫山脊，山脊的最高棱线为山脊线（图 8-2-7）。

## （三）高程、起伏和坡度的判定

### 1. 高程和高差的判定

首先根据等高距、高程点、高程注记和等高线高程注记，查明目标点两侧相邻等高线的高程，然后根据目标点与该两条等高线的关系位置，向上或向下数等高线，相应加减等高距，即可判定目标点高程。当目标点的高程判定后，目标点之间的高程相减，则得两目标点的高差。

### 2. 地面起伏的判定

判定作战区域的起伏状况时，可依等高线的疏密情况、高程注记、河流位置和流向，判明山脊、山背、山谷的分布和地形总的起伏状况。

判定行军路线起伏时，应首先判明等高线的起伏方向，再依行进路线穿越等高线的多少、疏密和方向等判定。也可在判明山背、山谷及河流位置后，依行军路线方向来判定路线的上下坡情况（图 8-2-8）。

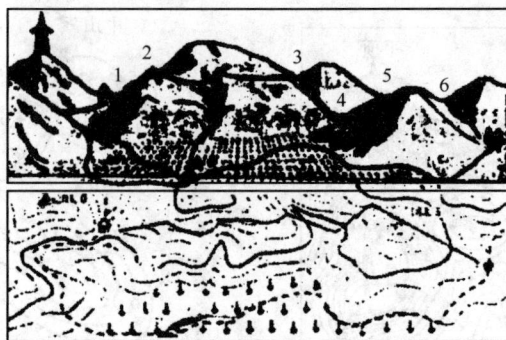

图 8-2-8

1—2 上坡　2—3 沿斜面　3—4 下坡
4—5 上坡　5—6 上坡　6—7 下坡

### 3. 坡度的判定

判定地图上某点坡度时，可用两脚规在坡度尺上比量。先用两脚规量取相邻等高线间的宽度距离，然后保持其张度，到坡度尺的底线和第一条曲线间的纵方向上比量，直至找到与其等长的垂直距离为止，即可读出相应的坡度（图 8-2-9）。

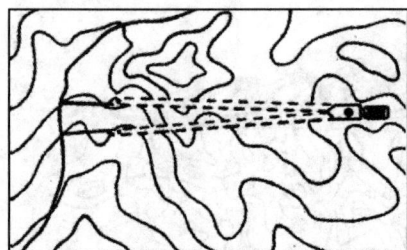

若几条等高线的间隔大致相等时，可一次量取 2～6 条等高线的间隔，量取几条等高线，就在坡度尺上相应的曲线上比量几条，然后读出相应的坡度。

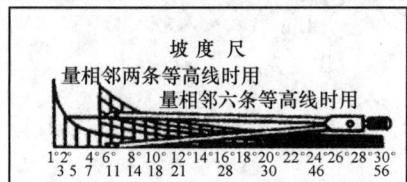

图 8-2-9

## 六、坐标

确定地面上某点位置的长度值或角度值，叫做该点的坐标。地形图是采用平面直角坐标和地理坐标来确定地面上点的位置的。坐标用来迅速准确地确定点位，指示目标，实施组织指挥。

### （一）地理坐标

确定地球表面上某点位置的经度和纬度数值，叫做该点的地理坐标。通常用度、分、秒表示。在海军、空军、边防和外交斗争中，常用来指示飞机、舰船和目标的位置等。

#### 1. 地理坐标网及注记

地图是按经纬度分幅的，地图的南北内图廓线是纬线，东西内图廓线是经线。在 1：20 万至 1：100 万地形图上，绘有地理坐标网。纬度数值注记在东、西内外图廓间；经度数值注记在南、北内外图廓间。在 1：2.5 万至 1：10 万地形图上，图廓四角注有经纬度数值，内外图廓间绘有经、纬"分度带"。如将两对边相应的分度线连接起来，即构成地理坐标网。

#### 2. 地理坐标的量读

在 1：20 万至 1：100 万地形图上，可用两脚规比量目标点的地理坐标，在图廓的分划线上读数（图 8-2-10）。如台北市的地理坐标：北纬 25°2.5′，东经 121°31′。由于南、北图廓长度不同，因此在量取某点的经度时，应在靠近该点的南（或北）图廓上比量（使用时，通常按先纬度后经度的顺序指示。）。

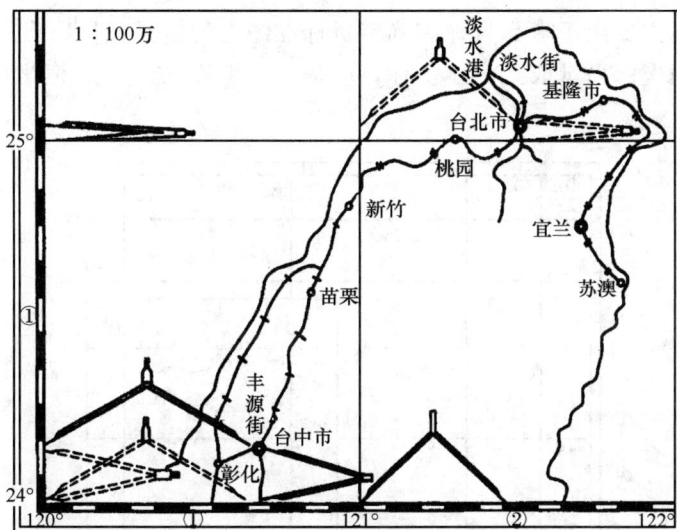

图 8-2-10

## （二）平面直角坐标

确定平面上某点位置的长度值，叫做该点的平面直角坐标。通常用于指示和确定目标在图上的位置，也可根据方格估算距离和面积。

### 1. 平面直角坐标网的构成

我国的地形图上采用的是高斯平面直角坐标网。每个投影带的经纬线投影到平面上后，赤道和中央经线是直线，并互相垂直，其余经纬线都是曲线。平面直角坐标以中央经线为纵坐标轴（x 轴），以赤道为横坐标轴（y 轴），其交点为坐标原点（O），这样每个投影带便构成了一个独立的坐标系。

### 2. 平面直角坐标的起算和注记

纵坐标以赤道为起算，赤道以北为正，以南为负。我国位于北半球，横纵坐标值都为正。横坐标如以中央经线为零起算，以东为正，以西为负。为避免负值，规定凡横坐标值均增加 500 千米（即等于将纵轴向西移 500 千米），横坐标以此纵轴起算，则都成了正值（图 8-2-11）。

为便于从每幅地形图上量取任意点的坐标，以千米为单位，按相等距离作平行于纵、横轴的若干直线，这样就构成了平面直角坐标网，也叫方格网。其方格的长度规定是：1∶2.5 万地形图方格边

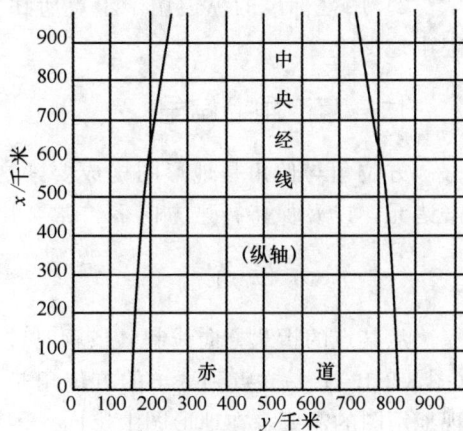

图 8-2-11

长 4 厘米，相应的实地距离为 1 千米；1：5 万地形图方格边长 2 厘米，相应的实地距离为 1 千米；1：10 万地形图方格边长 2 厘米，相应的实地距离为 2 千米。

**3. 平面直角坐标的应用**

平面直角坐标主要用于指示目标和确定目标在图上的位置，量取点的坐标或者根据坐标定点。通常使用坐标尺量取。记述坐标，应按先纵坐标（$x$），后横坐标（$y$）的顺序进行（图 8-2-12）。

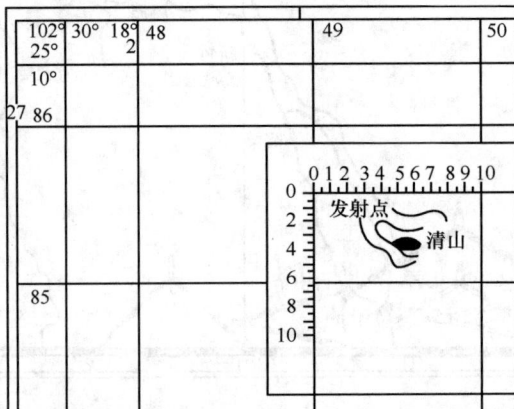

图 8-2-12

（1）量取点的平面直角坐标

1）找到发射点的概略坐标，纵坐标为 85，横坐标为 49。

2）将坐标尺的纵边切于 49 的纵线，横边对准发射点。

3）看读分划，看读时估读到三位（米），然后加在千米数的后面。在坐标尺纵边上读出 85 横线所对的分划为 645 米，加在 85 的后面，即为求点的纵坐标，x＝85645。在坐标尺横边上读出发射点所对的分划为 300 米，加在 49 后面，即为求点的横坐标，y＝49300。

（2）按平面直角坐标定点

1）按坐标的前两位数找到求点所在的方格。

2）用坐标尺的纵边切于求点所在方格的左纵坐标线，然后按量坐标的要领，将求点定于地图上。

## 七、方位角与偏角

方位角与偏角是地形图构成要素之一。现地判定方位、标定地图、指示目标、准备射击诸元，以及保持行进方向等，常会用到方位角与偏角。

### （一）方位角

从某点的指北方向线起，依顺时针方向到目标方向线之间的水平夹角，叫做该点方位角（图 8-2-13）。站立点到亭子的方位角是 10-00 密位，到纪念塔的方位角是 42-00 密位。根据现地用图的需要，在地形图上定向，因每一个点都有真北、磁北和坐标纵线北三种不同的指北方向线，所以采用三种不同的方位角，即真方位角、磁方位角、坐标方位角（图 8-2-14）。

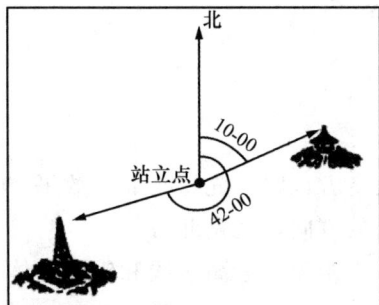

图 8-2-13

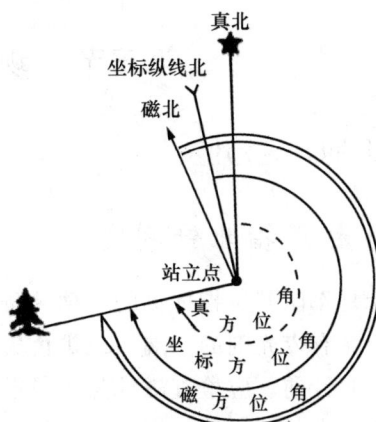

图 8-2-14

从某点的真北方向线起，依顺时针方向到目标方向线之间的夹角，叫做该点的真方位角；从某点的坐标纵线北起，依顺时针方向到目标方向线之间的夹角，叫做该点的坐标方位角；从某点的磁北方向线起，顺时针到目标方向线之间的夹角，叫磁方位角。

## （二）偏角

由于真北、坐标纵线北、磁北方向线三者不一致，所构成的水平夹角，叫做偏角（图 8-2-15）。

### 1. 磁偏角

某点的磁子午线与真子午线间的夹角，叫做磁偏角（$\Delta Am$）。磁子午线在真子午线以东的为东偏，在真子午线以西的为西偏。它随时间和地点的不同而变化。

### 2. 坐标纵线偏角

某点的坐标纵线与真子午线间的水平夹角，叫坐标纵线偏角，又叫子午线收敛角。坐标纵线在真子午线以东的为东偏，在真子午线以西的为西偏。在同一高斯投影带内，距中央经线和赤道愈近，偏角愈小，反之偏角愈大，但最大的偏角不超过 3。

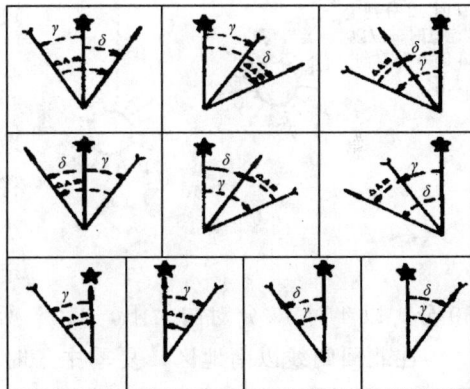

图 8-2-15

### 3. 磁坐偏角

某点的磁子午线与坐标纵线间的水平夹角，叫做磁坐偏角。磁子午线在坐标纵线以东的为东偏，在坐标纵线以西的为西偏。它有时为磁偏角和坐标纵线偏角值之和，有时为两者之差。

为便于计算，上述三种偏角，都以东偏为正、西偏为负，地形图南图廓的下方，均绘有偏角图。

## 第三节　现地使用判定方位

### 一、现地判定方位

#### （一）利用指北针判定

指北针是军队基层指挥员的一项装备器材。判定方位时，先将指北针放平，待磁铁静止后，磁针涂有夜光剂的一端（或黑色尖端）所指的方向，就是北方。

使用指北针前，应检查磁针是否灵敏。使用时应避免靠近高压线和钢铁物体，在磁铁矿区和磁力异常地区不能使用。

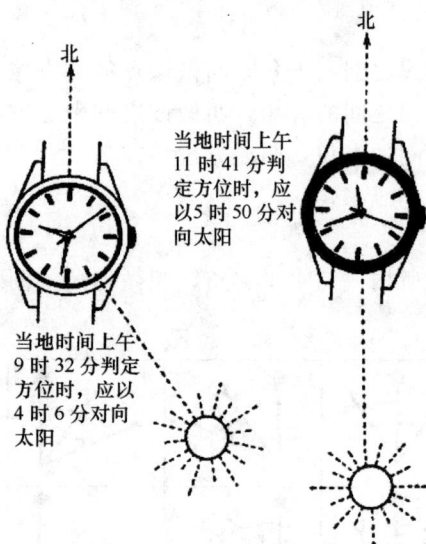

当地时间上午11时41分判定方位时，应以5时50分对向太阳

当地时间上午9时32分判定方位时，应以4时6分对向太阳

图 8-3-1

#### （二）利用太阳和时表判定

一般来说，在当地时间 6 时左右，太阳在东方，12 时在正南方，18 时左右在西方。根据这一规律，便可粗略地判定方位。方法是：先将手表放平，以时针所指时数（每日以 24 小时计算）折半的位置对向太阳，"12" 所指的方向就是北方。为便于判定，可在时数折半的位置上竖一细针或草棍，使针影通过表盘中心（图 8-3-1）。

北京时间是东经 120°经线的地方时，在远离东经 120°的地区判定方位时，应将北京时间换算为当地时间，即以东经 120°为准，每向东 15°（经度），将北京时间加上 1 小时，每向西 15°（经度），减去 1 小时。如在新疆塔城地区（东经 83°）上午 12 时判定方位时，应减去 2 小时 30 分，即当地时间为 9 时

30 分，以 4 时 45 分对向太阳，"12" 所指的方向就是北方。

在北回归线以南地区，夏季中午时间太阳偏于天顶以北，不宜采用上述方法。

#### （三）利用北极星判定

北极星是正北方天空的一颗恒星，夜间找到北极星，就找到了北方。北极星的位置可根据大熊星座或仙后星座寻找。北极星位于小熊星座的尾端，它和大熊星座（俗称北斗星）、仙后星座（又叫 w 星座）的关系位置，如图 8-3-2。大熊星座主要由 7 颗明亮的星组成，形状像一把勺子。将勺端甲、乙两星（叫做

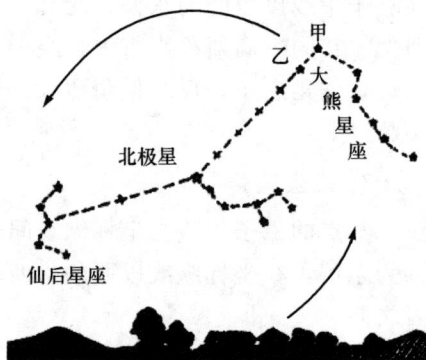

甲
乙
大熊星座
北极星
仙后星座

图 8-3-2

指极星）的连线向勺口方向延长，约在两星间隔的五倍处，有一颗较亮的星就是北极星。仙后星座主要由五颗明亮的星组成，在缺口方向约为缺口宽度的两倍处，就可找到北极星。

北极星的高度大约与当地的纬度相等。在北纬40°以北地区，全年可以看到大熊星座和仙后星座，以南地区，有时只能看到其中的一个星座，另一个则移到地平线以下。

### （四）利用地物特征判定

如果你留心观察自己驻地附近的自然征候，就会发现，有许许多多自然现象，都能帮助我们判定方位。

1）独立大树，通常南面的枝叶较茂密，树皮较光滑，北面的枝叶较稀疏，树皮较粗糙。

2）独立大树的树桩年轮，通常北面的间隔小，南面的间隔大。

3）突出地面的物体，如土堆、土堤、田埂和建筑物等，通常南面干燥，青草茂密，冬季雪融化较快；北面潮湿，易生青苔，冬季雪融化较慢。凹陷物体如土坑、沟渠，以及林中空地的特征则相反。

4）我国北方较大庙宇的正门，农村房屋的门窗多向南开。

我国幅员辽阔，各地区有其不同的特征。如，内蒙古高原冬季因受西北风的作用，山的西北坡积雪较少，东南坡积雪较多，树干多数略向东南倾斜；而在新月形沙丘地区，地面比较平坦，风向比较稳定，沙丘受风力的作用，顺着风向伸展，朝风的一面坡度较缓，背风的一面坡度较陡；草原上的蒙古包门多朝向东南。因此，只要我们博见广识，学习掌握一些基本方法，又能加以灵活运用，就能在各种条件下都不迷失方向。

## 二、地图与现地对照

现地使用地图时，应注意经常与现地地形进行对照，以便了解周围的地形情况，保持正确的方向和位置。

### （一）标定地图

标定地图，就是使地图的方位和现地的方位一致。标定的方法如下。

#### 1. 利用指北针标定

用指北针标定地图，一般按磁子午线标定。地形图的南、北内图廓线，分别绘有一小圆圈，分别注记磁北和磁南（1968年以前出版的地图注记 P′和P），用虚线连接，这两点的连线就是磁子午线。标定时，先使指北针的指标归零，"北"字朝向北图廓，直尺边切于磁子午线，转动地图，使磁针北端对准"北"字，地图即已标定（图8-3-3）。

图 8-3-3

图 8-3-4

### 2. 利用直长地物标定

当站在直长地物（如道路、土堤、河渠等）时，可先在图上找到这段地物符号，将图平放，转动地图，并对照两侧地形，使图上和现地直长地物的方位一致，地图即已标定（图 8-3-4）。

### 3. 利用明显地形点标定

先确定站立点在图上的位置，再选定图上和现地都有的远方明显地形点（如山顶、独立地物等），平放地图，并将直尺边切于图上站立点和该地形点上，转动地图，使远方地物符号在前，通过直尺边瞄准现地明显地形点，地图即已标定（图 8-3-5）。

图 8-3-5

### 4. 利用北极星标定

夜间可利用北极星标定地图。面向北极星，使地图的上方概略朝北，然后转动地图，使东（西）图廓线（即真子午线）对准北极星，地图即已标定。

## （二）确定站立点

确定站立点就是确定站立点在地形图上的位置，以达到正确使用地图，实施战斗行动。主要方法如下：

**1. 利用明显地形点确定**

当站立点在明显的地形点（如山顶、鞍部、桥梁、岔路口等）上时，从图上找出该地形点的符号，即是站立点在图上的位置。

当站立点在明显地形点的近旁时，可先标定地图，对照周围明显的地形细部，找出其与站立点的关系位置，即可判定站立点的图上位置（图 8-3-6）。

**2. 截线法、垂直线法、叠标线法**

沿直长地物（如直长的路段、土堤、河渠等）行进时，可采用以下方法确定站立点。

1）截线法：先标定地图，在直长地物的一侧选定图上和现地都有的明显地形点，将直尺边紧靠地形符号定位点（最好在定位点插一细针），转动直尺向现地明显地形点瞄准，并绘方向线。该方向线与直长地物符号的交点，即为站立点在图上的位置（图 8-3-7）。

图 8-3-6

图 8-3-7

2）垂直线法：当明显地形点与站立点的连线正好垂直于直长地物时，不用标定地图，在地图上，通过相应地形符号的定位点向直长地物符号画垂线，其交点即为站立点在图上的位置（图 8-3-8）。

3）叠标线法：如现地有两个明显地形点和站立点正好在一直线上时，不用标定地图，在地图上，通过两个相应的地形符号绘一方向线与线状地物相交，其交点即为站立点在图上的位置（图 8-3-9）。

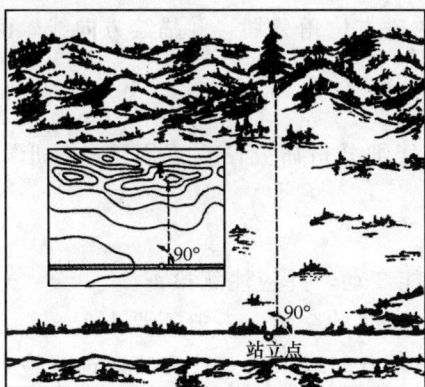

图 8-3-8

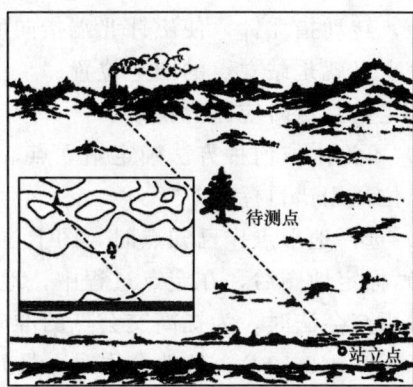

图 8-3-9

### 3. 后方交会法

当站立点附近无明显地形点，而在远方能看到现地与图上都有的两个明显地形点时，可采用后方交会法确定站立点的图上位置（图 8-3-10）。其作业步骤是：

图 8-3-10

1）标定地图。

2）选择离站立点较远的图上和现地都有的两个以上明显地形点，如图 8-3-10 的山顶与小屋。

3）现地交会：先将直尺边切于图上一个远方地形点符号（如山顶小圆圈）的定位点上（可插细针），转动直尺向现地相应的地形点瞄准，并在图上绘方向线；不动地图，再用同样方法向另一远方地形点（如小屋）描绘方向线，两条方向线的交点，就是站立点在图上的位置。

### 4. 磁方位角交会法

在丛林地区使用地图，四周不能通视，可采用磁方位角交会法确定站立点的图上位置。

1）先攀登到便于向远方通视的大树上，选定图上与现地都有的远方两个明显地形点，用指北针分别测出至该两个地形点的磁方位角。

2）在树下近旁标定地图，将指北针的直尺分别切于图上被瞄准的两个地形点符号定位点上，转动指北针，使磁针北端指向所测相应的磁方位角分划，并描绘方向线，两方向线的交点，就是站立点的图上位置。

确定站立点时应注意：

1）不论采取何种方法确定站立点，均应首先仔细分析研究站立点周围的地形，防止判错点位，用错目标。

2）选择地形点作已知点时，图上位置要准确。

3）标定地图后，在定点过程中，地图方位不能变动，并应注意检查。

采用交会法时，为提高交会点的准确性，两方向线的交角，一般不要小于 30°（5-00）或大于 150°（20-00），条件允许时，最好再用第三条方向线（或其他方法）进行检查。

## （三）确定目标点

**1. 目估法**

当目标点在明显地形点上时，从图上找出该明显地形点，即为目标点在图上的位置。

当目标点在明显地形点附近时，应先标定地图，在图上找出该明显地形点，再根据目标与明显地形点的方位、距离和高差等关系，目估判定目标点在图上的位置（图 8-3-11）。

图 8-3-11

**2. 光线法**

当目标较多，其附近没有明显地形点时，多采用光线法确定目标点的图上位置（图 8-3-12）。其方法如下：

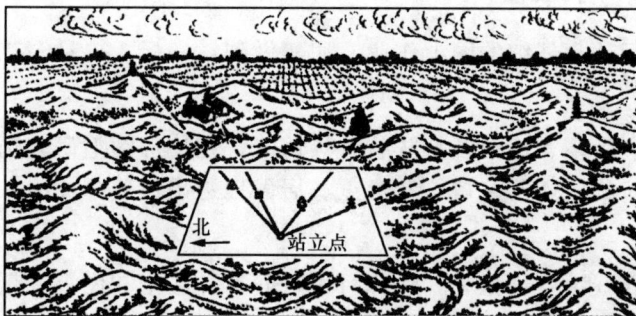

图 8-3-12

1）标定地图。

2）确定站立点在图上的位置。

3）向目标瞄画方向线。方法是，先将指北针直尺（三棱尺）边切于图上的站立点（可插细针），再向现地各目标瞄准，并向前画方向线。

4）目测站立点至目标点距离，并根据距离按地图比例尺在各方向线上截取相应目标的图上位置。不易目测距离时，也可通过分析地形层次，或目标点与附近地形的关系位置，在方向线上目估判定目标点的图上位置。

**3. 前方交会法**

当目标点较远而附近又无明显地形点时，可采用前方交会法确定目标点在图上的位置（图 8-3-13）。其方法如下：

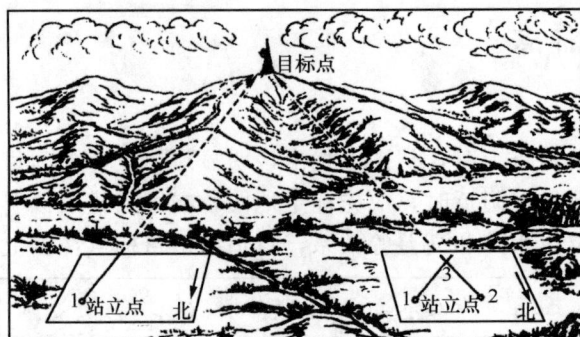

图 8-3-13

1）选定现地与图上都有的二至三个明显地形点，如 1、2 点作为测站点。

2）在第一点上先标定地图，确定该点图上位置并插一细针；再以指北针直尺（三棱尺）边紧靠细针向现地目标点瞄准，并向前画方向线。

3）以同样方法在第二点上瞄画方向线，两方向线的交点就是目标点的图上位置。

### 三、利用地图行进

利用地图行进就是利用地形图选定的路线，在现地对照地形行进。它是保障部队行动自如，夺取有利战机的一个重要方法。

## （一）行进前的准备

行进前必须进行认真仔细的图上作业，切实做到：一标、二量、三熟记。

**1. 一标**

就是根据任务、敌情、地形及部队装备等情况，在地形图上研究选定行进路线，并将行进路线、沿途方位物，如岔路口、转弯点、居民地进出口等都标绘在地形图上。

**2. 二量**

就是量算行进路线上各段里程，计算行进时间，并注记在图上。量算起伏较大地区的行进路线时，要考虑坡度对行进速度的影响，并应依据季节、天候、土质、植被等对行进可能造成的影响，考虑行进速度。

**3. 三熟记**

就是熟记行进路线。一般按行进的顺序，把每段的里程，经过的居民地、两侧方位物和地形特征，特别是道路转弯处，岔路口和居民地进出口附近的方位物及地形特征等都要熟记在脑子里，做到心中有数。

如时间和条件允许时，还应调查通行情况，如前进路上的水库、水渠、道路、桥梁、渡口等有无变化，做好保障措施。

## （二）行进要领

行进时要做到"三明"，即方向明、路线明、位置明。无论是沿道路行进或越野行进，都要先在出发点上标定地图，对照地形，明确行进的路线和方向，然后计时出发。行进中，要随时标定地图，对照地形，做到"人在地上走，心在图中移"，随时明确站立点的图上位置。当遇有怀疑时，则应精确标定地图，找出站立点在图上的位置，仔细对照周围地形，全面分析地形有无变化，待判明后再继续前进。

到达转弯点，要标定地图，对照现地。确实判明就是图上预定的转弯点后，再按出发点的动作，在现地判明下一段应走的方向、路线，研究沿途地形，选好方位物，继续前进。

乘车行进时，速度快，车辆颠簸，地图与现地对照较徒步行进困难。因此，精力要高度集中，要抓大的、明显突出的目标，如大的居民地、河流、桥梁、高地等，迅速地对照。同时，还要预知前方即将出现的地形情况，对即将到达的岔路口和转弯处应特别注意，以免走错；在出发点和各转弯点，应根据道路里程表随时记下各段所走里程和时间，以作为判定车辆到达位置的参考。行进中如遇地形变化，继续行进无把握时，应停车标定地图，进行现地对照。把情况弄清楚后再继续前进。

夜间行进时，由于视度不良，地图和现地对照困难较多，容易迷失方向。因此，行进前，应认真分析和熟记沿途地形的特征。尽量选择道路近旁的高大地物、透空可见的山顶、鞍部等作为方位物。行进中，可用指北针或北极星标定地图，根据预先对沿途各段经过地形的记忆，多找点，勤对照。采用走近观察，由低处向高处观察，由暗处向明处观察等方法，及时确定站立点的位置。明确行进的方向。还可根据流水声、灯光等判断溪流和居民地的位置，及时确定站立点的位置，判明行进的方向。

如果发现走错了路线，应首先回忆走过路线的方向、距离和经过地形的特征，检查走错的原因；然后标定地图，对照现地，判明当时到达点的图上位置，及其与预定路线的关系；然后，可选择就近道路，插到预定路线上来；当没有就近道路，或已查明错误起点位置，也可按原路返回，再继续按预定路线行进。

## 四、按方位角行进

按方位角行进就是在地形图上预先选定行进路线，利用指北针等工具测定行进方向上各转折点的磁方位角和距离而实施的行进方法。通常在缺少方位物的沙漠、草原、山林地等地形上，或在浓雾、大风雪等不良天候和夜间视度不良的条件下行进时采用。

### （一）行进资料的准备

#### 1. 在地图上选择行进路线

根据任务、敌情和地形情况选定，一般应选择在地貌起伏不大，障碍较少，特征明显的地段。路线的各转弯点，应有便于观察和识别的明显方位物，如突出树、土堆、岔路口、桥梁等。为防止行进时方位偏差过大，要求各转弯点间的距离在 1 千米左右，平原地区可远一些。山区和夜间则应近些。

#### 2. 量测方位角和距离

在图上绘出各转弯点之间的连线，按第二节"在图上量读磁方位角"所述方法，测定各段的磁方位角，同时量出各段距离，并换算成复步数或行进时间。换算公式为：

复步数＝实地距离（米数）÷复步长（约 1.5 米）

行进时间＝实地距离（米数）÷行进速度（白天 70 米/分钟，夜间 50 米/分钟）

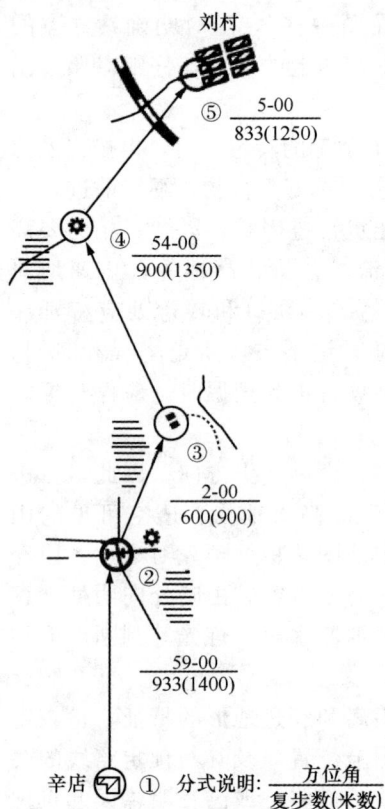

刘村

⑤ $\dfrac{5\text{-}00}{833(1250)}$

④ $\dfrac{54\text{-}00}{900(1350)}$

③

$\dfrac{2\text{-}00}{600(900)}$

②

$\dfrac{59\text{-}00}{933(1400)}$

辛店　① 分式说明：$\dfrac{方位角}{复步数(米数)}$

图 8-3-14

### 3. 绘制行进路线图

路线图可直接在地图上标绘，即在各段方向线一侧注记行进路线的资料。也可以绘制成略图。略图可以按比例尺绘制，也可不按比例尺绘制。绘制略图时，先将出发点、转弯点、终点等附近的主要地形和方位物标绘出来，再把各转弯点按行进顺序依次编号，最后注记各段磁方位角和行进距离或行进时间（图 8-3-14）。然后根据略图或地图熟悉沿线地形，做到心中有图。

## （二）行进要领

### 1. 在出发点上

首先依据行进资料在现地找到出发点的准确位置，查明到达下一点的磁方位角、距离和时间，并记住沿途经过的重要地形和下一点的地形及方位物特征；然后打开指北针，使磁针北端指向下一点的方位角密位数，这时，由照门至准星的方向就是行进方向；在该方向线上寻找预定的方位物（如看不见时，可在该方向线上选择辅助方位物），并按此方向行进。行进一般是越野照直行进，也可记准方向，选择便于通过的道路走到该点。

### 2. 行进中

要随时根据地图或记忆，对照地形，用指北针检查行进方向，记清走过的复步数或行进时间。如到达辅助方位物后，仍看不见第二点的方位物时，则按原磁方位角再选一辅助方位物，继续前进，直至到达第二点为止。若在起伏较大的地段上行进时，要注意调整步幅。

### 3. 在转弯点上

当快到达第二点时，应特别注意该转弯点方位物的特征和周围的地形情况，以找到转弯点的确实位置。当走完预定距离，仍未找到转弯点的方位物时，可在这段距离十分之一为半径的范围内寻找。如仍找不到，应仔细分析原因，或者利用反方位角向第一点瞄准，进行检查，反复对照，直至找到该点。到达第二点方位物后，仍按出发时的要领，再向下一点前进，依此方法逐段前进，直到终点。

行进中遇到障碍时，一般可在行进方向上的前方选一辅助方位物，目测至该点的距离，绕过障碍物到达辅助方位物后，仍按原方向继续行进。

### 思考题

1. 列举两种不同地形对作战行动的影响？
2. 地物符号的图形有哪些特点？
3. 如何利用太阳和时表判定方向？

# 第九章 综合训练

综合训练是大学生军训的重要内容，搞好行军拉练的各项训练，可以使学生一旦遇有紧急状况能在最短的时间内做好准备，并圆满地完成任务。野外生存训练与事故防护训练则可以帮助学生了解各种危机情况下的求生技能、自保方法，学会如何寻求解决突发事件的思维方式。

## 第一节 行军拉练

### 一、紧急集合

紧急集合，就是在紧急情况下迅速进行的集合，是应付突然情况的一种紧急行动。如：发现和遭到敌人的突然袭击；受到火灾、水灾、地震、台风等自然灾害威胁；上级赋予紧急任务或发生重大意外情况时等。

紧急集合分为全副武装紧急集合和轻装紧急集合两种。紧急集合的程序分四步：着装、打背包、装具携带和集合。

#### （一）着装

通常着训练服。白天进行紧急集合时，一般就按当时的训练着装进行。如果上级重新规定着装，士兵应立即换装。夜间实施紧急集合时，士兵应迅速起床，按照帽子（冬季戴皮、棉帽时，披装后再戴）、上衣、裤子、袜子、鞋子（双层床上层的士兵打完背包后穿鞋子）的顺序进行穿戴。

#### （二）打背包

背包宽30～35厘米，竖捆两道，横压三道。米袋捆于背包上端或两侧；雨衣、大衣通常捆于背包上端，大衣袖子捆于背包两侧；鞋子横插在背包背面中央或竖插两侧；锹（镐）竖插在背包背面中央，头朝上。

其他兵种可根据本兵种的特点另行规定。

#### （三）装具携带（以步兵为例）

全副武装：背手榴弹袋，左肩右胁；背挎包，右肩左胁；扎腰带；披弹袋，背防毒面具，左肩右胁；背水壶，右肩左胁；背背包；取枪（筒）和爆破器材。

轻装：其他装具的披带同全副武装，只是不背背包，将锹（镐）头朝下背于右肩，系绳绕腰间与背绳系紧；米袋，右肩左胁；雨衣（冬季带大衣时，将大衣袖子留在外面卷紧捆好，再将袖口对接扎紧）左肩右胁。

### （四）集 合

士兵披装完毕后，迅速跑步到班集合地点，向班长报告。全班到齐后，班长带领全班迅速赶到排集合场，并向排长报告。

士兵在紧急集合时要做到：迅速、肃静、确实、完整、安全、便于行动。这就要求每名士兵在平时应按规定放置武器、弹药、装具和衣物，这样在紧急集合时就便于拿取和穿着，行动才不会慌乱。

## 二、徒步行军

高技术条件下作战，战场流动性增大。为争取主动，避免被动，士兵经常在上级组织下实施徒步行军。

徒步行军是以步行方式实施的行军。通常在行军距离较近、输送工具不足或没有输送工具的情况下以及地形不便于实施摩托化行军时采用。徒步行军对士兵的意志和体能是一个考验。无论是刮风、下雨，无论是山地、沼泽，也无论是酷暑、严寒，只要作战需要，均要实施徒步行军。

### （一）徒步行军的基本常识

徒步行军，常行军时，乡村路为每小时4～5千米，山地为每小时3～4千米；急行军时，乡村路时速可达8～10千米。

徒步行军时，通常开始行军后30分钟小休息一次，尔后每行进50分钟小休息一次，小休息时间通常为10分钟（第一次小休息时间可稍长）。休息时，士兵应靠路的右侧（也可在路的两侧），面向路外，放下背包，解开鞋带使脚放松，但武器、装具不能离身。大休息通常在走完当日行程一半以上时进行，休息时离开道路，进入指定地区休息，时间通常为2～3小时。大休息时，可以就餐、补充饮水、治疗脚伤。注意武器、装具始终不能离身。

### （二）徒步行军应注意的问题

士兵在行军过程中应按照正确的行军要领，坚决服从班组长的指挥，灵活处置各种情况，确保按时迅速到达目的地。

1）士兵徒步行军应按照全副武装和轻装的规定携行有关装具。

2）行军前，士兵应检查所带装具是否齐全，佩带是否牢固，尤其要仔细检查鞋袜是否合适，以避免行军中脚打泡。

3）行军过程中，应均匀呼吸，全脚掌着地，调整好步幅，保持正常的行军速度。

4）行军掉队时，应大步跟上，尽量不要跑动，以节省体力，体力好的士兵要主动帮助体力差的战友，搞好体力互助。

5）小休息时，士兵应就地休息，及时调整体力，不要乱走动，并按要求处理脚上打起的血泡。

6）行军中，士兵要以灯光、旗语、音响、手势等简易信号通信、运动通信等手段传递口令，保持通信联络。

行军中要注意紧跟队形，不要掉队；无论遇到什么样的情况都要及时报告；要发扬不怕苦、不怕累的精神，坚决走到目的地。

## 三、宿营

宿营是军队在行军或战斗后的住宿。宿营的目的是为了部队得到适当的休息和整理，为继续行军或战斗做好充分准备。

### （一）宿营的方式及要求

宿营可采取舍营、露营或两者结合的方式进行。分队通常在上级编成内宿营，有时也单独组织宿营。宿营时，必须提高警惕，加强侦察警戒和通信联络，注意隐蔽伪装，确保分队安全休息和迅速投入战斗。

分队宿营地，其一般应符合如下条件：

1）近水。扎营休息必须选择靠近水源地，如，选择靠近溪流、湖潭、河流边，但也不能将营地扎在河滩上或是溪流边，一旦下暴雨或上游水库放水、山洪暴发等，就有生命危险。尤其在雨季及山洪多发区。

2）背风。在野外扎营应当考虑背风问题，尤其是在一些山谷、河滩上，应要选择一处背风的地方扎营。还应注意帐篷门的朝向不要迎着风向。背风不仅是考虑露营，更适于用火。

3）远崖。扎营时不能将营地扎在悬崖下面，一旦山上刮大风时，有可能将石头等物刮下，造成危险。

4）背阴。如果是一个需要居住两天以上的营地，在好天气情况下是应该选择一处背阴的地方扎营，如在大树下面及山的北面，最好是朝照太阳，而不是夕照太阳。这样，如果在白天休息，帐篷里就不会太热太闷。

5）防雷。在雨季或多雷电区，营地绝不能扎在高地上、大树下或比较孤立的平地上。那样是很容易招至雷击。

冬季设营地点应视避风以及距燃料、设营材料、水源的远近等情况而定。一般情况下，森林和灌木丛是理想的设营地，但是应避开易被积雪掩埋的地点。

### （二）宿营警戒

宿营警戒是保障宿营安全的警戒。分队进入宿营地前，指挥员应迅速了解宿营地域的情况。在有敌情顾虑的情况下应组织对宿营地域进行侦察、搜索，查明情况，对水源进行检查和警戒。进入宿营地域后，应迅速指定对空观察哨和值班火器，向有敌情顾虑方向派出班哨、步哨、游动哨和潜伏哨，不论任何情况，宿营地域内都应派出卫兵，严防敌人突然袭击和敌特破坏，派出宿营警戒的数量、距离，应视敌情和分队展开所需时间而定。分队在上级编成内宿营时，通常不单独组织宿营警戒，只派出直接警戒。乘车行军时，还应加强对车辆的警戒。

宿营结束，要认真清理文件和武器装备，避免丢失，消除宿营时所留痕迹，做好善后工作。

# 第二节　野外生存训练

野外生存，即人在食宿无着的山野丛林中求生。无论是军人还是平民，学习和掌握一些野外生存常识对于较长时间远离基本生活区野外作业和训练，战争时期野外行军训练或意外情况，食品断绝情况下求生，都是非常重要的。

## 一、野外生存的物质准备

对于有计划的野外行动，出发前应根据客观环境的需要选择适合的装备，做好物质准备是十分必要的。

### （一）基本用品

1）鞋子。挑选合适的鞋子，并在出发前两周进行试穿，使新鞋与脚有一个磨合过程，以避免或减少脚起泡。

2）衣服。根据预定野外生活时间的长短，仔细挑选合适的衣服，必须有一套换洗的衣服和一套休息时能添加保暖性的衣服；严寒天气应多带几件御寒衣服。

3）雨衣。雨季外出必须带上雨衣。

4）被装。根据季节选择合适的被装，最好选择柔软、轻便、保暖性能好的被装。

5）帐篷。在野外生存的时间较长时，应备有帐篷，以作为日常活动的场所。帐篷最好选择轻质材料做成，以便于携带。

6）背包、行囊。要有一个背着舒适而且实用的背包或行囊，以便携带衣物和必要装备。

7）食品。应带熟食品，盐要放在适宜的容器里。遇到严寒天气，要多带一些高脂食品和糖类。各种食物的比例可按自己的口味确定，但一定要保证各类营养物之间的良好平衡。

8）通信设备。现代信息社会，通信手段已经非常先进，个人或小团行动，只要带上手提电话就可以解决通信问题。如果是有组织的远程探险等集体行动，最好备有无线电通信设备，并有熟练操纵这些设备进行联系的工作人员。必须注意的是，由于身处荒野，远离人类文明，没有外接电源，所以出发之前，所有电子设备应充足电能，并带有备用电源。使用时，应尽量减少、控制待机和通话时间。可以采取发送信息的方法来节省电能消耗，以延长使用时间。

### （二）医疗卫生盒

医疗卫生盒内装常用药和卫生用品，主要有镇痛药类、肠道镇静剂、抗生素、抗感冒药、防中暑和抗过敏药类、防毒蛇咬（蚊虫叮）伤药、抗疟疾类药品、跌打损伤药、膏药类、急救包、绷带等。

此外，还应备有高锰酸钾和漂白粉之类的消毒、灭菌药物。所有药品都应标明用法、用量和有效期。

上述各类医药卫生用品可根据个人的习惯，以及执行任务区域的流行病特点，灵活选择搭配。

### （三）百宝盒

在紧急情况下，有些平时并不起眼的小器具却能帮你增加幸存的机会。把这些小器具集中放在小盒内，以便携带，这就是中国人常说的"百宝盒"。

"百宝盒"中通常装有生火用的火柴、蜡烛、打火石和放大镜、针和线、鱼钩和鱼线等。

### （四）工具包

工具包主要装有指南针、绳索、手电筒、饭盒、救生袋、刀具等。

为了便于使用和保管，可以把上述几项必备工具集中装在饭盒内，也可以分开装在背包或行囊的边袋内。

## 二、获取饮用水的方法

水是人体最基本的需求，离开它人就无法生存。因此，保持体液和补充水分是野外生存必须优先考虑的因素。

### （一）取水的方法

获取饮用水的途径通常有两条：一条是挖掘地下水；另一条是净化地面水。我们只介绍一些从地表水获取饮用水的方法。

通常雨水可以直接饮用。下雨时，可用雨布、塑料布大量收集雨水，也可用空罐头盒、杯子、钢盔等容器收接雨水。

当没有可靠的饮用水又无检验设备时，可以根据水的色、味、温度、水迹，概略鉴别水质的好坏。纯净水水层浅时无色透明，深时呈浅蓝色。可以用玻璃杯或白瓷碗盛水观察。通常水越清水质越好，水越浑则说明杂质多。一般清洁的水是无味的，而被污染的水则常带有一些异味。地面水的水温，因气温变化而变化，浅层地下水受气温影响较小，深层地下水水温低而恒定。如果所取样的水不符合这些规律，则水质一般都有问题。此外还可以用一张白纸，将水滴在上面晾干后观察水迹。清洁的水无斑迹，如有斑迹则说明水中有杂质，水质差。

在野外最好不要饮用从杂草中流出的水，而以从断崖或岩石中流出的清水为佳。饮用河流或湖泊中的水时，可在离水边1～2米的沙地上挖个小坑，坑里渗出的水比直接从河湖中提取的水清洁。

### （二）净化水的方法

在野外，可以用饮用水消毒片、漂白粉精片以及明矾等药品净化水。在专家指导下，还可用一些含有黏液质的野生植物净化水。切记，无论多么口渴，都不要饮用不洁净的水。万不得已时，也要把水煮开再喝。野外条件下，净化饮用水的方法主要有以下几种。

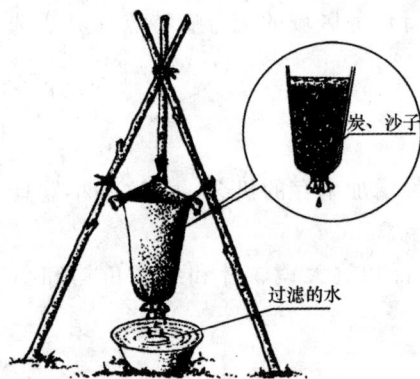

图 9-2-1

1）过滤：制作过滤器的基本材料，可以用裤子、沙子和木炭。所以，生火时所留下的木炭不要轻易丢弃，它可是制作临时过滤器的好材料。制作过滤器最简单的方法是用裤子制作。将裤子翻过来，再将一只裤腿塞进另一只裤腿里，捆扎起底部就行了。把裤子浸湿，吊在三角架上，里面装上沙子和木炭后，就可以注水过滤了。第一遍过滤出来的水，如果还不够干净，可以多过滤几遍（图 9-2-1）。

2）沉淀、消毒：过滤出来的水要经过一定时间的沉淀，然后倒出上层的清水，就可以烧开饮用了。如果带有漂白粉或净水药片，就再好不过了，只要按照使用说明的要求，取出一定量的漂白粉或净水药片，加到过滤出来的水中，搅拌、沉淀后，上层的清水就是洁净水了。

3）烧开或蒸馏：经过过滤、沉淀、消毒出来的水，只要用火烧开，就可以放心直接饮用；如果找到的是严重受污染的水源或者是海水、咸水等，则必须通过蒸馏，才能饮用。

## 三、野外简易帐篷的架设

架设简易帐篷可使用方块雨衣、军毯、帆布、降落伞等就便器材。在森林或丛林地，斧头和砍刀是必不可少的设营工具，如果没有刀斧，可用薄铁器作代用品。

### （一）屋顶形帐篷

这种遮棚通常适用于林区。构筑时，将绳子拴在两棵树之间，或用随身带的步兵锹等作支柱，用背包带连接，两端固定在地上，然后将方块雨布搭在绳子或背包带上，底边用石块压牢即成；也可将数块雨布连接起来，搭成一个能容纳 4～8 人的大帐篷。这样的屋顶形帐篷适合在各种地形搭设。

在山地和海岸边露营，应尽量利用自然的洞穴。海岸附近常有被海浪侵蚀的崖洞，洞里如果有虫，可以燃烟熏。夜晚在洞口升火，可防止野兽。如果找不到合适的洞穴，选一个直立的岩壁，用两根木头靠着岩壁支起来，在两根木头之间绑上一些横木，再把草或树枝挂在横木上面（其形式与一面坡形遮棚大致相同），一个临时栖身的岩壁遮棚即告完成。

### （二）一面坡形帐篷

这种帐篷适于在断墙、棱坎等处架设。架设时，把雨布一头固定在墙壁的棱坎上，另一头固定在地面，两边用树枝、野草堵塞挡风。在林地架设时，也可以用树木固定。冬季架设帐篷应注意：在雪层较薄的地区，应先将架设地点的雪扫尽；在雪层较深的地区，如果长时间不转移，则应在雪地中挖坑埋设帐篷，这样可以更好地抵御寒风。在开阔地上架设帐篷时，可在帐篷迎风面筑一道雪墙，既可挡风又便于生火。

### （三）丛林遮棚

在热带丛林地带，应搭制较严密的遮棚，以防蛇虫的侵扰和暴雨。通常，遮棚可设置在便于排水的高地，在天气闷热时，高地也常有凉爽的微风。

在丛林中可充分发挥创造性，利用树木、竹、藤、茅草、芭蕉叶并结合雨布、蚁帐等就便器材，搭制各种形式的遮棚。其基本方法是："先撑棚架后盖顶，围墙铺床同时行，最后挖出排水沟，铲除杂草把地平"。在潮湿和有野兽侵害的地方，可将遮棚搭在树上。

搭制遮棚的材料应选用新砍伐的质地坚硬的树木枝杆，因为枯木很快就会腐烂，而且往往有各种昆虫蛰伏。芭蕉叶或棕榈叶可用来铺盖顶篷。捆扎材料要尽量就地取材，如使用藤蔓和软木的内皮，以节省绳子和背包带。因为绳子和背包带在野外还有其他各种用途。

### 四、野生食物的食用与识别

### （一）野生食物的食用

野生食物，是野外生存的重要来源，通常包括：野生植物、动物、昆虫、鱼类等。

识别野生食物，主要是靠鉴别野生动植物是否有毒。在野生动物中，除了海洋中外形奇特的鱼类、贝壳、鲨鱼和少数江河中的河豚，以及部分动物内脏有毒不能食用外，其他均可食用。可食野生动物，一般应除去皮毛和内脏后，煮熟其肉食用。猎捕野生动物需要在专家的指导下经过训练和实践可逐步掌握。另外，昆虫也是野外生存能获取的动物性食物资源，通常可食用的昆虫有蚂蚁、蝉、蟑螂、蟋蟀、飞蛾、蝗虫、蚱蜢、螳螂、蜜蜂等。

在野生植物中，很多植物可食用。在我国就有约2000多种可食用植物，可食用植物可分为三大类，即野菜类、根茎类和野果类。松树、柳树、杨树、榆树、白桦树的内皮也可食用。

### （二）我国常见的野生可食植物

**1. 野菜类**

1）苦菜：生于山野或路边，3～8个月均可采其嫩茎叶洗净生食，叶互生，叶边大多分裂，周围有短刺，近根处叶窄，色绿，表面呈灰白色，断面有白浆，茎叶平滑柔软，夏季开黄色头状花。

2）蒲公英：生于田野，3～5个月可采食嫩叶，5～8个月可采花熬汤，全株伏地丛生，高10～20厘米，体内白色乳汁。叶缘为规则的羽状分裂，色鲜绿，花茎数个从基部生出与叶等长或稍长一点，上部密生白色丝状毛，头状花序顶生，全为黄色舌状花瓣。

3）鱼腥草：生于水沟边、渠岸、池塘边以及阴湿地。嫩幼苗可做蔬菜吃，也含挥发性油，幼苗经水煮后换水三次，加油盐调食，全草可做药用，治毒蛇咬伤。用法：将全草捣烂外敷伤口周围或煎汤熏洗患处，或单味煎服。形态：多年生草本，茎上部直立，下部匍匐，节上生须根并有褐色鳞片。

### 2. 蘑菇

通常食用的香菇、草菇、口蘑、猴头菌、鸡菌等，一般的吃法是炒食或做汤，采食蘑菇要注意是否有毒，识别的方法如下：毒蘑菇有多种色泽，而且美丽，无毒的蘑菇则多呈白色或茶色。菌盖上有肉瘤，菌柄上有菌环和菌托的有毒，反之则无毒。毒蘑菇多生长在肮脏潮湿、有机质丰富的地方，无毒蘑菇则多生长在较干净的地方。毒蘑菇采集后容易变色，无毒蘑菇则不易变色；无毒蘑菇则较致密脆弱；毒蘑菇的汁液浑浊似牛奶，无毒蘑菇则清如水；毒蘑菇的味道多辛酸苦辣，无毒的蘑菇则很鲜美。煮蘑菇时，锅里放灯芯草同煮，煮熟后，如灯芯草变成青绿色，证明有毒，如果是黄色，则无毒。毒蘑菇能使银器具变黑，如果加进牛奶，牛奶马上凝固，放进葱，葱会变成蓝色或褐色。

### 3. 海藻类

海藻类生长在海边礁石上或漂浮在海水中，海藻一般无毒，常见的有紫菜、红毛菜、角叉菜、鸡冠菜、裙带菜等。采食海藻应选用海水中新鲜的海藻，海滩上的海藻常常因为脱离海水而腐败变质，不宜食用。

### 4. 淀粉类

1) 山地瓜：产于我国北部、中部和东部。生长在荒山坡小树林下、草地以及田埂旁。形态：葡萄科，藤本，有纺锤形根块，叶掌状 1～5 厘米全裂，裂片形状颇多变化，叶轴有两翅，夏季开花，花小，黄绿色，聚伞花序。浆果大如豌豆，初蓝色，后变为白色。其根部含淀粉和葡萄糖，可采集食用。

2) 芦苇：分布遍及我国温带地区，生长在沟边、河沿、道旁以及比较阴湿的地方，多年生长草本，地下有粗壮的根茎，叶片披针形排列成两行，夏秋开花，圆锥花，可采集根部和嫩芽食用。

### 5. 野果类

1) 茅莓：广布于全国各地，生长在山坡灌木丛中或路旁向阳处，果实以及嫩叶可食用，七、八月果实成熟，味道酸可生食。形态：攀缘状灌木，在枝叶柄有毛和钩状的小刺，叶子为羽状复叶，小叶多为 3 片，也有 5 片的，近圆形，顶端一片较侧生叶片大，边缘有不整齐的深齿缺，下面呈白色，密生短毛。花单生在叶腋，或由几朵聚成短圆锥花序，生在树顶，总梗有稀疏的刺，花瓣粉红色，倒卵形，小核果球形，红色，核有深窝孔。

2) 沙棘：分布于山东、河北、山西、陕西、甘肃、宁夏、青海、新疆、四川、云南等地，生长在河岸的沙地或沙滩上。九、十月时候果实成熟可生食，味道酸而甜。形态：有刺灌木，叶子窄，线形或线状披针形，长 2～8 厘米，上面呈绿色，下面为银白色，花雌雄异株，雄花有两个椭圆形的裂片，雄花蕊有四个，多汁，长 0.8～1 厘米，直径为 5～6 毫米，金黄色或橙黄色，许多密生在一起，紧贴树梢上。

3) 胡颓子：分布于山东、辽宁、河南、江苏、福建、广东、湖南、湖北、四川等地，生长在山坡以及空旷的地方，果实可生食。形态：灌木，有刺，高 2～4 米，幼枝褐色，叶子为椭圆形或长圆形，尖端稍长，边缘波状常卷皱，花为银白色，长约 1 厘米，1～3

朵生于叶腋，果皮开始为褐色，成熟后微微发红，内包有一椭圆形的硬核。

有些野果，如野山梨、野粟子、榛子、松子、山核桃等这是比较容易识别的。

## （三）野生植物是否有毒无毒的方法

1）检验植物能否食用时，是稍稍挤榨一些汁液涂在体表（如前上臂、肘部）等敏感部位，如果起疹或肿胀时候，不能食用。

2）通过观察哺乳动物所食用的植物种类来分辨哪些植物可以被食用，如老鼠、兔子、猴子、熊等吃过的植物一般可以食用，而鸟类可以食用的植物人不一定能够食用。

3）少量尝试不能确定的植物的果、球根、块茎、叶枝等，如食后感觉喉咙痛痒，有很强的烧灼感或刺激性疼痛时，应放弃，否则即可认为能食用。

4）通常将采集到的植物隔开一个小口子，放进一小撮盐，然后仔细观察是否改变原来的颜色，通常变色的植物不能食用。

## （四）野生动物的捕获和食用

野生动物经过加工处理后可食用，但是某些鱼类如河豚，内脏器官含有剧毒物质，野战条件下不具备精细加工的条件，不能食用。

### 1. 捕鱼

捕鱼可使用钩钓、针钓、脚踩、手摸、拦坝戽水等方法。

1）钩钓：使用鱼竿、鱼线、鱼钩、钩坠、漂子等器材，也可以使用就便器材自制，比如用针弯成钩，用草秆或鸡毛管做漂子，用弹壳或小石头做成钩坠等。钓鱼时，将饵食挂在钩上抛入水中，等漂子上下颤动时迅速提竿，即可钓到鱼，为引诱鱼群上钩，还可以提前在垂钓处投入一些碎米等食物。

2）针钓：以针代替钩，用丝线缚在针的中央，穿上鱼饵，不用漂子沉入水中，鱼吞食鱼饵后，针便横搁在鱼腹内，无法逃脱，鱼饵可用蚯蚓、蚱蜢等昆虫。

3）摸鱼：在浅水处，可直接下水摸鱼，摸鱼时两手呈合势，贴水底向掌心合拢摸鱼，摸到后迅速向水底按压捕捉，一手握住鱼头，一手握住鱼尾，快速扔上河岸。

4）拦坝戽水：对小水塘可以采用分片拦坝戽水的方法捉鱼，先在水塘的一角筑起泥坝，用桶或盆将水戽到坝外，待见底后即可在泥中捉鱼，完后按此法逐片戽水捉鱼。

### 2. 捕蛇

捕蛇时应注意不被蛇咬伤，有条件最好穿戴较厚的高帮鞋子以及戴上长筒手套防护。

1）叉捕法：用树枝做一个木叉，叉柄的长短以捕蛇者俯身后两手能够捉住蛇的颈部为准，叉口大小以叉紧蛇的颈部为宜，捕蛇过程中，先叉蛇的颈部，然后俯身以胸部抵住叉柄，再用一只手捉住蛇头颈部，另一只手握住蛇的后部，即可将蛇捉住。

2）泥压法：对一些不大的、在地面或石头上活动的蛇，可拿一大泥块用力摔在蛇的身上，将蛇粘压在地上或石头上，再行捕捉。

### 3. 猎兽

猎兽之前可以向当地的战士或居民了解动物的习性和捕获的方法。对大型动物通常采用枪杀的方法猎获，对小型的动物可采取下列方法：

1）压猎：采用石板或铁板，也可以采用木板上压上重物做压拍子，用木棍将压拍子一端支起，木棍上设置机关加上诱饵，当小动物取食时，即可被压拍子压住。

2）套猎：采取各种绳索、钢丝或马尾，一端做一活套圈，另一端系在树干或石头等物上，套子可下在动物经常出没的地方，应保证使活套圈的平面活动路线垂直，其大小和距离地面的高度根据所猎动物的大小而定，以能套住动物的头部为宜。

### 4. 食用昆虫

昆虫含有丰富的蛋白质、氨基酸、矿物质和维生素。可食用的昆虫种类很多，如蜗牛、蚂蚁、蚯蚓、蚱蜢、蚂蟥、蝉、蜘蛛、螳螂、蟑螂、飞蛾、蝴蝶、蟋蟀、蝗虫等。昆虫可用油炸、烧烤、烹煮等方法处理后食用。在食用昆虫时，一定要煮熟或烤透，以免昆虫体内的寄生虫进入人体，导致中毒或得病。

## 五、野炊

野炊就是在野外将自身携带的食物以及野外采集到的动、植物进行处理和加热，供人们更好地食用的过程。

对于野外求生者来说，火有着特殊的重要意义。它不仅能使你保持体温，减少体内热卡散失（体内热卡就是生命的能源），而且，它还可以烤干衣服、煮饭烧水、熏烤食品、吓跑野兽、驱走害虫、锻造金属器具等。总之，火可能给你带来生机和活力。但是，用火不慎，引发火灾，也可能危及生命，破坏自然生态，造成不可挽回的损失。所以，野外求生者，不仅要懂得如何生火、用火，而且要懂得控制火焰燃烧，安全用火。

### （一）选择生火点和构筑火炉

#### 1. 选择生火点

根据所处环境的地形特点，确定生火的地点。最好选择在靠近宿营处，既能保证用火安全，又便于火焰燃烧和散烟的地点。

1）身处林区。生火、用火必须优先考虑的首要问题是严防引发森林火灾。所以，生火点最好选在林中空地，林缘边，高大的树下，通过林区河流的岸上，小溪旁最高水位线上背风的地方。尽量避开易燃的针叶树林。

2）身处草原。生火点最好选在靠近水源的地方，如河流、水塘的旁边，也可选在背风的坡地上，但四周一定要开出 2 米以上的防火安全隔离带。用火过程必须全程有人值守，做到人走火灭。

身处山地、丘陵地，可寻找山洞，背风石崖旁，向阳背风的山坡上，或河床边、溪流旁的最高水位线以上的地方，但雨季要谨防山洪暴发。山地生火，要依据植被情况，做好安全防火工作。

#### 2. 构筑火炉

为了保证用火安全，提高热效能，求生者应当在选定的生火点上，根据用途、地形特点和可能获取的材料，采用垒、挖、架等办法，构造合适的火炉。有条件时，也可以利用就便器材改造成火炉。

1）垒。就是利用石头或土块垒成一个圆形或半圆形的火炉。垒筑火炉的石头应选择质地坚硬的，避免使用潮湿和带有孔隙的石头，以防石头加热膨胀崩裂或爆裂而引发伤害事故。

2）挖。就是在土地上挖灶。选择一处高低适当的土坎或斜坡，如果是斜坡，则先将其改造成土坎。在距离土坎边沿20～30厘米处挖一个竖井式的圆洞，再在土坎上与竖洞底部同一水平的位置挖一个灶门与之相通，然后在竖洞的顶部四周挖几道散烟小斜沟，盖上草皮即成散烟洞。这样，土灶即挖成了。为了使土灶里的燃料更容易燃烧，洞口最好朝着上风的方向，同时在炉灶的底部架几根钢筋或粗铁丝，以利于通风助燃。如果在平地上挖灶，也可以先挖一段壕沟，再在壕沟的崖壁上参照上述办法构筑炉灶。也可挖一个约30厘米宽、90厘米长、30厘米深的简便壕沟，在底部垫上一层鹅卵石，即可在石头上生火。

3）挖、垒结合。方法是，在简便壕沟的基础上，在壕沟的中间横放一块大石头构成灶门，以灶门和半边壕沟的长度为直径，用石头或土块垒起一个圆形火炉。在炉顶上放置烧水壶或做饭炒菜的锅，从灶门添加燃料。灶门外的另一半壕沟，可逐次加深、加宽，也可改造成外八字形开口，以便于添加燃料和烤火。

4）架。如果地面潮湿松软或积雪深厚，则需要架起一个高出地面的炉台。方法是，在地面上直立竖起4根木桩，2根稍长，2根稍短，在4根木桩的同一水平点上（最好有叉子）横担着木棍，在上面再排列一层圆木辊，然后覆盖10厘米土层，或土层加石头，这样就可以在上面生火了。最后，在成对角线的两根最长的木桩上横担一根木棍，用以悬挂锅等器皿或烤制食物（图9-2-2）。

5）利用就便器材改造。最常见的就是利用废油桶、水桶改造。方法是，在油桶顶端开一个洞，洞孔的大小与所使用的炊具及器皿相适应；在桶侧壁的上端开一个圆圈，作为出气孔；在桶侧壁的下端开一个长方形的洞，用以添加燃料；在桶的下端四周侧壁打一些小孔，以利通风，这样炉子就做成了。如果用水桶改造，可将水桶倒扣过来，在桶底挖洞，用以放置炊具和器皿，其余参照改造油桶的方法进行。这种利用就便器材改造的炉子，既能做饭也可取暖，而且不会像篝火那样火星四溅。

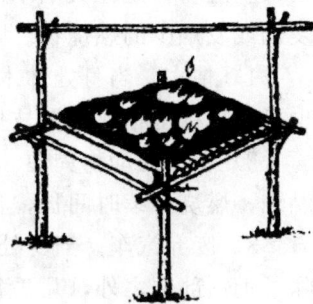

图 9-2-2

**3. 使用就便器材和材料野炊**

在没有制式炊具可供使用的情况下，作战人员可利用就便器材和材料热熟食物，方法有以下几种。

（1）脸盆、罐头盒、钢盔

在野外可以用石头做支架，或用铁丝吊挂脸盆、铁盒、钢盔等物，用火加热，烹煮食物、烧开水等。

（2）石板或石块

用火将石板烧烫以后，将食物切成薄片放在上面烙熟。将若干拳头大小的石块放在火中烧热，用棍拨到一个40厘米深的土坑内铺上一层，将火堆中烤热的石块先放于坑内，石块上铺上一层大树叶，再将食物放在石块上，上面再盖上一层湿树叶，将剩下的热石头块铺在树叶上，然后再铺上厚厚的树叶压住，三四个小时候靠热石块散发的热气将食物烤熟。

（3）铁丝、木棍烤

将可食用的动物肉和根茎类植物块根用铁丝或木棍等挂放在火焰上或炭火中烤（烧）熟。鱼（不去鳞片）和块根应用泥土包裹烤热后剥皮食用，贝壳类动物可放在火堆下烤熟。食用方法是：先在地上挖个浅坑，坑的四周衬以树叶或湿布，然后将食物放入坑内，再在食物上盖上树叶或布，上面再压上一层 3 厘米厚的沙子，最后在坑的上面生起火堆，待食物烤熟后取出食用。

（4）竹节

将竹节的一端打通，将米和水灌入竹节里，米约占 2/3，然后将竹节放在火中烘烤，约 40 分钟后可做成熟饭。

（5）黄泥

用和好的黄泥在地上摊成一个 3 厘米厚的泥饼，上面铺上一层树叶，将野鸡、野兔或鱼等物除去内脏不脱毛，或不去鳞放在泥饼上，用泥饼将食物包裹成团，放在火中烧 2 个小时即可食用，食用时，粘在泥块上的兽毛或鱼鳞会随之脱离。

## （二）搜集燃料

### 1. 主燃料

主燃料，是让火焰不停地燃烧的主要物质。最好选择燃烧持续时间长、热效能好、不发烟或发烟少的燃烧物。野外生存，可选择的燃烧物主要有以下几种：

1）枯木。当身处林木之中，枯木朽枝就是最容易获取的燃料。可以在地面上寻找，也可以把树上枯死的树枝折下来，还可以把枯死的树皮剥下来当柴火。

2）干燥的动物粪便。当身处草原牧区，干燥的动物粪便就是非常好的燃料。它容易燃烧，燃烧持续时间长，且几乎不冒烟。

3）废弃汽车。当身处大漠戈壁，能碰上一辆废弃的汽车就等于找到很好的燃料。它除了钢铁部件之外，几乎每处都能燃烧。可以将机油或柴油与沙土混合起来放入坑内点燃，可以把座椅和其他装饰物撕碎砸烂当做柴烧，液压油和防冻液都是很好的燃料，废弃轮胎也可以燃烧。用废弃汽车做燃料，燃烧时会产生有毒气体，人要注意站在上风方向，以防止被烟熏呛。飞机与汽车一样，大部分部件都可以当燃料用。

### 2. 引火物

引火物，也是一种燃料，是燃起火焰的易燃物，是星星之火与熊熊大火之间的引燃材料。其功能是把火种进出的火星转化为火苗，进而点燃燃料。因此，引火物最好是易燃物质。枯草、枯死的细小树枝、针叶松的落叶等是最好的引火材料；也可以把大树枝折断，劈开成小块的引火柴；还可以用纸张、布条以及从衣袋裤兜和衣缝上搜罗下来的棉绒做引火材料。

## （三）点火

在进行了上述准备工作之后，下面就是如何使用火种，发出引火的火星，点燃引火物，进而引燃主燃料，生起熊熊火焰的时候了。下面介绍几种常见的点火方法，每一个求生者在实践中还会创造出多种多样的点火方法。

1）火柴点火：火柴（打火机）是最便利的点火工具。因此，求生包里一定要备有火柴或打火机。用火柴（打火机）点火时，最好先点燃一支蜡烛，再用蜡烛点燃火堆，待火势燃烧起来后即把蜡烛熄灭。这样可以节省火柴。

2）凸镜生火：强烈的阳光通过凸镜的聚焦作用，可以产生足够的热能点燃火种。因此，在阳光直射的情况下，可利用随身携带的放大镜、望远镜和照相机的凸镜将太阳光聚焦于引火物之上，将其点燃。操作时，注意把火种放置在避风处，将太阳光聚焦后形成的最小最亮的光点直接照射在火种上，并保持不动。当火种开始冒烟时，用口吹气助燃。

3）火刀击打火石：火刀打火石，是远古时代常用的点火方法，至今仍然管用。可作为打火石的石头在许多地方都能找到。操作方法，左手食指和拇指捏住火石，食指和中指之间夹住引火物（通常是带有余灰的引火纸卷），并使火石靠近引火物，右手握住打火刀（没有火刀用其他刀具的背部也行），按照划火柴的动作，用力击打火石，使之迸出火花，点燃引火物。

4）钻木取火：这也是一种古老的生火方法。用一根干燥坚硬的纺锤状木棒在一块干燥的软木底座上摩擦钻孔，靠钻孔摩擦发热点燃引火物。

5）电池生火：电池放电产生的电火花可用来点火。在野外生存的环境中，可以利用的电池主要有：汽车电池、手电筒电池、收音机和通信工具的电池等。生火的方法是，找两根导线分别接在电池的正负极上，然后将两根导线裸露的末端慢慢接触，使之迸出火花，并注意使火花落在预先准备好的引火物上。一小块沾了点汽油的布就是最好的引火物，只要在这块布上方爆出火花，就能燃起火苗。

## 六、野外常见伤病的救护与防治

### （一）昆虫叮咬

1）在野外为了防止昆虫的叮咬，人员应穿长袖衣和长裤，扎紧袖口、领口，皮肤暴露部位涂搽防蚊药。

2）不要在潮湿的树荫和草地上坐卧。

3）宿营时，烧点艾叶、青蒿、柏树叶、野菊花等驱赶昆虫。

4）被昆虫叮咬后，可用氨水、肥皂水、盐水、小苏打水、氧化锌软膏涂抹患处止痒消毒。

### （二）毒蛇咬伤、蚂蟥叮咬、蜇伤

**1. 毒蛇咬伤的救治**

进行野外作业时，应当备有蛇药。当被蛇咬伤时，应当尽快（不能超过1小时）采取急救措施。首先，马上缚住伤处靠近心脏一端，以减少毒液上流。然后在被毒蛇咬伤处，用刀子浅浅地划一个十字口，挤出毒液，以减轻中毒症状。也可用口吸出毒液，随吸随吐，但口舌生疮或口腔黏膜溃疡的人不能口吸，以免中毒。口吸需进行 20～30 分钟，伤口上可用 1‰～3‰ 的高锰酸钾溶液湿敷，或用大蒜汁、雄黄、干草等配合涂敷。为确保安全，进行上述处理后，在可能的情况下，还需马上注射抗毒血清或用蛇药外敷和口服。有些像眼镜蛇之类的毒蛇，不仅会咬人，而且会喷射毒液，一旦遇到这种情况，应立即用水冲洗被喷射到的皮肤表面。

**2. 蚂蟥叮咬防治**

遇蚂蟥叮咬时，不要硬拔，可用手拍打或用肥皂液、盐水、烟油、酒精滴在其前吸盘处，或用燃烧着的香烟烫，让其自行脱落，然后压迫伤口止血，并用碘酒涂搽伤处以防感染。野外作业训练行进中，应注意查看有无蚂蟥爬在脚上。如在鞋面上涂些肥皂、防蚊油，可以防止蚂蟥上爬。涂一次的时间约为 4～8 小时。此外，将大蒜汁涂抹于鞋袜和裤脚，也能起到驱避蚂蟥的作用。

**3. 蜇伤的救护**

被蝎子、蜈蚣、黄蜂等毒虫蜇伤后，伤口红肿、疼痒，并伴有恶心、呕吐、头晕等症状。要先挤出毒液，然后用肥皂水、氨水、烟油、醋等涂擦伤口，或用马齿苋捣碎，汁冲服，渣外敷。也可用蜗牛洗净后捣碎涂在伤口上。此外，蒜汁对蜈蚣咬伤有疗效。

## （三）中暑

### 1. 中暑的症状

突然头昏、恶心、昏迷、无汗或湿冷、瞳孔放大、发高烧。发病前，常感口渴头晕，浑身无力，眼前阵阵发黑。

### 2. 中暑的救护

遇到中暑，应立即在阴凉通风处平躺，解开衣裤带，便全身放松，再服十滴水、仁丹等药。发烧时，可用凉水浇头，或冷敷散热。如昏迷不醒，可掐人中穴、合谷穴使其苏醒。

## （四）昏厥

野外昏厥多是由于摔伤、疲劳过度、饥饿过度等原因造成的。主要表现为脸色突然苍白，脉搏微弱而缓慢，失去知觉。遇到这种情况，不必惊慌，一般过一会儿便会苏醒。醒来后，应喝些热水，并注意休息。

## （五）中毒

### 1. 中毒症状

恶心、呕吐、腹泻、胃疼、心脏衰弱等。

### 2. 中毒的救护

遇到中毒，首先要洗胃，快速喝大量的水，用手指触咽部引起呕吐，然后吃蓖麻油等泻药清肠，再吃活性炭等解毒药及其他镇静药，多喝水，以加速排泄。为保证心脏正常跳动，应喝些浓茶、糖水、暖暖脚并立即送医院救治。

### 七、求救

一个人意外地陷入险境时，因地制宜地利用各种方法求救，有时能取得良好的效果。

### （一）利用声音求救

陷入低洼的地方、密林中、塌陷物内，或遇大雾、暗夜等情况时，间断性地呼救是十分必要的。不少类似遇险者，意志坚强，不断地呼救，最后终于获救。也可就地取材，利用哨声、击打声呼救。

### （二）利用烟火、光求救

在大漠、荒岛、丛林等处遇险时，可点燃树枝、树皮、树叶、干草等，白天加湿，用烟作为求救信号；夜间用火，向可能获救的方向点三堆火，用火光传送求救信号；白天还可用镜子、眼镜、玻璃片等借阳光反射，向空中救援飞机发出求救信号，通常光信号可达20多公里的距离。

### （三）利用求救信号求救

利用求救信号求救，就是利用当今高科技的一些产品发出求救信号。随着现代科学的发展，各种现代化工具如手机、电脑、卫星电话等都可以十分方便快捷地发出求救信号。最广为人知的是"SOS"国际通用求救信号。"SOS"是"Save Our Soul"（救救我们）的缩写，在荒原、草地、丛林的空地上以各种形式写上"SOS"大字求救，往往能够取得良好的效果。

## 第三节 事故防护训练

### 一、训练外部事故的预防

训练外部事故预防包括以下七类。

**1. 预防火灾事故**

1）健全消防组织，配齐消防器材，经常检查和消除火灾隐患。

2）加强易燃、易爆物资和装备、器材的管理，储存、放置应当严格遵守安全规定。库房、车场严禁烟火。

3）使用明火灯具时，放置位置应当避开易燃物体；人员就寝或者离开时应当将灯火熄灭。严禁用汽油等挥发性强的燃料点灯。

4）取暖设备和燃气灶具等，应当符合安全要求，使用前认真检修，使用时经常检查并有专人看管。严禁用汽油等挥发性强的燃料或者剩余发射药引火。

5）电源线路、用电设备应当经常检修。不得用钢丝、铁丝等代替保险丝。严禁私接电线和擅自使用电炉。

6）禁止在林区野外用火。山地、草场等处应当注意防火。野炊应选择避风和安全地方，做到人离火灭。

**2. 预防淹亡事故**

1）严密组织游泳训练。选好场地，有专人带队负责，设有救护组和观察员，备有救护器材。训练应当循序渐进，不能蛮干。泅渡训练负重不得过量，不得擅自离开集体或者超越规定的水域，不得在水中打闹。

2）严禁私自到江、河、湖（海）和水库、水塘、水渠等处游泳、洗澡、捕鱼。

3）船渡时，应当严密组织，不得超载；遇有险情时，指挥员应冷静处置，严防混乱和擅自跳水。

**3. 预防触电和雷击事故**

1）输电线路、用电设备和避雷设施的安装，应当符合安全要求，有专人管理，经常检修。

2）禁止私拉、移动电线和私装用电设备，禁止将电话线、广播线与输电线混架或者捆绑在一起，禁止在输电线上搭、晒东西。

3）发现有人触电，应当立即切断电源或者用绝缘物挑开电线。

4）雷雨时，不得站在室外突出的高处，不得在大树、电杆和高压线下避雨。

**4. 预防食物中毒事故**

1）严禁采购和食用变质、污染、未经检疫的食物，未经化验鉴定许可的野生植物和病死的家禽、家畜，不得食用。

2）制作油荤食品应当烧熟煮透，制作凉拌食品应当严格消毒。生熟食品分开存放，切生熟食物的刀、板应当分开，剩菜剩饭应当妥善保管，食用前细致检查，充分加热。

3）食品储藏处应当保持干燥、阴凉、通风，防止霉烂变质。严禁将有毒物品与食品存放在一起。

4）经常化验饮用水，水井、蓄水池应当加盖加锁，防止污染和坏人投毒。

**5. 预防煤气中毒事故**

1）使用火炉、燃气灶前应当认真检查和试烧，使用过程中应当经常检查，发现漏烟漏气，及时修理。

2）用炉火取暖的房间，必须安装烟筒和风斗，并经常清理烟筒，保持烟道通畅，封火时不得堵塞烟道。

3）查铺时应当认真检查炉火和室内通风情况。

**6. 预防中暑事故**

1）炎热季节，应当适当控制人员的活动量，在任务允许的情况下，尽量缩短在烈日下的活动时间，注意劳逸结合。

2）训练和劳动时，应当有饮水供应，并适量饮用淡盐水。

3）室内或者车、船内注意通风。

**7. 预防冻伤事故**

1）严寒条件下训练，应当准备御寒的被装和防冻药品。

2）注意保持衣、帽、鞋、袜、手套的干燥和清洁，注意手、脚、耳、鼻的保护。

3）操练、作业休息时，不得静立或者坐卧过久，乘坐车辆的人员，注意适时活动。

4）必要时缩短哨兵每次执勤时间。

对其他事故应当针对其特点，采取相应措施，加强预防。

## 二、训练自身事故的防治

### （一）处理擦伤和挫伤的方法

皮肤受到外力摩擦，发生损伤，有组织液和血液渗出，称为擦伤。奔跑中摔倒，皮肤与地面摩擦，身体转动与器械摩擦，均可发生擦伤。小面积的皮肤擦伤用2%红汞或1%龙胆紫溶液涂抹伤口，用消炎油膏涂抹，盖上无菌纱布，粘膏固定，必要时缠上绷带。大面积的皮肤擦伤，伤处嵌入煤渣、泥屑时，应由医生处理。

### （二）急性肌肉拉伤的处理方法

肌肉突然猛烈收缩或被动牵张易引起肌肉拉伤；肌肉训练不足，柔韧性差，力量弱时，易发生拉伤。肌肉拉伤常发生于大腿后群肌、腓肠肌、股四头肌、大腿内收肌以及背部的肌肉。

出现肌肉拉伤时，伤员可能听到一声响；受伤前，伤员感到肌肉痉挛或酸痛，受伤后肌肉力量削弱或部分功能丧失；受伤时，伤部有锐痛感，局部触诊能摸到凹陷，并有剧痛，还因断端收缩而出现隆起的硬块。

出现肌肉拉伤后，一是局部冷敷，加压包扎，抬高患肢或使肌肉处于放松状态；二是在伤后24小时开始按摩或理疗。肌肉完全撕裂者应尽快送医院缝合。一般伤后一周，症状可基本消除，可开始做徒手的伸展练习，两三周后可逐渐恢复正常的训练，但要注意训练前充分的准备活动。

预防肌肉拉伤要注意加强屈肌和易伤部位肌肉的力量和柔韧性练习，这是预防肌肉拉伤的有效措施。同时应充分做好准备活动，合理安排运动量，纠正和改进动作和技术上的缺点。

另外，抽筋也是军训中常见的现象。抽筋学名为肌肉痉挛，是指肌肉突然、不自主地强直收缩的现象，会造成肌肉僵硬、疼痛难忍。过度疲劳、体液流失、养分失衡、负荷过重、姿势或体位不佳、供血不足、温度骤变等因素，都会引起抽筋。

出现抽筋，患者需即刻休息，对抽筋的部位进行按摩，将抽筋部位的肌肉轻轻拉长，再用毛巾在抽筋局部热敷或冷敷，以减轻疼痛，也可擦一些松筋止痛的药水或药膏。如再次发生抽筋，则需考虑肌肉是否过度疲劳或脱水，是否需补充水分等物质。

### （三）关节韧带扭伤的处理方法

在外力作用下，关节的活动超过正常范围，造成关节内、外侧副韧带损伤。在军体训练中，外踝及膝内侧韧带扭伤最多见。韧带断裂时，患者能听到断裂声，受伤关节疼痛、肿胀、皮下淤血、关节功能障碍。受伤后，患者行走困难，行走时关节有不稳定感，检查关节的活动范围，能感知关节韧带松弛，说明关节韧带存在着较严重的损伤。

在发生关节韧带扭伤的当时，应施行冰敷、压迫包扎、抬高患肢，48 小时后可开始按摩、理疗。应检查韧带的损伤程度，如有断裂，需送医院手术缝合，同时应做 X 线检查，看是否并发骨折。在出血停止、肿胀消除后，可在无痛范围内活动关节。

平时应重视踝、膝的肌肉力量和关节协调性训练，如负重提踵、跳绳、足尖走路、负重半蹲起、站桩等练习。做好锻炼场地的卫生检查，准备活动要充分，提高落地动作的技术水平，同时在军体训练中要防止撞人犯规等粗野动作。

### （四）处理脑震荡的措施和方法

头部受到硬物打击或头部与硬物碰撞都可能发生脑震荡。头部受打击后，立即发生意志丧失（昏迷）数秒钟至二三十分钟不等。伤员呼吸表浅、脉搏缓慢、肌肉松弛、瞳孔放大但对称。清醒后患者常忘记受伤的情景，并常伴有头晕、头痛、恶心和呕吐等症状。

处理脑震荡应立即让伤员平卧，头部冷敷，身上保暖。昏迷者可刺激人中穴（上唇中间的沟内），呼吸障碍者做口对口人工呼吸。当伤员出现昏迷时间超过 4 分钟，瞳孔扩大，耳、口、鼻出血，眼球青紫，或伤员清醒后剧烈呕吐，再度昏迷，均说明伤势较重，应迅速送医院处理。在伤员清醒后应卧床休息两周或更长时间，一定要等头痛、头晕症状消失为止。活动过早，常有头痛、头晕、血压增高等后遗症。在伤员康复后期，用"闭目举臂单腿站立平衡试验"，以决定是否能参加较大强度的军体训练，如能保持平衡，表明已康复。

### （五）刺伤

刺伤是指长而尖的器物刺入人体引起的损伤。伤口多小而深。损伤器物较小、刺伤不靠近主要器官，当时可拔出异物，用碘酒或酒精消毒后，用纱布包扎好伤口；如果当时无把握判断是否刺伤主要器官或刺入物较大，一般不要立即拔除，应到医院处理，以免发生危险。被锈蚀钉子刺伤的伤口经处理后，应注射破伤风抗毒素。

### （六）出血后止血的方法

血液从破损的血管流出叫做出血。按血液流出的部位分为内出血和外出血。

内出血比外出血危险性大，出血早期不易被人发觉，等严重失血时，伤员往往发生典型的"失血性休克"，如抢救不及时，会危及生命。"失血性休克"的表现是：头晕眼花、心悸、烦躁不安、皮肤极度苍白、四肢发凉、脉搏快而弱、血压明显下降。

急救常用的止血法有：抬高肢体法、压迫法和冷敷法。

**1. 抬高肢体法**

用于四肢出血或作为其他止血法的辅助步骤，方法是把出血的肢体抬高超过心脏水平。

### 2. 压迫法

压迫法主要包括敷料、绷带压迫法和指压法。敷料、绷带压迫法主要用于静脉和毛细血管出血，方法是用无菌纱布加压包扎患处。指压法常用于动脉出血，方法是在出血部位的上端，用拇指或其余四指把动脉管压在相应的骨面上，切断局部供血，详见图9-3-1。

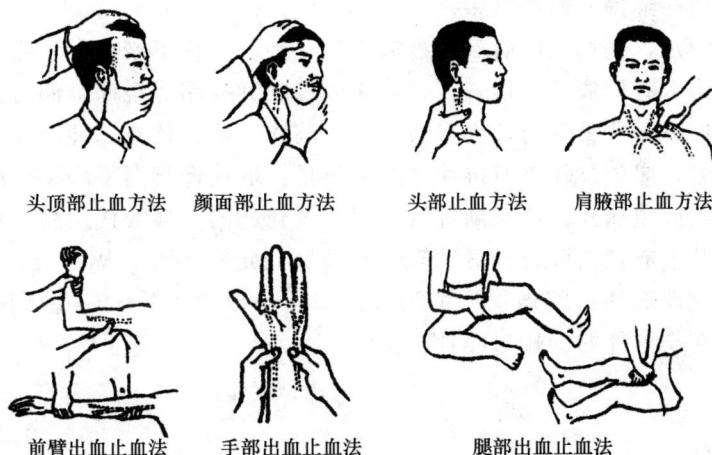

头顶部止血方法　　颜面部止血方法　　头部止血方法　　肩腋部止血方法

前臂出血止血法　　手部出血止血法　　　腿部出血止血法

图 9-3-1

### 3. 冷敷法

将冰袋放在受伤部位，或把受伤肢体放入冰水中浸泡（适用于内出血），叫冷敷法。冰敷 20 分钟，使局部皮肤温度下降到 10～15℃ 之间为适宜。此外，在军体训练中，面部或鼻处突然受外力作用或其他原因致使鼻出血时，应让伤员坐正，头微后仰或头后部靠在椅背上。用冰袋或冰水毛巾敷前额、鼻梁部，手指紧捏鼻翼数分钟，亦可止血。出血剧烈时，鼻腔内可填凡士林纱布条或无菌纱布条。

## （七）处理关节脱位的方法

由于暴力作用使关节的关节面失去正常的相互关系，叫做外伤性关节脱位。运动损伤的关节脱位多见于肩关节及肘关节。摔倒时，大臂外展，手或肘着地，可发生肩关节前脱位，若肘关节微屈，手掌撑地，则可发生肘关节后脱位。关节脱位在体操练习中较为常见。脱位时，伤员往往听到关节内有碎裂声，受伤关节剧烈疼痛，关节功能丧失，关节变形，正常关节隆起处塌陷，而正常关节凹陷处反而隆起、突出。如肩关节前脱位时出现的"方肩"，肘关节后脱位时出现的尺骨鹰嘴向后突出，复位前后均应作 X 线检查，弄清脱位、复位、并发症（韧带断裂、骨折）等情况。

关节脱位时有休克症状者，应先抗休克，然后在脱位所形成的姿势下固定伤肢。肩关节脱位时，伤肢肘关节屈曲 90°，用一条大三角巾悬挂小臂，悬臂带直接斜挎胸背部，于健侧缚结；另一条三角巾折成宽带，绕过患肢大臂，于健侧腋下打结，迅速送伤员到医院复位。肘关节脱位时，肘关节不可能弯曲成 90°，只能使伤肢尽量靠近躯干，再用三角巾包扎固定，固定方法和肩关节脱位相似。

### （八）骨折现场处理的方法和措施

骨的完整性遭到破坏称为骨折。骨折可分为闭合性骨折与开放性骨折：闭合性骨折是伤口没有和外界相通，继发感染机会少，运动中发生的骨折常为闭合性骨折；开放性骨折是伤口和外界相通，继发感染机会多。

骨折时有碎裂声，伤员偶能听到，疼痛剧烈，肿胀及皮下淤血，功能障碍，肢体不能运动、站立、行走，有压痛及骨擦音，骨折端或撕脱处有明显锐痛，偶因骨端或骨折片互相接触而出现骨擦音。严重骨折还会有假关节、肢体变形、休克、神经损伤等症状。

有休克症状者，应先抗休克。抗休克的措施是：取头低脚高平卧位、保暖，迅速请医务人员到现场给氧或镇痛药。休克期过后，用长短合适的夹板或代用品（木尺、树枝、硬纸板等）固定伤肢，或把伤肢与伤员的躯干或健肢固定在一起，固定肢体时松紧要合适。骨折一经固定，立即送往医院做彻底的治疗。如为开放性骨折，应用无菌布敷料尽快包扎，不要移动露在伤口外的骨端与碎骨。

### 思考题 》》》

1. 徒步行军时注意什么问题？
2. 宿营地的选择应符合什么条件？
3. 遇险时应该怎么求救？
4. 急救常用的止血方法有哪几种？

# 参 考 文 献

陈求发 . 1998. 航天入门必读 . 北京：宇航出版社 .

韩其俭，刘鹏 . 2002. 大学生军事课教程 . 济南：黄河出版社 .

何庆芝 . 1997. 航天航空概论 . 北京：北京航空航天大学出版社 .

李巨泰 . 2000. 海外兵器排行 . 北京：长征出版社 .

刘桂芳，张健，陈凤滨 . 2002. 高技术条件下的 $C^4ISR$ ——军队指挥自动化 . 北京：国防大学出版社 .

刘镇武 . 1993. 现代军队指挥 . 北京：国防大学出版社 .

马平 . 2001. 世界战争档案——世纪末的十场战争 . 北京：解放军文艺出版社 .

马泉沂，岑爱林 . 2003. 新编军事教程 . 哈尔滨：哈尔滨工业大学出版社 .

糜振玉，范震江 . 2003. 新编大学军事教程 . 北京：军事科学出版社 .

钱振业 . 1991. 航天技术概论 . 北京：宇航出版社 .

闰军，张继革，刘宏 . 2004. 高等学校军事理论教程 . 兰州：兰州大学出版社 .

沈伟光 . 2002. 21 世纪军事科技 . 北京：新华出版社 .

天戈，马宏伟 . 2002. 美国特种作战部队 . 北京：海潮出版社 .

田纯华等 . 1998. 军事高技术知识教材（初级本）. 北京：解放军出版社 .

田纯华等 . 2001. 军事高技术知识教材 . 北京：解放军出版社 .

王保存 . 2003. 世界新军事变革新论 . 北京：解放军出版社 .

王克昌等 . 1997. 军事高技术知识教材（中高级本）. 北京：解放军出版社 .

王小健，张伊宁，李力钢 . 2003. 大学军事 . 北京：中国社会科学出版社 .

王越 . 2004. 国防科技与军事教程 . 哈尔滨：哈尔滨工程大学出版社 .

吴亚非，吴亚男 . 1997. 国防知识教程 . 北京：国防大学出版社 .

熊瑜，胡府斌 . 2003. 军事理论教程 . 成都：四川大学出版社 .

徐忠敬，张树德 . 1998. 毛泽东军事思想与新时期军队建设 . 北京：国防大学出版社 .

杨晖 . 2002. 外军反恐怖特种作战主要装备 . 北京：军事谊友出版社 .

余高达 . 2003. 军事理论教程 . 北京：国防大学出版社 .

张正明 . 2003. 军事理论与技能教程 . 西安：西安交通大学出版社 .

赵捷 . 2001. 指挥自动化教程 . 北京：军事科学出版社 .

周碧松 . 1998. 高技术知识问答 . 北京：国防大学出版社 .

# 附录一 中华人民共和国国防教育法

## 第一章 总 则

第一条 为了普及和加强国防教育，发扬爱国主义精神，促进国防建设和社会主义精神文明建设，根据国防法和教育法，制定本法。

第二条 国防教育是建设和巩固国防的基础，是增强民族凝聚力、提高全民素质的重要途径。

第三条 国家通过开展国防教育，使公民增强国防观念，掌握基本的国防知识，学习必要的军事技能，激发爱国热情，自觉履行国防义务。

第四条 国防教育贯彻全民参与、长期坚持、讲求实效的方针，实行经常教育与集中教育相结合、普及教育与重点教育相结合、理论教育与行为教育相结合的原则，针对不同对象确定相应的教育内容分类组织实施。

第五条 中华人民共和国公民都有接受国防教育的权利和义务。

普及和加强国防教育是全社会的共同责任。

一切国家机关和武装力量、各政党和社会团体、各企业事业组织以及基层群众性自治组织，都应当根据各自的实际情况组织本地区、本部门、本单位开展国防教育。

第六条 国务院领导全国的国防教育工作。中央军事委员会协同国务院开展全民国防教育。

地方各级人民政府领导本行政地区域内的国防教育工作。驻地军事机关协助和支持地方人民政府开展国防教育。

第七条 国家国防教育工作机构规划、组织、指导协调和检查本行政区域内的国防教育工作。

第八条 教育、民政、文化宣传等部门，在各自职责范围内负责国防教育工作。征兵、国防科研生产、国民经济动员、人民防空、国防交通、军事设施保护等工作的主管部门，依照本法和有关法律、法规的规定，负责国防教育工作。

工会、共产主义青年团、妇女联合会以及其他有关社会团体，协助人民政府开展国防教育。

第九条 中国人民解放军、中国人民武装警察部队按照中央军事委员会的有关规定开展国防教育。

第十条 国家支持、鼓励社会组织和个人开展有益于国防教育的活动。

第十一条 国家和社会对在国防教育工作中做出突出贡献的组织和个人，采取各种形式给予表彰和奖励。

第十二条 国家设立全民国防教育日。

## 第二章 学校国防教育

第十三条 学校的国防教育是全民国防教育的基础，是实施素质教育的重要内容。

教育行政部门应当将国防教育纳入工作计划，加强对学校国防教育的组织，指导和监督，并对学校国防教育工作定期进行考核。

第十四条 小学和初级中学应当将国防教育的内容纳入有关课程，将课堂教育与课外活动相结合，对学生进行国防教育。

有条件的小学和初级中学可以组织学生开展以国防教育为主题的少年军事活动。

教育行政部门、共产主义青年团组织和其他有关部门应当加强对少年军事活动的指导和管理。小学和初级中学可以根据需要聘请校外辅导员，协助学校开展多种形式的国防教育活动。

第十五条 高等学校、高级中学和相当于高级中学的学校应当将课堂教学与军事训练相结合，对学生进行国防教育。

高等中学应当设置适当的国防教育课程，高等学校和相当于高级中学的学校应当在有关课程中安排专门的国防教育内容，并可以在学生中开展形式多样的国防教育活动。

高等学校、高级中学和相当于高级中学的学校学生的军事训练，由学校负责军事训练的机构或者军事教育按照国家有关规定组织实施。军事机关应当协助学校组织学生的军事训练。

第十六条 学校应当将国防教育列入学校的工作和教学计划，采取有效措施，保证国防教育的质量和效果。

学校组织军事训练活动应当采取措施，加强安全保障。

第十七条 负责培训国家工作人员的各类教育机构，应当将国防教育纳入培训计划，设置适当的国防教育课程。

国家根据需要选送地方和部门的负责人到有关军事院校接受培训，学习和掌握履行领导职责所必需的国防知识。

## 第三章 社会国防教育

第十八条 国家机关应当根据各自的工作性质和特点，采取多种形式对工作人员进行国防教育。

国家机关工作人员应当具备基本的国防知识。从事国防建设事业的国家机关工作人员，必须学习和掌握执行职责所必需的国防知识。

各地区、各部门的领导人员应当依法履行组织、领导本地区、本部门开展国防教育的职责。

第十九条 企业事业组织应当将国防教育列入职工教育计划，结合政治教育、业务培训、文化体育等活动，对职工进行国防教育。

承担国防科研生产、国防设施建设、国防交通保障等任务的企业事业组织，应当根据所承担的任务，制定相应的国防教育计划，有针进行对性地对职工进行国防教育。

社会团体应当根据各自的活动特点开展国防教育。

第二十条　军区、省军区（卫戍区、警备区）、军事区（警备区）和县、自治县、市、市辖区的人民武装部按照国家和军队的有关规定，结合政治教育和组织整顿、军事训练、执行勤务、征兵工作及重大节日、纪念日活动，对民兵、预备役人员进行国防教育。

民兵、预备役人员的国防教育，应当以基干民兵、第一预备役人员和担任领导职务的民兵、预备役人员为重点，建立和完善制度，保证受教育的人员、教育时间和教育内容的落实。

第二十一条　城市居民委员会、农村村民委员会应当将国防教育纳入社区、农村社会主义精神文明的内容，结合征兵工作、拥军优属以及重大节日、纪念日活动，对居民、村民进行国防教育。

城市居民委员会、农村村民委员会可以聘请退役军人协助开展国防教育。

第二十二条　文化、新闻、出版、广播、电影、电视等部门和单位应当根据形式和任务的要求，采取多种形式开展国防教育。

中央和省、自治区、直辖市以及设区的市的广播电台、电视台、报刊应当开设国防教育节目或者栏目，普及国防知识。

第二十三条　烈士陵园、革命遗址和其他具有国防教育功能的博物馆、纪念馆、科技馆、文化馆、青少年宫等场所，应当为公民接受国防教育提供便利，对有组织的国防教育活动实行优惠或者免费；依照本法第二十八条的规定被命名为国防教育基地的，应当对有组织的中小学生免费开放；在全民国防教育日向社会免费开放。

## 第四章　国防教育的保障

第二十四条　各级人民政府应当将国防教育纳入国民经济和社会发展计划，并根据开展国防教育的需要，在财政预算中保障国防教育所需的经费。

第二十五条　国家机关、事业单位、社会团体开展国防教育所需的经费，在本单位预算经费内列支；企业开展国防教育所需经费，在本单位职工教育经费中列支。

学校组织学生军事训练所需的经费按照国家有关规定执行。

第二十六条　国家鼓励社会组织和个人捐赠财产，资助国防教育的开展。

社会组织和个人资助国防教育的财产，由依法成立的国防教育基金组织或其他公益性社会组织依法管理。

国家鼓励社会组织和个人提供或者捐赠所收藏的具有国防教育意义的实物用于国防教育。使用单位对提供使用的实物应当妥善保管，使用完毕，及时归还。

第二十七条　国防教育经费和社会组织、个人资助国防教育的财产，必须用于国防教育事业，任何单位或者个人不得挪用、克扣。

第二十八条　本法第二十三条规定的场所，具备下列条件的，经省、自治区、直辖市人民政府批准，可以命名为国防教育基地：

（一）有明确的国防教育主题内容；

（二）有健全的管理机构和规章制度；

（三）有相应的国防教育设施；

（四）有必要的经费保障；

（五）有显著的社会教育效果。

国防教育基地应当加强建设，不断完善，充分发挥国防教育的功能。被命名的国防教育基地不再具备前款规定条件的，由原批准机关撤销命名。

第二十九条 各级人民政府应当加强对国防教育基地的规划、建设和管理，并为其发挥作用提供必要的保障。

各级人民政府应当加强对具有国防教育意义的文物的收集、整理、保护工作。

第三十条 全民国防教育使用统一的国防教育大纲。国防教育大纲由国家国防教育工作机构制定。

适用于不同地区、不同类别教育对象的国防教育教材，由有关部门或者地方依据国防教育大纲并结合本地区、本部门的特点组织编写。

第三十一条 各级国防教育工作机构应当组织、协调有关部门做好国防教育教员的选拔、培训和管理工作，加强国防教育师资队伍的建设。

国防教育教员应当从热爱国防教育事业、具有基本的国防知识和必要的军事技能的人员中选拔。

第三十二条 中国人民解放军和中国人民武装警察应当根据需要和可能为驻地有组织的国防教育活动选派军事教员，提供必要的军事训练场地、设施以及其他便利条件。

在国庆节、中国人民解放军建军节和全民国防教育日，经批准的军营可以向社会开放。军营开放的办法由中央军事委员会规定。

## 第五章 法 律 责 任

第三十三条 国家机关、社会团体、企业事业组织以及其他社会组织违反本法规定，拒不开展国防教育活动的，由人民政府有关部门或者上级机关给予批评教育，并责令限期改正；拒不改正，造成恶劣影响的，对负有直接责任的主管人员依法给予行政处分。

第三十四条 违反本法规定，挪用、克扣国防教育经费的，由有关主管部门责令限期归还；对负有直接责任的主管人员和其他直接责任人员依法给予行政处分；构成犯罪的，依法追究刑事责任。

第三十五条 侵占、破坏国防教育基地设施、损坏展品的，由有关主管部门给予批评教育，并责令限期改正；有关责任人应当依法承担相应的民事责任。

有前款所列行为，违反治安管理规定的，由安全机关依法给予治安管理处罚；构成犯罪的，依法追究刑事责任。

第三十六条 寻衅滋事，扰乱国防教育工作和活动秩序的，或者盗用国防教育名义骗取钱财的，由有关主管部门给予批评教育，并予以制止；违反治安管理规定的，由公安机关依法给予治安管理处罚；构成犯罪的，依法追究刑事责任。

第三十七条 负责国防教育的国家工作人员玩忽职守、滥用职权、徇私舞弊的，依法给予行政处分；构成犯罪的，依法追究刑事责任。

## 第六章 附 则

第三十八条 本法自公布之日起施行。

# 附录二 军体拳知识

## （一）军体拳的手型和步型

### 1. 手型

拳：四指并拢卷握，拇指紧扣食指和中指的第二节，如图附-2-1。

掌：四指并拢伸直，拇指弯曲紧扣于虎口处，分立掌（图附-2-2①）、插掌（图附-2-2②）和八字掌（图附-2-2③）。

勾：五指第一节捏拢在一起，屈腕，如图附-2-3。

  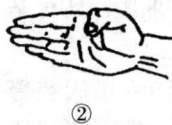  

图附-2-1        ①        ②        ③        图附-2-3

图附-2-2

### 2. 步型

马步：两脚平行开立（约为足长的三倍半），脚尖正对前方，屈膝半蹲，膝部不超过脚尖，大腿接近水平，全脚掌着地，重心落于腿之间，挺胸，塌腰，两拳抱于腰间，掌心向上，目视前方，如图附-2-4。

图附-2-4        图附-2-5        图附-2-6        图附-2-7

弓步：两拳抱于腰间，拳心向上，左（右）脚向前一步，左（右）腿屈膝半蹲，右（左）腿在后挺直，脚尖里扣，自然挺胸，目视前方，如图附-2-5。左脚在前为左弓步，右脚在前为右弓步。

虚步：两手叉腰，右腿屈膝半蹲，左脚向前，微屈膝，脚跟离地，脚尖稍向内扣，虚点地面，重心落于后腿，挺胸、塌腰、目视前方，如图附-2-6。左脚在前为左虚步，右脚在前为右虚步。

仆步：两脚左右开立，右腿屈膝全蹲，全脚掌着地，脚和膝外展，臀部接近小腿。左脚挺直仆平，脚尖里扣，全脚掌着地。左掌置于右胸前，右拳抱于腰间，目向左平视，如图附-2-7。仆左腿为左仆步，仆右腿为右仆步。

## （二）动作名称

### 1. 第一套

弓步冲拳➤穿喉弹踢➤马步横打➤内拨下勾➤交错侧踹➤外格横勾➤反击勾踢➤转身别臂。

### 2. 第二套

虚步砍肋➤踢裆顶肘➤反弹侧击➤弓步靠掌➤上步砸肘➤仆步撩裆➤挡击绊腿➤击腰锁喉➤ 9）结束姿势。

## （三）动作说明

第一套

**预备姿势**

当听到"军体拳第一套——预备"的口令后，在立正基础上，身体稍向左转，同时右脚向右后撤一步，两脚略成"八字形"，屈膝，体重大部分落于右脚；两手握拳，前后拉开，屈肘，左拳与肩同高，拳眼向内上，右拳置于小腹前约 10 厘米处，拳眼向上，自然挺胸，目视前方，如图附-2-8、图附-2-9。

图附-2-8　　　　图附-2-9

### 1. 弓步冲拳

动作要领：右拳从腰间猛力向前旋转冲出，拳心向上，同时左拳收于腰间，成左弓步，如图附-2-10。

用途：击面、胸、腰部。

### 2. 穿喉弹踢

动作要领：左拳变掌并向前上猛插，掌心向上，右拳收于腰间，左脚蹬直同时抬右腿，大腿略平，脚尖向下绷直，猛力向前弹踢，并迅速收回，如图附-2-11。

用途：插喉，弹踢裆或小腹。

### 3. 马步横打

动作要领：右脚向前落地成右弓步，同时左手前伸变八字掌，右拳自然后摆，如图附-2-12；左转身成马步的同时，左手抓拉收于腰间，右拳由后向前猛力横击，臂微屈，拳与肩同高，拳心向下，如图附-2-13。

用途：击头、肋、腰部。

图附-2-10　　　　图附-2-11　　　　图附-2-12　　　　图附-2-13

**4. 内拨下勾**

动作要领：右转身成右弓步，同时右臂内拨后摆，左拳后摆并由后向前上方猛击，拳与下颌同高，拳心向里，左脚自然向左移动，如图附-2-14。

用途：击下颌、喉、腹、裆部。

**5. 交错侧踹**

动作要领：右转身，右脚尖外摆，抬左腿，大腿略平，脚尖里勾两臂在胸前交错，如图附-2-15。左脚向左侧猛踹，并迅速收回，同时两臂上下外格，右臂屈肘，拳与头同高，拳眼向后，左臂自然后摆，拳心向后，如图附-2-16。

用途：踹膝关节、肋部。

**6. 外格横勾**

动作要领：左脚向前落地，左转身成左弓步，同时左臂上挡、外格、后摆，右拳以扭腰送胯之合力由后向前猛力横击，拳与眼同高，拳心向下，如图附-2-17。

图附-2-14　　　　　图附-2-15　　　　　图附-2-16

用途：击头、面部。

**7. 反击勾踢**

动作要领：左脚尖外摆，起右脚，脚尖里勾，两手在胸前交错，如图附-2-18；右脚由后向左猛力勾踢，同时两臂猛力外格，左臂屈肘，拳与头同高，拳眼向后，右臂自然后摆，拳心向下。如图附-2-19。

用途：勾踢脚跟、脚腕部，将对方摔倒。

图附-2-17　　　　　图附-2-18　　　　　图附-2-19

**8. 转身别臂**

动作要领：右转身，右脚尖外摆并猛力下踏，如图附-2-20；上左脚成左弓步，同时右手向前上挑，左手抓握右小臂，如图附-2-21；右后转体成右弓步的同时，右拳变掌屈肘下压，掌心向下，两小臂略平置于腹前，如图附-2-22。

用途：别臂压肘。

图附-2-20　　　　　图附-2-21　　　　　图附-2-22

第二套

**1. 虚步砍肋**

动作要领：收右脚成有虚步，同时两手变掌，由外稍向里猛砍，大臂夹紧，小臂略平，掌心向上，两掌约距 20 厘米，如图附-2-23。

用途：砍肋、腰部。

**2. 踢裆顶肘**

动作要领：两掌变拳收于腰间。拳心向上，左脚蹬直同时抬右腿，脚尖向下绷直，猛力向前弹踢并迅速收回，如图附-2-24；右脚落地成右弓步，同时右臂屈肘，左手抓握右拳置于左胸前，两手合力将右肘向前推顶，右大、小臂夹紧略平，拳心向下，如图附-2-25。

用途：脚踢裆、腹部，肘顶心窝、头部。

图附-2-23　　　　　图附-2-24　　　　　图附-2-25

**3. 反弹侧击**

动作要领：右拳向前反弹，拳心向内上，如图附-2-26；左掌沿右臂下向前猛挑成立掌，同时收右掌于腰间成右虚步，如图附-2-27；右脚向前滑动，左转身成马步，同时左手抓拉变拳收抱于腰间，右拳向右侧冲出，拳眼向上，拳与肩同高，目视右拳，如图附-2-28。

用途：反弹面部。左手挑掌解脱，右拳击肋和腹部。

图附-2-26　　　　　图附-2-27　　　　　图附-2-28

**4. 弓步靠掌**

动作要领：上体左移，体重大部分落于左脚，两拳变掌交叉于裆前，右脚微收成右虚步，图附-2-29；右转身，右脚猛力下踏的同时，起左脚自然屈膝，两掌上下反拨，收于右肋前，掌心向前，如图附-2-30；左脚向前落地成左弓步，同时两掌合力向前推出，左手在上，右手在下，掌心向前，两手腕自然靠拢，目视前方，如图附-2-31。

用途：推胯、肋，将对方推倒。

图附-2-29　　　　图附-2-30　　　　图附-2-31

**5. 上步砸肘**

动作要领：右脚向前上步成右弓步的同时右拳后摆，左手成抓拉姿势，虎口向右，如图附-2-32；左转身成左弓步的同时，左手抓拉收于腰间，挥动右臂屈肘向左下猛砸，大臂夹紧，小臂略平，拳心向上，如图附-2-33。

用途：砸、压肘关节。

**6. 仆步撩裆**

动作要领：左膝深屈，右腿伸直，右拳变立掌置于左胸前，左拳抱于腰间，上体前倾成左仆步，如图附-2-34；右手变勾，经右脚面，如图附-2-35；向后搂手外拨后摆，转身成右弓步，同时左手变掌由后向前猛撩，掌心向上，目视前方，如图附-2-36。

用途：勾手搂步，撩掌打裆。

图附-2-32　　　　图附-2-33　　　　图附-2-34

图附-2-35　　　　　　　图附-2-36

### 7. 挡击绊腿

动作要领：左脚向前上步，左手变拳上挡护头，拳高于头，拳眼向下，身体稍下蹲的同时，右拳向前下猛力冲击，拳心向下，右腿自然跟上屈膝，如图附-2-37；左拳变掌砍切右手腕的同时，右脚前扫，右拳收于腰间，拳心向上，如图附-2-38；右腿后绊成左弓步，同时右拳变掌下按，掌心向下，虎口向里，同时左掌变拳收下腰间，如图附-2-39。

用途：击裆、腹部，推胸绊腿。

图附-2-37　　　　　图附-2-38　　　　　图附-2-39

### 8. 击腰锁喉

动作要领：右掌变拳屈臂上挡外格，右脚向前上步，同时左拳向前猛力冲击，拳心向下，如图附-2-40；右拳变掌前插，左手抓握右手腕的同时，右掌变拳，两手合力回拉下压，右肩前顶，成右弓步，目视前下方，如图附-2-41。

用途：由后击腰锁喉。

结束姿势：左转身，右脚靠拢左脚，呈立正姿势；如图附-2-42。

图附-2-40　　　　　图附-2-41　　　　　图附-2-42

# 附录三　军事理论——通识课简介

## 一、如何登录尔雅通识课学习系统

利用有效的用户名、密码，身份验证合格后登录本系统，登录的用户名和密码由学校教务处进行设置和通知，初始账户和密码一般为学生的学号和默认密码（123456）。

1. 打开浏览器，在地址栏中输入"http：//dqpi．tsk．erya100．com/studentLogin"，进入尔雅通识课学习系统，如图附-3-1所示。

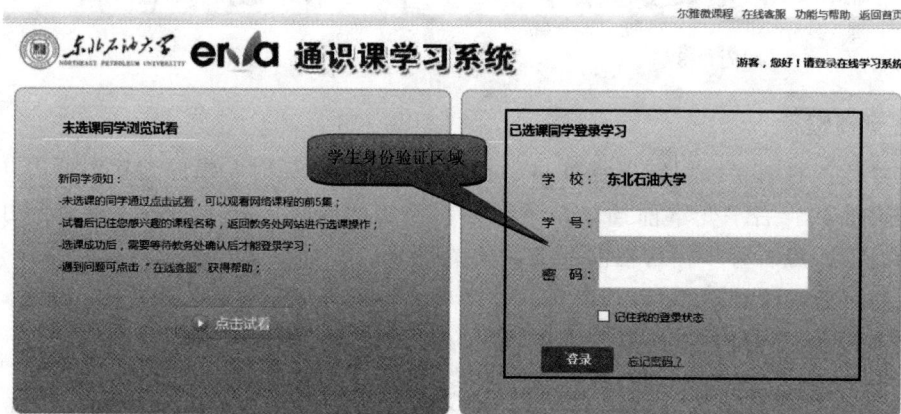

图附-3-1

2. 用户在图附-3-1所示界面中的"学生身份验证区域"输入"学号"、"密码"后，点击 **登录** 按钮，若身份验证通过，即可登录至系统中进行通识课的学习。

（1）用户名：通常是学生的学号。

（2）密码：用户初次登录系统的密码为123456，用户可在系统中修改登录密码。

（3）记住我的登录状态：若此功能选项处于选中的状态，则会自动记录当前用户的用户名，下次登录系统时不需要再次重复输入；反之，下次登录系统时需要重新输入用户名。（注意：在网吧等公共场所上网时不要选中"记住我的登录状态"，以保证个人的信息安全）

3. 登录系统后的主界面默认为"我的任务"操作界面，如图附-3-2所示。

4. 用户在图附-3-2所示的界面中，可进行如下操作。

（1）系统导航栏：可通过点击"作业"、"考试"、"资料"、"互动"、"考核标准"等选项按钮，进入相应的操作界面。

（2）个人信息：可通过点击"某某某"，进入个人信息和登录密码的修改界面。

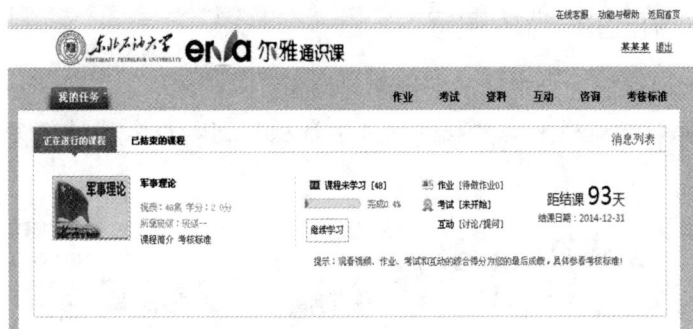

图附-3-2

（3）新消息：可查看学校或者老师发布的通知公告信息。

（4）课程信息：可查看所选课程的基本信息以及考核标准等内容。

（5）结课日期提醒：可查看该门课程的结课倒计时间，当课程的结课时间剩余 30 天时，系统自动以"红色"字体显示。

（6）学习进度：可查看某门课程的视频观看进度，也可点击"继续学习"进入视频继续观看的界面。

（7）查看作业、考试等数据：可通过点击相应的链接，进入作业、考试、互动等相应的界面。

• **作业**［待做作业 0］：系统会自动显示当前学生所选课程的待完成作业信息，通过点击该链接，进入作业信息的查看界面。

• **考试**［未开始］：点击此链接可进入已答考试的查看界面，可查看题目的对错、得分等详细信息。（注：若老师未设置考试时，系统则显示"**考试**［未设置］"；若老师已设置考试，则学生可通过点击"开始考试"链接进入答题界面）

• **互动**［讨论/提问］：点击此功能链接，可跳转至"互动"界面，如图附-3-3 所示，学生可向老师和同学进行提问，并可获得解答。

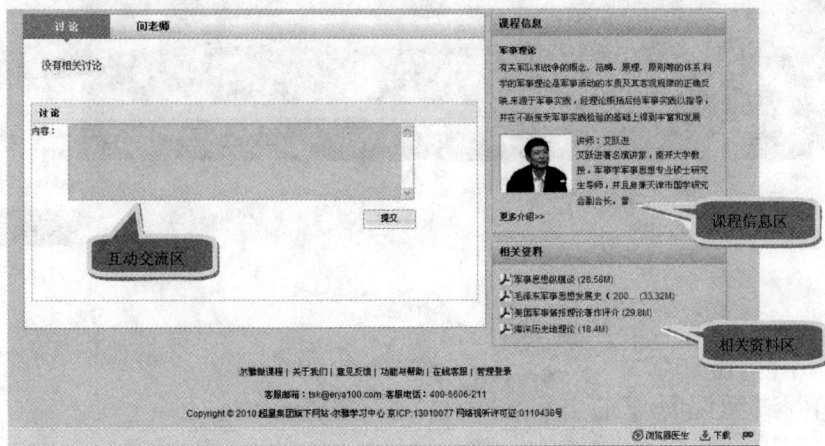

图附-3-3

## 二、如何学习正在进行的课程

可对正在学习的课程进行视频的继续学习操作。

1. 首先单击系统导航栏上的"我的任务"选项按钮，进入我的任务操作界面，如图附-3-4 所示。

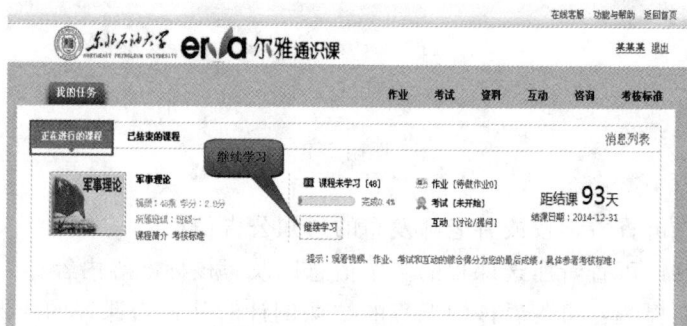

图附-3-4

2. 首先点击"正在进行的课程"，然后再点击需要继续学习的某门课程后面对应的"继续学习"按钮，系统跳转至如图附-3-5 所示的学习界面。

（注：学生在观看视频时，必须按照顺序进行视频播放，并且在初次观看视频时，无法进行拖拽播放操作；已观看过的视频可进行重新观看，也可进行拖拽播放操作）。

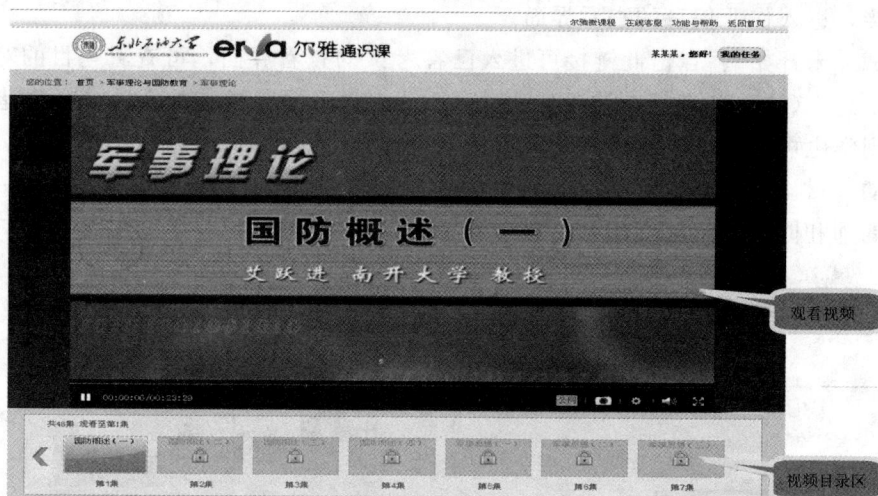

图附-3-5

## 三、如何进行课程作业

可对正在学习的课程做作业。根据不同的状态进行相应的操作，作业的状态可分为继续答题、已批阅、未批阅、未回答四个状态。

1. 首先单击系统导航栏上的"作业"，然后点击"正在进行课程的作业"，进入正在进行课程的作业界面，如图附-3-6 所示。

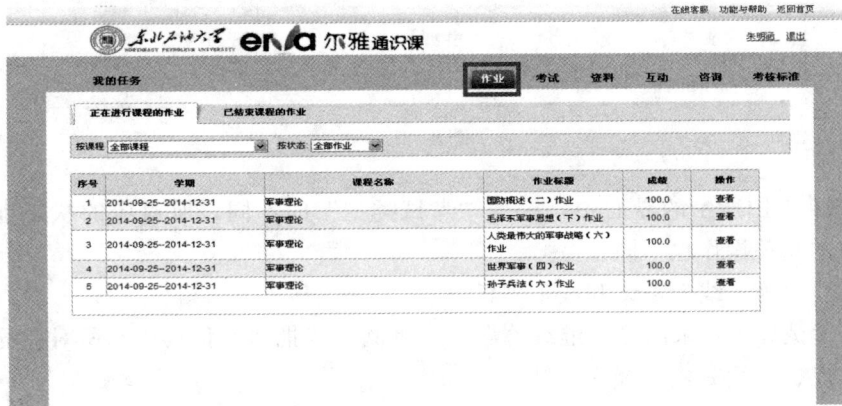

图附-3-6

2. 用户可在矩形框中的"按状索"、"按课程"后面对应的下拉框中选择作业的状态和课程，系统可自动将符合条件的作业数据显示在下方列表中。学生可根据不同的作业状态进行不同的操作。

（1）可进行的相关操作：

➢继续完成：可对已经答题并进行过数据保存，但未进行最终提交的作业进行继续答题操作。

➢查看作业：可对已经答完并进行了最终提交，但老师还未进行批阅的作业进行查看操作。

➢立即完成：可对未进行答题的作业进行答题操作。

➢查看成绩：可对已经答完并进行了最终提交，并且老师已进行批阅的作业进行成绩查看操作。

（2）当前状态：

➢待批阅：是指老师布置的作业中有主观题，需要老师进行批阅给予分数。

➢已批阅：一种是指老师已将主观题部分批阅完成；另一种是指老师布置的作业中没有主观题（只有客观题），系统已自动判卷完毕。

## 四、如何进行课程的考试

可对正在进行的课程考试。根据"考试类型"的不同，分为不同的状态，因此所能进行的操作也不同。

1. 首先单击系统导航栏上的"考试"中的"正在进行课程的考试"选项，进入正在进行课程的考试界面，如图附-3-7 所示。

图附-3-7

2. 用户在上图所示的界面中，根据"考试类型"的不同，所对应的状态也不同，因此能够进行的相关操作也不同。

考试类型分为：线上考试和线下考试。

➤线上考试分为：未回答、继续答题、已批阅、待批阅四种状态，所对应的操作分别是：立即完成、继续完成、查看成绩。

➤线下考试分为：未回答、已批阅两种状态，所对应的操作分别是：立即完成、查看考试。